CAP HORN

Le rêve d'un homme
Le cauchemar d'une femme

Réanne
Hemingway-Douglass

Traduit de l'americain
par Sylvie FRANCK

Cave
Art
Press

www.caveartpress.com
13589 Clayton Lane, Anacortes WA 98221 USA

ISBN 978-1934199-343

Photos: Réanne Hemingway-Douglass et Don Douglass

Conception de livre: Arlene Cook

À la mémoire de mes parents
dont l'amour a pave mon chemin

À Don, mon copilote dans la vie
qui m'a appris à prendre mon essor

À Lois SeCheverell Buell
mon étoile polaire.

Nuit du 26-27 février, 1975 - Chavirage par l'avant.

Sommaire

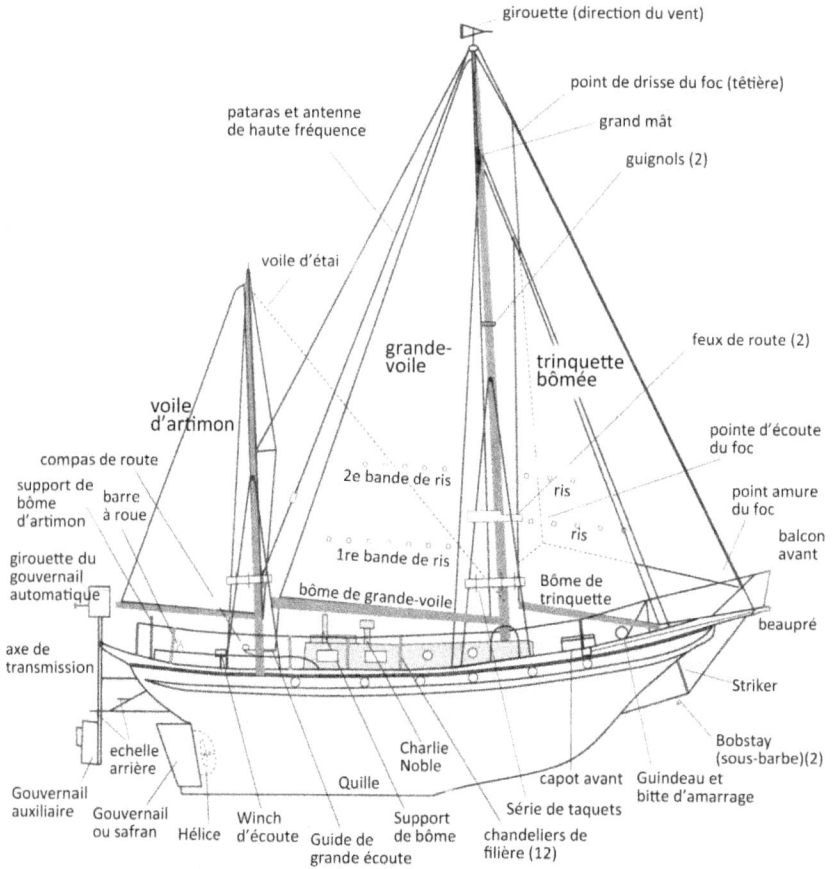

girouette (direction du vent)

point de drisse du foc (têtière)

grand mât

guignols (2)

pataras et antenne de haute fréquence

voile d'étai

feux de route (2)

grande-voile

trinquette bômée

voile d'artimon

pointe d'écoute du foc

compas de route

2e bande de ris

ris

point amure du foc

support de bôme d'artimon

barre à roue

ris

balcon avant

girouette du gouvernail automatique

1re bande de ris

bôme de grande-voile

Bôme de trinquette

beaupré

axe de transmission

Striker

Bobstay (sous-barbe)(2)

echelle arrière

Charlie Noble

capot avant

Guindeau et bitte d'amarrage

Gouvernail auxiliaire

Quille

Série de taquets

Gouvernail ou safran

Hélice

Winch d'écoute

Guide de grande écoute

Support de bôme

chandeliers de filière (12)

Le *Dauphin Amical* — Schéma du gréement et du pont

6

BÂBORD

Girouette

Support de bôme
d'artimon

Caisson de survie

Cockpit

Moteur diesel

Échelle de descente

Winches
d'écoute

Couchette
de quart

Arrière bâbord

Réfrig-
érateur

Cuisine

Fourneau de cuisine

Sangle de sécurité

Évier

Couchette du
navigateur

Banquette
du carré

Rayonnage de livres
(en haut et en bas)

Emplanture du mât

Lavabo

WC

Banc de
travail

Étrave

PROUE

Bitte d'amarrage

Beaupré

Coffres à chaines (2)

Couchette en biseau

Penderie

Rayonnages de livres
(en haut et en bas)

POUPE

Capot du
coffre arrière

Coffre arrière

Pompe de cale
à main du pont

Arrière tribord

Roue

Cockpit
Compas
(en haut)

Pompe de cale (au pied du coffre)

Guide de
grande
écoute

Couchette
de quart

Coffre de la radio

Perche d'acier

Table à
cardan

Banquette
de la cuisine

Couchette double
du skipper avec coffre

Étagère du baromètre
enregisteur

Boite à batteries (en doussous)

TRIBORD

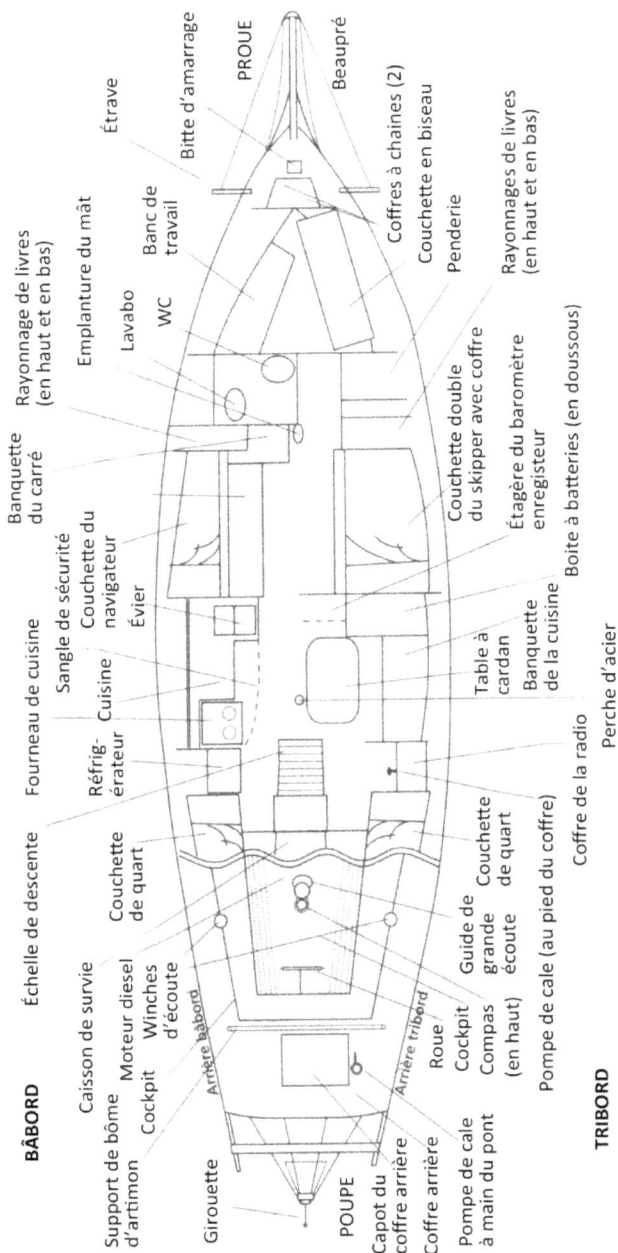

Le *Dauphin Amical* - Schéma du cockpit et de l'interieur

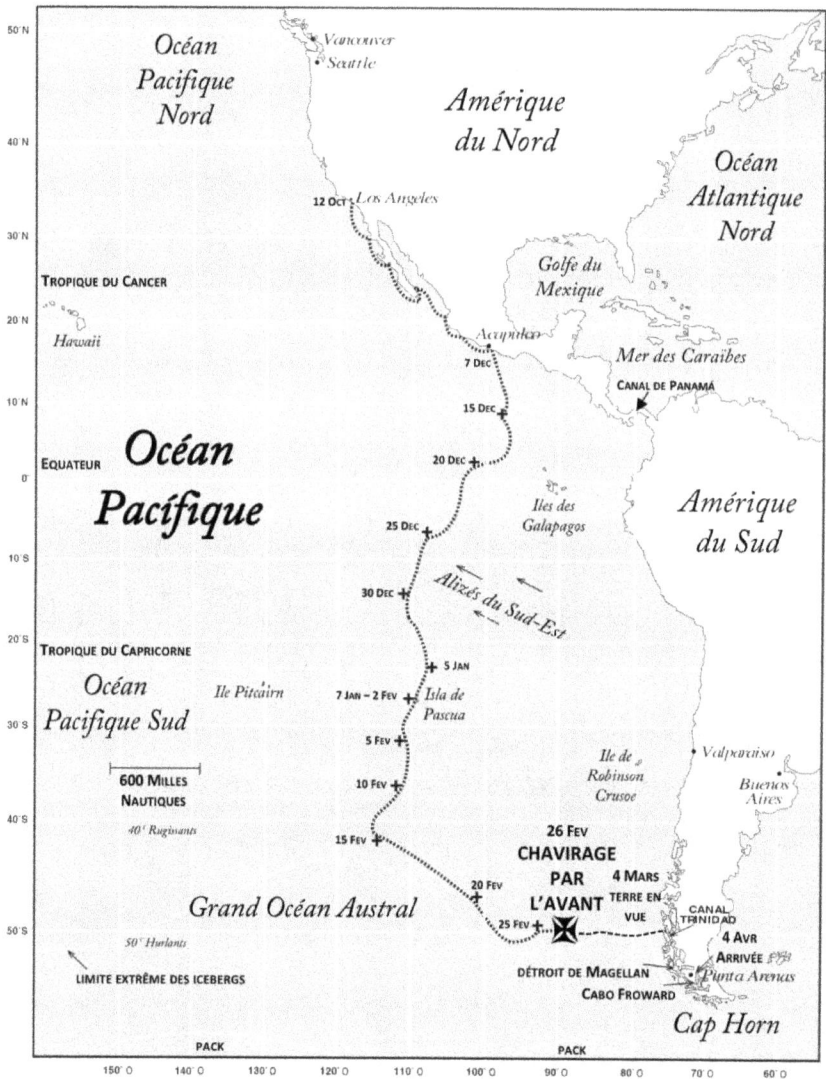

Itinéraire du Dauphin Amical

Préface à la première édition

Le 12 octobre 1974, mon mari Don Douglass et moi quittions le port de Los Angelès à bord de notre voilier de 13 m, le *Dauphin amical*, pour un périple de deux ans dans l'hémisphère Sud. Quatre adolescents embarquaie Ànt avec nous: les fils de Don: Jeff (18 ans) et Michaël (16 ans); mon fils Sean (14 ans) et son meilleur ami Carl (14 ans).

Nous avions passé les dix huit mois précédents à rénover et à modifier un ketch "Porpoise" conçu par William Garden, architecte naval de Colombie Britannique. Construit en madriers de cèdre plaqués sur une structure de chêne, ce voilier de vingt tonneaux comportait un pont d'une longueur de treize mètres et d'une largeur maximale de quatre mètres. Bien que construit seulement quatre ans avant notre départ, ce voilier était un bateau traditionnel, renforcé et équipé selon les plans de Don pour la navigation sous les hautes latitudes. Aussi incroyable que ce puisse paraître aux marins et plaisanciers des années 1990, nous ne possédions ni générateur auxiliaire, ni radar, ni système Loran, ni GPS (qui n'existait pas encore). D'ailleurs, en mettant le cap sur les hautes latitudes du Pacifique Sud - où les pièces de rechange étaient inexistantes et les réparations impossibles - Don ne voulait pas être tributaire de "gadgets" électroniques, trop fréquemment corrodés par l'air marin.

L'histoire que je relate ici est le compte-rendu véridique d'une aventure qui a rempli une partie de ma vie. Mais *Cap Horn* est plus que le simple récit d'un périple à la voile, c'est avant tout celui de " mon apprentissage" de second maître à bord, le reflet de mes émotions et de mes sentiments à l'égard de la mer, du bateau, de son capitaine et de son équipage.

Au cours des années pendant lesquelles nous avons préparé cette expédition, j'ai recherché dans la littérature des récits de femmes qui, comme moi, ont suivi leur compagnon par amour ou par esprit d'aventure. Je n'ai pu découvrir que des livres écrits par des couples de marins dont la mer était toute la vie ou des histoires de navigateurs solitaires célèbres, hommes ou femmes exceptionnels, ou encore des récits romancés d'hommes ayant "pris" leurs femmes à bord.

Tous ces livres racontaient, certes, des histoires magnifiques mais ils ne pouvaient m'aider à me représenter ce que je serais amenée à affronter psychologiquement en tant que "non marin", au cours d'un voyage de deux ans. Je trouvai peu d'ouvrages exposant les problèmes que je devrais nécessairement résoudre, confinée comme je le serais dans un bateau de 13 m en compagnie de quatre adolescents et d'un mari au tempérament opposé au mien.

Pourquoi n'ai-je trouvé qu'une aussi maigre documentation? Tout simplement parce que, traditionnellement, la mer est un univers dominé par le sexe masculin. Voguer autour du monde est l'expression d'un "machisme" qui se traduit par une confiance en soi proche de l'arrogance, ainsi que par l'amour du risque, par le désir de se mesurer à la nature et par la capacité à endurer les souffrances et les privations. Les marins qui ont relaté leur aventure ont-ils consigné les fluctuations de leur moral, même lorsqu'ils ont choisi une femme comme second? Non, bien entendu! Ils ont rendu compte de leur navigation heure par heure, indiqué tous les changements de cap et réglages de voile, décrit ces terribles tempêtes qui arrachent et emportent les gréements, dénoncé la cruauté des mers qui mettent les bateaux à leur merci. C'est de ce genre d'histoires dont regorge la littérature nautique!

Où donc étaient passés les récits de femmes? Comment les femmes marins ont-elles vécu leur expérience? Je ne pus trouver aucune trace de leur témoignage. Je commençai à soupçonner que les compagnes ordinaires comme moi-même refusaient catégoriquement de participer à de telles expéditions maritimes. (J'ai effectivement rencontré au bord des bassins de Californie de nombreux skippers qui, le regard lointain et rêveur, m'ont répondu: "Ma femme n'aurait jamais accepté de participer à une expédition en mer". D'autres m'ont avoué avoir délaissé leur épouse pour réaliser leur rêve.) D'ailleurs, si une femme marin se mettait à relater son aventure sur un ton autre que celui d'un navigateur heureux, quelles pourraient être ses chances de se faire éditer?

Pressée par des amies de raconter "l'exacte vérité", je me promis, dès avant notre départ, de tenir un journal personnel détaillé, bien décidée à publier un récit donnant ma propre version des faits.

Alors, pourquoi donc - les lecteurs sont en droit de se poser la question - avoir attendu près de vingt ans pour publier l'histoire de cette expérience personnelle que je désirais si vivement raconter?

J'avais tout d'abord consigné dans mon journal des détails si chargés d'émotions que personne n'aurait été intéressé par cet amas d'informations brutes. Lorsqu'avec le temps je pus prendre du recul et sélectionner mes sentiments avec plus d'objectivité, plusieurs années s'étaient déjà écoulées.

Quelques chapitres de ma première ébauche me furent renvoyés par un agent littéraire réputé qui me pressa d'introduire plus de fiction dans mon récit en me disant: "Je peux le placer immédiatement, à condition que vous écriviez votre aventure comme un roman". Mais tel n'était pas mon voeu!

D'autres chapitres confiés à deux marins traditionnels me furent restitués avec ces mots: "Laissez donc tomber tout ce qui est du domaine sentimental! C'est l'histoire de Don que nous voulons entendre."

Effectivement, Don désirait raconter sa propre aventure. Il avait l'intention de publier ce que, moi, je considérais comme le récit fortement dramatisé de notre expédition, en mettant l'accent sur les "moments héroïques" et en l'émaillant d'une foule de précisions nautiques, telles que celles qui figurent dans la plupart des livres traitant de navigation de plaisance. Bien que respectant les connaissances techniques de Don et consciente de la possibilité pour nombre de marins d'apprécier le livre écrit selon son point de vue, je savais qu'en fin de compte, cet ouvrage finirait dans les archives de la marine.

J'ai, un moment, envisagé de confier ce travail d'écriture à un "nègre", mais alors ce n'aurait plus été ma propre histoire. J'ai aussi songé à faire appel directement à un éditeur aux exigences rédactionnelles duquel j'aurais dû finalement me plier.

Des amis me suggérèrent une histoire double - le point de vue de l'homme et celui de la femme; mais alors nos deux récits auraient été aussi dissemblables que mon journal intime l'était du livre de bord. Comment, dans ces conditions, aurait-il pu être mis sur le marché?

Nous restions chacun sur nos positions. Je refusai d'édulcorer mon récit et Don n'était pas enclin à soutenir mon projet. Nous ne trouvions aucun terrain d'entente. La tension qui régnait entre nous était telle que nous en arrivâmes au stade de la rupture. Dans ces conditions, ne me sentant pas de taille à résister, je battis en retraite.

Une dizaine d'années s'écoulèrent. Journaux personnels et notes avaient été relégués au tréfonds de mon cerveau et ne cessaient d'y mijoter.

Mais voilà qu'aux abords de la soixantaine, l'idée d'une publication s'insinua dans mon esprit. Puis, en 1989, quelques mois après avoir souffert d'un infarctus qui aurait pu lui être fatal, Don me posa sa question favorite:

"Quels sont tes projets pour les cinq années à venir?" Cette même question, il me l'avait déjà posée lors de notre première rencontre.

Sans fléchir, je lui répondis: "Publier notre aventure mais racontée par moi seule". Et ce fut ainsi que j'exhumai mes notes et les repris depuis le début.

Préface à la deuxième édition

Quand j'ai commencé à écrire *Cap Horn: Le rêve d'un homme, le cauchemar d'une femme* il y a plus d'une décennie, j'avais d'abord prévu de publier un nombre limité d'exemplaires pour notre famille, nos amis et nos partenaires d'affaires. Au lieu de cela, à la demande de Don, nous avons imprimé des copies du livre dans la gamme à cinq chiffres.

J'étais convaincu, à l'époque, que les femmes seraient le marché principal; que les hommes réculeraient à la première mention de toute description ou dialogue émotionnel. Cependant, à ma grande joie, parmi les centaines de lettres et de courriels que j'ai reçus en réponse à la première édition, les hommes (y compris "Alpha" mâles!) ainsi que les femmes, équilibraient l'échelle. Et non seulement le livre a été un succès commercial, mais il est maintenant considéré comme un classique dans la littérature du Cap Horn; il a également été publié en France et en Italie.

À l'exception d'un couple de pêcheurs qui m'auraient fait passer sous la quille, et d'un lecteur anonyme qui pensait que je devrais intituler le livre, *Whine Around the Horn*, tous m'ont remercié pour ma franchise et ma volonté de dire mon point de vue en tant que marin novice, et celui dont le mariage avec un aventurier obsédé était fragile au début.

Dans cette deuxième édition, j'ai essayé de répondre aux nombreux commentaires où les questions reçues des lecteurs, en ajoutant un deuxième épilogue qui se poursuit, sous forme de capsule, où j'ai terminé notre histoire. Et, pour les nombreux lecteurs qui ne connaissent pas le "reste de l'histoire," oui, Don et moi sommes toujours ensemble. Notre mariage de cinquante ans, avec ses hauts et ses bas, dont plus de 160 000 miles de croisière à la voile et au pouvoir, ne cesse de s'améliorer!

Observations de l'auteur

Les sources documentaires de cet ouvrage sont les livres de bord, mes trois journaux intimes, les deux journaux personnels de Don, les lettres envoyées à notre famille et à nos amis, les coupures de journaux et un lot de souvenirs profondément gravés dans notre mémoire. Là où j'ai recréé les dialogues, je me suis astreinte à restituer le mieux possible la réalité des faits consignés dans mes journaux. A quelques exceptions près, les noms mentionnés dans ce récit sont vrais.

Bien que je me sois efforcée de bannir un vocabulaire trop technique, il m'est apparu par moments impossible d'éviter l'emploi de mots aussi précis que ceux de la terminologie nautique sans compromettre l'exactitude du récit. C'est pour cette raison que j'ai établi un glossaire des termes nautiques, ainsi que des croquis et des esquisses du *Dauphin amical*.

Dans la plupart des cas, j'ai utilisé les noms espagnols des lieux décrits dans le texte, en me référant à l'ouvrage britannique *South America Pilot* (voir l'index). De plus, pour les détails techniques, je me suis conformée à certaines conventions. Bien que nous ayions laissé l'horloge du bateau et le chronomètre à l'heure du méridien de Greenwich (heure GMT), je me suis référée, dans le récit, à l'heure locale. La plupart des positions et relèvements de compas donnés dans le texte sont enregistrés en trois chiffres comme étant "vrais" (c'est-à-dire non magnétiques). (Par exemple: à 50° de latitude Sud s'opère une déviation de 25° vers l'Ouest; en conséquence, lorsque le texte mentionne une position de 090° Est, le compas du bateau indiquait en réalité 065° comme le mentionnait notre livre de bord.)

Les distances sont données en milles marins (un mille marin équivaut à 1 minute de latitude ou 1/60e de degré). La vitesse est indiquée en noeuds, le noeud représentant le nombre de milles marins par heure. Un mille marin vaut 1852 mètres. Une vitesse de vent de 50 noeuds équivaut donc à 92,6 km/h. La force des vents a été enregistrée dans notre livre de bord d'après l'échelle de Beaufort (voir l'appendice).

Jour de départ—12 octobre, 1974

Prologue

"Allez-y, vous en êtes capable", criait une voix d'en bas. "Réanne, vous pouvez y arriver!"

J'aurais voulu hurler: "Mon Dieu! Jamais je ne vais pouvoir descendre cette satanée falaise!". J'avais une peur bleue des abrupts vertigineux. Du gros bloc sommital arrondi, treize mètres de paroi verticale me séparaient du sol.

"Allez-y! Arcboutez-vous!" L'impatience perçait dans la voix.

De ma main gauche, j'agrippai une corde de rappel fixée à une manille ancrée dans le granite brut. Depuis mon entrecuisse la corde s'enroulait autour de ma fesse droite, remontait en travers de ma poitrine jusqu'à mon épaule gauche pour redescendre de mon dos, en diagonal, jusqu'à ma main droite. Maintenant avec cette main la corde le long de ma hanche, je devais, pour descendre en rappel cette muraille, laisser filer lentement l'extrémité libre en me rejetant en arrière, tout en "m'asseyant" sur la corde et en gardant les jambes perpendiculaires à la paroi. La technique employée se nommait "dulfersitz".

Un vent d'automne glacial balayait le rocher, soufflant du sable sur mes joues. Je me cramponnais en me demandant ce que, diable, je pouvais bien faire là, ficelée comme un saucisson expédié en Chine.

La voix d'en-bas était celle d'un homme que j'avais rencontré deux semaines auparavant par l'intermédiaire d'un ami commun. (Nous étions tous deux des parents isolés et cet ami s'était empressé de nous réunir.) C'était un samedi de la fin novembre 1966. Le pique-nique du Sierra Club auquel il nous avait conviés, moi et mes deux fils, s'était transformé en une initiation aux techniques de base de la descente en "rappel".

Lors de notre première rencontre, quinze jours auparavant, nous avions dégusté du vin, assis à une table l'un en face de l'autre, et Don m'avait parlé de son rêve, un rêve qu'il n'avait cessé de caresser depuis qu'il était enfant : doubler le cap Horn à la voile en suivant la route des anciens cl âippers et entreprendre une circumnavigation dans l'hémisphère Sud.

"J'aimerais réaliser ce rêve", m'avait-il confié, "et je pense que je peux le faire. C'est un cadeau que je souhaiterais offrir à mes enfants avant qu'ils ne deviennent adultes et quittent la maison."

Changeant brusquement de sujet, il m'avait demandé ce qui, dans la vie, comptait pour moi et quels étaient mes projets. Son attitude directe m'avait choquée. Bien qu'il m'eût posé la question avec douceur, celle-ci était quelque peu instante. Il ne m'avait pas simplement interrogée pour faire un brin de causette, il avait vraiment souhaité que je réponde à sa question. "Qu'est-ce qui est important pour vous?"

Le pique-nique du Sierra Club n'était encore que notre second rendez-vous. Je me suis sentie testée comme une voiture neuve. Don voulait jauger mon courage en poussant le bouchon au maximum pour voir si j'étais capable de tenir le coup dans l'adversité, pour savoir aussi si j'avais la volonté de m'engager vraiment. J'étais furieuse.

"Allez-y. Vous pouvez y arriver", ces mots résonnaient à mes tympans. "Vous pouvez faire beaucoup plus que vous ne le croyez".

Je me demandai ce qui, le premier soir, avait bien pu m'attirer chez ce type. "Oui, c'est décidé, je vais le larguer dès que nous serons rentrés à la maison!" me disais-je. Il me fallait pourtant vaincre cet obstacle à moins de sortir de ma coquille et d'avouer à tout le monde que j'étais une froussarde. Mon amour-propre était piqué au vif. Je me devais de lui montrer ce dont j'étais capable. En outre, cinq petits visages - ceux de sa marmaille et de la mienne - étaient levés vers moi, observant chacun de mes gestes. Je ne pouvais tout de même pas me permettre de passer pour une poule mouillée! Tremblant de tous mes membres, j'entrepris donc la descente de la falaise en rappel...

J'avais hésité quelques minutes avant de répondre à sa question. Toute à ma lutte pour subvenir aux besoins de mes enfants, je n'avais guère eu le temps de penser à ce qui était important pour moi dans la vie. En y réfléchissant, je m'étais mise à observer mon interlocuteur.

Il était prématurément chauve et des plis permanents striaient son front haut et bombé. Ses petits yeux bleus étaient pratiquement dépourvus de cils et ses sourcils étaient si blonds qu'ils étaient à peine visibles. Dès qu'il riait, des pattes d'oie apparaissaient au coin de ses yeux et son visage s'adoucissait. Mais lorsqu'il était résolu à défendre son point de vue, ses yeux me transperçaient comme des rayons laser et il prenait une attitude triomphante comme s'il venait de remporter une bataille dans quelque steppe de Mongolie Extérieure. Il n'était pas beau selon les canons classiques, mais son dynamisme et sa détermination étaient stimulants.

Qu'est-ce qui était important pour moi dans la vie? L'amour que je vouais à mes deux jeunes garçons, à ma famille et à mes amis était essentiel.

Ma carrière de professeur de français et de consultante en langue étrangère avait également son importance. De même que ma passion pour la France qui remontait à mes années de collège. Je désirais aussi terminer ma maîtrise, élever mes deux fils, voyager, apprendre d'autres langues étrangères, accompagner des voyages en France, écrire, étudier le piano. C'était tout cela mes rêves - des objectifs parfaitement réalisables en comparaison de ceux de Don. Bien que j'eusse le désir de mettre un peu d'aventure dans ma vie, j'insistais sur le fait que je considérais que ce qui comptait le plus pour moi était l'amour.

Notre ami commun m'avait confié que Don avait le goût de l'entreprise et de l'aventure, qu'il pratiquait l'alpinisme, faisait des randonnées à pied, de la voile et qu'il avait élevé seul sa fille et ses deux fils.

Don était resté un instant silencieux avant de me répondre. "L'amour, lui aussi, a de l'importance pour moi. Mais je pense avoir fait passer l'aventure avant l'amour." Il avait marqué une pause tandis que ses yeux avaient scruté mon visage. "Mon ex-femme pensait que mon rêve était stupide", m'avait-il avoué, "Vous, vous ne le pensez pas?"

J'avais ressenti aussitôt de la sympathie pour cet homme et lui avais murmuré "Bien sûr que non!" Son honnêteté et la façon dont il m'avait accordé sa confiance en me faisant partager son rêve m'avaient touchée. C'était un homme qui s'était fixé des objectifs et qui prenait sa vie en main. Cela faisait des années que je n'avais pas rencontré quelqu'un de cette trempe et je le lui avais avoué.

En voiture, sur le chemin de retour du Sierra Club, Don ne cessa de bavarder, tandis que je demeurais silencieuse et troublée. Comment cet homme qui avait été si chaleureux, si profond et qui avait manifesté un tel intérêt pour moi lors de notre première rencontre avait-il pu se montrer aussi impitoyable à la seconde? Je l'avais aimé dès le premier soir mais ce n'était désormais plus le cas.

Lorsqu'il alla nous reconduire à la maison, il parut soudain conscient de mon irritation. Comme s'il voulait m'apaiser, il me tendit un livre en me disant: "Voudriez-vous lire ceci et me dire ce que vous en pensez?" Il était redevenu gentil et humain. Et si ce n'était là qu'un test supplémentaire? me dis-je alors.

Au lieu de lui avouer que je ne désirais plus le revoir, je lus le livre qui s'intitulait *Une fois suffit*. J'avais déjà une petite idée de son contenu depuis que Don m'avait parlé de son "rêve". Je savais qu'il s'agissait de l'histoire d'un couple célèbre de marins britanniques, Miles et Beryl Smeeton, dont le voilier *Tzu Hang* avait sanci en 1957 près du cap Horn.

Le terme "sancir" était nouveau pour moi. Don m'avait expliqué que, dans les immenses océans, il arrive que des voiliers surfant dans le creux d'une énorme vague voient leur étrave piquer du nez dans la vague suivante, leur poupe passant par-dessus leur proue et leurs mâts se brisant sous le terrible choc. C'est l'accident le plus grave qui puisse arriver à un voilier et il lui est généralement fatal. Les Smeeton avaient été victimes à deux reprises!

Les premiers chapitres de leur livre étaient un récit nautique classique: préparatifs à Melbourne (Australie); appareillage, navigation en mer de Tasmanie et cap vers le Pacifique Grand Sud; problèmes de gréement et de matériel; temps pourri (jours sans soleil, grains incessants) - rien qui pouvait me passionner. Mais mon manque d'intérêt pour cette histoire se transforma en fascination lorsque je parvins au coeur du récit. Sept semaines après leur départ de Melbourne, alors qu'ils se trouvaient à 900 milles du cap Horn et à hauteur du 50e parallèle, les Smeeton et leur équipier, John Guzzwell, durent affronter les mers déchaînées qui encerclent le continent Antarctique et dont les vagues atteignent parfois des hauteurs exceptionnelles. Ce fut alors que la "vague ultime" avait heurté leur voilier qui avait piqué de l'étrave. La poupe avait été soulevée, projetée vers l'avant puis le bateau s'était retourné et brisé.

Les Smeeton s'étaient débrouillés pour gréer un mât de fortune et avaient réussi à gagner péniblement la côte chilienne où ils avaient passé neuf mois à réparer leur voilier avant de repartir doubler le cap Horn (cette fois-là sans Guzzwell). Ce fut en approchant du 50e degré de latitude Sud qu'ils se retournèrent une seconde fois.

Les Smeeton étaient des gens résistants hors du commun mais j'étais convaincue que leur récit était en grande partie imaginaire. Une telle aventure ne pouvait pas arriver à des personnes existant réellement, du moins à celles qui partagent ma vie. Et, lorsque Don me demanda mon avis sur leur histoire, je lui répondis: "Tout ceci est invraisemblable! Il y en a trop pour que cela puisse être vrai. Tel est le cas notamment de l'épisode où Beryl revient à la nage vers le bateau, en souriant avec une clavicule brisée."

Il fut d'accord avec moi pour considérer que cela paraissait effectivement peu crédible, mais, fiction ou non, les Smeeton demeuraient ses héros. Puis, comme s'il voulait me rassurer, il ajouta brusquement que l'on avait à peu près une chance sur un million de se retourner deux fois. Il me demanda alors: "Pensez-vous être capable de faire cela?"

Je lui rétorquai en riant: "Je présume que vous avez l'intention de faire le tour du monde à la voile et non de vous retourner!"

Le cran. Avais-je le cran nécessaire pour faire le tour du monde sur un voilier? Même après avoir lu *Une fois suffit*, je n'avais pas la moindre idée de ce que représentait une navigation autour du monde. Mais l'attrait de l'aventure m'excitait.

Enfant, j'étais un vrai garçon manqué: je n'avais pas peur de ce que les petites filles sont supposées craindre. J'adorais évaluer la hauteur à laquelle je pouvais grimper dans les grands arbres, sauter du haut des dunes de sable qui atteignent 10 m le long du lac Michigan, jouer les Robinson Crusoé et construire des cabanes dans les bois. J'aimais aussi patiner sur un lac en plein blizzard, faire des descentes en traîneau à plat ventre ou dévaler en trombe une colline par une nuit noire. Pour moi avoir du cran signifiait tabasser les garçons qui cherchaient querelle à mes camarades ou encore voler au secours de ma meilleure amie si elle était aspirée dans un tourbillon d'eau et l'assommer afin qu'elle ne m'entraîne pas sous l'eau. Cela consistait aussi à mettre autour du cou d'un garçon, à titre de représailles, le serpent long d'un mètre qu'il avait déposé sur ma robe.

Devenue adulte, je n'avais pourtant jamais poussé l'aventure à l'extrême comme Don l'avait fait car j'étais motivée par le plaisir et non par le risque. Bien sûr, j'étais une excellente nageuse, une bonne pagayeuse et une cycliste honnête mais je n'avais jamais escaladé une montagne de plus de 1800 m, je n'avais jamais navigué plus d'une journée sur le lac Michigan ou dans la baie de San Francisco autrement que sur un paquebot et même sans perdre de vue la terre ferme. Mon entreprise la plus téméraire, à l'époque où j'étais collégienne, fut de faire de l'auto-stop en France et en Italie en repoussant les avances d'hommes riches et âgés qui voulaient me mettre dans leur lit en échange d'une promenade en voiture. Cela dit, serais-je capable de doubler le cap Horn à la voile? Mais oui, je m'en sentais capable!

Des éléments d'un autre ordre devaient cependant ê 'tre pris en compte tels que la nécessité d'apprendre à mieux nous connaître, Don et moi, car nous étions d'une   nature et d'un caractère diamètralement différents. Lui, était un homme passionné, extraverti, enclin à éclater de rire ou à parler de sa personne, prompt aussi à se mettre en colère, à user de sarcasmes, pour ensuite tout oublier aussi vite.

Moi, au contraire, j'avais appris à contrôler mes émotions, à ne pas rire trop bruyamment, à ne pas manifester ma colère. Parler de ma personne ou me vanter m'aurait valu un regard foudroyant de ma mère et j'avais du mal à exprimer mes sentiments ou à parler de ce que j'avais accompli.

De formation littéraire et non imprégnée de mathématiques et de physique comme Don, je ne comprenais rien aux "lois physiques régissant l'univers" : les énergies, les impulsions, le magnétisme, l'électricité. Don, lui, adorait parler de ces choses-là tout comme d'argent, de finances et d'économie. Il établissait des budgets pour une année, voire pour deux ou cinq et en débattait avec les siens. Il aimait faire des affaires, c'était d'ailleurs un excellent négociateur. Ce monde du "business" - "la matière créative de la vie", se plaisait-il à dire - le passionnait. Pour moi, tout cela demeurait bien mystérieux.

On m'avait appris à ne pas marchander mais, au contraire, à accepter et à payer le prix fixé. Le commerce et plus spécialement "les affaires" étaient revêtues, dans mon milieu familial, d'une connotation plutôt péjorative et il convenait d'éviter tout risque important. Et jusqu'à la suspension de mon père de ses fonctions à l'époque des "chasses aux sorcières" du McCarthisme dans les années 1950, l'argent n'était aucunement un sujet de conversation.

A la maison, les bons livres et la musique classique faisaient partie de nos loisirs et nous ne possédions même pas la télévision. Mes parents ne nous refusaient rien sur le plan de l'éducation - leçons de piano, école privée, séjour d'une année en France - mais il n'en était pas de même en ce qui concernait les biens de consommation. Ils étaient affectueux mais très stricts avec mon frère et moi.

Pendant la Seconde Guerre mondiale, Don eut une enfance ballottée en raison de constants déplacements : il fréquenta huit écoles différentes en dix ans et échappa ainsi au processus normal de sociabilisation de tout adolescent. Malgré de bonnes manières, il n'avait jamais appris à se contrôler, ni acquis le sens de l'à-propos. C'est ainsi qu'il laissait échapper tout ce qui lui venait à l'esprit à l'instant même où une idée lui passait par la tête, prenant les gens au dépourvu, les contrariant ou les mettant dans l'embarras, ce qui les amenait à une attitude défensive.

L'éducation que m'avaient donnée mes parents était axée sur l'honnêteté, la courtoisie, les bonnes manières et l'usage d'un langage grammaticalement correct. Je m'appliquais à toujours mettre les formes et j'étais très sensible à la bonne tenue.

Don, lui, avait été à "l'école des coups". Il aimait à dire que cet enseignement avait été complété par un engagement de deux ans dans l'armée lors de la guerre de Corée et qu'il était ensuite entré de lui-même dans une école d'ingénieur tout en travaillant à temps complet pour pouvoir entretenir sa femme et leurs trois enfants. Il s'était bâti lui-même. Mon école littéraire privée lui apparaissait comme une sorte de club de loisirs.

Peut-être n'avais-je pas eu, en effet, une éducation "à la dure" mais, en tant que mère isolée pendant cinq ans, j'avais appris ce que signifie combattre pour survivre. Rien dans mon passé ne m'avait préparée à élever seule mes deux fils, sans allocations familiales. Quand, finalement, j'obtins mon diplôme d'enseignement, je dus jongler avec deux postes d'enseignant et donner des leçons particulières le week-end pour augmenter mes revenus et avoir suffisamment d'argent pour payer la nourriture et le logement. J'ai dû renégocier des emprunts, convaincre mes créanciers d'accepter des paiements échelonnés. J'ai dû faire preuve de fermeté quand la simple courtoisie se révélait inefficace. J'ai été contrainte de délier ma langue, de prendre mon courage à deux mains et d'aller à l'encontre de ce que mon caractère et mon éducation m'avaient jusque-là dicté. Cela représentait pour moi le même défi que descendre la paroi d'une falaise haute de 13 m.

Rien, non plus, ne m'avait préparée aux aléas et aux pièges d'un engagement auprès d'un homme dont le goût de l'aventure outrepassait son désir d'amour. J'aimais et j'admirais l'enthousiasme de Don et sa passion pour la vie. Quelquefois il se montrait chaleureux, prévenant et aimant. Mais, à d'autres moments, je détestais sa conduite irréfléchie et son goût prononcé pour la coercition. Nos divergences auraient pu composer un mélange mortel mais je m'efforçais de ne pas trop y réfléchir. Cet homme et son mode de vie me fascinaient trop pour que je cesse d'y penser.

Son rêve?... Croulant tous les deux sous les dettes et nous débattant pour réunir nos deux familles, nos chances de posséder un jour un bateau et de pouvoir naviguer autour du monde paraissaient bien minces. J'estimais donc que je n'aurais pas à affronter cette perspective avant longtemps, de sorte que, lorsque Don me demanda en mariage, je répondis vivement par l'affirmative et m'engageai ainsi pour tout ce que la vie m'apporterait...

Homme libre, toujours tu chériras la mer!
La mer est ton miroir; tu contemples ton âme
Dans le déroulement infini de sa lame,
Et ton esprit n'est pas un gouffre moins amer.

—Beaudelaire. *Les fleurs du mal, XIV*
L'homme et la mer.

CHAPITRE 1

Coup de tonnerre

ACAPULCO, 4 DÉCEMBRE

Le rêve de Don se brisa huit semaines après notre départ du port de Los Angelès. Les derniers fragments de sa grande épopée - un périple à la voile de deux ans dans l'hémisphère Sud - se détachèrent et il les reçut en pleine figure comme un cadeau maudit.

Alors que nous nous préparions à gagner le centre pour appareiller et mettre le cap sur l'île de Pâques, Jeff demanda:

"Euh!... vous allez à la capitainerie?"

"Oui, pourquoi? Veux-tu nous accompagner?"

"Euh... non... Je pense que j'aimerais rentrer à la maison."

"Rentrer à la maison..."

La nausée me contracta l'estomac, comme si j'avais été mise K.O. Je me penchai, prête à vomir.

"Tu n'es pas sérieux!" Ces mots m'avaient échappé. Pourtant je savais bien que Jeff ne prononçait jamais une parole à la légère. Je jetai un coup d'œil à Don qui s'apprêtait à remonter l'échelle menant de la cabine au pont. Son fils préféré renonçait comme l'avaient déjà fait les trois plus jeunes et il accusait le coup, sans voix, les larmes aux yeux.

En un éclair je me rappelai la longue discussion que nous avions eue une semaine auparavant. Nous venions de recevoir u xn message radio de Tex, notre contact en Californie. Il nous informait que le gouvernement équatorien nous avait refusé le permis de séjour dans les îles Galapagos. Don avait, à l'origine, établi notre itinéraire de manière à tirer le meilleur parti des courants et des vents favorables et les Galapagos constituaient précisément le point de départ idéal pour rejoindre l'île de Pâques à la voile.

Nous étions profondément déçus. Non seulement nous ne verrions pas les célèbres tortues, les phoques, les iguanes et la multitude d'oiseaux des Galapagos mais, en supprimant cette escale, nous aurions, pendant un mois pénible, à affronter le vent pour gagner directement l'île de Pâques.

Des pannes de matériel, des défections d'équipage, un détour de quinze jours pour raccompagner Michaël et Carl avaient déjà retardé notre voyage, nous contraignant à modifier notre itinéraire. Nos familles et nos amis étaient très inquiets: ils avaient adressé du courrier à des ports où nous ne nous rendrions plus car, à la suite de cette information concernant les Galapagos, nous avions déjà envisagé des modifications d'itinéraire. La Direction de la Navigation pour l'Amérique du Sud et l'île de Pâques n'avait pas été encourageante: "A l'île de Pâques, le beau temps ne dure jamais plus de quelques jours d'affilée par an. Les voiliers s'ancrant devant l'île doivent se tenir prêts à prendre le large car souvent le vent change inopinément de direction et peut, en l'espace de quelques minutes, jeter un navire au rivage... Les autorités chiliennes conseillent à tous les navires et embarcations d'éviter de mouiller à l'île de Pâques, sauf en cas d'urgence."

Je demandai alors à Don s'il serait judicieux de nous y rendre compte tenu du risque de nous trouver bloqués à bord par le mauvais temps.

"Allons donc, il ne fait jamais aussi mauvais que ce que raconte la Direction de la Navigation", me répondit-il "Ce sont des sornettes destinées à masquer son incompétence. Notre seul problème sera de louvoyer pour gagner l'île."

Mon découragement donnait de l'énergie à Jeff. "Papa, je ne veux pas contourner le cap Horn."

J'étais abasourdie. Je me remémorai la discussion familiale enflammée que nous avions eue l'année précédant notre départ de Californie. Don et Jeff avaient tenté de nous rallier à eux, tout à leur excitation à la pensée de doubler le cap Horn: "Parce que c'est quelque chose, comme l'Everest!" - tel était le cliché qu'ils se complaisaient à employer.

Mike, Sean et Carl n'avaient pas approuvé cette idée. Moi non plus. Un cauchemar qui me revenait périodiquement, à la pensée de doubler le Horn, avait étouffé ma curiosité initiale. Ce même cauchemar, je l'avais fait à trois reprises et, chaque fois, je m'étais réveillée en proie à la panique et trempée de sueur. Le scénario était toujours le même: nous nous dirigions vers le Cap Horn; le bateau était emporté par une gigantesque lame, catapulté dans les airs et roulé par les flots avant de se fracasser; Sean avait été projeté hors du cockpit et avait disparu pour toujours. Bien que j'eusse noté tous ces détails dans mon journal, je n'avais jamais parlé à quiconque de ce cauchemar, comme si le simple fait de le raconter pouvait le rendre vrai.

J'avais lu toutes les "histoires horribles" imaginables et ne voulais en aucun cas être la première femme à faire naufrage au large du cap Horn. J'avais donné mon avis comme Mike, Sean et Carl. Soutenant Don, Jeff avait cependant persisté: "Il est fort possible que nous y restions, maman. Mais alors, quelle façon de partir!"

Aussi, lorsque Jeff annonça qu'il renonçait à doubler le cap Horn, je lui rappelai sa remarque désinvolte de l'année passée. "Ouais, mais c'était à l'époque où je croyais que nous partirions tous les six. Je pense qu'il n'est pas possible de manoeuvrer le bateau à trois. Ne pouvons-nous pas envisager un projet différent?"

Ce même jour, nous avions examiné les options suivantes: passer par le canal de Panama, la mer des Antilles; puis longer la côte du Brésil et traverser l'Atlantique Sud. Mais Don nous rappela que le moteur diesel du bateau n'était pas suffisamment puissant pour résister aux courants des Caraïbes.

Je proposai alors de traverser l'Atlantique Nord et de mettre le cap sur la France. C'était "mon rêve" de faire une croisière d'agrément sur les canaux de Bourgogne ou de Provence; de nous amarrer à une péniche dans un petit village et de partager le pain et les saucisses du capitaine; d'observer les vieux coiffés de leur béret jouer à la pétanque sur la place principale; d'acheter du fromage au marché en plein air; de faire du vélo sur des routes bordées de peupliers; de vivre les scènes peintes par les Impressionnistes et les Fauves. Ce "rêve" n'était pas dépourvu d'intérêt mais il lui manquait le piment de l'aventure et du risque. Il était plutôt du genre "croisière pour septuagénaires" et je ne m'attendais guère à ce que Don lui prêtât quelque attention. En outre, à cette époque, il ne partageait pas mon amour de la France. La courte et désagréable visite qu'il avait faite à Paris à l'époque où il n'était qu'un jeune GI, avait aigri son jugement sur les Français.

"Non", rétorqua-t-il, en me contraignant à des pensées plus pragmatiques. "Nous aurions à traverser trop de routes de navigation et notre équipage est trop restreint pour pouvoir assurer les quarts de nuit. De plus, l'hiver est mauvais dans l'Atlantique nord."

"Pire qu'au cap Horn?" demandai-je avec précipitation.

"Nous appareillerons pour le cap Horn en été. Il y a bien sûr des tempêtes à cet endroit mais, en janvier, nous n'avons que dix pour cent de risques d'en subir une méchante."

Jeff suggéra de nous diriger vers les îles Marquises puis de continuer en direction de la Nouvelle-Zélande et de l'Australie. "Nous avions déjà envisagé cet itinéraire l'année dernière, t'en souviens-tu papa?"

"Oui, mais ce n'était qu'une possibilité dans le cas d'un départ en mai. Actuellement la saison n'est pas favorable à un voyage dans cette direction car, là-bas, c'est l'époque des ouragans."

Toutes nos suggestions s'étaient heurtées à un mur sur lequel elles avaient mal rebondi. Nous n'avions aucune chance de nous faire entendre. Don avait la ferme intention de gagner le cap Horn et rien ne l'en dissuaderait. Nous irions au cap Horn, qu'on le veuille ou non! Particulièrement contrariée, j'écrivis cette nuit-là:

Les cartes sont truquées. Je suis dans la peau d'une Carmen qui a tiré la Dame de Pique: "Cap Horn-cap Horn. Toujours le cap Horn". Don soutient que les vents sont favorables, qu'il n'y a pas de routes de navigation à couper et que si la mer devient trop dure, nous pourrons emprunter le détroit de Magellan. Comme Moitessier, il pense que c'est la "Route logique"(1). Ses explications me paraissent un peu trop optimistes - je me méfie de sa "logique". Pourquoi ne peut-il pas avoir une attitude franche et honnête et nous avouer: "je tiens absolument à doubler le cap Horn; c'est mon rêve." Eh bien non! Il nous joue un rôle: celui de la personne logique qui nous oblige à suivre la "Route logique"; d'Acapulco à l'île de Pâques; de l'île de Pâques au cap Horn. "La suite comme prévu". Fin de la discussion.

Maintenant Jeff dévisageait Don, immobile et pâle, debout sur l'échelle et lisait dans son regard: "Papa, je ne pars pas pour les mêmes raisons que les autres. Ce n'est pas que je me sente mal sur ce bateau mais mes copains me manquent. Toi, tu as maman... moi, je n'ai personne... pas d'amis à qui parler. Et puis vous n'avez pas les mêmes goûts que moi: vous appréciez la musique classique et aimez vous arrêter dans des endroits déserts. Moi, ça m'est égal d'y aller mais seul, sans garçons de mon âge, c'est pas drôle! Si je réussissais à en convaincre un de m'accompagner, alors pourrais-je peut-être vous retrouver plus tard, à l'île de Pâques ou à Punta Arenas par exemple."

Au cours des sept années pendant lesquelles j'avais été sa belle-mère, je n'avais jamais entendu Jeff prononcer autant de mots à la fois, ni ménager son père avec autant de soin. Sa détermination à vouloir nous rejoindre me paraissait sincère; pourtant j'entrevoyais la suite: il rentrerait à la maison et s'amuserait tant et si bien qu'il oublierait ses bonnes résolutions.

Et maintenant? pensai-je. *Et maintenant?* Je scrutai de nouveau Don. Son visage avait repris des couleurs et il avait retrouvé son attitude combative. "Tu penses vraiment cela? ... En es-tu sûr?... Quels sont tes plans?..." Il était en train de mettre Jeff à l'épreuve et de vérifier ses dires.

Mon esprit travaillait vite tandis que Jeff et Don discutaient. *Et maintenant?* Il était prévu que nous appareillerions le lendemain pour entreprendre une traversée de 3500 milles en direction de l'île de Pâques. Le souvenir de la voix aigüe d'une relation de croisière résonnait à mes tympans. "Pourquoi donc emmenez-vous des adolescents? De jeunes enfants, d'accord, mais des adolescents... Ne pouvez-vous pas les laisser à la maison?" Cette femme et son mari étaient de retour d'un voyage de deux ans dans le Pacifique sud. "A nous deux, nous nous sommes affrontés plus qu'en vingt ans de mariage. Vous êtes fous de partir avec quatre adolescents!"

J'aurais dû me douter que nous en arriverions là. J'aurais dû m'y préparer. Peut-être était-ce effectivement de la folie. Il y avait eu une vague de fond que je n'avais pas su identifier: des chuchotements qui cessaient dès que Don ou moi-même apparaissions, puis des remarques sarcastiques entre le capitaine et son équipage. Au bout de dix jours de ce régime, j'enrageais aussi bien contre les garçons que contre Don. Cette colère noire avait été interrompue par un semblant de trève qui n'avait duré que quelques jours.

Le 27 octobre, avant même d'avoir quitté la basse Californie, la bombe éclata. Michaël demanda si nous pouvions faire un "léger" détour par La Paz pour le déposer lui et Carl: il désirait rentrer à la maison, ne pouvant piffrer le capitaine". Ce détour allongeait le trajet de 200 milles mais c'était comme s'il nous demandait de le conduire au cinéma! Je l'aurais volontiers rossé. J'avais pourtant pressenti qu'il n'était pas candidat à cette expédition. Son comportement avait été affreux durant les six semaines précédant notre départ de Californie. Il maugréait à chaque fois qu'il aidait, se plaignait sans cesse, jurait, proférait des grossièretés à l'adresse de Don et du bateau. C'est d'ailleurs ce que j'ai consigné dans mon journal:

Je souhaite simplement que Michaël nous avoue ne pas vouloir partir et qu'il abandonne cette attitude. Mais j'ai le sentiment qu'il cherche à mettre Don hors de lui, pour que celui-ci lui ordonne de rester à la maison. De cette manière, il n'aurait pas à prendre lui-même de décision.

Si la décision de Michaël m'avait rendue furieuse, celle de Carl m'abattit. En tant que "fils adoptif" et meilleur ami de Sean, il avait toujours été considéré comme la "valeur ajoutée" qui égayait notre famille. En tant que membre d'équipage, il avait pris ses quarts sans se plaindre et paraissait apprécier la vie en mer et l'art de la voile. Il travaillait sérieusement et, au contraire de Don et des trois autres garçons, gardait son sens de l'humour, sans la moindre allusion ironique ou blessante. Aussi, lorsqu'il m'annonça son abandon, je sentis que je perdais un appui. Je m'interrogeai: nos vives réparties ne l'avaient-elles pas choqué ou bien avait-il été, lui-même, l'objet de réflexions sarcastiques? N'ayant, à quatorze ans, jamais quitté le domicile familial, il m'avait confié que son père lui manquait.

"De plus", m'avoua-t-il, "je n'ai pas l'habitude de vivre comme vous et monsieur Douglass." Nous y voilà! Il n'était pas habitué à nos sautes d'humeur, aux coups de gueule du capitaine et à la nervosité générale. Le temps qu'il avait passé chez nous avait été insuffisant pour lui permettre de s'adapter à notre "mode de vie". Il ne m'avait jamais entendue discuter avec Don parce que ce dernier était généralement absent et que les enfants et moi vivions de bons moments, sans tension.

Michaël et Carl nous quittèrent donc et trois semaines plus tard, à Puerto Vallarta, ce fut le tour de Sean.

Après le coup de tonnerre de Jeff, j'eus une pensée pour mon père: je ressentais la désapprobation qu'il aurait inévitablement exprimée en apprenant ces défections, ainsi qu'une certaine frustration et une crainte à notre égard qu'il n'avait jamais extériorisées. La dernière fois que je lui avais parlé - c'était le 23 novembre - je lui avais dit que nous avions supprimé le Guatémala de notre itinéraire. En effet nous ne pouvions plus nous permettre d'y faire escale, en raison du temps que nous avions déjà perdu à nous occuper du départ des garçons.

"Vous changez sans cesse vos plans", se plaignait-il, "je viens juste d'envoyer une lettre au Guatémala concernant vos finances. Maintenant vous ne la recevrez pas. Or votre compte courant est à sec. Que dois-je faire?"

Je me mordis les doigts de ne pas avoir insisté pour que l'associé de Don s'occupe de nos finances: c'était une trop lourde charge pour papa. "Pas d'argent", cela signifiait que nous allions devoir puiser dans le crédit de 5000 dollars que nous avait consenti la banque, auquel nous avions l'intention de ne pas toucher avant le versement en janvier du traitement sabbatique de Don. Or utiliser ce crédit préoccupait mon père. Il payait toujours ses factures à l'avance, mettait de côté une réserve d'argent pour les cas d'urgence et les impôts et avait mis au point un système si compliqué que même ma mère ne s'y retrouvait pas. Lorsque je lui suggérai de confier la tenue des comptes à PJ, l'associé de Don, il refusa. Nous devions "les tenir en famille". Il aurait été horrifié à la pensée qu'un étranger puisse être au courant de la situation de notre compte bancaire, de l'emprunt que nous avions souscrit pour notre bateau mais aussi qu'on s'aperçoive que la seule tâche dont il était capable était d'effectuer des versements mensuels, de "petits" versements, bien entendu, et sans précipitation.

L'incapacité de faire face était un trait de caractère de mon père que je ne lui connaissais pas jusque là. Auparavant, il savait prendre les situations en main, avait toujours été prompt à réagir face aux urgences et pouvait surmonter les difficultés financières. Il était à peine septuagénaire mais paraissait décliner rapidement. Je me demandai si la peur qu'il éprouvait pour nous était en train de le détruire ou si c'était quelque chose en lui qui n'allait pas.

Mais les frustrations qu'il pouvait éprouver étaient les moindres de mes soucis. Découragée et soudain effrayée, j'observai avec attention l'intérieur de la cabine: un bateau conçu pour six personnes, reconstruit, renforcé, armé pour le cap Horn et approvisionné pour six mois. Les années de préparatifs, d'économies, de privations, le temps et les efforts que nous - surtout Don - avions consacrés à ce projet, je ne savais pas si je devais davantage les regretter pour lui que pour moi. Se montrerait-il favorable à un autre projet? Que pouvait-on envisager, compte tenu du temps et de la saison? Il semblait que nous ayions épuisé toutes les solutions débattues la semaine précédente.

Les images de mon cauchemar répété se bousculaient en moi. J'essayai de les chasser de ma mémoire. Je ne pouvais me permettre des pensées négatives. Je devais garder mon esprit fixé sur le présent. Nous devions nous hâter de régler le départ de Jeff. Nous penserions plus tard à nous, Don et moi.

En sortant de ma torpeur, je surpris ces mots: "D'accord, si c'est vraiment ce que tu désires. As-tu assez d'argent pour payer ton billet de retour?"

Jeff acquiesça. Don avait insisté pour que les enfants mettent suffisamment d'argent de côté pour un vol de retour en cas de défection de leur part, mais aussi pour qu'ils prennent au préalable les dispositions nécessaires. Peut-être avait-il pressenti davantage que je ne l'avais supposé.

"Nous ferions mieux d'entrer en contact radio avec Tex et d'annoncer à ta mère et à ton beau-père que tu es de retour."

Je jetai un coup d'oeil à ma montre. Il était presque midi. Tout fermait entre douze et quatorze heures. Je respirai profondément et proposai: "Déjeunons ensemble puis Jeff et moi partirons."

Nous étions au mouillage près d'un hôtel pour touristes. Jeff et moi allâmes dans le hall de l'hôtel où nous prîmes contact avec un agent de voyage qui réserva une place sur le vol du lendemain matin.

Puis nous nous dirigeâmes vers le centre-ville pour faire quelques achats: courroie pour l'alternateur, tuyau pour le filtre à eau et colliers de serrage. C'était pour Jeff son premier bain de couleur locale et il débordait d'entrain.

Cette foule d'Acapulco était dense et toutes les couches de la société y étaient représentées. De jeunes enfants vendaient des babioles. Des femmes indiennes portaient des paniers posés en équilibre sur leur tête ou étaient assises en tailleur à même le sol, enveloppées de longues jupes, au milieu de poteries aux couleurs criardes.

Nous allâmes au marché en plein air. Dans une pénombre de grotte, des éventaires couverts s'étiraient sur une quinzaine de mètres. Des carcasses de viande fraîche venaient d'être livrées à la boucherie. Torse nu, arborant des tabliers couverts de giclures de sang, deux bouchers dépeçaient avec adresse des têtes de boeuf, des foies entiers, des intestins et des pattes, avant de les suspendre à de gigantesques crochets fixés sur le côté de leur échoppe.

De gros régimes de bananes pendaient à tous les éventaires de fruits et de légumes. Courgettes, carottes, tomates, oignons, poireaux, persil, bettes, pommes de terre, brocolis mexicains et fines herbes s'amoncelaient dans des seaux en plastique ou d'énormes bacs en carton. De grands sacs largement ouverts regorgeant de haricots et pois secs, de riz, de farine et de maïs témoignaient des récoltes d'une riche terre agricole.

Deux domestiques élancées et lippues marchandaient des légumes pendant que leurs élégantes maîtresses, soigneusement coiffées et arborant des ongles longs attendaient sur le parking, chacune dans leur Mercédès climatisée. De robustes veuves vêtues de noir remplissaient leurs paniers en osier d'une montagne de fruits et de légumes. Des jeunes gens aux cheveux lissés et aux yeux de braise, portant des pantalons moulants, m'incitèrent à passer mon sac en bandoulière autour de ma poitrine.

Jeff et moi remplîmes nos "bolsas" de petites bananes, d'agrumes, de betteraves, de pommes de terre, mais aussi de haricots secs, de riz et de pain frais. J'évitai la viande. Les mouches qui se régalaient de sang me semblaient décidément trop nombreuses pour mon sens bien américain de l'hygiène.

Jeff était excité, bavard mais plein d'appréhension: "Qu'arrivera-t-il si..." Il n'avait jamais pris l'avion auparavant, ni les transports publics. Pour un montagnard qui avait accompli une randonnée de plus de mille six cents kilomètres dans l'arrière-pays, il se montrait inquiet à la perspective de prendre l'avion.

"Qu'arrivera-t-il si je me perds dans l'aéroport de Mexico, si je manque la correspondance à Mexico?"

Je lui expliquai ce qu'il devrait faire.

"Et si je manque l'avion à Phoenix?"

Je lui rappelai que l'on parle anglais en Arizona et qu'il pourrait toujours téléphoner.

"Oh, oui", grimaça-t-il

Nous étions amis, égaux, cet après-midi-là.Il était content d'être avec moi et moi aussi. Je me sentais un peu mélancolique à la pensée qu'il ne puisse pas toujours en être ainsi.

J'achetai *La Prensa* à un kiosque et jetai un coup d'oeil sur l'horoscope du Verseau: "Ne bougez pas de l'endroit où vous êtes, si vous voulez préserver votre tranquillité. Abandonnez vos désirs de changements et de voyages. Il y a un amour qui vous offrira paix et sécurité sans la passion que vous attendez..."

Auparavant je n'avais jamais consulté d'horoscope: j'en trouvais l'idée ridicule. Mais, ce jour-là, je ne pus m'en empêcher. Je n'arrêtai pas de lire et de relire cet horoscope. Comment pouvait-il être aussi précis? Qu'est-ce qui m'avait poussée à acheter ce journal et à lire ces âneries? Je déchirai la page où se trouvait l'article pour l'insérer dans mon journal. Que m'arrivait-il? Je n'étais pourtant pas superstitieuse et me moquais des gens qui l'étaient. Mais la peur m'envahissait progressivement et mon subconscient se réveillait.

Ce soir-là, après le coucher du soleil, Don et moi étions assis dans le cockpit en train de siroter un Dubonnet pendant que Jeff bouclait ses bagages. Nous étions tous deux vidés physiquement autant que moralement et le vin eut pour effet de délier nos langues.

"Que ressens-tu maintenant que Jeff s'en va?"

"Comme un échec. Le pire de tous. Je me rends compte du peu de communication que j'ai eu avec lui, comme avec les autres." Ses yeux se remplirent de larmes. Il était silencieux.

Je me demandai si ce qui lui arrivait maintenant ne lui faisait pas prendre brutalement conscience de ce qu'il nous avait dissimulé depuis un an. Tout en dirigeant une entreprise industrielle et commerciale en expansion, il avait conçu des projets pour ce voyage, surveillé la reconstruction du bateau et refusé d'abandonner ses autres activités. C'est ainsi qu'il avait escaladé une douzaine de pics dans le Nord-Ouest, qu'il s'était rendu à Mexico pour gravir un sommet, qu'il avait fait de l'alpinisme dans le désert, qu'en été il avait guidé des randonnées de quatre semaines dans la Sierra, qu'en hiver il avait donné des cours de survie dans les montagnes enneigées de San Bernardino. Un tel surcroît d'activités aurait terrassé un individu ordinaire. Ce fut presque le cas pour nous.

Don était un homme de projets, amateur de frissons et de risques. Il nous y entraînait, en les justifiant par l'expérience éducative et le test de volonté, renforcés par la nécessité de placer la barre de plus en plus haut. Mais il ne prenait jamais le temps de s'observer, de "faire partager ses émotions". On aurait dit qu'il avait posé des jalons pour ne pas se retrouver face à lui-même.

Dix-huit mois auparavant, j'avais hésité à donner mon accord à cette expédition. Don avait voulu me faire part de son "rêve" et le partager activement avec moi. Pourtant j'étais gênée de lui confier mes états d'âme : lui-même était trop occupé à courir sans arrêt. Pour chacun d'entre nous, la décision avait été difficile à prendre mais nous avions réussi à nous mettre d'accord. Don m'avait assurée que ce voyage nous rapprocherait, à l'exemple d'un couple dont la naissance d'un enfant mettrait l'union à l'épreuve. Je pouvais déjà entrevoir les problèmes auxquels, étroitement confinés dans notre cabine, nous aurions à faire face mais je ne confiai ces craintes qu'à mon journal car Don n'aurait pas manqué de me reprocher d'être négative.

Deux semaines après notre départ de Los Angelès, alors que nous voguions le long de la côte de Californie, j'avais écrit:

Je crains qu'au lieu de nous rapprocher, ce voyage ne nous fasse nous détester. Il est déjà difficile pour un couple de vivre ainsi mais avec quatre personnes supplémentaires, la probabilité de désaccord est augmentée d'autant, comme si l'on plongeait un thermomètre dans de l'huile bouillante.

Don avait souvent critiqué les parents qui vivent leurs propres rêves à travers leurs enfants et je me demandais s'il n'était pas maintenant en train de s'interroger à ce sujet. Il était conscient d'avoir fortement incité les garçons en essayant de les "préparer" au cap Horn. Mais il avait utilisé les sarcasmes et les insultes, ce qui avait donné le résultat inverse.

Cette situation, Don la ressentait "comme un échec". C'était la première fois que je l'avais entendu prononcer ces mots. Je l'enlaçai. Je l'aimais mieux quand il avouait un moment de faiblesse que lorsqu'il jouait au capitaine invincible.

"Je me sens mal pour toi. Si seulement tu pouvais exprimer ta colère d'une façon plus positive, nous nous en sortirions mieux."

Il acquiesça: "Je sais. Je ne comprends pas pourquoi je suis par moment si détestable. J'imagine que j'attends tout simplement trop des gens."

Il alla se coucher, trop fatigué pour discuter de nos projets. Avant de me mettre au lit, j'écrivis:

Je me demande s'il est préférable de revoir nos objectifs à la baisse, comme je le fais, avec la probabilité de ne pas encourir l'échec, ou bien de placer la barre si haut que l'échec ne manquera pas de survenir cruellement. Jeff persiste à dire qu'il ne rentre qu'avec l'intention d'amener un ami et qu'il nous rejoindra en avion à l'île de Pâques ou à Punta Arenas au Chili mais je ne pense pas que nous le reverrons. Je suis effrayée. Hier, j'ai réfléchi à un titre pour notre livre: "Et puis il n'y eut plus rien", mais j'ai peur de prononcer ces mots à voix haute. Aujourd'hui, Don semble être dans le même état d'esprit.

5 DÉCEMBRE

6 heures. Une limousine de l'aéroport s'est arrêtée devant l'hôtel et Jeff s'y est engouffré avec la même insouciance que s'il partait faire une promenade autour de la ville.

En regagnant le bateau à la rame, Don me lança: "Pour l'amour de Dieu, quittons ce port au plus vite avant que ne surviennent d'autres évènements."

J'étais d'accord avec lui. J'avais hâte de régler les formalités de départ, peu importe la direction que nous choisirions. Ni l'un, ni l'autre n'avions désiré nous rendre à Acapulco. Nous l'avions fait pour les garçons, afin qu'ils jouissent d'un peu de bon temps avant de se retrouver en pleine mer.

Le jour de notre arrivée à Acapulco (c'était avant le coup de tonnerre de Jeff), j'avais écrit:

Nous avions prévu de faire escale dans ce port pour le bien de l'équipage. Pourtant les garçons auraient été déçus: nous voilà dans une ville pour Américains d'âge mûr qui débarquent ici en voyages organisés de trois jours à 499 dollars. Il n'y a aucune distraction pour des adolescents. Et maintenant nous nous retrouvons avec le dernier de ceux-ci qui n'a pas aperçu sur la plage une seule jeune fille parlant anglais.

Je me demande ce qui peut bien amener les gens dans cet endroit. Il est vrai que la baie est magnifique et que l'eau y est chaude. Mais le climat est si étouffant que je ruisselle de sueur même en ne faisant rien. Qu'est-ce-qui attire les gens? Peut-être est-ce l'image du luxe que donne tout cet ensemble: la climatisation, la limousine qui vous conduit à un hôtel comportant un casino et une piscine et où l'on "parle anglais". Nul besoin d'en sortir ni de frayer avec les autochtones.

Nous, par contre, ne connaissons ni la climatisation, ni l'hôtellerie de luxe. En fait, nous "campons" au milieu de 25 000 personnes. L'eau du port est trop sale pour pouvoir s'y baigner, trop sale aussi pour la vaisselle. Les voleurs sont légion. On nous a prévenus de ne pas laisser notre bateau inoccupé, même verrouillé, car les voleurs opèrent sur le pont en pleine journée. Je suis tiraillée entre mon envie de sortir d'ici au plus tôt et mon désir de garder le contact avec le sol, aussi déplaisant soit-il. Quand nous appareillerons, nous perdrons la terre de vue et aurons en perspective un mois de mer, sans dunes de sable, ni collines, ni arbres, ni montagnes, rien que de l'eau, de l'eau à l'infini.

Nous prîmes soin de retirer du pont tout ce qui aurait pu tenter un voleur et verrouillâmes le bateau, avant d'aller régler les différentes formalités portuaires, d'immigration et de douane. J'étais heureuse à la pensée d'être débarrassée de cette corvée pendant un bon bout de temps.

Il était 10 heures du matin lorsque nous nous présentâmes aux bureaux de la *Migración*. Au bout d'une demie heure passée à attendre que notre laissez-passer soit signé, un auxiliaire nous informa tout d'abord que nous devions payer une amende parce que nous quittions le Mexique plus tôt que prévu, au lieu de mettre le cap sur Puerto Angel, ainsi que cela figurait sur nos papiers.

"Veuillez signer ce reçu", annonça-t-il impérativement à Don. Ce fut notre premier contact avec l'arnaque, "la *mordida*". Poliment mais fermement, Don lui répondit: "*Non.*"

J'avais appris à me taire et à ne pas révéler ma connaissance de la langue espagnole. En effet, en jouant les "Américains muets", nous finirions par exaspérer les fonctionnaires, pressés de se débarrasser de nous. En revanche, si je me mettais à discuter en espagnol, ils se mettraient alors franchement en colère.

Effectivement, l'auxiliaire s'excusa devant la réponse de Don et, un quart d'heure plus tard, la *mordida* fut levée: Don avait retourné ses poches vides, le fonctionnaire avait ri puis était parti voir son chef pour la deuxième fois avant de revenir rapidement en annonçant: "*Jefe dice oke*" (le chef dit que c'est d'accord).

Le bureau des douanes se situait au premier étage du même bâtiment. Nouvelle attente. Je consultai ma montre: onze heures passés! Dans une heure tous les bureaux administratifs fermeraient. Si d'ici midi nous n'en avions pas terminé, nous devrions poireauter deux heures dans cet endroit. Trempée de sueur et mal à l'aise, j'enviais les autres femmes qui ne paraissaient pas transpirer. "Observe-les et tu comprendras pourquoi", me dit Don. Je me mis à les étudier. Un homme d'âge moyen entouré de deux douzaines de jeunes femmes travaillait avec application, les manches retroussées, la main fouillant périodiquement dans une poche à la recherche d'un mouchoir pour s'essuyer le front. Les femmes, en revanche, semblaient bien calmes et nullement épuisées. Je compris ce que Don voulait dire: elles ne travaillaient pas; elles étaient simplement assises sur leur chaise.

Au bout d'un quart d'heure, mécontente de cette perte de temps, j'extrayai un bloc de papier de ma "*bolsa*" et me mis à prendre des notes sur ce que je voyais. Don en fit autant. J'observai ces gens au travail, comme si je notais par écrit le détail de leur comportement. Cela les énervait manifestement. Une femme plus âgée s'approcha alors et s'enquit de ce que nous voulions. Don tendit ses papiers à travers le comptoir. En trois minutes ils lui furent restitués, tamponnés et nous prîmes le chemin de la capitainerie où tout fut réglé avec une célérité anormale, juste avant midi.

Le nom de Jeff figurait encore sur la liste d'équipage. Et pour cause. Un mois auparavant, à Puerto Vallarta, nous en avions fait l'expérience, le jour où Sean devait prendre l'avion du retour. Ses vêtements de marin, son équipement de plongée et ses cartons remplis de manuels scolaires étaient empilés dans le cockpit, prêts à être déchargés dès que Don, parti en ville pour régler son départ, serait revenu.

Nous étions ancrés à un quai situé à environ 500 mètres de la ville et je pouvais distinguer Don revenant vers le bateau. A la manière dont il donnait ses coups de rame, je sus que nous allions avoir une scène. Lorsque le dinghy cogna le flanc du bateau, le visage de Don était cramoisi et ses yeux exorbités.

"Mon gars, tu ne pars pas aujourd'hui. Il se peut même que tu ne puisses jamais quitter ce maudit lieu, au train où vont les choses: nous devons, en effet, écrire à l'office de l'immigration pour leur expliquer toutes les défections des membres de l'équipage."

Deux jours plus tard, Sean était "libre" de prendre son avion. Si les autorités du port suivant s'imaginaient que nous avions balancé Jeff par-dessus bord, nous allions devoir rendre des comptes!

17h30, soir d'hiver. Le soleil était couché mais l'air demeurait une étuve et j'étais encore en transpiration. Il faisait 35°C, avec 95 pour cent d'humidité - c'était la saison "fraîche" à Acapulco. L'habitante du Midwest que j'étais n'était pas à sa place. J'avais envie de temps froid, d'odeur de feuilles mortes en décomposition, de branches argentées et dénudées s'étirant sur un ciel jaune pâle, de dentelles de glace ourlant des rivages échancrés, d'air vif annonciateur de neige. Pour moi, l'hiver était le meilleur moment pour lessiver et briquer. Un arrêt de la nature, pour qu'elle puisse se reposer et fasse son inventaire avant sa *"renaissance"*. Mais, à Acapulco, le seul lien avec l'atmosphère hivernale était les instants paisibles de cette nuit que, songeurs, nous partagions, Don et moi.

"J'aimerais que nous parlions de nous maintenant", déclarai-je. Don s'empourpra. " Je suppose que tu t'es demandé si j'allais rester avec toi", ajoutai-je.

"Oui, je me suis demandé si, toi aussi, tu avais l'intention d'abandonner. Nous pouvons interrompre cette expédition, tu sais... Que penses-tu de la poursuivre?"

Sa question me rappela la conversation que j'avais eue avec le père de Carl, après avoir ramené ce dernier et Michaël en Californie au début de novembre. Je venais d'apprendre que Sean, lui aussi, voulait abandonner et rentrer avec l'intention d'aller habiter chez Carl et son père, Fred Kowalski. Ce dernier m'avait invitée à déjeuner pour "parler". D'un ton mordant, il m'avait demandé si j'avais l'intention de continuer avec Jeff pour seul équipier. J'avais eu du mal à ne pas m'attendrir sur moi-même. Les lèvres tremblantes, le nez gouttant et les yeux pleurant, je lui avais répondu que je n'en avais pas la moindre idée mais que j'avais un engagement vis à vis de Don et la ferme intention de le tenir. Aujourd'hui la situation s'était encore dégradée puisque nous n'étions plus que deux.

Je me suis demandé si, toi aussi, tu avais l'intention d'abandonner. Que penses-tu de l'idée de continuer?

Que pensais-je de l'idée de poursuivre ce voyage en mer? Les choses avaient changé de façon si radicale depuis notre départ de Californie. Lorsque nous nous occupions de préparatifs de voyage, je m'étais "engagée" comme professeur, cuisinière, chef réparateur de voiles, barreur et second à bord. (J'avais suivi des cours de navigation astronomique avec Don mais je ne maîtrisais pas encore les calculs et n'avais pas appris à utiliser le sextant). Les garçons étaient supposés accomplir les tâches les plus dures: hisser, abaisser les voiles, manoeuvrer l'ancre, essarder les ponts. C'était, dans la navigation, la traditionnelle répartition du travail. Je devrais désormais m'initier à des techniques que je n'aurais même pas imaginé devoir apprendre. C'étaient des travaux pour lesquels la force me manquait. Si les quatre garçons avaient été présents, je leur aurais crié: "Vous me laissez tomber! Comment vais-je faire maintenant pour manoeuvrer un bateau de vingt tonneaux!" Or, je savais pertinemment que si je poursuivais ce voyage j'allais devoir faire mon apprentissage.

Je savais aussi qu'avant de pouvoir donner une réponse définitive à Don, je devais mesurer exactement le degré d'importance que le cap Horn revêtait pour lui. Il m'avait rabattu les oreilles de ses expressions justificatives: *la Route du Grand Cercle, la Route logique, l'expérience éducative, la surexcitation, la première famille à avoir contourné le cap Horn* - et depuis que je l'avais rencontré, je ne l'avais jamais entendu dire clairement et honnêtement: "c'est pour moi que je veux réaliser ça." Avait-il toujours ce désir passionné ou bien sa flamme avait-elle faibli? S'il ne parvenait pas à être honnête et à avouer qu'un tel défi demeurait le "rêve de sa vie", cela signifierait qu'il n'avait tiré pour lui-même aucune leçon des évènements survenus au cours des huit dernières semaines et que, selon toute probabilité, il ne le pourrait jamais.

"Quelle importance cela a-t-il pour toi de doubler le cap Horn?", lui répétai-je doucement mais en appuyant soigneusement sur chaque mot. Il demeura silencieux pendant un long moment. Pressée de connaître sa réponse, j'élevai le ton en insistant exagérément: "Quelle... importance... cela... a-t-il?" Il se mit à rougir, me regarda, et, comme s'il était effrayé à l'idée d'abandonner son attitude défensive, il hésita avant de répondre calmement, avec lenteur: "J'estime... que c'est... suffisamment important." Ses yeux s'embuèrent. "Je commence à réaliser que c'est vraiment le voyage de ma vie. Mike et Sean ont eu un comportement si odieux qu'il m'a été facile de les blâmer, mais non de reconnaître ma part de responsabilité dans cette affaire."

Il reprit son souffle. Je me rendais compte qu'il bataillait avec ses pensées. "Perdre Jeff a vraiment été un coup dur: il paraissait s'être mis à la navigation, tout comme moi. Mais les autres garçons avaient manifestement des attentes qui ne correspondaient pas aux miennes et je ne m'en rendais pas compte."

Il fit de nouveau une pause: "Oui. J'estime que doubler le cap Horn est quelque chose de suffisamment important pour moi." D'un revers de main, il essuya les larmes qui coulaient sur son visage. "C'est vraiment mon "rêve"... Veux-tu continuer à le partager avec moi?"

Je ne répondis pas immédiatement. *Le Horn... Je suis effrayée à cette idée. Cependant une petite voix intérieure me dit que je pourrais ensuite crier, quand tout sera terminé: "J'ai réussi! J'ai doublé le cap Horn!"*

Cette pensée torturait sans cesse mon esprit: j'avais ce désir mais n'arrivais pas à en accepter l'idée. Je ressentais la même fascination pour le risque que lorsque j'avais rencontré Don pour la première fois. Pourquoi ne pas suivre les conseils donnés dans l'horoscope de La Prensa? Rechercher la paix et la sécurité. Mes parents en auraient été heureux. Mais j'avais aussi un désir ardent de sensations et pas uniquement de stabilité. Une sorte de passion pour la vie que Don possédait, un enthousiasme qui fait défaut à tant de gens. Toutefois, l'existence avec Don pouvait être aussi excitante qu'infernale. Serais-je capable de faire face aux éléments déchaînés du Pacifique Sud tout autant qu'à l'humeur du capitaine?

"Je le désire mais deux choses m'inquiètent", lui répondis-je, "La première c'est le cap Horn, la deuxième c'est nous." Son visage s'empourpra. Je continuai: "Je ne suis pas amoureuse de la voile comme toi et je n'ai pas fait le choix du cap Horn. Ce que j'attendais de ce voyage était, avant tout, d'aller à la découverte de pays et de populations, et non pas de passer mon temps en mer dans des conditions extrêmes."

Il m'écoutait, calme et songeur. Je poursuivais: "Maintenant que les garçons sont partis, je suis inquiète à la pensée de devenir ton souffre-douleur. Je ferai mon possible pour être un bon second, mais si je ne réponds pas à tes attentes, je ne veux pas être ton bouc-émissaire."

Il acquiesça. "J'espère que j'ai tiré une leçon de mon expérience avec les garçons", répondit-il, les larmes aux yeux. "Je sais que cela a été dur pour toi qui étais coincée entre les garçons et moi, et j'apprécie l'appui que tu m'as donné. J'ai besoin de toi... je veux que tu m'accompagnes."

"Allons en bas étudier la carte", proposai-je. "Le mois dernier quand nous discutions avec Jeff de la route du Horn, tu ignorais nos préoccupations. J'ai besoin de plus de détails."

Nous descendîmes. Don s'empara de la carte marine du Pacifique Sud et la déroula sur la table de la cuisine. Pour moi, une carte de navigation ressemblait plutôt à un dessin de Kandinsky. Des "satellites" aux queues empennées, appelés "roses des vents" désignent la direction et la force du vent pour chaque angle de dix degrés. Des lignes de balayage, rouges, bleues et vertes indiquent les couloirs de tempêtes, la pression barométrique et les variations annuelles. Au-dessous de ces "créatures marines" étaient dessinés les bords des continents et les grappes d'îles. Des mentions telles que: *Limite extrême des icebergs*", "*Route du Grand Cercle*" étaient imprimées. Je réussis à trouver l'île de Pâques, vague point au milieu des roses des vents, situé entre 20°9 et 30°5 de latitude Sud, entre 110° et 120° de longitude Ouest. J'essayai de repérer les roses des vents près du cap Horn: elles avaient deux fois plus de pennes.

"Quel est le pourcentage de risque de tempêtes près du cap Horn durant les mois d'été?" demandai-je

Don extraya du haut de la bibliothèque un *Atlas marin des climats* et l'ouvrit sur la couchette du pilote. Il le feuilleta jusqu'à la carte vingt, mois de février. Des tourbillons de lignes rouges et bleues, semblables à des coups de crayon maladroits, couvraient la carte. Des vents atteignant plus de 34 noeuds étaient figurés par des lignes rouges le long des hautes latitudes des deux hémisphères.

Don pointa son doigt: "Tu vois cette ligne-là?" Dix pour cent: cela indique une probabilité d'environ trois jours de tempête par mois." Il tourna les pages jusqu'à la carte du mois de mars. Là, le pourcentage doublait. "Si nous pouvons franchir le cap Horn avant la fin février, alors tout se passera bien. Si le temps devient mauvais, nous emprunterons le détroit de Magellan. Je te le promets."

"Je désire continuer", affirmai-je, "J'ai toujours pensé que cela pourrait être la plus grande aventure de ma vie. Nous n'avons pas eu beaucoup de joie ensemble l'année dernière - les préparatifs ont été trop absorbants - mais tout cela peut changer désormais. Si tu parviens à te mettre un peu à ma place, alors je resterai avec toi jusqu'au terme de mon congé sabbatique."

Il me dévisagea, mettant en doute mon sérieux, attendant que je lui répète mes dernières paroles. Pour le rassurer, je lui pris la main: "Je ne vais pas t'abandonner. Je continuerai à partager ton rêve..."

NOTES

1. "La Route logique" est l'expression utilisée par Bernard Moitessier dans *Cap Horn à la voile*. En 1965, il quitta la France avec sa femme Françoise à bord du *Joshua* pour un voyage de noces en direction des Galapagos, Tuamotu et Tahiti. Au lieu de revenir par le canal de Panama, ils prirent "la route logique" - c'est-à-dire la route rapide, celle qui contourne le cap Horn - pour regagner la France et y retrouver les enfants de Françoise l'année suivante à Pâques. Françoise fut, à cette époque, la première femme à avoir doublé le cap Horn à bord d'un voilier de moins de quinze mètres. En décembre 1967, Miles et Beryl Smeeton firent leur troisième tentative (réussie cette fois) à bord du *Tzu Hang* pour franchir le cap Horn d'Est en Ouest, ce qui fit de Beryl la deuxième femme à l'avoir passé sur un petit yacht.

CHAPITRE 2

Adaptation

9 DÉCEMBRE.

"C'est ton mental qui est la cause de ton mal de mer", déclara Don.

Nous étions à 130 milles au sud d'Acapulco et je n'étais pas encore amarinée. J'étais aux prises avec un horrible mal de mer.

"Tu es malade parce que les enfants sont partis. Il faut que tu t'en remettes."

Son observation me mit en rage. Il n'avait jamais connu le mal de mer qu'il considérait comme une maladie imaginaire. La houle me rendait malade mais, en général, après un jour ou deux, je finissais par m'habituer au balancement du bateau. La navigation le long de la côte du Mexique jusqu'à Acapulco avait été relativement aisée. Le vent soufflait régulièrement: dès que les voiles étaient réglées, le bateau gîtait sur le même bord, me permettant ainsi de m'adapter à un seul mouvement. La brise faisant désormais défaut, il fallut marcher au moteur. L'odeur du gas-oil n'était pas chassée par le vent et le roulis était devenu irrégulier. Déjà, lors de nos courses d'entraînement, j'avais essayé tous les médicaments antiémétiques existant sur le marché. En vain. Ou ils m'abrutissaient ou ils m'irritaient l'estomac! Lorsque nous entreprîmes ce voyage, je pensai que je n'aurais qu'à "surmonter le mal pour le faire disparaître" mais je n'avais pas envisagé de réaction aussi violente.

Nous étions en mer depuis trois jours et mon estomac ne pouvait rien retenir. Je ressentais dans ma tête des coups de marteau et, d'heure en heure, l'étau où étaient prises mes tempes se resserrait. Tout m'incommodait: l'odeur du moteur diesel et du kérosène, l'humidité de l'air, le roulis, l'absence de brise, le soleil. Et ce, où que je me tienne, sur le pont ou en bas. C'était affreux.

Tout au long de ces trois jours Don se montra patient et prévenant. Il m'apprit à scruter les nuages et la mer, m'expliqua que la température de l'eau descendrait dès que nous mettrions le cap au sud et que nous entrerions dans le courant de Humboldt. Il me montra du doigt les étoiles que l'on utilise pour la navigation - Aldébaran, Bételgeuse, Bellatrix et

Pollux - et nous discutâmes de la façon dont les peuples primitifs s'en servaient pour se guider. Il me montra comment déterminer la hauteur d'un astre au-dessus de l'horizon. J'aimais ce que j'apprenais mais j'étais trop malade pour éprouver le moindre enthousiasme. J'écrivis:

Don a montré la même sollicitude qu'un père au chevet de son enfant malade . "Je te raconte des histoires pour te ragaillardir." Mais sa petite fille s'en fiche, elle ne pense qu'à sa nausée. Dans son désir de la faire cesser, elle tente de l'oublier. "Montre-toi adulte", se dit-elle, "les adultes n'ont pas le mal de mer." Cela, elle a entendu les "vrais" marins le dire. Mais rien n'y fait. La petite fille demeure nauséeuse jour et nuit. Elle a peur de manger, alors qu'elle sait que son estomac a besoin d'être rempli. Déshydratée par les haut-le-coeur et les vomissements, elle a aussi peur de boire, bien qu'elle sache que c'est nécessaire. Elle sait aussi que l'air frais est ce qu'il y a de mieux pour elle, mais elle ne peut s'asseoir dans le cockpit sans vomir et ne peut s'allonger sur le pont sans être brûlée par le soleil. Elle ne veut pas non plus aller à l'intérieur parce que l'odeur du gas-oil ui donne des haut-le-coeur.

Au bout de soixante-douze heures de mer, le père perdit patience. Il avait l'impression que sa fille était une tire-au-flanc, que, depuis tout ce temps, elle aurait dû enfin s'être accoutumée à la mer et que, normalement, elle devrait entrer en convalescence.

"Cela suffit. Lève-toi, travaille et ne t'écoute pas. Oublie les odeurs. Absorbe-toi dans une tâche quelconque", lui dit-il pour la secouer.

La veille de notre départ d'Acapulco, j'avais écrit à un collègue pour lui dire: "Nous appareillons demain pour l'île de Pâques et resterons quatre semaines en mer. Ce sera un vrai test qui nous permettra de savoir si, malgré la défection de notre équipage, nous pouvons, Don et moi, faire équipe. J'ai appris des manoeuvres auxquelles je n'ai jamais voulu m'initier et pour lesquelles je n'avais jamais imaginé avoir la force physique nécessaire. Peut-être finirai-je par devenir marin malgré moi."

Je n'avais jamais rien fait d'aussi ardu. En dehors de la cuisine, je n'avais pas été habituée à pomper l'eau de la cale. La navigation, le réglage des voiles, la vérification et l'entretien du matériel était un travail incessant qui reposait entièrement sur Don, tandis que j'étais en proie à une nausée continuelle.

Nous commençâmes à devoir faire face à des défaillances de matériel: la pompe à eau douce de la cuisine aspirait de l'air au lieu d'eau; le néon au-dessus du comptoir de la cuisine tomba en panne, les hauts-parleurs du pont ne fonctionnaient que par intermittence; l'interrupteur des lumières du cockpit se cassa. Deux mois auparavant, au large de l'île de Cedros, à 330 milles au sud de Los Angelès, le voilier avait fait une embardée soudaine avant de heurter un rocher non identifié sur la carte. Jeff et Don avaient réparé l'avarie en la colmatant mais, bien que leur rafistolage aît tenu, la cale du carré embarquait toujours de l'eau .

10 DÉCEMBRE.

Don plongea par dessus bord pour vérifier l'état de la coque mais ne put déceler aucune avarie. La seule solution était de pomper et repomper après quelques heures. Le roulis du bateau n'avait pas varié et j'étais toujours malade. Parce qu'elle n'exigeait aucun effort intellectuel, je m'attribuai la corvée d'écoper. Les efforts que je déployais pour évacuer l'eau avant qu'elle ne couvre les fonds ne duraient au maximum que cinq minutes. Mais faire la cuisine était une autre paire de manches. Il me fallait réfléchir et ce n'était pas une tâche de quelques minutes.

J'm'efforçai de suivre le conseil de Don en restant positive lorsque je préparais le déjeuner. *Du calme, voyons, pense de façon positive. Pratique la méthode respiratoire. Inspire profondément, expire à fond. Sois positive.*

J'essayai d'allumer le fourneau mais la pression du réservoir de kérosène avait baissé et je ne parvins pas à obtenir la moindre flamme. Pour faire monter la pression, nous utilisions une pompe à vélo fixée à l'arrière. Tandis que j'allais en rampant chercher la pompe, un paquet de mer se fracassa contre le bateau, me projetant contre le placard de la cuisine. J'inhalai à pleins poumons les vapeurs de gas-oil, exhalai puis retins ma respiration en me baillonnant la bouche et le nez. Je rampai de nouveau vers le fourneau, ouvris la porte du placard inférieur et attachai la pompe à la valve du réservoir.

Dix, douze, quinze, seize. Seize coups: la pression est bonne, suffisante pour allumer le fourneau. Je détachai la pompe, rampai de nouveau à l'arrière pour la remettre en place, puis retournai au fourneau. Je me relevai et fixai le harnais de sécurité autour de mon postérieur. *Calme-toi. Inspire profondément. Expire.*

Je versai de l'alcool dans la coupelle du brûleur, l'allumai et le laissai se consumer. L'odeur antiseptique et sucrée me souleva le coeur. Je me penchai au-dessus de l'évier afin de me soulager, mais hormis des contractions sèches, rien ne sortait.

Je revins vers le fourneau. L'alcool de la coupelle s'était évaporé. Je tournai le bouton, grattai une allumette en la maintenant au-dessus de l'appareil. Une fumée noire se dégagea en chuintant. Le brûleur n'était pas encore suffisamment chaud pour que le kérosène puisse s'évaporer.

Don descendit pour prendre son sextant. C'était l'heure de la visée de midi.(1) Sur le point de me demander de l'aide, il m'aperçut en train de me débattre avec le fourneau. Il eut un moment d'hésitation, puis fit demitour et remonta à l'échelle. Versant plus d'alcool dans la coupelle du brûleur, je répétai l'opération et m'empêchai de respirer. "Calme-toi, pense de manière positive.", dis-je à haute voix. Je me pinçai le nez. Ma main sentait l'alcool et le kérosène. A bord, l'acuité de mon odorat devenait une malédiction. Je m'emparai d'une serviette pour me couvrir le nez.

L'alcool s'était consumé. J'allumai de nouveau le brûleur. Ce fut cette fois un succès car il fit jaillir une flamme d'un bleu limpide. Je versai une cuillérée d'huile d'olive dans une poële à frire, ajoutai des courgettes fraîches, des tomates, des oignons, de l'ail et des olives, puis émiettai de la saucisse sur cette mixture que je recouvris de tranches de fromage. Une ratatouille de pauvre, et qui sentait bon! *Peut-être pourrais-je même en goûter un peu*, pensai-je.

Je remplis l'assiette de Don et la posai sur la table à cardan afin qu'elle ne tombe pas par terre tandis que je remplissais la mienne. Je me détachai, me crochai au poteau, pris le plat de Don et grimpai à l'échelle pour le lui passer, avant de redescendre pour saisir mon assiette et remonter en m'arc-boutant. Calant mes pieds de chaque côté du cockpit, je ne pus avaler qu'une cuillérée de nourriture. Mon estomac se contracta aussitôt et les courgettes remontèrent d'elles-mêmes.Je me penchai audessus de la filière sous le vent.

Don déclara: "C'est excellent. Puis-je finir ton assiette?"

Avant de regagner ma couchette, j'écopai l'eau de la cale pour la cinquième fois depuis 8 h du matin. Oublié le pied marin! Le seul muscle que j'avais mis à contribution était mon biceps droit!

11 DÉCEMBRE.

Aux environs du cinquième jour, nous étions installés dans la routine, ou plutôt c'était Don qui l'était. Petit déjeuner avant 8 h. Jus de fruit, cacao, fruit frais, granulés avec du lait en boîte. Aujourd'hui Don a officié: il a ouvert pour moi une boîte de jus de fruits aux huit vitamines et m'a préparé une tasse de chocolat chaud. J'avalai le jus vitaminé et bus une petite gorgée de cacao. Le goût de la crème, seul ingrédient chimique de la mixture maison me fit éructer, engendrant des haut-le-coeur. M'extirpant de ma couchette, je bondis aux toilettes où je vomis le tout. Le tangage, à l'avant du bateau, me rendait encore plus nauséeuse.

"Apporte-moi un seau", hurlai-je à Don qui s'exécuta. Le seau calé sous le menton, j'accédai lentement au cockpit puis m'étendis sur le pont désséché par le soleil. *Mieux vaut brûler sur le pont que mourir dans les latrines*, me disai-je.

Don mesura au sextant la hauteur du soleil. Je notai pour lui les relèvements avec nonchalance, en commettant des erreurs. Je mis cinq minutes à faire correctement ce qui aurait dû n'en exiger qu'une. Il grogna, réclamant mon attention.

"Sapristi, quand je dis 'marque', appuie sur le bouton du chronomètre et enregistre l'heure. Comment allons-nous faire pour trouver l'île de Pâques, si nous ne nous décidons pas à prendre la navigation au sérieux?"

Dans l'après-midi, le vent tomba et le *Dauphin* se mit à faire des sauts de carpe. La grand-voile et le foc claquèrent bruyamment côte à côte. Don amena les voiles, fixa les bômes, attacha la barre avant de descendre et de se pelotonner contre moi dans la couchette. Nos corps poisseux réagirent comme au contact de la colle.

Oh, mon Dieu, faîtes que cela ne l'excite pas, pensai-je avec angoisse.

Trop tard. Dieu n'exauça pas mon voeu.

Je gémis à voix haute: "Comment peux-tu avoir envie d'une partenaire malade?" Je savais qu'il avait refoulé son désir depuis trop longtemps.

"Cela m'a excité de te voir en bikini. Ce n'est pas parce que tu as la nausée que je n'ai plus de désir", avoua-t-il doucement en caressant mes cuisses.

Son côté tendre s'exprimait toujours quand nous faisions l'amour. Pour ma part, quand bien même j'avais besoin de tendresse à ce moment, faire l'amour était la dernière chose que j'avais en tête. J'espérai qu'il reconsidérerait la situation et qu'il s'endormirait. Mais il n'en fit rien. Je me soumis donc, estimant qu'un refus pourrait le transformer en forcené. Alors que le bateau tanguait sous l'effet de gros et chaotiques rouleaux, je m'efforçai de me raidir contre le bord de la couchette.

Etendue à côté de lui, je me demandais si les autres femmes se souciaient de sexe dans un bateau gîtant à 45°. Même lorsque je ne souffrais pas du mal de mer, ma libido perdait de son énergie lorsque nous naviguions. Je me promis de faire mon propre "Rapport chaud des seconds maîtres à bord". J'avais toujours soupçonné que les marins aimaient autant la baise(2) que le lecteur moyen de *Penthouse*. Mais, à l'instar du mal de mer et des sentiments, le sexe est un tel tabou dans la littérature nautique que je n'ai jamais pu découvrir de quelle manière, en mer, les besoins sexuels s'assouvissent, avec ou sans femme. Jamais.

Don se réveilla, décolla son corps du mien et monta contrôler la barre. La brise s'était mise à fraîchir. Des nuages noirs s'amoncelaient à l'ouest et des gouttes de pluie martelaient le pont.

Je m'endormis, rêvant que nous assistions à un bal. *Une salle haute de plafond est décorée de vignes dorées en relief. Sur les murs lambrissés des tapisseries représentent des forêts d'un vert fané, des chevaliers revêtus de cotes de mailles, des demoiselles en coiffe et des licornes solitaires. Un orchestre joue des valses viennoises, tandis que nous dansons sur le parquet rendu inégal par des siècles de piétinements. Nos corps sont parfaitement accordés. Ma robe de mousseline de soie blanche flotte avec légèreté au-dessus de mes genoux tandis que je virevolte en tournant de trois-quart. Le bal s'achève. Le journal du matin affiche en première page notre romance. Le monde entier nous connaît désormais. Devons-nous nier?*

Le clapotis de l'eau me réveilla avant que lui ou moi en ait pris la décision. Le rêve m'avait perturbée. La danse - romantique et sensuelle - m'exalta, me délivrant de la monotonie quotidienne faite de nausée et d'inactivité. Mais le rêve relaté dans le journal me déprima. Mon maudit subconscient ne m'avait même pas permis une heure de plaisir, réel ou imaginaire.

Le bruit de l'eau s'infiltra dans ma conscience. J'écoutai. Ce n'était pas le bruit habituel et apaisant des flots s'écartant au passage du bateau.

"Oh Jésus!" Je bondis hors de ma couchette. J'avais dormi plus de quatre heures et le plancher de la cabine était inondé. Plus de cinq centimètres d'eau baignaient mes pieds. Les armatures transversales de la coque dans la partie avant du carré tenaient le rôle de digues, empêchant l'eau de s'écouler vers la partie la plus basse de la cale où je pouvais la pomper. La gîte avait encore accru l'afflux d'eau provenant de la voie d'eau de l'étrave.

Je criai en appelant Don. Il descendit et enleva les planches du sol. "Prends un seau et un récipient. Il faut écoper", dit-il. Il retourna à la barre. Je passai la demi-heure suivante à récupérer l'eau et à la déverser, en souffrant de spasmes. Quand j'eus terminé, il était 17 h 45, l'heure de me mettre à préparer le dîner. J'écrivis:

Oh mon Dieu, s'il vous arrive d'écouter les agnostiques, aidez-moi alors à venir à bout de ce mal de mer! Je désire continuer à vivre.

Notre destination - l'île de Pâques - se trouvait à 3500 milles au sud d'Acapulco et légèrement à l'ouest par 26°28' Sud et 105°23' Ouest. Au bout d'une semaine en mer, nous avions couvert presque 500 milles et nous nous trouvions à dix degrés de l'équateur. Ce n'était pas un mauvais score, pensions-nous, compte tenu du fait que les vents les plus favorables soufflent rarement à une vitesse supérieure à 10 noeuds ou bien que c'est le calme plat. Pour chaque période de vingt-quatre heures, notre livre de bord se lisait comme un échange de balles de tennis dans un tournoi: "Amener le génois. Le vent se lève. Hisser le génois. Vent d'est léger, stopper le moteur et envoyer la voile d'artimon."

Le temps était ensoleillé, chaud et lourd. Tout, sur le pont et à l'intérieur du bateau - équipage compris - transpirait. C'est ainsi que la cloison commença à se recouvrir d'un duvet vert, que les pages de l'almanach nautique se collèrent les unes aux autres et se froissèrent, que les serviettes de toilette, le papier hygiénique et nos vêtements se mirent à sentir le moisi (3). C'était la "croisière type" décrite dans les livres. Je m'étais attendue à cela mais la réalité s'avère toujours pire que la littérature et, surtout, je n'avais pas prévu mon mal de mer.

13 DÉCEMBRE

Découragée de ne pas réussir à m'habituer à la mer, je pris, ce matin, mon quart en pleurant. Comme d'ordinaire, Don interpréta cette attitude à sa façon: "Tu pleures parce que tu détestes ce voyage, n'est-ce pas?"

"Non. Je pleure parce que je me sens mal en point et inutile. Je ne suis pas un bon équipier. J'ai essayé de me détendre, de garder un bon moral mais rien n'y fait, j'ai la nausée en permanence. As-tu remarqué comme j'ai maigri? Tu peux voir mes côtes à présent."

"Parmi tous les livres que tu as lus, y en a-t-il un qui indique ce qu'il faut faire contre le mal de mer?"

"Diable, non", lui répondis-je "Personne ne fait état de constatations pessimistes telles que le mal de mer opiniâtre, les jours tristes, humides, poisseux et oppressants. Personne ne se plaint de pagaille à bord. Personne ne reconnaît que l'humidité s'empare de tout, engendre le moisi et la puanteur. Personne n'évoque les odeurs corporelles ou la saleté des cheveux. Comment aurais-je pu savoir tout ça?"

La nausée ne m'ayant pas desséché la langue, je continuai: "Rappelle-toi comment Al te taquinait à propos de ta vision irréaliste de l'avenir? Tu ne croyais pas aux histoires qu'il racontait au sujet de son voyage à Tahiti, n'est-ce pas? Elles étaient trop vraies - et le réalisme se vend mal. Les gens aiment les aventures imaginaires et héroïques qui parlent d'hommes extraordinaires aux prises avec une nature hostile, de conquérants, amateurs de défis et battant des records. Il est un fait que les personnes telles que moi ne s'embarquent pas dans des expéditions comme celle-ci et elles devraient s'en abstenir si elles sont sujettes au mal de mer. Mais je n'ai jamais souhaité que ce voyage tourne mal." Je pleurais en m'apitoyant sur moi-même. Don secoua la tête et gravit de nouveau l'échelle reliant la cabine au pont. Je savais une fois encore ce qu'il pensait - "maladie psychologique". Il vînt à l'esprit de l'enfant qui sommeillait en moi cette pensée: *si je meurs de déshydratation ou de faim, il se le reprochera.*

Les voix des amis qui étaient passés nous voir au port de Los Angelès peu avant notre départ résonnaient maintenant à mes oreilles. Tout en me regardant extraire de leurs cartons 2000 boîtes de conserve de viande et de légumes, ils jacassaient, impatients de nous faire profiter de leurs "tuyaux" - valables ou non - pour combattre le mal de mer: vous y êtes sujette et vous entreprenez quand même un tour du monde à la voile?... Hé! je connais justement le remède qu'il vous faut : une cuillérée de sirop de maïs avant chaque repas... Ou bien: mélangez du vinaigre de cidre et du miel et avalez cette mixture d'un trait après chaque repas... Ou encore: buvez du jus de tomate toutes les heures; ça marche d'une manière formidable! ...Essayez l'hypnose... Saoûlez-vous et vous ne saurez jamais ce qui vous est arrivé... Je continuais à m'occuper de mes boîtes de conserve en approuvant et en remerciant les donneurs de ces conseils judicieux. C'est dans le plus grand secret que j'avais essayé tous ces "trucs", excepté l'hypnose et l'ivresse. Mais rien ne marchait.

En dépit de mon état nauséeux, je commençais pourtant à apprécier la mer:

J'aime ce vent, tantôt régulier, tantôt changeant qui nous pousse à travers une vaste plaine ondulée de collines douces et de vallées. Les dessins créés par l'eau évoquent des vagues de blé bleu soulevées par le vent. Des nuages moutonnants d'encre grise se balancent à l'infini sur la ligne d'horizon. Nous ne cessons de dévaler au galop une pente interminable, jusqu'à l'équateur. Mon esprit aime cette façon de naviguer. Mon estomac déteste tout.

15 DÉCEMBRE

Bien qu'avachie, je parvenais pourtant à préparer deux repas par jour, à prendre les ris, à régler les voiles et à les amener, à assurer le quart la nuit. J'étais capable d'identifier les étoiles de navigation, sans avoir à demander à quelle constellation elles appartenaient et j'arrivais à noter les mesures lorsque Don se servait du sextant. Mais cela ne représentait qu'une infime partie de l'aide dont il avait besoin. Il était éreinté. Non seulement il était tout seul pour manoeuvrer ce bateau de vingt tonneaux, mais il devait aussi effectuer tous les relèvements nécessaires à la navigation. Depuis le départ, c'était la première fois que nous voguions hors de vue de la terre et il voulait être certain que ses mesures de hauteur du soleil et des astres étaient exactes. Faire le point était une tâche qui exigeait d'être exécutée régulièrement mais, à cause de moi, il n'avait pas toujours le temps de l'accomplir.

Le pilote automatique ne lui était pas d'un grand secours. Dès que nous nous enfoncions dans le vent, la girouette se mettait à bouger de telle façon que Don craignait qu'elle ne se brise, pour peu que nous l'utilisions. Toutefois, quand le temps était stable, Don pouvait attacher la barre et laisser filer le bateau. Il assumait alors quelques corvées, mais c'était rare; le plus souvent, l'un de nous devait prendre le quart.

Tandis que des lignes sombres striaient le contour de ses yeux, son irritabilité s'accroîssait, tout comme mon découragement Cette nuit-là, à l'heure de la radio, Tex téléphona à mon amie Katherine Wells. Kathy qui informait les journaux locaux grâce à mes lettres, nous raconta que l'un d'entre eux avait publié sa version du motif qui aurait incité les garçons à abandonner.

"De deux choses l'une, disait-elle, ou bien les garçons ne veulent pas te mettre en cause ou bien la reporter ne leur a pas posé les bonnes questions lorsqu'elle les a interviewés". "L'article était plutôt narquois, rempli de balivernes sur la navigation mais aucun des propos fantaisistes relatifs à l'expédition ne reflétait la réalité."

A la fin de ma nuit de veille - trois heures - nous aperçûmes dans l'eau une mystérieuse lueur verte. Cette tache lumineuse d'environ neuf mètres de large et située à une profondeur de quatre mètres passa doucement à tribord et parut suivre notre poupe. Au début, Don pensa qu'il s'agissait du reflet dans l'eau de nos feux mobiles et me demanda de les éteindre. Puis il regarda par dessus la poupe. Rien. Aucune luminescence. "S'il s'agit de nos feux mobiles, la tache lumineuse va réapparaître dès qu'ils seront rallumés." Ce que je fis: je les rallumai. Mais la tache lumineuse s'était évanouie. Pouvait-il s'agir de Noctiluca, micro-flagellés luminescents - version marine de minuscules lucioles - qui se rassemblent en grand nombre en émettant une lueur d'un vert surnaturel? Lorsque nous pompions l'eau salée pour l'évacuer dans les toilettes, nous étions fréquemment témoins d'un infime feu d'artifice au moment où ces microscopiques créatures heurtaient la coque. Ou bien - et c'était une pensée fort désagréable - cette lueur pouvait-elle provenir d'une baleine bio-luminescente?

Nous approchions effectivement de la zone où les Robertson, une famille anglaise de six personnes, avaient perdu leur goélette de treize mètres, à 200 milles à l'ouest des Galapagos, heurtée par un groupe d'orques (épaulards ou "baleines tueuses") . Le récit des trente-huit jours qu'ils passèrent sur un radeau de sauvetage, publié sous le titre *Survivre*, un an avant notre départ, nous avait donné à réfléchir. Les Robertson avaient été affirmatifs sur ce point: ces cétacés de neuf mètres avaient bel et bien attaqué leur bateau!

"Cette tache lumineuse qui avait à peu près la même longueur que notre coque pouvait fort bien être celle d'un cétacé passant l'inspection" en conclut Don.

La lueur disparut mais Don et moi étions trop troublés pour abandonner le cockpit. Je pensai à notre propre radeau de sauvetage prévu pour six personnes, placé dans notre caisson de survie "à l'épreuve des bombes" situé à l'arrière de l'échelle conduisant à la cabine. Don et Al Ryan - l'ami qui avait rebâti le *Dauphin amical* - avaient passé des heures à concevoir ce caisson de 1 m³ qui contenait notre canot de sauvetage Avon, des vivres, de l'eau douce, un dessalinisateur, un sextant de rechange, un almanach nautique, des hameçons et une ligne, une trousse de soins d'urgence, des gilets de sauvetage et des vêtements chauds. Y avait-il suffisamment de provisions dans ce caisson de survie? Pourrions-nous tout décharger en quelques minutes? Serions-nous capables de survivre comme les Robertson?

16 DÉCEMBRE

Nous nous trouvions à 6° de latitude nord, sous la couche de nuages qui recouvre la Dépression de l'équateur (4). Nous nous étions enfoncés dans ce "pot au noir", cette zone abominable connue pour ses calmes et ses températures torrides, où, en l'absence de vent, les voiliers clapotent des jours durant, où les hommes - comme les marins des temps anciens - meurent les lèvres déséchées. Heureusement, il n'en allait pas de même pour nous. Des rouleaux hauts comme les collines de l'Iowa avançaient, se soulevant lentement et doucement. Les bourrasques et orages caractéristiques de la Dépression traversaient le ciel en procession continue mais les vents nous étaient favorables. Dans ces conditions, on pouvait faire appel au pilote automatique qui prenait le relais de la barre, nous soulageant ainsi des veilles permanentes.

Au milieu de l'après-midi éclata un grain. Don était au paradis, criant à tue-tête: "N'est-ce pas formidable?" Il dégringola l'échelle pour s'emparer d'un flacon de savon liquide et la regrimpa pour se savonner dans l'attente de l'averse. Puis il la redescendit pour me demander une serviette, tandis que je me débattais avec le fourneau incliné à 35°.

"Je suis propre maintenant" déclara-t-il en espérant que ce nouvel état réveillerait mes sens.

Je fis mine d'ignorer ce sous-entendu et lui demandai s'il pouvait amener un peu de voile pour que le bateau vogue plus calmement. Le *Dauphin* avait filé à grande allure en bondissant sur les vagues tout l'après-midi et menaçait de faire une embardée.

"Non, nous n'atteindrons jamais l'île de Pâques si nous ne profitons pas au maximum de la force du vent."

"Tu avais pourtant promis une navigation agréable dès que nous aurons atteint les alizés", gémissai-je.

"C'était dans le cas où nous aurions mis le cap sur les Galapagos."

"Alors, ça va être comme ça pendant toute la traversée, même avec les alizés?"

"Probablement", répondit-il

Peu après, je commis l'erreur de lui faire part à vive voix de mes intentions: "Si je n'arrive pas à me débarrasser de ma nausée avant d'atteindre l'île de Pâques, que penses-tu de mon idée de te rejoindre en avion sur la côte chilienne?"

La perspective de souffrir à jamais du mal de mer me désespérait presque autant que celle de doubler le cap Horn. J'espérais que Don me témoignerait quelque compassion ou quelque marque de compréhension en raison de l'épreuve que je traversais. Mais ma question était inopportune. Son visage se figea en une expression menaçante que j'appelais son "faciès de Mongol". Il était prêt à sortir de ses gonds.

Bien sûr, après la scène d'adieu de Mike, Carl, Sean et Jeff que je lui avais rejouée, il n'était plus capable de ressentir pour moi la moindre compassion. Il ne voyait plus que les milliers de milles marins qui lui restaient à parcourir, l'étape la plus délicate du voyage, les vagues les plus effrayantes... tout ceci à bord d'un voilier qui n'était pas conçu pour une navigation en solitaire.

Il allait être lâchement abandonné! voilà ce qu'il ressentait.

Pourtant, dans mon for intérieur, je continuai à espérer: *il se peut que je sois bientôt débarrassée de ce mal de mer.*

Cependant j'ajoutai timidement: "Peut-être pourrions-nous trouver, à l'île de Pâques, quelqu'un qui ferait équipe avec nous... ou avec toi."

" Oui, peut-être", répondit-il froidement.

Si j'avais pu rétracter ces paroles, je l'aurais fait mais il n'y avait rien que j'eusse pu dire pour faire amende honorable.

Les dix heures qui suivirent furent les plus éprouvantes: coups de vent répétés, changements de voile constants, chronomètre inexact, incapacité à obtenir des tops horaires à la radio (nous étions hors de sa portée), batteries qui ne se rechargeaient pas correctement, appareils électriques corrodés. Et Don avait, en plus, la perspective de la défaillance de son second. Il était à bout de patience.

Le lendemain matin, oscillant entre un sarcasme dédaigneux et une amabilité doucereuse, il se lança dans un monologue tout à fait irrationnel: "Si jamais je refais ce genre de voyage, je prendrai un équipage entièrement féminin (sous-entendu: je n'en ferai pas partie). "Les filles ont moins l'esprit de compétition, elles sont plus faciles à former, plus subordonnées" (je ne l'étais pas) "Les hommes ont trop le goût de la compétitivité. Ils discutent sans cesse toutes les décisions du capitaine" (je ressemblais à un homme à ce point de vue. Il en oubliait que les "vrais" hommes ne connaissent pas le mal de mer). "Les filles acceptent tout simplement les ordres du capitaine" (je ne lui obéissais pas).

Pour peu sensé qu'il était, ce monologue était avant tout destiné à me provoquer, et c'est ce qu'il fit. J'aurais voulu jeter au visage de son auteur: "Hypocrite, toi qui te considères comme un partisan de l'égalité des femmes et des hommes, tu as le toupet de parler de cette manière!" Au lieu de cela, le sang me monta à la tête, je serrai les dents mais restai muette. Il n'était pas utile de poursuivre la lutte.

17 DÉCEMBRE

Des nuages couleur de lave s'agitent, menaçants. Une nappe d'acier traverse l'horizon, telle une armée en marche, laissant un sillage de fumée sur son passage. Apportée par le vent, la pluie crépite sur le pont comme des tirs de mitraillette. J'adore ce temps! C'est un temps propre et franc. Ni prétentieux, ni indécis, ni instable. Le ciel sait ce qu'il veut et il le fait.

C'était un temps de chien mais, tant que je demeurais dans le cockpit, je me sentais mieux. Rivée à la barre, enveloppée d'un poncho, je ne portais qu'un ciré et un caleçon qui, en dehors du bikini, étaient mes premiers vêtements depuis Acapulco. Je tenais la barre depuis plus de quatre heures. Don avait faim et voulait que je lui prépare un repas. A la minute même où, en bas, je me mis à respirer l'odeur du moteur, de l'alcool et du kérosène, mes haut-le-cœur revinrent. Voulant reprendre la barre, je proposai donc à Don un marché: il ferait la cuisine tandis que je resterais à la barre toute la journée.

Il parut surpris: "Je ne sais pas faire la cuisine, tu le sais bien."

"Tu seras capable de la faire si je te donne des instructions au fur et à mesure. Tu sais ouvrir une boîte de conserve, n'est-ce pas?"

"Si cela peut t'aider à te guérir de ton mal de mer, je suis d'accord pour essayer."

Cette nuit-là, il griffonna une page entière sur son journal personnel et relata son premier et désastreux essai culinaire:

La vie en mer suffit à faire pleurer un homme. Tandis que je remettais en place le sextant dans son étui, le voilier se mit à gîter fortement et la boîte d'Ovomaltine que j'avais laissée ouverte sur le comptoir de la cuisine, après en avoir préparé une tasse pour Réanne, fut projetée à terre. Poudre et bris de verre jonchèrent le sol. L'Ovomaltine doit être hydrophile car elle absorbe immédiatement l'humidité, se coagule en "miettes de "brownie". Aussi dus-je ramper dans tous les coins pour tenter, à quatre pattes, de rassembler en petits tas, à l'aide de la pelle à poussière ces miettes gluantes. Vlan! la porte du dessous de l'évier qui, restée ouverte, battait, me frappa à la tête (je l'avais mal fermée en prenant la pelle). Je suis monté pour déverser le contenu de la pelle dans l'eau et tout s'envola sur le pont! Je redescendis chercher des serviettes en papier, mais il n'y en avait plus sur le support. Comme si une fois n'était pas assez, voilà que je refais la même bêtise avec un pot de confiture de prune!

18 DÉCEMBRE

Après avoir passé dix heures à barrer, j'avais eu droit à un repos de cinq heures. Je dormais - c'était mon premier bon sommeil depuis des jours - lorsque le cri de Don me réveilla. Paniquée, je sautai hors de ma couchette et bondis en haut de l'échelle.

" Qu'est-ce-qui se passe?" hurlai-je.

" Que veux-tu dire?"

" Tu m'as appelée en criant, n'est-ce-pas?"

"Non, tu as dû rêver."

J'étais certaine l'avoir entendu crier. Peut-être avais-je rêvé ou étais-je en train de perdre la raison? Qu'arriverait-il si... Cette pensée s'insinuait dans mon subconscient: *Qu'arriverait-il si, en étant de quart, je passais par dessus bord, alors que Don dormirait? Qu'arriverait-il si une rafale frappait le bateau toutes voiles dehors, le couchait à l'horizontale et jetait Don à l'eau? Qu'arriverait-il si une vague inattendue submergeait le cockpit pendant que j'étais à la barre? Qu'arriverait-il si... si?* Avec le mugissement du vent et le bruissement de l'eau contre la coque, le cliquetis et le claquement des voiles, celui qui se trouverait en bas ne pourrait jamais entendre quoi que ce soit. Le bateau poursuivrait inexorablement sa route, entraînant Don ou moi-même vers une mort solitaire. Mon subconscient n'était-il pas en train de m'inciter à plus de vigilance? Nous ne portions pas notre harnais de sécurité. Il était grand temps de le mettre.

Parfaitement réveillée après cet épisode, je ne désirais pas retourner en bas. Je pris donc mon quart de quatre heures sous la pluie. Peu à peu j'émergeais du trou dont j'avais touché le fond.

21 DÉCEMBRE.

Quinze jours après avoir quitté Acapulco, nous franchissions l'Equateur. Dans l'hémisphère nord, c'était le solstice d'hiver et le jour le plus court de l'année; dans l'hémisphère sud, le solstice d'été et le jour le plus long. Toutefois, et jusqu'à ce que nous eussions atteint une latitude plus haute, nous ne notâmes pas de différence sensible dans la durée du jour. A l'Equateur, la longueur du jour est la même toute l'année; c'est seulement la durée du coucher du soleil et du lever qui varie. Les températures de l'eau et de l'air sont identiques. Depuis Acapulco elles avaient baissé de plus de treize degrés. L'air était agréable. Pour la première fois j'avais besoin de mettre des chaussettes et des chaussures.

Nous avons enfin atteint les alizés du sud-est. C'est une navigation magnifique, régulière et prévisible. La barre est attachée, le réglage des voiles n'a pas changé depuis trois jours et le Dauphin file allègrement en direction de l'hémisphère sud. Nous louvoyons encore et cela durera jusqu'à l'île de Pâques, mais maintenant le mouvement du bateau est régulier.

C'était un jour de célébration, celle de notre passage de l'Equateur. Mon mal de mer avait commencé à se dissiper et j'avais faim!

"Pourrais-tu me préparer du thon à la crème, si je t'explique comment procéder?" demandai-je à Don.

"Chérie, je ferai tout ce que tu veux si seulement tu manges."

Une boîte d'albacore mélangée à une autre de soupe de crevettes fit l'affaire, assaisonnée d'une pointe de sel, de poivre, d'oignon et de basilic: l'ensemble avait un goût exquis et resta calé dans mon estomac. Quatre heures plus tard, barrant toujours, je demandai à Don de m'apporter une pomme de terre crue et l'éplucheur. J'avais de nouveau faim.

"Bon sang, tu vas vraiment te rendre malade si tu manges une patate crue!"

"Pourquoi aurais-je envie d'une patate crue si mon corps n'en veut pas?"

Je pensais qu'un seul coup de dent satisferait mon envie, mais ce ne fut pas suffisant. J'avalai la pomme de terre toute entière et en redemandai une autre! Deux patates, crues et alcalines. Mon corps faisait fi de la sagesse ordinaire. Ce truc me permettait de garder l'estomac plein et de manger ce dont j'avais envie!

Nous avions évité de parler de l'avenir. Toutefois, des questions me harcelaient sans cesse. Devrais-je quitter Don à l'île de Pâques et m'envoler pour le Chili? Devions-nous chercher un autre équipier pour aider Don? Bien que débarrassée de mon mal de mer, je m'interrogeais sur ce qui arriverait en mettant pied à terre à l'île de Pâques. Perdrais-je le pied marin et devrai-je répéter ce même processus en reprenant la mer? De plus, la pensée de doubler le cap Horn à nous deux seuls avait recommencé à me ronger. Si jamais je me décidais à continuer, pourrions-nous trouver un équipier pour nous aider? Contrairement au ciel, je demeurais hésitante jour après jour. Don, lui aussi, se montrait instable. De nouveau, il m'infligeait un traitement de douche écossaise et je haïssais cela. Nous nous querellions sans cesse et, une nuit, nous eûmes un ultime déballage.

Tandis que j'étais de quart, il monta du cockpit pour effectuer quelques visées astronomiques et me demanda de calculer l'heure pour lui. J'adorais ce moment de la nuit et j'étais de bonne humeur. Le ciel était tout étoilé. J'avais plaisir à me livrer à un jeu qui consistait à naviguer, sans l'aide du compas, en suivant les étoiles dont j'étais parvenue à mémoriser les positions. Ce jour-là, Don venait d'installer une petite lampe baladeuse de douze volts destinée à éclairer, la nuit, le chronomètre lorsque je devais calculer l'heure lors de ses visées astronomiques. Il avait eu l'idée de la suspendre au-dessus de mes épaules, de manière à ce que mes mains restent libres pour tenir le chronomètre.

Toute la nuit la mer avait été extrèmement agitée et, tandis que j'étais en train de calculer l'heure, j'eus du mal à tenir à la fois la barre et le chronomètre. A la seconde même où Don cria "Marque!", l'ampoule se libéra de sa douille et tomba sur ma jambe nue, la brûlant. Je bondis instinctivement et tentai de replacer prestement l'ampoule dans sa douille sans quitter la barre. J'étais sur le point de lui expliquer ce qui venait d'arriver lorsque Don hurla: "ça y est?" Calé contre la bôme principale, à trois mètres de moi, il n'avait pas conscience de mes problèmes. Je tentai de lui expliquer: "non, c'est l'ampoule..."

Il s'embrouilla. Sa colère refoulée à l'égard du futur transfuge que j'étais pour lui éclata et il proféra, les dents serrés:

"Comment! Tu ne l'as pas fait? Je te demande une chose toute simple et tu n'es même pas capable de la faire correctement. Stupide bonne femme! Tout ce que tu sais faire c'est de rester couchée à jouer à la malade! Tu n'es pas foutue de faire quoi que ce soit de bien."

Cette fois il avait poussé le bouchon trop loin. Quelque chose s'était brisé en moi et je me mis à hurler de toutes mes forces: "Fils de garce, tu ignores complètement ce qui s'est passé. J'étais justement en train de t'aider mais ton foutu bricolage a explosé. Tu te fiches éperdumment de moi; la seule chose qui t'importe est ce maudit bateau et tu me fais subir les mêmes tourments qu'aux garçons. Penses-tu réellement que je sois heureuse d'avoir la nausée? Je n'en ai rien à foutre de ce tu penses. Je n'ai pas *projeté* d'être malade!"

"C'est toi qui me rends malade", répliqua-t-il

"Tu me rends malade, toi aussi! Dès que je pourrai quitter ce bateau de malheur, je rentrerai à la maison et demanderai le divorce. Tu pourras toujours te trouver une autre nana qui aime la voile et qui fait l'amour dans tous les sens."

Incapable de me contrôler et de faire la part des choses, je n'arrêtais pas de crier.

Il me dévisagea, offusqué et, sans un mot, redescendit, me laissant aux prises avec une barre aussi incontrôlable que moi.

Après avoir épuisé mes cordes vocales, je l'appelai, enrouée, honteuse et pleine de remords:

"Nous devons parler et trouver une solution.

"Que suggères-tu", s'enquérit-il froidement

"S'il te plaît, ne sois pas comme ça", suppliai-je

Il se dégela un peu en disant: "Vois-tu, nous avons tous deux besoin de sommeil. Je suis épuisé. Je vais amener les voiles, attacher la barre et nous pourrons aller nous étendre."

Nous descendîmes, grimpâmes dans la couchette et nous endormîmes sans nous toucher. Le lendemain, déprimée et repentante, j'écrivis:

Aujourd'hui, Don est poli, distant, je ne sais pas si nous pourrons continuer ensemble ou non. Il est possible que je sois en train de m'accrocher à quelque chose auquel je devrais avoir renoncé depuis longtemps. Est-ce que je me cramponne pour la bonne raison que "faillir est le pire choix"? Il faut que je prenne une décision.

En dépit de la distance entre nous, mon moral ne cessait de s'améliorer tout comme mon appétit et je pouvais assumer plus de tâches. Les cours de navigation et de repérage commencèrent enfin à porter leurs fruits. J'y prenais plaisir mais j'avais toutefois le sentiment d'être une écolière sous la coupe du maître.

Je m'imagine dans un atelier de graveur, assise à côté du maître tenant à la main une badine de saule. Posant un regard sévère sur chaque image que je grave, chaque page de l'almanach nautique que je feuillette, chaque calcul que j'effectue, il est prêt à me taper sur les doigts à la première erreur. Ses leçons sont émaillées de questions du genre: que sais-tu vraiment? Pourquoi ne comprends-tu pas? Je t'ai déjà expliqué cela. Qu'es-tu capable de retenir? Cerveau droit contre cerveau gauche. J'aimerais lui rétorquer des paroles cinglantes comme: Pourquoi es-tu incapable d'orthographier correctement ce mot? Pourquoi n'arrives-tu pas à dire: "nous devrons être partis" au lieu de "nous devrons avoir été partis".

Pourtant je m'en abstiens, apprenant à me contrôler. Je me défends en traduisant dans un "anglais simple" ma propre version qui précise le mode de calcul et de détermination de nos positions. Je viens d'effectuer sur le papier le relevé d'un soleil virtuel en un quart d'heure et le maître a déclaré mon calcul "excellent".

23 DÉCEMBRE

Le point de midi permit à Don de situer notre position à mi-chemin de l'île de Pâques (à 1471 milles d'Acapulco). Grâce à un temps ensoleillé et à des vents favorables depuis deux jours, nous avions pu filer, toutes voiles dehors, avec notre grand génois de 55 m². Nous avalions les milles mais c'était en direction des Philippines à l'ouest et non de l'île de Pâques. Nous ne parvenions pas à faire route vers le sud. A ce propos, Don écrivit:

> Du fait du vent soufflant de plein sud et du courant nord-ouest, notre bateau à larges baux ne peut avancer contre le vent. Je maudis le gouvernement de l'Equateur de nous refuser l'escale aux Galapagos, ce qui nous aurait grandement facilité cette étape du voyage. Toutefois, si les clippers de jadis parvenaient à passer au plus près, à l'ouest de l'île de Pâques, lorsqu'ils faisaient route de San Francisco au cap Horn, alors nous devrions, nous aussi, pouvoir faire comme eux.

Nous passâmes cette journée à faire des réparations. En effet notre liste de "travaux à exécuter" s'était considérablement allongée. A la maison, les réparations ennuyaient Don et, comme j'aimais bricoler, c'était moi qui, habituellement, remplaçais la robinetterie des toilettes et les joints, remettais les contre-poids des châssis de fenêtres, changeais les papiers peints. C'était facile, la maison ne tanguait pas, les angles étaient tous de 90° et les surfaces planes. Mais, sur le bateau où les angles droits étaient inexistants, c'était Don qui relevait le défi.

Depuis dix heures, il travaillait, comme une machine, à démonter la pompe défectueuse de la cuisine pour la remplacer. (Nous aurions dû prendre notre "bain" dans la cuisine mais je n'y tenais pas car l'avant était pour moi un endroit à éviter.) C'était un défi à la fois intellectuel et physique: pour démonter la pompe, Don devait s'allonger sur le sol, caler son buste et ses jambes dans deux angles de 90°, ou bien encore s'arc-bouter avec la tête et manier avec précaution le boulon qu'il voulait serrer, sans le voir; toute cette opération s'effectuait pendant que le bateau filait en bondissant. J'aurais été incapable de faire cela.

Comme nous continuions à embarquer d'énormes quantités d'eau à l'avant de la cabine, il attacha au mât une pompe de cale mobile et ajouta deux mètres de tuyau que l'on pouvait tirer jusqu'à l'évier. Désormais, au lieu de se servir d'une marmite, on pouvait évacuer l'eau directement en la pompant.

Don nettoya et ressouda les connections du magnétophone, de telle sorte que nous pouvions de nouveau écouter de la musique! Il répara également la lumière du stroboscope de secours qu'il attacha au support de la bôme d'où il était visible par un autre bateau. Il tenta d'utiliser l'émetteur à ondes courtes (pour les urgences) sans réussir à obtenir la fréquence correcte. En plus de ces indispensables réparations, il entreprit de tester son projet de manoeuvrer le voilier en solitaire. Comme il avait rompu les ponts avec moi, il ne voulait pas m'en parler. Ce fut ainsi qu'il passa plusieurs heures à installer une manœuvre qui allait de l'intérieur de la cabine au pilote de la poupe, de manière à ce qu'il puisse le régler sans être obligé de se rendre sur le pont. Il avait également fait le croquis d'un siège de barreur intérieur protégé par une coupole montée au-dessus du capot du cockpit et qui ressemblait au modèle de Moitessier. Il me montra ce dessin en murmurant entre ses dents quelques propos sur la possibilité de louer, à l'île de Pâques, les services d'un maître-charpentier pour le bâtir. J'eus alors cette pensée: *Je te souhaite bonne chance pour dénicher un quelconque charpentier,* mais je me tus.

Chaque fois que Don entreprend aujourd'hui une réparation, je lui propose mon aide. Et à chaque fois il me répond invariablement: "Non merci, je peux me débrouiller tout seul." Je sais bien qu'il se sent isolé mais son attitude de martyr commence à m'exaspérer. Je voudrais lui lancer: "Cesse cette comédie, veux-tu!" mais cela aurait déclenché une nouvelle querelle et je ne veux pas rompre notre semblant de trève.

Depuis notre altercation, nous avons pris soin d'éviter la confrontation. Nous restons amis et compagnons. Nous parlons du bateau, du temps, de livres (nous avons enfin le temps de lire). Nous passons tous les soirs plusieurs heures à avoir des contacts radio. Nous faisons ensemble la cuisine (je donne les instructions et lui exécute). Nous pompons, pompons sans cesse. Mais il n'y a plus aucun échange de tendresse, ni de joie partagée. Pas de "Mon Dieu, comme je suis heureux de t'avoir à mes côtés!" Seulement un capitaine et un second (qui est là à contrecœur). Quelle va être ma décision? Ma propre irrésolution me déprime. Je dois pourtant prendre une décision et m'y tenir quoi qu'il advienne, même si le lien doit être rompu entre nous. Après tout j'ai déjà vécu seule et suis capable de m'y remettre.

24 DÉCEMBRE

Juste après minuit, ayant accompli la moitié de mon quart, j'entendis: "Bon sang de merde!" puis vis Don émerger du capot et se diriger vers la barre, une torche électrique à la main: "Regarde ça!" Il alluma la torche et j'aperçus un poisson volant de dix-huit centimètres tout au plus qui frétillait dans sa main. Il y avait de l'excitation dans sa voix et, d'après son humeur jusque-là, j'étais surprise qu'il veuille partager cette joie avec moi.

"Il est arrivé par le hublot et m'a atterri sur le ventre", déclara-t-il, "je ne sais pas lequel de nous deux a eu le plus peur. Veux-tu le mettre de côté pour le déjeuner?"

"Pas avant que tu ne m'en attrapes deux douzaines d'autres!", répondis-je.

Il le rejeta à l'eau avant de redescendre l'échelle et retourner se coucher. La nuit était belle et, tandis que je barrais, je me mis à ruminer la pensée de continuer avec Don, soupesant le pour et le contre. Je commençais à me sentir le pied marin et plus je tirais sur la barre, mieux je m'entendais avec Don mais, aussi longtemps qu'il aurait en tête l'idée que je partirais une fois arrivée à l'île de Pâques, j'étais assurée de sa froideur à mon égard. Nous campions sur nos positions et je ne pouvais attendre de lui qu'il fasse le premier pas. Mais, à la fin de mon quart, à 3 h heure locale, autre chose vint interrompre mes pensées. Les symptômes d'une cystite que j'avais pourtant tenté de prévenir se manifestèrent soudainement. Les quinze jours que j'avais passés sans boire normalement avaient sapé ma résistance et mon système immunitaire avait fini par craquer.

Je descendis et fouillai dans le coffret militaire qui nous servait de trousse médicale. J'en retirai un flacon d'Azo-Gantrisin qualifié de "remède de cheval" par notre médecin. Effectivement, ces pilules rouges paraissaient suffisamment grosses pour un cheval. J'en avalai deux avant de gagner l Ëa couchette mais, lorsque Don vint me réveiller à 8 h, j'avais des frissons, de la fièvre et les muscles endoloris. Et de nouveau la nausée! Il me passa une tasse d'Ovomaltine. A la première gorgée mon estomac se retourna. Je me glissai hors de la couchette, me précipitai et relevai brutalement le siège des toilettes, mettant mon visage dans la cuvette.

Cette fois il n'était plus question de simples nausées car je n'arrêtais pas de vomir. Don voulut me venir en aide, inquiet de ce flot, cherchant à comprendre ce qui avait bien pu causer cette réaction. Il eut le tact d'attendre mon retour au lit avant de me demander: "Qu'ai-je fait, *cette fois*, pour te rendre malheureuse?" D'une voix à peine audible, je sussurai: "Ce n'est pas toi. Je croyais être débarrassée de cette nausée. C'est soit la cystite, soit les pilules." Je m'attendais à ce qu'il me propose son remède habituel, à savoir: boire beaucoup d'eau et garder une attitude positive. Mais il extirpa de la bibliothèque le *Manuel de médecine Merck*, l'ouvrit au chapitre des infections genito-urinaires, lut en silence puis avec un regard doux déclara:

"Il est peut-être préférable que tu continues à prendre ces pilules. Le livre dit pendant sept jours... Retourne te coucher. Je m'occupe des manœuvres."

Je sombrai dans un sommeil alourdi par les somnifères et rêvai que nous étions en plein été: *Don et moi sommes debout, les pieds enfoncés jusqu'aux chevilles dans l'herbe verte d'une prairie couverte de pâquerettes qui descend fortement jusqu'à un ruisseau. Soudain, il se met à neiger et la prairie gèle. Puis la température remonte et la prairie se met à écumer, les eaux bleues bouillonnent. Une fillette surgit, trébuchant sur ses petites jambes. Nous pénétrons dans une maison et elle nous suit, se remplissant la bouche de cristaux d'Ovomaltine. Soudain l'enfant étouffe et, lorsque je lui enfonce le doigt dans la gorge pour dégager ce qui l'obstrue, elle devient flasque comme une poupée de chiffon. Je panique: Mon Dieu, comment allons-nous faire, Don et moi, pour survivre si cette fillette meurt? Je hurle à l'adresse de Don, je hurle mais celui-ci ne vient pas.*

Je me réveillai, trempée de sueur. Ma fièvre avait cédé. Je restai allongée encore un moment pour tenter d'interpréter mon rêve. *Les changements de température sont ceux de mon propre corps. La fillette représente notre mariage. Mon Dieu!*

Je jetai un coup d'œil à ma montre: 17h10. J'avais dormi toute la journée. J'entendis Don régler le foc et réalisai que c'était la veille de Noël. Je me sentais mieux, ma nausée s'était dissipée. Je me levai de la couchette et me frottai avec de l'alcool.

"Comment te sens-tu?" me demanda Don en descendant.

"Nettement mieux mais encore faible."

"Veux-tu dîner, si c'est moi qui le prépare?"

"Seulement du bouillon et des crackers."

"Entendu, ensuite nous verrons si nous pouvons trouver un opérateur radio amateur pour téléphoner à tes parents."

Je l'étreignis tendrement et longuement. *Je l'aime en ce moment, pensais-je. Si seulement il pouvait comprendre à quel point ces petits moments d'attention peuvent apaiser la tension qui existe entre nous.*

Il était 20h40 heure locale lorsque Don alluma la radio. La station Palmer, Antarctique, était en communication avec le *Hero*, navire de Recherche américain sur la route du cap Horn.(5)

Don s'immisça dans la communication:

"KC4AAB, ici K6KWS à bord du *Dauphin amical*. Nous faisons actuellement route vers l'île de Pâques mais nous suivrons votre itinéraire d'ici quelques semaines."

"Si je peux vous rendre un quelconque service par radio, j'en serais heureux", répondit John, l'opérateur radio du *Hero*.

"Merci", dit Don, "notre chronomètre fonctionne mal et nous avons des problèmes pour obtenir des signaux horaires sur WWV"(6).

La station Palmer (KC4AAC) intervint en disant qu'elle surveillait les transmissions de nuit et proposa de nous donner les tops horaires au cas où le *Hero* ne serait pas dans les parages.

"Mettez-vous le cap sur le Horn ou bien avez-vous l'intention de prendre le détroit de Magellan?"

Don leur répondit le Horn mais ne mentionna pas qu'il pourrait le doubler en solo. John suggéra que nous fassions escale à Ushuaia lorsque nous nous dirigerons vers Punta Arenas:

"Nous y resterons plus d'un mois et nous aimerions vous accueillir à bord si vous vous arrêtez là."

Je pensais à Ushuaia, "la ville la plus au sud du monde". Je me souvenais de photos parues dans le *National Geographic*: maisons de bois de couleur bleu vif ou vert d'eau éparpillées au pied de montagnes drapées de brouillards; canal Beagle, immobile et vitreux ou bien balayé par le vent et couvert d'écume; forêts impénétrables; cordillère coiffée de neige. Je me demandai si je n'allais pas manquer la joie d'une escale comme celle-ci, l'exploration de ce pays et le contact avec ses habitants. C'était cela qui me plaisait, mon style d'aventure; je perdrais tout si je m'envolais pour le Chili.

Après avoir terminé sa communication avec la station Palmer et le *Hero*, Don se mit à la recherche d'une station de radio californienne. Trois minutes s'écoulèrent, puis cinq, la bande de fréquence restait muette. Dix minutes plus tard, il essaya à nouveau. Il secoua la tête:

"Eh bien, la veille de Noël... j'imagine que tous les opérateurs radio passent cette nuit en famille."

Il attendit encore cinq minutes avant d'essayer de nouveau.

"Ici W6MWL à San Francisco. Ai-je bien entendu l'appel d'une station maritime en mouvement sur la fréquence?"

"Vous devez être le seul opérateur à travailler cette nuit", lança Don.

Si j'avais pu m'envoler, je l'aurais fait. J'aurais voulu serrer cet homme sur mon cœur et tous les opérateurs qui nous avaient aidé, tous ceux qui avaient donné de leur temps pour que nous puissions entrer en contact avec notre famille et nos amis. J'aurais voulu parler d'eux au monde entier, lui faire savoir combien ils avaient été formidables. Ils étaient notre seul lien avec la terre.

Don et moi avions parié que les premiers mots de papa seraient pour nous annoncer que notre "compte" était "à découvert". Je regrettai immédiatement ma désinvolture. Le jour où nous avions quitté Acapulco, j'avais reçu une lettre de ma mère m'annonçant que papa avait un cancer. Le mal de dos qui le tourmentait depuis deux ans avait été diagnostiqué comme étant un cancer de la colonne vertébrale à évolution lente. Selon le médecin il ne lui restait que deux ou trois ans à vivre. J'avais tenté de ne pas y penser et bien que je n'en eus jamais parlé à Don, je me demandais si le choc de cette nouvelle n'avait pas contribué à renforcer mon mal de mer. Je me sentais mal à la pensée de l'avoir chargé de gérer nos finances sans intermédiaire. Cependant, à cette époque, j'ignorais sa maladie. Il avait toujours été le roc auquel je pouvais m'agripper et je n'avais jamais imaginé qu'il pouvait être mortel. Maintenant je priais pour qu'il puisse se maintenir jusqu'à mon retour.

Quand, enfin, nous réussîmes à le joindre, papa garda le silence au sujet de la banque, des chèques, des impayés ou des réglements de factures. Il s'était passé plus de trois semaines depuis que nous nous étions parlés et sa joie était manifeste. Mais, comme toujours, il était embarrassé à la pensée qu'un étranger puisse nous écouter. Après quelques paroles, il passa le téléphone à ma mère qui continua à donner des nouvelles de la famille et du temps qu'il faisait à San Francisco ("il pleut à verse"). Elle nous raconta aussi qu'elle s'était entendue avec la "Salem Clock Company" pour que celle-ci nous envoie un chronomètre de rechange à l'île de Pâques. Elle passa la communication à Sean, en vacances chez eux. Jusque là rien ne m'avait rendue nostalgique. Rien sur le bateau ou l'océan ne rappelait d'ailleurs Noël. Mais le simple fait d'entendre la voix de Sean fit ressurgir en moi tous mes souvenirs des précédents Noëls: ingrédients de gâteau aux fruits macérant dans du vin, odeur de branches de séquoias fraîchement coupées provenant d'arbres de notre avant-cour, écorces d'orange trempées dans l'eau-de-vie... Que de souvenirs et de traditions mises à l'écart jusqu'à ce qu'une génération future les exhume en les accomodant au goût du jour! Noël 1974 aurait pu être notre dernier grand Noël passé ensemble. Aurait pu être.

"Les enfants me manquent", avoua Don d'un ton calme, une fois la communication terminée.

"A moi aussi", ajoutai-je, pouvant à peine parler.

"Allons nous coucher", dit-il en m'entourant de ses bras, "le bateau voguera tout seul."

JOUR DE NOËL

Je me réveillai au bout de neuf heures pendant lesquelles je m'en étais complètement remise à Don pour les manœuvres de la nuit consistant à surveiller la situation et à procéder aux réglages nécessaires. Je sentais l'odeur de la fumée et du pin qui se consumait.

"Tu as fait du feu dans le poêle à bois?"

Heureux de m'avoir fait plaisir, Don me répondit avec un large sourire: "Jette un coup d'œil dehors!"

Encore affaiblie, je m'extirpai de la couchette, repoussai le capot et passai la tête à travers l'ouverture. Le paysage qui aurait eu ma préférence pour un matin de Noël aurait été le suivant: des montagnes couvertes de neige, des branches d'arbres alourdies et pendantes, des peupliers et des ormes dénudés. Mais il n'en était pas ainsi: il bruinait, le temps était froid et gris, grisaille d'un jour d'hiver. Cependant j'aimais cela.

"J'ai fait le menu. Je vais préparer le dîner si tu me dis où les objets se trouvent... Tu parais beaucoup mieux. Comment te sens-tu?"

"Comme si j'étais sortie d'un tunnel, comme si j'allais enfin pouvoir revivre."

Nous écoutions le *Messie* de Hændel lorsque nous ouvrîmes le paquet de Kathy et de Jean, une boîte portant l'inscription "A ne pas ouvrir avant le 25 décembre". A l'intérieur, nous découvrîmes de minuscules "ojos de Dios" verts et rouges, un arbre de Noël en feutre, des bottes remplies de bonbons au sucre de canne et une nappe d'un vert vif aux dimensions exactes de notre table de cuisine, avec des serviettes assorties.

Don prépara le dîner selon mes directives: dinde accompagnée d'une sauce aux marrons, ignames glacés de beurre sucré, cœurs de céleri, pudding de Noël nappé de crème anglaise. Nous gardâmes notre dernier cadeau pour après le dîner. C'était la cassette d'un enregistrement effectué à notre insu lors d'une soirée que Kathy avait organisée pour nous. On percevait des voix tenant des propos tantôt philosophiques, tantôt moqueurs, du style: "Hé, Don, dans le Pacifique Sud, le sexe est-il exactement comme on le raconte?" (Je pensais en moi-même: *quels ploucs!*) Puis la voix de Kathy, lente et gutturale, commenta avec sentimentalité les Noëls et Nouvels Ans précédents célébrés avec toute l'équipe. A la fin de la cassette, je lançai un coup d'œil à Don. Des larmes coulaient sur son visage comme sur le mien. Nos mains se rejoignirent avant de se presser l'une contre l'autre.

> *Le jour de Noël fut magnifique. J'étais comblée par les attentions de notre famille et de nos amis à notre égard. Nous avons ressenti cette chaleur humaine qui fait que la vie vaut la peine d'être vécue. Don est redevenu humain, affectueux, naturel. Pendant ces derniers jours, il n'y a plus rien eu de forcé dans son comportement: ni sarcasmes, ni dédain ni affectation. Quand il est comme ça, je pourrais l'accompagner au bout de la terre.*

Le *Dauphin* ressemblait de plus en plus au *Liddie Mae* qu'il avait été avant que nous le rénovions et le rebaptisions. Les grains s'étaient succédés sans relâche depuis que nous avions trouvé, une semaine auparavant, les alizés du sud-est et le bateau était sens dessus-dessous. Il se comportait comme un cheval effectuant des sauts de haies et retombant dans des trous sombres. Nous, les jockeys, avions du mal à le retenir.

Je pensais aux non-marins qui nous avaient demandé: "Comment allez-vous faire pour prendre suffisamment d'exercice sur le bateau?" J'aurais voulu qu'ils puissent nous voir maintenant en train de monter et de descendre l'échelle, de faire les réglages et changements de voiles, de diminuer ou augmenter la surface de la grand-voile, ou encore de hisser le génois, de l'amener au moindre coup de vent et d'exécuter toutes ces manœuvres avec une gîte de 30°. En outre, nous faisions fonctionner nos biceps; en effet le bateau ne cessait pas d'embarquer de plus en plus d'eau et nous devions constamment pomper. En fait, la manœuvre d'un voilier équivaut à une course à pied de vingt kilomètres par jour. Dans ces conditions nous n'avions aucune crainte de grossir.

Au cours d'un de ces grains de mi-journée, Don se précipita à l'avant pour amener le génois et hisser le foc.

"C'est le purgatoire!" hurlait-il

"Tu adores ça! Je sais bien que tu l'adores!"

"Oui! C'est un remède sûr contre l'ennui."

Je me sentais bien. J'étais guérie de ma cystite et, en dépit de l'horrible balancement du bateau, je n'avais plus la nausée. Quand Don me relaya à la barre, je descendis cuire du pain irlandais levé au bicarbonate de soude, le premier depuis nos vingt-deux jours de mer.

En tous cas, nous paraissions mieux tenir le coup que notre matériel. Le rotor et le lest se détachèrent du loch enregistreur pendant la nuit. Don dût les remettre en place et rectifier la lecture. Les drisses étaient usées par le frottement, les coulisseaux et les cosses se détachaient des voiles, et tombaient sur le pont comme des grêlons. Aux alentours du 28 décembre, notre grand-voile et deux voiles d'avant étaient hors service.(7) L'eau salée avait endommagé les boîtes de nourriture arrimées au fond de la cale. Les bûches entreposées dans le "local à bois" en-dessous de notre couchette (l'endroit le plus sec du bateau) s'étaient imbibées de l'eau de la cale et s'étaient délitées, formant une sorte de bouillie pulpeuse. Sur le dessus de ces bûches, deux boîtes en carton détrempées contenant des bandages, des pilules et des seringues avaient moisi. Nous ramassâmes à la pelle cette pulpe mouillée que nous mîmes de côté dans des sacs en plastique afin de la faire sécher par temps sec et au soleil. Je sauvai ce que je pus de bandages et de médicaments avant de jeter les cartons par-dessus bord.

28 DÉCEMBRE.

Le relèvement du soleil effectué à midi par Don indique que nous nous trouvons plein nord par rapport à l'île de Pâques (10°26' de latitude Sud et 109°30' de longitude Ouest). Nous avons encore 670 milles à parcourir et 10° de latitude à gagner. Don annonce que si nous ne parvenons pas à nous écarter de ce vent du sud-est, nous allons manquer l'île de Pâques. Il est aujourd'hui découragé, épuisé, déprimé, il a mal à la tête et la nausée.

C'est à son tour de toucher le fond. Je me suis efforcée de ne pas poser de questions stupides et d'éviter les sarcasmes du genre: "pourtant tu n'as "jamais" le mal de mer". Il est humain et faible et c'est à mon tour de prendre la relève, le temps qu'il se repose.

Je montai et branchai le pilote automatique, afin de procéder à la réparation des voiles sans être dérangée. La girouette claqua dans le vent mais je n'en tins pas compte et me dirigeai vers l'avant pour retirer la grand-voile de son rail. Calée contre le mât, j'entrepris la tâche fastidieuse d'y coudre de nouveaux coulisseaux. La pluie me transperçait, les vagues venaient se briser au-dessus de la cabine. Le bateau filait en piquant du nez dans les creux et en vibrant sous l'effet d'un fort roulis.

J'adorais cela! J'adorais l'air frais, la pluie, le vent. J'adorais me sentir en forme, me sentir de nouveau utile! *Je me sens si bien*, me disais-je dans mon for intérieur, *si bien... qu'il se pourrait même que je sois capable de doubler le cap Horn!*

Les réparations achevées, je réinstallai la grand-voile dans sa rainure, l'attachai à la bôme puis descendis me préparer une tasse de cacao. Un coup de roulis me jeta contre le comptoir de la cuisine et l'eau qui était en train de bouillir gicla sur ma poitrine.

"Sapristi! Qu'est-ce que tu fiches avec ce bateau?" entendis-je hurler.

Je m'attendais à des représailles immédiates. Mais, au lieu de cela, Don ajouta: "Cela m'arrive à moi aussi de temps à autre. Je ne vais cependant pas hisser la grand-voile, nous allons plutôt laisser le foc nous conduire. Viens te coucher avec moi, nous resterons au lit jusqu'à ce que nous nous sentions suffisamment en forme pour nous lever."

29 DÉCEMBRE

Le capitaine a déclaré se sentir en bonne forme mentale. C'est notre premier jour sans pluie depuis deux semaines. Nous avons dormi jusqu'à midi passé, heure locale. Don a raté sa visée de soleil à midi mais il s'en moque. "Aujourd'hui pas de relèvement, pas de point", annonce-t-il.

Toutefois, il a fait le total des coups de pompe nécessaires pour vider l'eau de la cale: sur la base de ces dernières vingt-quatre heures, il est de 1272 coups. Il a compté que huit coups de pompe équivalent à quatre litres d'eau, si bien qu'en un seul jour, nous en évacuons six cents litres. Une sacrée masse d'eau tout de même!

Quelles que soient les conditions qui nous permettaient de dormir ensemble, nous ne nous dispensions pas de notre tour de pompage. Le moindre changement dans le mouvement du bateau, un bruit dans le gréement, une modification de la cadence de l'eau contre la coque, le clapotis dans la cale nous réveillaient tous deux instantanément comme des parents à l'écoute de leur nouveau-né.

"C'est ton tour, cette fois-ci", disait l'un de nous à l'autre, lorsque le clapotement se faisait trop entendre pour être ignoré. L'autre se retournait pour se rendormir.

Le pilote automatique nous permettait de disposer de plus de temps pour lire dans la journée. La nuit, nous élargissions le cercle de nos amis grâce aux liaisons avec les radio-amateurs. C'est ainsi que Burt, au Brésil, nous donnait les nouvelles internationales et que Peter qui travaillait dans une exploitation de tourbe aux Falkland (Malouines) voulait savoir si nous avions l'intention de nous rendre dans "ses" îles. Nous avions prévu notre arrivée à Port Stanley (Falkland) pour la mi-avril. "Il faudra que vous veniez me rendre visite" insistait-il avec son accent britannique au débit saccadé. A McMurdo Sound (Antarctique), Darrell s'enquérait de savoir si nous étions le bateau qui devait leur livrer "les vivres indispensables". Nous riâmes:

"Hé, nous sommes un canot à rames, comparé au navire chargé de votre ravitaillement!" leur répondit Don.

John, à bord du *Hero*, qui se trouvait maintenant à 600 milles au Nord-Ouest du cap Horn nous annonça que les vagues commençaient à devenir "énormes et très intéressantes".

L., détenu à la maison d'arrêt de Quito (Equateur) pour violation de la zone de pêche étendue à 200 milles de la côte, protestait de son innocence.(8) Pendant sa détention et en attendant le paiement par le gouvernement américain d'une amende pour sa libération, les soldats chargés de "garder" son bateau avaient volé sur le pont tout ce qui n'était pas enfermé à clef: ancres, cordages et instruments de pêche. Nous nous demandions comment il avait fait pour conserver sa radio d'amateur mais n'avons pas osé lui poser la question. Son histoire nous paraissait avoir été inventée de toutes pièces.

SOIR DU NOUVEL AN

Don déboucha la bouteille de champagne que des amis nous avaient offerte pour cette occasion et en but seul.

"Es-tu sûre de ne pas en vouloir? Juste une petite gorgée pour goûter?"

"Fichtre non! "

Bien que raffolant du champagne et de ses bulles légères, je ne voulais pas me risquer à en avaler, ne serait-ce qu'une gorgée. Je savais depuis longtemps, qu'en ce qui me concernait, une mer agitée et une boisson alcoolisée ne faisaient pas bon ménage. C'est pourquoi, à l'instant même où je quittai un port, je devenais une abstinente intransigeante.

La bouteille de champagne que Don avait vidée seul l'avait éméché et rendu amoureux. Il ne cessait de lorgner mes cheveux frisottés et devenus indociles par manque de shampooing. Passant ses doigts dedans, il déclara: "Ce que tu peux être sexy!"

En lisant récemment quelque chose à propos des colombes, j'avais appris que celles-ci ne s'accouplent qu'après la pluie quand l'air est purifié et qu'elles ont pris leur bain. J'avais la nette sensation d'être une des leurs!

2 JANVIER

Le voilier gîtait de 45° sur tribord mais je ne pouvais continuer à garder les cheveux sales. Je me devais d'avoir l'air "sexy".

Je mis donc ma ceinture de sécurité, collai la tête sous le robinet de la cuisine et pompai l'eau salée. A 23°C, celle-ci me parut glaciale. Je versai une giclée de savon liquide sur mes cheveux, en rêvant de shampooings parfumés (qui ne marchent pas avec de l'eau de mer), de lotions qui les rendent doux comme de la soie et du séchoir qui permet de les gonfler.

Les secousses du bateau me jetèrent contre le rebord de l'évier (les accidents sont toujours causés par l'inattention). Je me rinçai les cheveux puis décidai de me reverser du shampooing, le précédent lavage remontant déjà à trois semaines. Le bouchon n'avait pas été remis et le détergent se répandit sur ma tête comme une nappe d'huile, me coulant dans les yeux, pénétrant dans mon nez et dans ma bouche. M'emparant d'un torchon à vaisselle pour m'essuyer les yeux, je me détachai, cherchant à tâtons l'échelle. Les yeux clos, je parvins à me hisser vers le haut, en criant à Don: "S'il te plaît, aide-moi!"

De retour à l'évier, je rebouclai ma ceinture et penchai à nouveau la tête. Don me rejoignit en bas.

"Veux-tu me rincer les cheveux, s'il te plaît?"

Ma voix résonnait contre l'acier inoxydable.

"Doux Jésus! On dirait que tu t'es déversée sur la tête tout le contenu du flacon!"

4 JANVIER

Il ne nous reste plus que 300 milles à parcourir avant de toucher terre. Les coups de vent plus nombreux de cette nuit ont occasionné des dégats. Douze cosses de plus se sont détachées de la grand-voile; la girouette a été soufflée; cinq manilles cassées sont parties du génois. Encore un jour de réparation en perspective!

Pendant que Don réglait le gréement, nettoyait et graissait l'accastillage, je refixai les cosses. Mes instruments de raccomodage consistaient en une paumelle de marine en cuir, une aiguille courbe ressemblant à un hameçon pour flétan et du fil à voile suifé. Don interrompit son travail pour se placer en face du cockpit dont j'occupais presque tout l'espace avec le génois:

"Tu en as sûrement pour longtemps. Peux-tu te dépêcher un peu? On va avoir besoin du génois."

Les réparations de voilure ne représentent pas un travail de couture ordinaire: elles sont longues, fastidieuses et aléatoires. Je cousus aussi rapidement que possible, en ne négligeant rien.

"Du calme, je ne veux pas que ces coulisseaux soient usés au bout d'une semaine."

"Entendu, mais il te faut une éternité rien que pour enfiler l'aiguille et faire un nœud. Tu es trop perfectionniste."

Ses mains étaient nerveuses; il aurait voulu s'emparer de l'aiguille et me montrer comment procéder.

"Pourquoi ne prends-tu pas un fil plus long?" (il était long de 60 cm).

"Parce que le fil s'embrouille dès qu'il est plus long."

"Allons, laisse-moi faire."

Il s'empara du fil et en coupa un mètre avec le couteau en m'ordonnant:

"Enfile-moi l'aiguille, ici... et qu'est-ce que je fais à présent?"

"Fais un nœud au bout."

"Pourquoi ne pas attacher le fil à l'aiguille, de manière à ce qu'il ne s'échappe pas du chas?"

"Si tu fais cela, ça ne passera jamais à travers la toile!"

Malgré tout, il noua le fil au chas de l'aiguille:

"Je veux seulement voir si ça peut marcher."

Evidemment ça ne pouvait pas aller.

"Oui, je vois ce que tu voulais dire."

Il fit deux fois le tour de la voile. Erreur de manœuvre... qui m'incita à saisir ma chance de marquer un point.

"Mon Dieu, je pensais que n'importe quel imbécile savait coudre. Tu as pourtant fait l'armée, n'est-ce pas? Tu n'étais pas obligé de faire ton raccomodage?"

Décidément son fil était trop long:

"Non, ce n'est pas comme cela qu'il faut s'y prendre! Rappelle-toi, je t'ai dit que ton fil s'embrouillerait."

Il avait lâché prise, voulant agir d'une façon - la sienne - qui n'était pas la bonne. Il se leva, me repoussant la voile sur les genoux.

"Oh, non", protestai-je sur un ton théâtral, "un bon marin devrait être capable d'effectuer lui-même ses réparations. Poursuis ton effort; je reste assise ici pour surveiller ton travail."

"Euh... tu ferais mieux de me montrer une fois encore comment faire."

Je lui répétai donc quel devait être la longueur de fil à couper, comment enfiler une aiguille, comment faire un nœud à un bout, comment l'enfoncer solidement dans le bord de la voile, comment faire des points de huit pour attacher le coulisseau à la voile.

Il fixa deux coulisseaux convenablement.

"Voilà, comment ça va? Tu peux reprendre la suite, si tu veux."

"Je ne veux pas. Tu dois continuer pour apprendre à faire cela correctement."

Il se saisit d'un autre coulisseau mais s'y prit mal.

"Non, ce n'est pas comme cela que je t'ai montré. Tu n'as pas fait attention. Comment peux-tu être aussi stupide? Même les enfants y arrivent."

Il me dévisagea d'un air penaud.

"C'est entendu, tu as marqué un point. Veux-tu finir, s'il te plaît? Je ne parviens pas à bien coordonner mes doigts pour cette tâche."

5 JANVIER

Au fur et à mesure que nous nous dirigions plus au sud, la réception sur notre radio portable à ondes courtes devenait de plus en plus faible. De manière à renforcer la transmission, Don avait installé un câble volant reliant l'antenne pour ondes courtes à celle de transmission en haut du mât. Nous pûmes ainsi recevoir la BBC et la "Voix de l'Amérique" Mais, la nuit dernière, il oublia de déconnecter le câble volant et, quand il alluma la radio à l'heure de notre écoute nocturne, il "grilla" la bande courte.

Alors que nous approchions de la terre, il se mit à montrer des signes de nervosité. Il voulait que le bateau aît la meilleure apparence possible pour recevoir à bord le capitaine du port chilien. Sa négligence l'avait mis de mauvaise humeur.

"Tu m'aurais aidé si tu me l'avais rappelé", me dit-il d'un ton accusateur.

C'était vrai. Habituellement, je lui rappelai ce genre de choses mais j'avais oublié. Je lui répondis que j'en étais désolée. Cette excuse lui déplut. Il commença à me lancer à nouveau des piques. Je savais qu'il se sentait vulnérable, se demandant si j'allais partir par le premier vol. Toutefois ses sarcasmes finirent par effacer la sympathie que jusque-là je ressentais à son égard. J'étais en colère mais je savais que ma seule défense était de tenir ma langue pour avoir la paix.

Dans mon for intérieur, une voix me chuchote avec insistance: "Tu désires continuer, tu sais bien que tu le feras. Tu désires te mettre à l'épreuve, admets-le. Le pire est passé, tu te sens bien à présent, et toi et Don êtes de nouveau amoureux. Tu sais que tu désires participer à cette ultime aventure."

Une autre voix me chuchote: "Dès que tu auras quitté l'île de Pâques et que tu retrouveras la mer, tu seras de nouveau malade. Tu ne veux pourtant pas subir cela une nouvelle fois, n'est-ce pas? Par ailleurs, ta famille et tes amis comptent plus pour toi que la poursuite de cette aventure. La vie est si fragile et si précaire. Pourquoi alors veux-tu passer le peu que tu as à vivre à te mettre à l'épreuve? Abandonne pendant qu'il est temps!"

Ce que je compte faire? Je ne le sais pas encore...

Notes de midi: *Avons récupéré complètement notre dérive vers l'est. Il ne nous reste plus que 100 milles à parcourir. Il est prévu que nous serons demain en vue de l'île de Pâques.*

Je passai la matinée à brosser le plancher de la cuisine, à faire reluire les lampes de cuivre, à ranger les livres, à noter les relèvements de Don (à deux reprises) et à pomper, pomper encore. Le bateau était briqué pour notre entrée officielle.

6 JANVIER

"Terre en vue!" cria Don. Il était 10h30. Nous en étions à notre trente-deuxième jour de mer depuis notre départ d'Acapulco.

Je me précipitai pour voir. J'aperçus une butte émergeant de l'horizon, à l'ouest. D'heure en heure, au fur et à mesure que nous approchions, elle grandissait, virant au vert éclatant. Exceptés les cônes volcaniques violacés et bleu indigo, on aurait dit l'Irlande.

J'étreignis Don: "Bravo, *Capitàn* !"

"Pas mal, hein? Quelle sacrée émotion d'apercevoir la terre au bout de trente-deux jours de mer. Après tout, notre navigation n'a pas été si mauvaise!"

Il m'avait associée à son succès. J'en étais à la fois surprise et heureuse.

"Nous devrions nous trouver à l'extrémité est de l'île au coucher du soleil. Nous essayerons de mouiller à Hotu Iti."

Sur la carte, Hotu Iti se présentait comme une petite anse ouverte vers le Sud et l'Est. Les *Instructions concernant la navigation à voile en Amérique du Sud* spécifiaient: "S'arranger pour se mettre à l'abri des vents du Nord et de l'Ouest. La forte houle prédomine."

Au coucher du soleil, ainsi que Don l'avait annoncé, nous passâmes un puissant promontoire tombant à pic dans la mer, le Cabo Roggeween, du nom du navigateur hollandais qui découvrit cette île le dimanche de Pâques de 1722. Les cumulo-nimbus qui s'étaient déplacés toute la journée au-dessus des cratères éclatèrent, déversant leur pluie. La mer houleuse qui heurtait les falaises et le cap paraissait menaçante. En bordure de l'eau, des grottes marines et des trous causés par le vent avalaient l'écume blanche qu'ils vomissaient ensuite sur le haut des rochers d'un brun rougeâtre.

Le chenal conduisant à Hotu Iti était si profond que l'écho-sondeur ne nous indiquait la profondeur qu'après une progression d'une centaine de mètres. Le ressac qui se faisait entendre au pied des falaises nous ballottait de bâbord à tribord et de l'étrave à la poupe. Les rafales de vent avaient balayé la lueur de Hanga Roa - la ville qui se trouvait de l'autre côté de l'île - et, depuis, celle-ci était plongée dans le noir.

Don m'envoya au beaupré guetter les rochers. Sur le rivage, un camion de ramassage alluma ses feux et klaxonna.

"On nous souhaite la bienvenue! "

Du cockpit, Don hurla: "Comment cela se présente-t-il? Penses-tu que nous pouvons jeter l'ancre ici?"

La lumière des phares m'aveuglait et il faisait trop sombre pour voir la configuration de la baie. Cependant j'apercevais des rochers luisant sous la pluie à trente mètres à peine par bâbord et la falaise à tribord. La voile d'avant claquait d'un bord à l'autre, fasseyait, tirant fortement sur l'étai avant, tel un cheval sauvage secouant son joug. Le beaupré se cabrait, s'inclinait, me lançant de l'écume jusqu'aux genoux. Mes bras cramponnés à la filière étaient engourdis par l'étreinte, mes lunettes embuées et enduites de sel.

"Pour l'amour du ciel, dis-moi comment cela se présente?"

Ma réponse se perdit dans les rafales du vent d'est et Don n'entendit pas le moindre mot. Accroupie et agrippée à la filière, je gagnai l'arrière du bateau en longeant le pont. J'aurais dû porter un harnais de sécurité mais je n'avais pas prévu une arrivée aussi rude.

"Regarde!" s'écria Don, le doigt pointé vers le rivage.

Trois silhouettes se tenaient debout devant les feux, agitant les bras.

"Ils essayent peut-être de nous faire savoir que le mouillage est sûr", annonça Don.

"C'est possible", répondis-je, "à moins qu'ils ne soient en train de nous conseiller de partir. Je n'aime pas cet endroit."

J'espérais que Don serait du même avis.

"Moi non plus. Faisons demi-tour et filons. Nous devrons virer de bord et louvoyer jusqu'à l'aube. Te sens-tu prête?"

A 4h30 une pâle lueur jaune, à l'est, sur l'horizon, annonça le lever du jour. Le village était à nouveau visible au-delà de l'extrémité nord-ouest de l'île. Epuisés par une nuit blanche, nous mîmes le moteur en marche et longeâmes la côte ouest de l'île, en direction de Hanga Roa.

NOTES

1. Mesurer la hauteur du soleil à son passage au zénith à midi est la plus ancienne et la plus simple des techniques de navigation astronomique utilisée pour déterminer la latitude. Il suffit pour cela d'un sextant, d'un almanach nautique et de calculs simples. Cependant la fréquente obstruction du soleil ou de l'horizon par les nuages, à midi, rend parfois le relèvement difficile et peu fiable, en particulier sous les tropiques et les hautes latitudes.

2. Le terme anglais "horny" (qui signifie "excité sexuellement") aurait pour origine le cap Horn. En effet, après une longue et périlleuse traversée autour du cap Horn, les Cap-Horniens faisaient escale à San Francisco. Les marins se rendaient alors directement dans les plus proches maisons de prostitution de la ville.

3. Vaporiser du Lysol sur les cloisons et conserver les livres et les vêtements dans des sacs étanches à fermeture éclair nous permettait de réduire la moisissure. Cependant je dus m'habituer à l'odeur de moisi qui s'imposait au bout d'un certain temps. Cela a même fini par me rendre sentimentale car aujourd'hui encore cette odeur de moisi éveille en moi une foule de souvenirs.

4. Le *Manuel du marin* définit l'équateur comme étant "une zone de basse pression située entre les alizés des deux hémisphères. Caractéristiques: vents légers et variables alternant avec des bourrasques, de fortes pluies et des orages. Forte amplitude journalière et saisonnière. La force 4 est la force moyenne des alizés."

5. Le *Hero* est un navire de 38 mètres à coque de bois, appartenant à la "Fondation Scientifique Nationale" (National Science Foundation) qui a passé de nombreux étés à transporter des scientifiques internationaux entre Ushuaia (Argentine) et l'Antarctique. Bien qu'il ait été mis "à la retraite" en 1985 et remplacé par un bateau plus grand et plus moderne, il continue à sillonner les eaux dans les parages du détroit de Magellan.

6. Signaux horaires: le "Bureau National des Heures Légales" de Boulder (Colorado) possède une horloge atomique qui donne l'heure légale universelle. Celle-ci diffuse des signaux horaires par l'entremise des canaux libres des stations à haute fréquence du Colorado et de Hawaï. Pendant la crise pétrolière et la panne d'électricité de 1974-75, les stations de radio WWV et WWVH réduisirent leur puissance afin de procéder à des économies d'énergie. Elles cessèrent également de diffuser les tops horaires en morse, code plus facile à recevoir que les messages en phonie dans des conditions radio difficiles. Sans référence extérieure fiable au méridien d'origine de Greenwich (heure GMT, maintenant dénommée Heure Légale Universelle), nous étions obligés de rectifier l'heure de notre chronomètre d'après l'estimation de la moyenne de notre gain ou de notre perte de temps depuis notre dernier réglage. Nous expérimentions un nouveau chronomètre à quartz qui n'avait pas besoin d'être remonté pendant la durée de notre expédition. Sans l'heure exacte (donnée soit par un chronomètre, soit par une radio à ondes courtes, soit par un satellite), il n'y a aucun moyen de déterminer la longitude.

7. Notre indicateur de vitesse (loch), monté à la poupe, consistait en une longue ligne traînant à l'arrière du bateau et munie d'une partie tournante (rotor) à son extrémité. Bien que plus précise que notre compteur de nœuds électronique, cette ligne de loch était sujette à l'usure et nous ne pouvions donc pas l'utiliser dans une mer démontée.

8. Entre 1953 et 1973, le gouvernement de l'Equateur a saisi 127 bateaux de pêche qui refusaient de reconnaître sa souveraineté sur les 200 milles qu'il s'était attribués en tant qu'eaux territoriales. Le gouvernement américain avait dû rembourser aux bateaux arraisonnés toutes les taxes et amendes qu'ils avaient payées et leur octroyer des dédommagements pour perte de temps.

CHAPITRE 3

Ile de Pâques - La longue attente

8 JANVIER

10h. Nous avons jeté l'ancre au large de Hanga Roa, l'unique village de l'île de Pâques et attendons que les autorités chiliennes montent à bord pour nous délivrer l'autorisation d'entrée sur ce territoire. Le pavillon jaune de quarantaine et le pavillon tricolore à étoile blanche du Chili claquent bruyamment contre la drisse au-dessus de la cabine. Une suite de "casitas" aux couleurs vives, coupée de chemins d'argile rouge s''étire le long du rivage bordé d'amas de rochers noirs volcaniques. Au nord du village se dresse un alignement de célèbres statues monolithiques, les fameux "moais" qui nous tournent le dos et portent leur regard vers l'intérieur. Rano Kao, l'un des volcans éteints de l'île, domine le village, au sud. En passant à proximité, tôt ce matin, nous avons remarqué que ses flancs plongeaient directement dans le Pacifique. Peu après notre mouillage, est survenue une bourrasque qui nous a amené pendant une demi-heure un vent violent et changeant accompagné d'une pluie battante. Les vagues continuent à frapper rudement notre coque.

J'éprouve un curieux mélange d'émotions: d'une part, un sentiment de respect pour le trésor archéologique qui se trouve devant nous et que je n'avais vu auparavant que dans les livres illustrés de mon enfance, compte tenu du fait que, jusqu'à une époque récente, cette île ne pouvait être atteinte que par le moyen que nous avons choisi: le bateau. D'autre part, la satisfaction de savoir que nous avons parcouru 3500 milles avec seulement l'aide d'un sextant, d'un almanach nautique, des Sight Reduction Tables *et d'une radio pour savoir l'heure (j'ai toujours tenu Don pour un bon navigateur mais ce succès d'aujourd'hui est bien la preuve qu'il en est un!) En outre la joie, à la pensée que d'ici quelques heures je pourrai de nouveau fouler la terre ferme, parler à autrui, lire le courrier (il se peut même que notre chronomètre soit arrivé). Enfin l'inquiétude quant à la nature de l'accueil qui nous attend. Les autochtones se montreront-ils amicaux et chaleureux? Quelle que soit ma décision - de poursuivre ou d'abandonner - pourrons-nous trouver un équipage?*

Nous avions lu *Aku Aku*, le récit d'aventures de Thor Heyerdahl relatif à l'expédition archéologique de 1955 à l'île de Pâques.(1) Bien qu'il répondît à nombre de nos questions sur le mystère historique de cette île, il ne nous renseignait guère sur les conditions présentes. La seule autre source d'informations que nous possédions à bord, à savoir les *Instructions américaines de navigation à voile* (American Sailing Directions), indiquait que l'on y trouvait de l'essence mais ne faisait mention d'aucune autre possibilité d'approvisionnement. Et quid de l'eau? Aurions-nous à charrier nos bidons de vingt litres sur dix kilomètres jusqu'à une source d'eau douce? Ou bien les puits s'étaient-ils taris depuis la visite de Heyerdahl, vingt ans auparavant? Pourrions-nous laisser notre voilier à l'ancre et nous rendre à terre pendant la journée sans courir le risque qu'il soit pillé, comme les précédents bateaux? Ou devrions-nous gagner le rivage à tour de rôle, de manière à ce que l'un de nous puisse monter la garde? Pourrions-nous acheter des produits frais, de la lessive, prendre une douche chaude...?

Nous allions sans doute pouvoir répondre à quelques-unes de ces questions. En effet, nous aperçûmes un groupe d'hommes en train de mettre à l'eau un canot en bois dans le ressac et se diriger vers nous. Peu après ce canot heurta notre coque à tribord et six hommes en chaussures de ville boueuses grimpèrent à bord. Timidement et poliment, ils nous embrassèrent, à tour de rôle, sur chaque joue, en nous souhaitant *Bienvenidos a Rapa Nui* (2) et en se présentant. Le maire de Hanga Roa nous mit des colliers de coquillages autour du cou. Le lieutenant Benno Schlecter, capitaine du port - un officier de marine Chilien, grand et aux cheveux sable, qui parlait anglais avec un impeccable accent britannique - s'assit dans le cockpit et, en l'espace de dix minutes, remplit, avec courtoisie et efficacité, nos papiers de débarquement. Cette expérience était à l'opposé de celle du Mexique.

L'île de Pâques (appelée Rapa Nui par les indigènes) se situe à 2500 milles marins (soit 3700 km!) à l'ouest de la côte chilienne(1). Elle revêt la forme d'un triangle isocèle dont le périmètre est d'environ 60 km. Il n'y a ni port, ni aménagements pour les bateaux. Comme aucune autre île n'est plus éloignée d'un continent, elle porte le titre de "l'île la plus isolée du monde". De climat subtropical, les températures varient de 17°C en hiver à 23°C en été. La moyenne des précipitations est de plus d'1m par mois.

Le Chili annexa l'île en 1877 et, au cours des années 1900, elle fut administrée par la Marine chilienne. Les 2/3 de sa population qui compte 2500 habitants sont de souche polynésienne. En 1984, l'administration de l'île fut remise à la population autochtone, seule à pouvoir posséder la terre. Les langues parlées sont le pascuan (récemment appelé Rapa Nui) et l'espagnol.

Les hommes du comité d'accueil nous dirent qu'ils nous attendaient.

"Alors, vous avez reçu ma lettre?" m'enquérai-je auprès du lieutenant Schlecter.

"Oui, il y a deux mois. Tout le monde est au courant dans l'île et il y a beaucoup de courrier pour vous au bureau de poste."

"Avez-vous reçu un chronomètre pour nous?" demanda Don

Le lieutenant ne savait rien à ce sujet et nous suggéra de prendre contact avec le gouverneur de l'île, un colonel de l'armée. Don voulut aussi savoir si beaucoup d'autres voiliers comme le nôtre faisaient escale dans l'île.

"Oh oui, au moins deux ou trois par an."

Dido, l'un des membres du groupe, me proposa de l'accompagner dans sa jeep faire un tour au village, pour changer de l'argent et acheter des provisions. Je descendis donc pour prendre ma bolsa et mon portefeuille. Les six hommes avaient déjà regagné leur canot et le capitaine du port me donnait la main pour m'aider à enjamber le balcon du Dauphin, lorsque Don laissa échapper:

"*Elle* a eu le mal de mer pendant toute la traversée qui a duré trente-deux jours. J'ai besoin, moi, d'un équipage et, elle, d'un endroit où s'installer après mon départ et jusqu'à son envol pour le continent."

J'en eus un pincement de cœur. Le capitaine du port me jeta un regard de sympathie en me demandant si j'avais besoin d'un médecin.

J'aurais voulu tuer Don. Non seulement il avait exagéré mais sa remarque manquait d'à-propos. De plus, il m'avait appelé "elle" (ce qui me parut aussi grossier que s'il avait dit "ma bourgeoise"). Je pouvais comprendre son besoin de s'exprimer: il avait à assumer ma défection et devait concrétiser son projet en annonçant son intention de recruter un équipage pour ne pas rester en plan. Or, désormais, précisément à cause de sa déclaration, nous allions être submergés de "demandes" dès que nous aurions mis le pied sur le rivage et l'île tout entière connaîtrait les déboires de cette pauvre *señora*.

Avec son visage grêlé aux traits grecs et aux pommettes hautes et ses cheveux noirs rasés, Dido offrait une apparence sévère qui, au début, m'intimida. J'étais surprise de découvrir un indigène pascuan aussi soucieux et sérieux alors que je croyais les habitants d'une nature plus nonchalante. Mais Dido m'apprit qu'il avait passé de nombreuses années dans la marine avant de travailler pour les Américains à la station de la NASA, sur l'île de Pâques, pendant les années 1960. C'était peut-être cela qui expliquait sa raideur.

Je changeai de l'argent et remplis ma bolsa du tas de lettres et de cartes que nous avions reçues. Je me refusai à attendre mon retour sur le bateau pour les lire.

"Où allons-nous maintenant?" interrogea Dido.

Je lui demandai de m'emmener au marché pour y acheter des fruits et des légumes. Nous étions mercredi et le marché hebdomadaire se tenait le samedi. Habituellement les fermiers ne vendaient pas leurs produits les autres jours de la semaine. Il me prévînt que la suite de ma demande était aléatoire.

"Nous allons quand même tenter notre chance. Je vais vous conduire à Vaitea où vivent des fermiers."

La jeep emprunta un chemin de terre étroit, bordé de buissons d'ananas dont les feuilles effilées en forme de baïonnettes - rendues vertes et brillantes par la récente pluie - griffaient bruyamment les côtés de la jeep. Des carrés de légumes bien tenus et délimités par des bordures de pierre poussaient sur un sol riche d'un noir rougeâtre. Je m'enivrai d'odeurs d'herbe, d'eucalyptus et de terre humide. La terre! J'en avais rêvé depuis trente-deux jours!

Nous nous arrêtâmes à une ferme où Dido s'exprima en pascuan, dialecte polynésien ressemblant au tahitien. Je ne compris qu'un mot: *tomates*. Après avoir essuyé des refus dans trois fermes, nous nous adressâmes à une quatrième.

"Demandez-leur s'ils n'auraient pas d'oignons ou de pommes de terre", dis-je à Dido.

Des palabres s'en suivirent. Je saisis au passage les mots *pesos* et *dolares*, puis la suite: pas de dollars, pas de fruits ni de légumes. Or, je venais de changer tous les dollars que j'avais amenés à terre. Je percevais des signes d'impatience chez Dido mais nous essayâmes encore une dernière ferme.

Le cinquième fermier acquiesça de la tête, se rendit au milieu de son jardin, tira sur deux plants d'oignons, en secoua la terre contre le pare-choc de la jeep et annonça en pesos l'équivalent de "quatre dollars". Je fus suffoquée. Quatre dollars pour une botte d'oignons pleine de terre!

Le fermier haussa les épaules. C'était à prendre ou à laisser. Je les pris - j'avais utilisé notre dernier oignon quelques jours auparavant - et le fermier ajouta deux petits ananas.

"Vous avez trouvé cela cher?" s'enquérit Dido, après être remonté en voiture.

"Oui. Voyez-vous, nous sommes des gens ordinaires, nous ne disposons pas de beaucoup d'argent. Nous devons faire attention."

Je me sentais toujours assez mal à l'aise lorsque j'évoquais la nécessité d'être économe. Un regard jeté sur notre voilier et les indigènes supposaient que nos fonds étaient illimités.

Dido rit en m'entendant employer le mot *ordinarios* qui, en espagnol du Chili, signifie "gens vulgaires".

"Vous êtes des gens simples", rectifia-t-il.

Mécontente qu'il aît entendu mes paroles sans en comprendre le sens, je lui répétai que nous devions être prudents pour "faire des économies". Il demeura silencieux pendant un moment puis me demanda si nous avions quelque chose à négocier. Je voulus savoir ce qu'il avait en tête.

"Jeans, pantalons, T-shirts, lunettes de soleil, pièces de rechange pour bateaux, vis, clous, cordage en nylon..."

Sa liste n'en finissait pas. Je passai en revue toutes les affaires que les garçons avaient laissées à bord et lui indiquai quelques effets dont nous pouvions nous passer. Aussitôt, nous conclûmes un marché. En échange de vêtements, sa famille nous ravitaillerait en fruits et légumes de son jardin. Ce n'était pas tout: sa femme s'occuperait de notre lessive. Je pensais que nous possédions suffisamment de choses pour que ce marché nous fournisse le nécessaire pour des mois.

Un peu plus tard, chez lui, l'épouse de Dido, Ana, m'offrit une tasse de café. Chaleureuse et amicale de prime abord, elle se durcit peu à peu, se plaignant des difficultés de la vie sur l'île. Cette Chilienne qui avait grandi sur le continent avait rencontré Dido et s'était mariée au moment de son service militaire. Je comprenais ses difficultés d'adaptation à la vie pascuane mais j'étais trop éreintée pour faire autre chose qu'acquiescer. Je terminai mon café et m'excuser, me dirige vers la plage et hurlai de l'autre côté de la baie pour Don. Il n'y avait pas de réponse.

Epuisée par une nuit blanche, je pris congé et marchai jusqu'à la plage où je hélai Don au travers de la baie. Pas de réponse. Je m'assis alors sur un rocher, attendant qu'il apparaisse. De part et d'autre de la plage, bande d'argile rouge de dix mètres de large, des blocs déchiquetés de lave noire étaient ancrés dans la mer comme des pinces de crabe. De solides bateaux de pêche en madriers étaient échoués sur la plage, retenus à des pneus de camion ou de voiture par des cordages de chanvre pourris.

Quelques enfants en train de récolter des coquillages dans l'eau s'approchèrent de moi et m'offrirent de me confectionner un collier. De grandes et élégantes femmes aux traits polynésiens défilèrent pour me faire part de leur compassion à propos de mon mal de mer. Elles me proposèrent également les services de leurs maris car elles avaient déjà appris que Don était en quête d'un équipage.

Les nuages de l'après-midi s'étaient amoncelés au-dessus des cratères de l'île, jetant leurs ombres sur l'herbe jaune. Les pentes du Rano Kao ressemblaient à des champs de velours vert tissé de fils bleus d'eucalyptus. Au milieu du vert, la terre rouge brillait en taches chauves. Le paysage prenait, ici, un aspect de pampa et présentait, là, une touche tropicale. Ni brume, ni bourdonnement citadin. Seulement un ciel bleu, un air frais et pur, de l'eau turquoise et limpide et le léger bruissement du vent dans les branches d'eucalyptus.

Au bout d'une heure, j'aperçus un torse nu émergeant de l'ouverture du capot. Don scruta la terre, fit de grands gestes et cria avant de s'éclipser pour réapparaître, vêtu cette fois. Il détacha le dinghy et le descendit pour le mettre à l'eau.

Les enfants - j'en comptai huit - se mirent à nager en direction du dinghy et s'accrochèrent à ses bords, à l'avant et à l'arrière, en riant et en s'esclaffant. Don était enchanté de cette marque d'attention mais le canot menaçait de chavirer sous le poids des garçonnets. Sur le rivage, deux pêcheurs ramassèrent alors des cailloux, en leur criant de laisser Don tranquille. Ils visèrent et les lancèrent. Aussitôt les garnements plongèrent et nagèrent vers le rivage en faisant la course avec Don.

Ce dernier arriva, essoufflé d'avoir ramé pendant quatre cents mètres, de surcroît contre le vent. Les garçons voulurent l'aider à tirer le canot au sec. Ayant repris son souffle, Don s'apprêtait à mettre pied à terre. Je lui hurlai en anglais:

"Non, non! Ne tire pas le canot. Je veux regagner le bateau!"

Vannée, tombant de sommeil, je sautai dans le dinghy.

"Ramène-moi à la maison", dis-je au rameur.

10 JANVIER

Le bateau est maintenant à l'ancre depuis quatre jours et nous sommes toujours sans nouvelle du chronomètre. Dans sa lettre, maman nous disait qu'il avait été envoyé le 15 décembre du Massachusetts par avion. Depuis notre arrivée, deux vols ont eu lieu. Nous avons reçu pas mal de courrier mais aucun colis de la Salem Clock Company. Don a l'intention de quitter l'île aux alentours du 20 janvier et ce retard le contrarie. Lorsque nous avons rencontré le gouverneur militaire, ce dernier nous a promis de rechercher l'instrument en envoyant un télex aux Douanes de Valparaiso. Don a bien insisté sur le fait qu'il ne pourrait pas partir pour le cap Horn sans ce chronomètre, mais je ne suis pas certaine que cela aît produit quelque effet sur le gouverneur dont le regard reste fuyant. J'ignore si nous pouvons lui faire confiance. Lorsque nous avons pris congé de lui, il a interrogé Don pour savoir si nous avions trouvé un équipier et nous a "chaudement" recommandé Bernardo.

Ainsi que je l'avais prévu, la nouvelle de notre offre d'embauche s'était répandue comme une traînée de poudre. Bernardo, dont la maison jouxtait la plage où nous mettions toujours notre dinghy au sec, eût tôt fait de coïncer Don. Il nous montra ses longs états de service dans la marine marchande. On lui aurait donné soixante dix ans mais comme il était maigre, tanné et musclé, il était difficile d'évaluer son âge. Son père - d'après ses dires - avait été membre de la première équipe archéologique de Heyerdahl en 1955. Il voulait, lui aussi, se faire un nom. Certaines concordances manquaient dans les dates mais je n'en tins pas compte.

"J'aimerais partir avec vous, *Capitan*, et écrire un livre qui pourra être traduit en anglais. Vous et moi deviendrons aussi célèbres que mon père!"

A chaque fois que je voyais cet homme, j'étais agacée davantage. Il avait un comportement instable: à certains moments il se montrait servile et à d'autres, emporté et agressif. Don, lui, était impressionné par ses états de service.

"Invite-le à bord pour une sortie à la voile, avant de te décider", insistai-je.

Cette nuit-là, j'écrivis:

Je me rends compte qu'il faut que je prenne rapidement une décision. Don est prêt à engager Bernardo. Lorsque j'ai dit à Don de ne pas se décider à la légère, il s'est mis en colère contre moi. Le souvenir des mauvais moments passés ensemble pendant la traversée depuis Acapulco me hante de nouveau. Je sais aussi que la pensée de doubler le cap Horn avec une personne totalement étrangère le tourmente et qu'il ressent l'urgence de faire un choix. Mais, Bon Dieu! Pourquoi le faire dans l'immédiat et sans réfléchir? Non! Je commençais pourtant à envisager de rester avec lui mais il m'est difficile de chasser de ma mémoire ses accès de colère. Je dois prendre au plus vite une décision: ce sera moi ou quelqu'un d'autre.

12 JANVIER

Le lendemain, un terrible orage secoua l'île, accompagné de pluies diluviennes qui durèrent trois heures et demi. L'argile des pentes rougissait l'eau et rendait la plage boueuse. Nous ramâmes jusqu'au rivage pour rejoindre Jermàn et Gabriel, deux adolescents qui étaient frères et avec lesquels nous avions sympathisé. Nous voulions faire une excursion au cratère de Ramo Kao et visiter Orongo, le village de l'homme-oiseau, qui le domine.(3) Nous gagnâmes péniblement leur maison, les semelles de nos Adidas couvertes de cinq centimètres de boue rouge gluante.

Jermàn captura et bâillonna deux chevaux qui paissaient derrière la maison, puis jeta des peaux de mouton sur leur dos. Bien que, parmi les 4000 chevaux "sauvages" de l'île, beaucoup fussent de superbes créatures fougeuses mais inaptes à la capture et au dressage, ces deux-là se débattirent à peine lorsque Jermàn s'en approcha. Ces répliques de la Rossinante de Don Quichotte devaient être encouragées pour grimper la pente du volcan.

A Orango qui domine le Pacifique Jermàn désigna les rochers où des oiseaux stylisés étaient gravés en relief. Munis d'un long bec recourbé, de pieds et de mains d'hommes, ils se tenaient accroupis de profil, ou regardaient fixement droit devant eux avec leurs énormes yeux cernés. C'étaient les célèbres hommes-oiseaux.

C'est à cet endroit que, depuis des siècles, se déroulaient des compétitions pour choisir le maître de la cérémonie du culte de l'homme-oiseau. Une fois par an, au moment du printemps austral, les nageurs devaient descendre les 400 mètres de la paroi du Rano Kao, atteindre à la nage Motu Nui (le plus grand des trois îlots situés à la pointe sud de la grande île), distant de deux kilomètres et y bivouaquer en attendant la ponte par les sternes de leurs premiers œufs de la saison. Celui qui, le premier, parvenait à s'emparer d'un œuf fraîchement pondu, à regagner à la nage Rapa Nui et à escalader la falaise avec l'œuf intact était vainqueur de la course. Son parrain devenait alors le maître de la cérémonie de l'homme-oiseau pour les douze mois à venir.(4)

Dès que nous parvînmes au sommet du Rano Kao, je fus frappée par la beauté de ce paysage dénudé, la quiétude et l'isolement du lieu. Hormis le bruit occasionnel d'un moteur hors-bord ou d'une jeep ou le hennissement d'un cheval, on ne percevait que le sifflement du vent dans l'herbe, le craquement des branches d'eucalyptus et les cris stridents des sternes, des mouettes et des faucons. Ici même, au sommet de l'île la plus isolée du monde, je ressentais pleinement le mystère de l'île de Pâques, au-delà des énigmes archéologiques.

13 JANVIER

J'écrivis un petit mot à mes parents pour leur faire part d'une bonne nouvelle:

"Le gouverneur a reçu un télex ce matin l'informant que notre chronomètre est à Valparaiso d'où le service des Douanes va enfin pouvoir l'expédier ici. Bravo! et merci pour ton aide, maman. Je t'écris à la hâte ces quelques lignes pour te prévenir dès aujourd'hui. Nous attendons cet après-midi treize insulaires (adultes et enfants) que nous emmenons faire un tour à la voile et invitons à un pique-nique à bord."

Effectivement, nous avions invité ensemble des Chiliens et des Pascuans, sans même réaliser la gaffe que nous avions commise, ces deux "sociétés" ne se mélangeant pas. Il y avait là treize Pascuans et un résident américain: Dido et Ana avec leurs quatre enfants, Paolo (le neveu de Dido, âgé de 18 ans), Estevan et Tomasa Pakarati (qui allaient devenir de bons amis) et leur fille Maria, Bernardo, Jermàn, Gabriel et Mike, l'Americano. Chacun arriva avec un cadeau: une petite pierre, une sculpture en bois, un collier de coquillages fait à la main, du pain cuit à la maison ou de petits roulés à la levure, des filets de thon frais, des tomates de son jardin, des melons d'eau, des ananas, des pommes de terre et des oignons. Bernardo arriva en maillot de bain, avec des chaussures à semelles de caoutchouc, une cape de pluie et un chapeau de soleil. Les autres étaient tirés à quatre épingles dans des vêtements serrés et amidonnés.

Nous levâmes l'ancre et fîmes voile vers le sud, en direction des trois îlots devant lesquels nous étions passés le matin de notre arrivée et que nous avions aperçus du sommet du Rano Kao. Nos invités étaient excités à la pensée de découvrir leur île sous un angle différent. Ils montraient du doigt, pouffaient de rire et se disputaient pour savoir si Motu Nui ressemblait à un homme-oiseau ou s'il avait le profil d'un moai. Les femmes qui n'étaient jamais allées au large étaient ravies de ce spectacle.

Pour le déjeuner, je servis des tranches de jambon en boîte et du porc, des pickles doux, du fenouil, des tomates coupées, des oignons, des crackers, des tablettes de chocolat et des poissons pêchés à la traîne. Polis et soumis au début, nos invités se comportèrent ensuite comme des animaux. Ils s'emparaient de la nourriture, se l'arrachaient des mains, la humant presque. Ils me rappelaient les Bernard-l'ermite gloutons que l'on aperçoit sur les rivages du Mexique.

Lorsqu'à 16 h nous jetâmes l'ancre, tous nous remercièrent chaleureusement et nous embrassèrent sur les deux joues. Dido et Ana furent les derniers à regagner la rive. Don leur demanda si Bernardo ferait un bon équipier.

"*Cuidado!*" (Prudence!) répondit Dido.

"Qu'entendez-vous par là?"

"*Cuidado!*" répéta-t-il, se refusant à en dire plus.

Ce soir-là, je voulus parler à Don de l'éventualité de continuer vers le Horn. Mais, avant même d'en avoir eu la possibilité, il déclara d'un ton arrogant et impérieux:

"Je veux que tu questionnes le village à propos de Bernardo. J'ai besoin de renseignements complémentaires."

Toute discussion sur le maintien de ma présence à bord était ajournée. Nous parlâmes de Bernardo dont l'attitude ne cessait de me tracasser. Bien que prêt à naviguer lorsqu'il avait pris son tour à la barre, il avait tourné la roue du gouvernail si violemment pour corriger le cap qu'il n'avait manifestement pas compris la corrélation entre le vent et les voiles. A tel point que, lors d'un coup de vent qui gonfla le génois, il fit gîter le bateau à tribord de telle façon que la filière s'enfonça dans l'eau. Paniqué, il m'appela à l'aide en criant. Don qui était en bas à ce moment ne fut pas témoin de l'incident.

Plus tard, lorsque Don lui demanda de laisser le gouvernail à un autre, il alla s'asseoir en silence, morose, regardant en l'air fixement comme une statue moai.

J'évoquai tout cela:

"C'est un type bizarre en qui je n'ai aucune confiance."

Je pris ma respiration, sachant l'effet que produirait ma remarque suivante:

"C'est pourquoi je ne veux pas interroger le village. Ce serait absurde car j'obtiendrais autant de réponses différentes que de personnes questionnées et toute l'île serait au courant de nos interrogations au sujet de Bernardo."

Les yeux de Don lui sortaient de la tête. Il prit son air menaçant de Mongol offensé, puis sauta dans la couchette du côté de la coque, me tourna le dos et s'endormit.

J'étais levée depuis plusieurs heures et aurais voulu le réveiller pour lui dire: "Ecoute, pourquoi ne pouvons-nous pas nous parler comme des amis plutôt que comme des adversaires?" Mais, au lieu de cela, j'écrivis dans mon journal:

Don a reçu des demandes d'embauche d'étranges Pascuans qui n'ont pas la moindre expérience et de Chiliens qui agissent comme des trafiquants de drogue. Dido a refusé de lui dire autre chose que "cuidado!" (Prudence!) et Don explose quand je lui avoue être d'accord avec Dido. Mais que suis-je censée lui dire? Veut-il que je lui mente, en lui affirmant que cette idée est merveilleuse? Attend-t-il de moi que je sois son équipier et que je prenne l'initiative? Pourtant, chaque fois que je lui donne mon avis, il pique une colère. Non, décidément, je ne comprends pas cet homme. Pourtant, depuis que mon mal de mer m'a quittée, nous avons connu ensemble de bons moments qui me donnent à penser que je peux continuer avec lui en tant que vrai second. Et puis quelque chose le fait fuir, balayant tout sentiment amoureux. Je désire un amant et un mari qui s'occupe de moi et m'apprécie pour ce que je suis. Au moins pendant pas mal de temps. J'éprouve quelquefois le même sentiment que Sean et Michaël qui désiraient un papa mais n'ont obtenu qu'un capitaine. Je sais que je dois lui annoncer ma décision. Mais je suis fichue si je le réveille maintenant: je ne l'aime pas!

15 JANVIER

Le chronomètre ne se trouvait pas dans l'avion qui avait atterri deux jours auparavant mais nous espérions son arrivée par le vol d'aujourd'hui.

J'avais l'impression que notre activité consistait à effectuer des aller-retour à la rame entre le bateau et le rivage, à nous rendre chez le gouverneur, à nous occuper des corvées quotidiennes et des provisions que nous fournissaient les deux petites *tiendas* (boutiques) du coin. Le bateau était mouillé à plus de 450 mètres de la plage et chaque fois que nous nous rendions à terre, il fallait souquer dur. Pour faire le plein de gas-oil, nous devions transvaser sur la rive le contenu de deux citernes de 200 litres dans nos bidons de 20 litres, puis regagner le voilier à la rame, décharger les bidons, vider le gas-oil dans notre réservoir, enfin, revenir à terre. Nous accomplissions une opération identique avec l'eau. Malgré l'aide de Paolo, il nous avait fallu deux jours entiers pour faire le plein de gas-oil et d'eau. Nous n'avions pas encore trouvé le temps de visiter l'extrémité nord de l'île.

Aujourd'hui nous avons de nouveau rendu visite au gouverneur. Ce fut le même scénario que les fois précédentes: Don parlait et je traduisais.

"S'il te plaît, dis-lui que nous avons un besoin urgent de son aide, qu'il me faut absolument ce chronomètre avant de quitter l'île, que je ne peux pas partir sans lui. Insiste bien sur l'importance de ce chronomètre."

C'était toujours la même rengaine et je recevais en retour la même réponse.

"Bon sang, tu ne te montres pas suffisamment ferme. Sois plus autoritaire, tu es trop polie. Tu te laisses mener en bateau par les autres et tu n'obtiendras jamais quoi que ce soit en agissant de la sorte."

Et ainsi de suite.

Je lui demandai s'il désirait toujours que je traduise.

"Au Mexique, tu parvenais à te débrouiller dans un espagnol rudimentaire pour établir la liste d'équipage ou appareiller, mais, ici, c'est différent. Sapristi! si tu crois pouvoir mieux faire, eh bien, prends ma relève!"

Il se mit à rougir, en avouant:

"Je pense qu'il vaut mieux que ce soit toi."

16 JANVIER

Le lendemain le vent vira au nord, laissant le *Dauphin* exposé à une terre sous le vent. C'était trop risqué de quitter le navire. Nous devions nous tenir prêts à lever l'ancre si les conditions météorologiques continuaient à se détériorer.

En dépit du ballotement au mouillage, mon mal de mer n'avait pas récidivé. Ce matin-là fut donc pour moi un vrai test. L'étrave tirait avec force sur le câblot d'ancre en se cabrant tel un cheval sauvage lors d'un rodéo. Le voilier se dressait et se secouait comme si nous étions en mer et avancions contre le vent. C'étaient bien le temps que nous avait prédit la Direction de la navigation à voile.

Cependant, j'appréciais ce répit. Je lisais, confectionnais des gâteaux secs, relisais les lettres que nous avions reçues et y répondais. J'aurais voulu dire à mes proches et à mes amis combien ils comptaient pour moi et me manquaient et à quel point leurs lettres m'avaient soutenu le moral. Au lieu de cela, je prenais des notes sur les théories de Heyerdahl, sur des fouilles non officiellement reconnues, sur le prix des légumes, sur les pétroglyphes et les hommes-oiseaux. J'évoquais notre espoir déçu de retrouver un jour notre chronomètre. Je craignais de me montrer trop sentimentale.

Comme nous n'apparaissions pas sur le rivage, Bernardo arriva avec Paolo à bord d'un canot à moteur pour discuter avec Don de son embarquement. Se comportant comme si tout était réglé, il réclamait à ce dernier un contrat d'un an. Il n'attendait pas d'argent en retour, mais seulement le vivre et le couvert. Il promettait de se mettre à l'anglais de manière à pouvoir communiquer avec Don. Il prétendait aussi qu'il avait l'intention de sculpter des sou   rvenirs pour les vendre dans les ports et se faire ainsi de l'argent de poche.

Bernardo me montra un petit journal de bord jauni, de la taille d'un livre de poche, rédigé d'une écriture minuscule et régulière. Il contenait le récit minutieux de son expérience passée au service de la marine marchande. Ce document paraissait authentique mais tellement ancien...

Auparavant, j'avais questionné Mike, l'Américain, au sujet de l'envie de Bernardo de devenir aussi célèbre que son père.

"Ce n'était pas son père, c'était son *frère*" révéla Mike.

Il était clair que Bernardo ne voulait pas dévoiler son âge.

Cet homme était difficile à analyser. Tant que Don lui adressait directement la parole, il se montrait vif et empressé, mais à l'instant même où l'un de nous parlait à Paolo, il s'enfermait, vexé, dans le silence, comme ce fut le cas lors du pique-nique. Je n'osai pas imaginer la perspective de passer toute une année avec un individu de ce genre. Don en perdrait sûrement la tête et, si jamais je devais moi-même appareiller, je n'en voudrais pas comme équipier.

Après le départ de Bernardo, Don admit qu'il avait fini par se ranger à mon avis. Il se demandait comment procéder pour lui faire part de notre refus.

Voilà maintenant le bon moment pour lui annoncer la nouvelle, pensais-je. *Il est grand temps!*

"Tu n'auras peut-être pas à le faire. Contente-toi de l'éviter quelque temps, pour lui permettre de prendre lui-même conscience de notre refus. D'ailleurs, j'ai décidé de continuer avec toi, ce qui pourrait être une excuse."

Il en était abasourdi.

"Si tu me fais marcher, sache que c'est un sale procédé. Je n'arrive pas à croire que tu es vraiment sérieuse."

Je lui avouai que j'y avais pourtant longtemps réfléchi. J'avais précisément voulu en discuter avec lui la nuit même où, après s'être mis en colère, il était parti se coucher, mais son attitude m'avait refroidie.

"Tu sais bien que je souhaite que tu viennes, mais pas si tu changes d'avis chaque jour. Je veux que tu sois certaine de vouloir partir. Cette traversée t'a tellement secouée!"

"Effectivement, le mal de mer a été terrible mais je n'en souffre plus depuis notre arrivée à l'île de Pâques. Or, le bateau rue constamment comme un mustang attaché et si je devais être de nouveau malade, je crois que je le serais déjà! Je désire vraiment t'accompagner." Je l'enlaçai.

Apaisé mais sceptique - il était resté si longtemps sur la défensive - il avait peur de baisser sa garde. Son étreinte manqua d'enthousiasme.

18 JANVIER

Dans le courrier d'aujourd'hui, se trouve un avis du service des Douanes de Valparaiso qui nous apprend qu'il est en posséssion de notre chronomètre, mais ne nous indique aucune date d'expédition. Don est furieux. Comment se peut-il que le gouverneur reçoive un télex et nous un avis, sans que le chronomètre nous parvienne? Pourquoi n'a-t-on pas expédié ce fichu instrument en même temps que l'avis? Tout cela n'a aucun sens. Personne n'a confiance dans la poste ou la douane. Dido insinue: "Quelqu'un a peut-être vendu votre chronomètre! Il est aussi possible que le gouverneur dissimule la vérité."

Après avoir reçu l'avis, nous sommes revenus parler au gouverneur. Physiquement, il était présent mais son esprit était ailleurs. Il semblait nerveux, son regard était fuyant. Son attitude était suffisante et il répondait à mes questions d'une manière évasive en parlant si vite et si indistinctement que je pouvais à peine le comprendre. Il ne s'arrêtait pas de temps à autre pour s'assurer que j'avais bien compris et lorsque je traduisais, c'est Don qu'il regardait et non moi, comme s'il conversait avec mon mari.

Comme je déteste cet homme!

20 JANVIER

J'avais l'impression d'être devenue une ventriloque parlant pour une marionnette. Nous avions passé l'après-midi avec le Directeur des écoles que je m'étais arrangée pour interviewer, ainsi que le prévoyait mon congé sabbatique de recherche. Durant toute l'interview (en espagnol), l'homme adressait ses réponses à Don. Cela me contrariait mais je n'y pouvais rien.

Puis sa femme nous invita à rester pour le dessert et le café. Le directeur me demanda mon avis sur le statut des femmes aux Etats-Unis. Sans s'interrompre, il déclara à Don que les femmes américaines avaient fait naître dans le monde entier des idées telles qu'elles avaient fini par susciter à leur égard un manque de respect.

"Les femmes chiliennes, elles, se sentent vraiment libérées", se vantait-il. "Nous, les hommes, nous les traitons sur un pied d'égalité. Nous partageons les travaux domestiques, nous les aidons à élever nos enfants. Elles ne ressentent pas le besoin de s'organiser car elles sont satisfaites. Elles conservent même leur propre nom."

Nous nous levâmes pour prendre congé et lorsque nous nous serrâmes la main, le regard du directeur rencontra le mien pour la première fois depuis trois heures. Il me remercia pour les informations que nous avions échangées sur nos pédagogies respectives.

Comme il était différent de mes collègues masculins américains qui me regardaient en face lorsque je leur parlais, qui savaient m'écouter, qui répondaient à mes questions, qui aimaient discuter avec moi! Ceux-là pouvaient avoir de l'esprit ou manifester de la colère et n'étaient nullement effrayés ni choqués par mon attitude. *Grâce à Dieu, Don n'est pas comme lui!* pensais-je avec soulagement.

Plus tard, nous fîmes un arrêt chez Dido qui nous avait invités pour une petite "fête". Paolo et un ami avaient apporté leurs guitares. Nous les accompagnâmes avec des "bongos" (tambours indiens), des ustensiles de cuisine, des bouteilles et des os, tandis que Don et moi enregistrions le tout sur notre magnétophone à cassettes. Les enfants s'assurèrent que nous avions bien retenu les paroles de *Pae-pae, Haumaru*(5) et m'apprirent à danser le *sau-sau*, une *hula* polynésienne.

"Ça y est, c'est ça!" criaient-ils en tapant des mains. "Pas lui, pas lui, il n'y arrive pas!" Ainsi gloussaient-ils en désignant Don qui, timidement, faisait des efforts pour remuer ses hanches et ses épaules.

Les trois jeunes enfants de Dido, m'enchantaient. Ils m'entraînèrent à tour de rôle dans la danse et nous éclatâmes de rire. Ils me regardaient droit dans les yeux car ils n'avaient pas encore appris à prendre les attitudes artificielles des adultes.

Cette petite soirée terminée, tout le monde nous prêta main forte pour descendre à la plage et charger le dinghy. Arrivés au bateau pour décharger notre matériel, nous constatâmes que notre magnétophone et nos cassettes avaient disparu. Nous venions d'être victimes du *toke-toke* (vol), tout comme les visiteurs de l'île qui s'y étaient succédés depuis le 18ème siècle.

Le lendemain, nous allâmes vérifier que nous ne les avions pas oubliés chez Ana mais celle-ci jura ses grands dieux qu'elle nous avait vus avec ce matériel avant de sauter dans le dinghy. Nous interrogeâmes les gens autour de nous mais personne ne savait rien. S'ils avaient su quelque chose, ils n'auraient rien avoué. La perte de ces cassettes contenant les fameuses chansons pascuanes nous contraria plus que celle de notre appareil de prix.

21 JANVIER

Au milieu de tous ces déboires, un point était pourtant positif: c'était la connaissance du docteur Ramon Campbell.

Archéologue amateur, le docteur Campbell était par ailleurs un expert en musique pascuane. Le soir où nous avions fait connaissance, nous nous trouvions dans son "pae-pae" (hutte de bambou typique de l'île de Pâques, célébrée dans la fameuse chanson populaire que nous avions apprise chez Dido). Tandis que nous admirions la vue sur la baie de Hanga Roa, le docteur nous raconta son arrivée sur l'île lorsqu'il était jeune médecin de la marine, à la fin des années 1960 et qu'il était tombé amoureux de cet endroit. Ayant eu maintes fois l'occasion d'y revenir pour son travail, il fut le témoin de l'évolution de l'île, de son passage d'une civilisation traditionnelle sans électricité ni eau courante à une pseudo-culture à base de télévision, dans l'attente du développement dans la dizaine d'années à venir d'une industrie touristique. Il nous confia avec tristesse que "la population était, en ce temps-là, charmante et simple et que l'île était belle".

Il nous emmena faire un tour dans son ambulance et visiter Ahu Akivi - la Plate-forme des Chefs - la plus célèbre des terrasses de cérémonie (*ahus*) restaurées et la plus souvent photographiée. Se dressant dans un paysage de gazon vert et mœlleux, sept *moais*, grands, fiers et dédaigneux, surveillent la mer. La plate-forme d'une longueur de 38 m et d'une hauteur de 2 m était attaquée par le temps et décolorée par les lichens. (6)

Les sept *moais* que les autochtones appellent irrévérencieusement *los Siete Monos* (les Sept Singes) atteignent presque cinq mètres de haut. Toutes ces statues qui lèvent leur visage vers le ciel et présentent des lèvres pincées, un long nez plat, un large menton tronqué et de profondes orbites occulaires, se distinguaient parfaitement les unes des autres. Néanmoins, si leurs visages étaient différents, leurs corps paraissaient identiques, du moins à mon regard peu exercé: colonne vertébrale courbe, nombril protubérant, doigts allongés pressant l'abdomen comme pour le soutenir.

Des chevaux sauvages broutaient paisiblement derrière le "ahu" et au sommet de la colline. Le docteur Campbell se plaignait de ce qu'ils détruisaient tout sur leur passage: ils abîmaient les plates-formes de cérémonie, grattaient la terre, mangeaient les fleurs et les buissons de l'île.

Tandis que nous nous tenions là, deux étalons s'emballèrent ensemble et sortirent du groupe. L'un d'eux rua, donna à l'autre des coups avec ses membres postérieurs et le frappa avec les sabots de ses membres antérieurs. A ce moment, je ne me préoccupai pas des dommages qu'ils étaient en train de causer. Je n'admirais que les sveltes corps musclés de ces superbes créatures fougueuses et colorées qui contrastaient avec le paysage désolé, presque stérile.

Cet après-midi là, nous explorâmes des grottes le long de la côte nord de l'île, aisément identifiables grâce aux fourrés luxuriants de figuiers et de bananiers, aux buissons de mûres et aux vignes qui cernaient leurs entrées. Des pétroglyphes d'hommes stylisés, de fleurs, de tortues, de dauphins et de bateaux couvraient les rochers voisins.

Aidés de nos torches électriques, nous suivîmes le docteur Campbell en descendant par un étroit couloir qui desservait des salles couvertes de mousses et de fougères. Deux grands bassins souterrains résonnaient du bruit musical des gouttes d'eau tombant de façon continue. Nous goûtâmes l'eau: elle était froide, désaltérante comme celle d'un torrent de sierra, cent fois meilleure que l'eau saumâtre que nous utilisions.

Le docteur Campbell garda pour la fin la grotte la plus impressionnante, celle d'Ana Kakenga. Nous descendîmes par un couloir sombre et tortueux, coupé de mystérieux passages latéraux en cul-de-sac, jusqu'à une grande salle où prenaient naissance deux tunnels. L'un d'eux s'engageait profondément à l'intérieur de l'île et se resserrait tellement que nous dûmes ramper. Quant au second tunnel, il menait à une ouverture à l'air libre et en saillie, dominant la mer d'une hauteur de trente mètres. De là, nous pouvions observer la houle démontée qui était violemment projetée et dont les embruns s'accrochaient aux spectaculaires blocs de lave gisant en contrebas. Sur le chemin du retour, nos piles rendirent l'âme mais le docteur Campbell qui avait tout prévu roula le papier-journal qu'il avait transporté tout l'après-midi, avant d'y mettre le feu avec une allumette. Et - petite note dramatique - ce fut à la flamme de cette torche improvisée que nous gagnâmes la sortie d'Ana Kakenga.

22 JANVIER

Paolo et nous devînmes bons amis. Ses capacités nous impressionnaient. Il détenait le record du Chili de plongée libre en apnée et effectuait fréquemment à la nage les 450 mètres qui séparaient le rivage de notre bateau. Il se portait toujours volontaire pour nous prêter main forte chaque fois que nous avions besoin d'aide. Il paraissait également franc et honnête.

Lorsque, la semaine précédente, Don lui avait appris à manœuvrer le dinghy, Paolo avait montré une telle vivacité d'esprit que nous nous demandâmes s'il ne pourrait pas faire l'affaire en tant qu'équipier. C'est pourquoi nous lui proposâmes un rendez-vous, le 24 janvier, dans la baie d'Anakena pour qu'il puisse, pendant plusieurs jours, nous aider sur le bateau. Nous lui fîmes comprendre que si tout se passait sans difficultés et dans la bonne entente, nous envisagerions son embauche comme équipier.

23 JANVIER

Sur la côte nord-est, la baie d'Anakena possédait une ravissante plage de sable blanc, l'une des deux seules de l'île. C'était un lieu plus calme que Hanga Roa. Bien abritée, sauf des vents du nord, cette baie offrait pour le mouillage une mer moins houleuse qu'au large du village. Don et moi y arrivâmes un jour avant Paolo pour pouvoir passer un peu de temps ensemble. Nous jetâmes l'ancre à proximité du rivage et nageâmes dans une eau translucide de couleur aigue-marine, si limpide que nous pouvions apercevoir notre ancre qui miroitait par douze mètres de fond.

C'était la première fois depuis notre arrivée que Don et moi pouvions vraiment nous détendre (ce fut une mini lune de miel), avant de nous remettre à l'ouvrage sur le bateau. Nous prîmes le temps d'explorer le rivage, de photographier des statues abandonnées, des fours en terre, des tours de garde, de prendre des empreintes de pétroglyphes et d'entrées de grottes. Seuls - sans touristes, ni villageois, ni pêcheurs, ni bergers - nous nous sentions comme des enfants jouant les Robinson Crusoe ou les premiers explorateurs d'une île déserte. Nous nous promenâmes à travers les fourrés de goyaviers, de mûriers, de figuiers et d'ananas, goûtâmes aux figues et aux ananas lors de piques-niques et étudiâmes la manière de tisser les fibres végétales du mûrier pour en faire des jupes. Nous dessinâmes aussi les plans d'une *hare paenga* (ancienne cabane en forme de bateau).

24 JANVIER

Le lendemain matin, Dido nous amena Paolo pour son "essai sur le terrain". J'étais contente de le voir. Par son humour et son naturel agréable, il détendait l'atmosphère. Il était solide, travailleur et avide d'apprendre.

De nouveau nous insistâmes sur le point suivant: ces deux jours constitueraient un test pour évaluer à la fois son aptitude au travail, son sens des responsabilités et son honnêteté. S'il réussissait l'examen, il serait engagé. Il acquiesça avec sérieux tandis que je lui expliquais tout cela en espagnol.

La journée se déroula pour le mieux. Paolo et Don posèrent de la fibre de verre sur le pilote automatique, tandis que je raccomodais les voiles, apportais les outils et faisais la cuisine. Pour le dîner Paolo avait pêché quatre poissons qu'il détacha du filet pour les faire frire. En guise d'*aperitivos*, il avait préparé des oursins qu'il avait posés sur une soucoupe. Ces gigantesques "chardons" attendaient qu'une bouche courageuse se décide. Don déclina l'offre. Quant à moi, une bouchée me suffit.

25 JANVIER

Le second jour, Don et Paolo brossèrent la coque tandis que, dans le dinghy, je les surveillais afin d'assurer leur sécurité. Au bout de trois heures passées à rester assise dans le canot, j'en eus assez et je demandai à Paolo de me relayer. "Ne quitte pas Don des yeux" lui recommandai-je en plongeant pour prendre un bain.

Vingt minutes plus tard, Paolo voulut se rendre à bord du voilier. J'émergeai de l'eau en me hissant avant de retomber à l'intérieur du dinghy. "Ne sois pas long, nous avons besoin de toi pour veiller sur nous."

"C'est d'accord, *Señora* Réanna."

Un laps de temps trop long s'écoula, éveillant mes soupçons. Je dis à Don que je voulais contrôler ce que faisait Paolo et grimpai à bord. La boîte de mèches de perceuse que nous avions laissée ouverte près de l'échelle avait été refermée. Je l'ouvris: il manquait une.

"Qu'as-tu fait de la mèche de 0,6 cm?" criais-je à Don.

"Je l'ai remise dans sa boîte."

"Elle n'y est plus."

"C'est bizarre. Tu ferais mieux de vérifier avec Paolo."

J'appelai celui-ci à travers l'ouverture du capot. "Paolo, tu es parti depuis un bon moment Veux-tu, s'il-te-plaît, revenir au dinghy et surveiller Don." Préoccupé, il grommela quelque chose au sujet de ses bagages. Je lui demandai s'il avait vu la mèche. "Non, je ne l'ai pas vue", répondit-il en regagnant le canot.

Je descendis, ennuyée à la pensée de ce que je pourrais découvrir et dégoûtée par cette manière d'agir. Je pensais à ce que serait notre navigation en direction du cap Horn, sans équipier et nous deux seuls pour exécuter tout le travail. Paolo était notre dernier atout. Nous ne voulions embarquer personne d'autre. Mais si nous ne pouvions pas lui faire confiance, nous ne devrions compter que sur nous. *Par pitié, faites que je ne trouve pas la mèche de perceuse*, suppliai-je.

Je jetai un coup d'œil dans son sac de voyage. Il était vide *Dieu merci!* pensai-je, soulagée. Néanmoins, pour revérifier, je le saisis et le retournai: la mèche de perceuse s'en échappa, tombant à terre.

La confrontation "à l'américaine" qui s'ensuivit ne donna rien. Paolo voulait tout simplement s'approprier la mèche. "Vous en possédez tout un stock. Pourquoi une seule mèche vous serait-elle indispensable?" s'étonnait-il.

Je tentai de lui faire comprendre que nous n'avions aucun moyen de remplacer le matériel et que tout, dans le bateau, était indispensable. Tout! Il me lança un regard irrité qui signifiait "N'exagérez pas!" Je continuai à parler en insistant sur notre besoin d'avoir, à bord, confiance en chaque membre d'équipage. Confiance, un mot abstrait, qu'il ne comprenait pas - ou ne voulait pas comprendre.

Don reprit mon discours dans son espagnol rudimentaire. Les mâchoires de Paolo se contractèrent, ses yeux se rétrécirent. Il était insulté. Pour lui, c'était nous qui agissions mal. Il n'avait rien d'autre à ajouter, nous non plus.

Il bouda en silence pendant deux heures jusqu'à ce que Dido klaxonne et Don raccompagna Paolo jusqu'au rivage.

Don ouvrit une bouteille de Dubonnet. "Bien, maintenant il ne reste plus que nous deux." Il fit une pause, l'air soudain ennuyé, puis ajouta: "Es-tu certaine de vouloir venir? Je pourrais toujours partir en solitaire. Je m'étais déjà fait à cette idée."

"Oui. Je sais que tu t'y étais fait mais je n'ai pas changé d'avis. Je ne veux pas que tu partes seul, je veux partir avec toi."

Ses yeux s'embuèrent. Il m'enlaça et me tint serrée. "Tu vois, quand les jeux sont faits, tu es la seule capable de tirer ton épingle du jeu. J'aurais dû savoir que je pouvais compter sur toi. Je suis désolé de m'être montré si froid ces derniers temps. J'essayais de rompre le lien mais cela n'a fait que te rendre la décision plus difficile à prendre, n'est-ce pas?"

J'acquiesçai, enfouissant mon visage dans son cou. *Mon Dieu, il commence à comprendre*, me disais-je.

A Rapa Nui, toutes les activités s'arrêtèrent pendant pour célébrer un grand évènement: la visite du Président Pinochet. Ce fut aussi le cas pour les nôtres. En effet, il ne nous était plus possible de rencontrer le gouverneur et les fonctionnaires du bureau de poste n'avaient pas la moindre idée de l'endroit où se trouvait notre chronomètre.

La route qui conduisait à l'aéroport de Mataveri avait été balayée et ratissée avec une efficacité toute *yankee*: son argile rouge brillait comme une tuile. Tous les cent mètres, des bannières suspendues souhaitaient la bienvenue au président, en pascuan et en espagnol, le remerciant d'avoir donné à l'île la liberté et la télévision.

C'était vraiment un grand moment. Peu importait qu'il fut un dictateur, qu'il n'aît pas donné la liberté aux insulaires et que la plupart de ceux-ci aient ressenti de la haine pour le régime militaire. Ce qui importait surtout était qu'au cours de cette même semaine de janvier 1975, la télévision aît fait son entrée dans l'île.

L'effervescence était générale et la tenue du dimanche de rigueur. Les enfants qui avaient été décrassés portaient des habits brillants et amidonnés. Les pêcheurs, en chemise blanche et cravate, ne paraissaient guère être à leur place. On ne remarquait aucun pied nu, tanné et calleux.

Nous aperçûmes Estevan vêtu d'un élégant costume. Il serrait des mains en grommelant qu'il ne pourrait pas garder plus longtemps sa cravate. La garde militaire, en tenue blanche, alignée au bord de la piste d'atterrissage, fit mouvement en rangs serrés avant de se mettre au garde-à-vous dans l'attente de l'avion présidentiel. La dignité des militaires souffrait cependant de la coupe de leur uniforme: veste étroite et pantalon trop court.

Le jet de la compagnie LAN-Chile décrivit des cercles avant d'atterrir. Au même moment, des nuages éclatèrent et la pluie doucha la garde ainsi que les danseurs, les guitaristes, les personnalités officielles et les spectateurs. Nous attendîmes... cinq, dix, quinze, vingt minutes... que la pluie cesse et que l'avion débarque ses passagers.

Il n'y eut aucune accalmie, mais la porte de l'avion s'ouvrit enfin. Le Président et madame Pinochet sortirent de l'appareil, en agitant la main. Ils descendirent la passerelle au milieu de la foule, suivis des membres de leur *Guardia*, vêtus de noir et les cheveux ondulés tels des *mafiosos* lourdement harnachés dont la taille était anormalement large (aucune arme n'était cependant visible). La *Guardia* ne cherchant pas à contenir la foule, les gens touchaient Pinochet, lui tapotaient les épaules, de part et d'autre du cordon de sécurité. Visiblement ému, souriant et calme en dépit de l'averse, le dictateur et sa femme serrèrent toutes les mains que la longue file leur tendait, y compris les nôtres.

"Te rends-tu compte que je viens de serrer la main d'un dictateur?" exulta Don, aussi excité que les autres.

"Oui, j'espère seulement qu'il comprendra la signification du pavillon des Nations Unies qui flotte à notre mât!"(7)

Le jet décolla. Le groupe présidentiel ne pourrait pas partir de l'île avant le retour de l'avion prévu quatre jours plus tard. Estevan et Tomasa plaisantaient à ce sujet: "Réalisez-vous que désormais votre voilier serait pour Pinochet le seul moyen de quitter l'île, s'il lui en prenait l'envie?"

26 JANVIER

"Nous partirons le 2 février, avec ou sans chronomètre" déclara Don. "Il faut que nous allions voir le gouverneur dès aujourd'hui. Nous avons déjà été retardés trop longtemps. Les risques de tempêtes augmentent de jour en jour, les températures vont descendre jusqu'à 0° au large du cap Horn et nos chances s'amenuisent. Vois si tu peux trouver le gouverneur quelque part."

Je poussai un soupir de désapprobation. Don était, ce matin, comme un fauve en cage: il tournait en rond, grognait, rugissait. Je le comprenais mais je me sentais toujours son bouc-émissaire. J'étais prise, en tant qu'interprète, entre deux feux: Don et le gouverneur. L'attitude de Don me pesait. J'aurais voulu m'éloigner un peu de lui, pour un jour ou même une demie journée mais c'était impossible.

Nous gagnâmes le rivage à la rame, tirâmes le dinghy au sec, grimpâmes la colline, dépassâmes la plaza et la plantation d'eucalyptus et prîmes à droite en direction du bureau du gouverneur. Les fermiers venaient de dresser les étals du marché en plein air. Une jeep s'arrêta, Pinochet et ses amis en descendirent. Le gouverneur se trouvait en leur compagnie.

"Voici ta chance. Va lui parler de notre chronomètre." Je bougonnai de nouveau et le regrettai sur le champ.

Don me saisit le bras: "Ecoute", dit-il avec colère, "est-ce-que tu te rends bien compte de l'importance de ce chronomètre pour notre sécurité? *Je ne pense pas que tu le réalises.* Sans chronomètre nous serons dans l'incapacité de déterminer la longitude. As-tu conscience de ce que *cela* signifie? Cela veut dire que nous risquons de nous échouer sur les rochers de la côte la plus dangereuse du monde. Alors, arrête de discuter, nom d'un chien! et va lui parler."

J'aurais voulu lui rétorquer: "Il ne t'aidera pas et tu le sais bien. Il se fiche totalement de nous et de notre chronomètre". Mais je me tus.

Le gouverneur en me voyant m'approcher, regarda ailleurs. Il espérait ainsi éviter la confrontation. J'agis comme précédemment, répétant les phrases que je connaissais par cœur et que je détestais. J'aurais voulu le traiter "d'enfoiré". Au lieu de cela, je me montrai obséquieuse et implorante.

Continuant à m'éviter, il regardait par dessus mon épaule gauche mais il finit par lâcher: "Bien... Passez à mon bureau lundi. Je verrai si je peux encore faire quelque chose."

"Vous y serez vraiment?" répondis-je

"Oui"

"*Seguro?*" (sûr?)

"Mais oui!"

Je pensais: *ça va me faire une belle jambe!* mais je répondis en serrant les dents: *"Gracias".*

Un vieil homme à cheval nous arrêta alors que nous regagnions la plage, les bras chargés de légumes.

"Je sculpte le bois. Venez voir à ma casa", nous dit-il en anglais.

Je préférai regagner le bateau. "Nous en aurons suffisamment lorsque Estevan aura achevé celles qu'il réalise pour nous", murmurai-je, irritée, "De plus, la place nous manque."

"Ce sont des histoires. Nous allons faire de la place. Nous ne retrouverons jamais d'autres occasions. Allons-y!"

Je me laissai convaincre et nous suivîmes le vieillard dans une maison préfabriquée bâtie sur la colline, au milieu des eucalyptus. Une véritable jungle de figuiers, d'hibiscus, de lauriers-roses, de rosiers et de liserons cernait la maison. Il nous fit entrer dans une pièce exiguë, mal éclairée et en désordre. Un lit de repos en fer, une table de cuisine vétuste et une chaise en plastique la meublaient.

Le vieil homme exhiba une statue de bois de 70 cm de hauteur, représentant un *moai kava-kava*, personnage grotesque et décharné à la cage thoracique exagérée, aux lobes d'oreilles distendus, aux yeux protubérants et au nez crochu. Je vis de la convoitise dans le regard de Don. Le vieillard aussi.

"Vous aimez cela, hein?"

"Oui, mais nous voulons faire du troc", insista Don, "Pas question d'argent."

"Avez-vous du mobilier? Une table de cuisine neuve?"

Don éclata de rire: "Non, nous ne possédons qu'un petit voilier. En revanche, nous avons des vêtements et du cordage."

"Du cordage comme celui-ci?" Il montra une corde de chanvre.

"Non, de la corde de nylon. Très solide."

Tous deux se mirent à négocier. Les mâchoires du vieux jusque-là contractées commencèrent à se relâcher et les coins de sa bouche à se détendre. Il se rendait compte que Don était, en affaire, à sa hauteur. Ils se mirent alors à jouer au plus malin, en simulant ou en exagérant. Le vieillard voulait une paire de chaussures de tennis en échange de sa statue de bois. Don renchérit en proposant la paire de chaussures plus trente mètres de corde en nylon contre la sculpture en bois, une statuette en pierre et une coupe. Le marchandage dura vingt minutes jusqu'à ce que tous deux fussent satisfaits du troc. Nous nous levâmes pour partir et le vieil homme tendit à Don le *moai kava-kava*.

"C'est d'accord. Cette nuit, je viendrai à la plage pour la corde." Il tendit à Don une pagaie sculptée et une sculpture en pierre de facture grossière: "Des cadeaux pour vous".

Don le remercia. Il se serrèrent la main, l'affaire était conclue.

Ce soir-là, nous enfouîmes nos "marchandises" dans un vieux sac à linge en toile et rejoignîmes à la rame la plage où le vieil homme nous attendait déjà.

"Voilà la marchandise" annonça Don "mais comme nous n'avions que 27 m de corde en nylon, alors je..."

"Non! Ce n'était pas ce que nous avions convenu!"

"Attendez, attendez. Je vous ai apporté sept mètres de corde encore meilleure et plus grosse. Vous voyez cela?" Don extirpa le cordage d'un centimètre et demi de diamètre.

"Ça va... ça va." L'homme continuait à loucher par-dessus son épaule. "Et les lunettes de soleil? Elles sont dans le sac?"

"Oui, au fond, dans un étui. Et quelques vêtements pour votre femme et de la viande en conserve. Nous sommes d'accord maintenant?"

"Oui, pas de problème". Le vieux s'empara du sac. Lui et Don se serrèrent la main une deuxième fois et il s'en alla, emportant sa marchandise.(8)

27 JANVIER

Pinochet quitta l'île qui reprit son rythme normal.

Le ciel était sombre; le vent mugissait à travers le gréement. Le mât faisait entendre sa vibration de tempête et la chaîne d'ancre tirait fortement. C'était un sale temps. Tant que le vent dominant soufflait du sud-ouest, Hanga-Roa, ouverte sur l'océan, constituait un mouillage satisfaisant. Toutefois le vent avait déjà tourné de 45° et 45° supplémentaires nous exposerait alors au danger extrême d'être projetés contre la terre sous le vent.

Cet après-midi, alors que nous revenions des courses sur le rivage, en nous approchant du *Dauphin*, nous vîmes que le bateau se cabrait, plongeait, se redressait, tirant à coups secs sur l'ancre et gîtant à tribord.

"Oh Jésus! Je crois bien que l'ancre vient de se rompre!" s'exclama Don "Grimpe à bord et mets le moteur en route." Je me hissai sur le pont et démarrai le moteur.

"Oui, c'est bien cela, la chaîne s'est rompue et l'ancre est restée au fond!" déclara Don après vérification. "Filons vite d'ici, nous nous occuperons de cela plus tard."

Il grimpa à bord et détacha le dinghy. Les crêtes hautes et courtes des vagues heurtaient furieusement la poupe. Le dinghy était littéralement projeté en l'air. Un tolet d'aviron avec sa rame encore attachée fut emporté par le courant, disparut sous l'eau puis l'aviron fut propulsé vers le rivage.

Don le suivit du regard, hésita un instant. Son impulsion première avait été de se jeter à l'eau pour le récupérer. Heureusement il n'en fit rien. Il fit demi-tour, poussa le moteur au maximum jusqu'à 3500 tours-minutes et vira à bâbord. Progressant avec difficulté, nous nous maintenions avec peine à distance de la terre sous le vent et mîmes le cap sur le sud. Nous nous dégageâmes de cet endroit en longeant les falaises de Rano Kao, puis les îlots de Motu Kaokao, Motu Iti et Motu Nui, poussés par le vent vers Hotu Iti, l'anse que nous avions explorée la nuit de notre arrivée, le 6 janvier.

28 JANVIER

Le vent accompagné de pluie ne cessa de faire rage pendant la nuit et les deux jours suivants. Nous jetâmes momentanément l'ancre à Hotu Iti. Les coulées de lave noire qui fermaient l'anse formaient des pics, des vallées et des plateaux. Polies par les vagues depuis des siècles, elles luisaient sous la pluie. A travers l'étrave, nous pouvions apercevoir le Rano Raraku, volcan dont le cratère a servi de carrière pour la sculpture des gigantesques statues monolithiques. Son sommet était encapuchonné de gris, sa pente couverte de blé vert était jonchée de têtes de *moais* (9). Hotu Iti était à l'abandon. Seuls le vent et la pluie troublaient le site. L'anse rocheuse et déserte constituait un lieu parfait pour un sous-marin cherchant à se dissimuler mais pas un bon endroit pour mouiller notre fragile voilier. Sans aucun doute notre départ dans la nuit où nous avions touché l'île de Pâques, avait été prudent!

Don était redevenu irritable, grognant contre moi dès qu'il avait raison. C'était pour n'importe quoi. Je commis l'erreur de lui faire remarquer que le chronomètre avançait de dix minutes par 24 h. Il jura alors contre la "Clock Company", l'accusant de fabriquer des instruments défectueux. Il maudit le gouverneur et moi aussi pour m'être montrée incapable face à lui.

"Pourquoi, dans la vie, est-ce aussi difficile d'obtenir quelque chose lorsqu'on doit passer par l'intermédiaire de quelqu'un? Personne ne me comprend. Pas même toi", enrageait-il.

Je n'entrai pas dans la discussion, j'étais trop fatiguée et découragée. Je désirais quitter Rapa Nui et aurais préféré le faire seule. Cependant, en ce jour de tempête, je n'aurais même pas pu m'isoler sur le pont avant. J'étais contrainte de partager la cage au lion.

1er FÉVRIER

"Nous partirons demain, avec ou sans ancre. La fenêtre s'est fermée", déclara Don. "Ce sera aussi sans chronomètre car, les deux prochains jours, il n'y aura pas de vol LAN-Chile." Don me pressa de retourner une dernière fois au rivage pour m'assurer que le chronomètre n'était toujours pas arrivé. Le gouverneur me fit la réponse habituelle: "Désolé, pas de nouvelles".

Don avait réclamé de l'aide auprès de tous ceux qu'il connaissait pour remonter notre ancre mais Paolo était la seule personne sur l'île à pouvoir plonger aussi profond. Il voulait me charger de le lui demander.

"Non, si tu tiens à ce que ce soit lui qui fasse ça, c'est à toi de t'arranger avec lui."

Finalement, Paolo accepta le marché de Don qui consistait à échanger ce service contre une paire de lunettes de soleil française. Puis il disparut.

2 FÉVRIER

Jour J. Paolo n'avait pas encore réapparu et notre meilleure ancre, la CQR, se trouvait toujours au fond de la baie de Hanga Roa. Tôt dans la matinée, des visiteurs de dernière minute vinrent nous faire leurs adieux. Le capitaine Schlecter nous prêta son propre récepteur radio portable, en nous demandant de le remettre, à notre arrivée à Punta Arenas, à l'amiral Allen qui le lui rendrait plus tard.

Un pêcheur arriva en canot à moteur, accompagné de Jerman et de Gabriel qui nous tendirent une énorme courge jaune provenant de leur jardin ainsi qu'une *cara lloranda* (visage en pleurs), grandeur nature, que leur mère avait sculptée pour nous.

Estevan, Tomasa et Maria vinrent à la rame nous livrer les statuettes que nous avions demandées à Estevan de sculpter. Ils nous avaient aussi apporté un cadeau: un énorme *moai* en pierre pesant 40 kg - "pour votre jardin de Californie".

Cinq d'entre nous s'efforcèrent de hisser le *moai* à bord puis de lui faire descendre l'échelle. Nous l'enveloppâmes dans un vieux dessus de lit, puis le ligotâmes avec de la corde, avant de le caler entre le moteur et la couchette de quart de bâbord et de le fixer au plancher

Nous nous étreignîmes en nous disant adieu. C'étaient des amis sincères et bienveillants. Tout comme la famille Ika, ils me manqueraient.

A midi, Don grommela: "Diable! Si Paolo n'apparaît pas, eh bien j'irai moi-même chercher cette satanée ancre au fond de l'eau! Veux-tu me donner un coup de main?"

Je retrouvai le papier sur lequel j'avais noté notre position lorsque la chaîne de l'ancre s'était rompue et que j'avais sauté dans le dinghy. Don plongea avec son masque et son tuba, nageant en direction de l'endroit où il pensait trouver l'ancre.

Ce fut à ce moment que Paolo me surprit en faisant surface près du dinghy: "J'ai plongé à plusieurs reprises à la recherche de votre ancre mais je ne l'ai pas vue."

Nous l'attendions depuis plus de 24 heures et il agissait exactement comme si son apparition soudaine était la chose la plus naturelle! Mais Don dissimula son irritation: "Attends, Paolo!" lui cria-il "Suis-moi, je crois que l'ancre se trouve par ici." Il nagea une quinzaine de mètres en direction du rivage.

Paolo plongea puis refit surface: "Je l'aperçois! Donnez-moi un peu de corde pour la remonter."

Je regagnai le bateau à la rame, m'emparai d'une corde de nylon et en lançai l'extrémité rugueuse à Paolo qui plongea à 12 m et attacha la corde à l'ancre. Puis Don et lui revinrent au bateau à la nage, grimpèrent à bord, fixèrent la corde au guindeau et tirèrent. L'ancre et sa chaîne remontèrent.

"Maintenant, Paolo, veux-tu m'aider à descendre nos ancres et la chaîne?"

Nous avions effectivement laissé quatre ancres sur le pont et Don tenait à ce qu'elles fussent toutes arrimées en bas pour des raisons de sécurité, afin d'abaisser notre centre de gravité pendant le voyage vers le cap Horn.

Paolo n'avait pas discuté de cette tâche. Je n'aimais pas que Don exigea davantage que ce qui avait été convenu. Je roulai des yeux en le regardant et espérai qu'il comprendrait. Paolo attendait, méfiant. Moi, j'attendais, gênée.

"Encore une petite chose, Paolo..." Don fit une pause - il avait remarqué mes signes - puis souria en montrant à Paolo une paire de lunettes de soleil: "d'accord?"

Paolo fit une grimace, chaussa les lunettes et serra la main de Don. Je le ramenai à la rame jusqu'au rivage où il m'embrassa comme si rien ne s'était jamais passé. Je tirai le dinghy au sec et montai en courant dire au revoir au Docteur Campbell.

"Vous allez traverser une des mers les plus dangereuses du globe", dit-il, "Je me ferai beaucoup de souci à votre sujet jusqu'à ce que j'apprenne que vous êtes sains et saufs."

Je lui promis de lui écrire dès que nous aurons atteint Punta Arenas, l'étreignis et regagnai le dinghy.

Le vent du nord se mit à fraîchir et je dus souquer ferme pour avancer. Trois pêcheurs qui sortaient en mer à bord d'un canot motorisé me crièrent: "Buen marinera, *Señora*" ("Vous êtes bon marin, madame"). Les quatre semaines que j'avais passées sur l'île de Pâques me valaient enfin quelque éloge!

NOTES

1. Le Norvégien Thor Heyerdahl est célèbre pour avoir traversé le Pacifique, en 1947, à bord d'un radeau de balsa, le fameux *Kon-Tiki*. Son livre, *Aku-Aku*, attira l'attention du monde entier sur l'île de Pâques. En 1960, Ahu Akivi fut restauré et

les moais relevés suivant le programme établi par l'UNESCO et le gouvernement chilien. (Orongo fut restauré à la même époque). Les statues de Ahu Akivi furent les premières à être redressées selon la technique ancestrale, c'est-à-dire à l'aide de leviers de bois et de tours.

2. L'île de Pâques fut également connue sous d'autres appellations: Te-pito-o-te-henua - le Nombril (Centre) du Monde; la Isla Ma Lejos del Mundo - l'île la plus éloignée du monde. Les insulaires préfèrent employer le nom polynésien de Rapa Nui dont la traduction libre signifie la Grande Ile, et ont récemment adopté le même vocable pour leur langue. Le dictionnaire pascuan donne l'éthymologie de ces mots avec plus de précision.

3. Orongo, le site de cérémonie de l'homme-oiseau, offre une série de chambres souterraines communiquant entre elles. Les murs et les plafonds de ces chambres sont constitués de grosses dalles rocheuses recouvertes de terre. Les plafonds sont à peine assez hauts pour permettre de ramper d'une chambre à l'autre.

4. Cette course a été récemment rétablie pour les touristes.

5. Ecrite par le Docteur Ramon Campbell, *Pae-pae, Haumaru (Tranquil Cabaña)* était, à l'époque, une des chansons les plus populaires de Rapa Nui.

6. Les statues d'Ahu Akivi ont été les premières à être élevées «à l'ancienne», en utilisant des leviers et des derricks.

7. Les Nations Unies avaient réclamé, à de nombreuses reprises, des sanctions contre le gouvernement de Pinochet pour violation des Droits de l'Homme.

8. Les Pascuans sont des négociateurs tenaces et rusés. Notre expérience de troc a finalement été positive et s'est terminée par des échanges de cadeaux, marques de respect et d'estime réciproques. Le seul argent liquide que nous utilisâmes pendant ce séjour de quatre semaines, fut employé à l'achat d'une barrique de gas-oil destiné à notre moteur diesel, ainsi que de timbres-poste et de quelques provisions.

9. En 1960, un "tsunami" (raz-de-marée) envahit Hotu Iti, se précipitant sur les pentes du volcan et renversant les quinze statues colossales qui se dressaient sur un *ahu*.

Statues sur l'île de Pâques.

CHAPITRE 4

Pacifique Grand Sud

3 FÉVRIER

Moi, l'oiseau de terre, je suis heureuse d'être en mer. Je chante et je siffle de nouveau, tandis que la "mystérieuse" île de Pâques disparaît peu à peu de l'horizon et s'éloigne en même temps de mon esprit. Je suis ravie de me retrouver seule pour lire et écouter de la musique, seule avec Don, tous deux désormais détendus avec la possibilité de parler sans les constantes interruptions de la traduction.

Nous avons passé les dernières 24 heures à tenter d'analyser ce qui clochait. Nous sommes, je pense, des Américains naïfs, persuadés de l'honnêteté de l'"abogado" et de l'efficacité des services du gouverneur. Or ni l'un ni l'autre ne nous ont donné satisfaction. Si nous avions reçu notre chronomètre, peut-être Don aurait-il pu se détendre et serions-nous alors partis en emportant d'autres souvenirs.

Mais nous garderons celui de la gentillesse de Jerman et de Gabriel Ika, d'Estevan et de Tomasa, du capitaine du port, du Docteur Campbell, sans oublier Mike, l'Americano.

5 FÉVRIER

Nous avons manqué plusieurs de nos rendez-vous radio convenus avec Tex. Ce dernier n'avait pas toujours la possibilité de se rendre à la "cabine radio" de la General Dynamics où il travaillait et, à son domicile, son antenne personnelle n'était pas suffisamment puissante pour capter nos émissions. Aux heures diurnes pendant lesquelles nous étions censés obtenir le contact, les conditions atmosphériques étaient souvent défavorables. Aujourd'hui, nous avons fait un essai radio à l'heure prévue mais il a échoué.

La nuit, nous explorions les ondes à la recherche d'une personne susceptible de téléphoner en Californie:

"Ici K6KWS sur station maritime mobile", émettait Don, "Quelqu'un me reçoit-il?"

Une voix mâle retentit à travers l'émetteur-récepteur: "Ici W6MAB, Big John, à La Crescenta, Californie... Toutes les nuits je m'occupe du trafic du pôle sud. Je serais heureux de m'occuper du vôtre aussi."

J'aurais voulu l'embrasser. C'était un de ces opérateurs amateurs altruistes qui passaient des heures à établir des contacts utiles. Il composa le numéro de téléphone de mes parents à San Mateo et nous eûmes avec eux notre première communication claire depuis quatre semaines.

Papa s'occupait encore péniblement de nos finances. Il me demanda à quelle date je serai de retour pour reprendre les choses en main. Cette question m'alarma et je fus incapable de lui répondre sur le moment.

"Es-tu là?... c'est terminé!... Es-tu là?... c'est terminé!" ne cessait-il de répéter.

Big John intervint alors: "Tout va bien, monsieur Hemingway, il faut attendre quelques secondes avant que la réponse arrive."

De nouveau je pressai papa de remettre la tenue des comptes à l'associé de Don mais il insista encore sur la nécessité de " laisser à la famille le soin de gérer les finances."

Malgré la détérioration de sa santé et son inquiétude à propos de nos finances, papa avait remarquablement bien réagi lors de tous les contacts téléphoniques de ces cinq derniers mois. Avant notre départ, je redoutais de lui parler de notre périple car il avait l'habitude de nous faire part des incidents maritimes les plus malheureux relatés dans la presse. Etions-nous au courant des récents actes de piraterie commis dans le Pacifique? Avions-nous bien reçu l'article sur la vague haute de 21 m qui avait emporté un cargo dans le canal du Mozambique? Avions-nous entendu parler du voyage des Botley dans le sud de la Californie? Ceux-ci avaient dû tirer sur une baleine qui tentait de retourner leur bateau. (Nous doutions de la véracité des détails qui étaient de seconde main.) Possédions-nous un fusil? (Oui, nous en avions un, mais nous ne lui avions jamais avoué qu'un calibre 22 ne faisait pas grande impression sur une baleine.)

J'ai quelquefois l'impression que son subconscient lui souffle cette tactique pour m'obliger à rester à la maison. "La petite fille à son papa." En revoyant ces images de mes années de collège, je me rends compte qu'il a agi à mon égard de la même manière que lorsque j'avais voulu partir étudier en France.

Ai-je agi de la même façon avec Sean, avant notre départ? Ou bien ai-je fait exactement le contraire? En essayant de le persuader que ce serait un voyage merveilleux, en l'enjôlant, en l'aiguillonnant, en le motivant, au lieu d'être à l'écoute de ce qu'au fond de lui-même il désirait et de l'aider à s'exprimer... Il y a des parents qui ont plus de mal à laisser partir leurs enfants que d'autres. En définitive, peut-être suis-je exactement comme papa.

Ma mère me proposa d'écrire à l'ambassade américaine de Santiago au sujet du chronomètre pour nous aider à le localiser. Je savais bien qu'elle mettrait la lettre à la poste dès le lendemain.

Le second coup de téléphone de Don à son ami navigateur, Will Durant, fit naître en moi certaines inquiétudes qui me rappelèrent les articles de presse que papa avait lus. Don voulait être assuré que quelqu'un serait au courant de l'état de notre équipement, au cas où l'on devrait nous rechercher. Il demandait donc à Will de consigner par écrit les défectuosités du matériel à bord du *Dauphin*.

"Notre bobstay est endommagé" lui annonça-t-il. "Nous embarquons 190 litres d'eau par jour, peut-être pour cette raison. Nous n'avons pas de chronomètre et ne possédons que deux radios portatives pour recevoir l'heure, et cela, occasionnellement. Aussi nous est-il difficile de calculer notre longitude avec précision." Il mentionna que nous avions des difficultés à recharger nos batteries et qu'il n'avait pas encore réussi à savoir d'où cela provenait. A la fin de la communication, il ajouta: "Au cas où vous n'auriez plus de nouvelles de nous, sachez que nous avons un radeau de sauvetage Avon de huit personnes, avec des vivres pour 45 jours. Ceci dit, le bateau est en bon état pour affronter les hautes latitudes et nous ne prévoyons pas d'autres problèmes."

"Un radeau de sauvetage pour 8 personnes avec 45 jours de vivres". Je n'aime pas entendre cela et je m'inquiète à propos de papa. Serai-je de retour à temp pour le revoir? Son esprit semble le quitter doucement. Je ne l'ai jamais vu aussi irritable. Avant qu'il ne se charge de gérer nos finances, je lui avais pourtant expliqué leur complexité, mais il avait insisté en disant qu'il se sentait capable de s'en occuper pendant toute l'année. C'était avant que j'apprenne qu'il avait un cancer. Nous sommes partis depuis cinq mois et c'est déjà trop pour lui. Je me demande si sa douleur à la colonne vertébrale est la cause de son irascibilité ou bien si le cancer n'a pas déjà atteint son cerveau. Je souhaiterais connaître la rapidité d'évolution de ce type de cancer. C'est tellement triste de penser qu'il est en bout de course.

6 FÉVRIER

Don inspecta la fibre de verre qu'il avait posée avec Paolo sur le gouvernail automatique et la déclara "mal en point", la résine n'ayant pas bien tenu. Il passa donc la matinée à reponcer le gouvernail et à remettre dessus de la fibre de verre, se hâtant de terminer ce travail avant que le soleil ˝ soit au zénith. Il espérait qu'un de ces prochains jours nous serions capables de le réinstaller. Depuis que nous ne parvenions plus à capter l'heure sur WWV le matin, nous faisions des mesures de hauteur de soleil à midi. Tandis que Don effectuait ses visées, je notais les relèvements de sextant.

Plus tard, ce jour-là, il consigna dans son journal:

Je n'arrête pas de procéder à des visées et il me semble à tout moment que le soleil a déjà atteint son zénith et qu'il va entreprendre sa descente postméridienne. Mais aujourd'hui, il ne cesse de monter dans le ciel, haut, haut, à une allure exaspérément lente. Je finis par faire 62 visées espacées d'une minute, de façon à ne pas manquer le zénith. Quel ennui!

Tout cela vous donne la distance qu'il vous reste à parcourir jusqu'à ce que vous ne sachiez plus quelle est votre position ou bien l'heure approximative de la méridienne. Connaître notre position exacte ne m'intéresse pas vraiment car il est autrement plus important de bien naviguer et de profiter de cette solitude après notre existence mouvementée à Rapa Nui.

Notre stratégie actuelle est celle de l'attente, de l'attente du pire en ce qui concerne les conditons météorologiques et l'état de la mer lorsque nous atteindrons les hautes latitudes, et de nous y préparer. J'espère seulement que nous parviendrons à tout arrimer et mettre en sûreté avant de trouver le gros temps. Bien que je profite du vent pour dépasser la zone de haute pression du Pacifique Sud, j'ai l'intention de prendre une position de repli dès que le temps se détériorera. Le bobstay endommagé m'ennuie un peu, de même que la voie d'eau de l'avant. Réanne fait les choses correctement et je suis content qu'elle soit désormais amarinée. Je me mets parfois à pousser des coups de gueule contre elle lorsqu'elle ne pige pas telle ou telle manœuvre, mais je suis réellement enchanté qu'elle m'accompagne. Affronter cela, seul, aurait été effrayant... et épuisant, compte tenu de tout ce qui reste encore à faire.

8 FÉVRIER
35°03' sud, 110°05' ouest.

Le moteur ne veut pas démarrer ce matin. Don a décidé de couper momentanément l'énergie électrique, de manière à économiser les batteries et de purger le système pour tenter de purger l'air. Mais le moteur refuse toujours de repartir. Après une inspection rigoureuse, Don finit par trouver la cause du problème: moi. En effet, j'avais laissé le robinet d'arrivée de carburant dans sa position d'arrêt pendant deux nuits, alors que le moteur était en surchauffe.

Ouf! le moteur s'est mis à vrombir et Don l'a laissé ronronner pendant une demi-heure pour recharger les batteries. J'ai eu droit à une réprimande accompagnée de son air menaçant de "Mongol" mais je ne me suis point défendue car je méritais la semonce.

Nous n'avons plus d'énergie électrique que pour deux transmissions radio. Sans énergie électrique, espérer doubler le cap Horn équivaut à envisager le suicide.

Cet après-midi, nous profitâmes du beau temps et du manque de vent pour réinstaller l'aileron du pilote automatique. Don travaillait sur le pont au-dessus du tableau arrière, tandis que j'étais accroupie sur l'échelle arrière comme un singe pendu d'une seule main à un arbre tandis que l'autre soutenait l'arbre de transmission du gouvernail pour que Don puisse introduire les goupilles fixant la girouette. C'était là un de ces exploits acrobatiques que nous devions accomplir tous les jours. J'étais assise sur un siège qui barbotait dans la mer: une minute hors de l'eau, la suivante totalement immergée. Et l'installation dura une heure!

J'enfilai ensuite mon harnais, attachai une corde au bateau et allai nager. Je flottais sur le dos, suspendue au-dessus de la nappe turquoise, observant les traînées de nuages blancs effilochés qui dérivaient vers l'Australie en un voyage interminable. J'étais si captivée par ce spectacle que si je n'avais pas été reliée au bateau, ce dernier m'aurait quittée doucement, doucement, tandis que je serais restée pour toujours à contempler le ciel.

La voix de Don me ramena à la réalité. Il se pencha par-dessus la filière pour déclarer: "Et dire, chérie, que les autres ne seraient même pas capables de localiser notre position actuelle sur un globe terrestre! Nous sommes ici dans un secteur de l'Océan où, en général, les fabricants de globes inscrivent les légendes cartographiques car c'est l'endroit du monde le plus éloigné d'une terre!"

Lorsque je suis reliée au bateau, les grands fonds ne m'inquiètent guère. Mais si je nage sans mon harnais, je me sens immédiatement mal à l'aise et angoissée. Les garçons avaient coutume de se moquer de moi: "Allons, maman, c'est pourtant exactement comme si tu te baignais dans un lac!" Mais, en l'absence de tout rivage comme point de repère, j'ai besoin de sentir cette sécurité, ce lien qui m'assure le retour au bateau. L'Océan, immense, se balançant à l'infini est magnifique mais sa puissance m'effraye.

Don décida de quitter le bord pour inspecter la coque, sachant que s'il attendait plus longtemps, l'eau deviendrait trop froide. Au bout de deux heures passées à gratter la coque et à vérifier les coutures et les ajustages, il déclara le Dauphin amical en bon état.

Il écrivit ensuite dans son journal:

La haute mer, au sud de l'île de Pâques, doit être la moins encombrée du monde. Il n'y a pas de routes de navigation importantes, aucun trafic local.

Il y règne une solitude si totale qu'elle est indescriptible. Comme si c'était pour tranquiliser les cartographes, toute forme de vie semble avoir été laissée à l'écart de cette zone éloignée. Il n'y a là, en effet, ni dauphins, ni tortues de mer, ni requins, ni méduses. Aucune pollution, non plus. La seule chose que nous ayons aperçue sur ces 900 milles parcourus depuis l'île de Pâques est un unique radeau de pêche couvert d'anatifes (crustacés), quelques oiseaux de mer et poissons volants. C'est à peu près tout! Cet après-midi, je n'ai pas remarqué un seul signe de vie dans l'eau.

Nous avons ressenti dans nos corps une baisse de l'hygrométrie. Nous avons noté la sécheresse de notre nez, une douleur dans nos sinus. La température de l'eau et de l'air chute également et, la nuit, une couverture nous est nécessaire.

10 FÉVRIER

36°56' sud, 112°56' ouest.

Alors que je préparais le repas de midi, je sentis une odeur de caoutchouc brûlé. Il n'y avait pas eu de vent pendant toute la matinée et nous avancions au moteur. Je sortis la tête par l'ouverture du capot et hélai Don.

"Quelque chose est en train de brûler; ça sent le caoutchouc!"

"Ah bon!" Ses lèvres esquissaient un sourire moqueur. Don tenait si peu compte de mon odorat que j'en fus contrariée. Je me remis à la cuisine. L'odeur se fit plus forte.

"Bon sang, Don, vérifie la température du moteur. Il y a quelque chose qui cloche!" De la fumée s'échappait du capot du moteur.

"Oh merde! Tu as raison. Il indique 80°".

Il se précipita en bas de l'échelle, souleva le capot, inspecta le moteur et fourgonna à l'intérieur, évoquant à voix haute les problèmes et les solutions. Il retira le carter de la pompe d'eau salée, laissa celle-ci s'écouler pendant quelques secondes pour en vérifier le débit. Lent au début, celui-ci s'accrut ensuite pour atteindre un flux normal.

"Viens ici, je veux te montrer comment cela fonctionne...Tu vois ceci? C'est la pompe de refroidissement d'eau de mer. Regarde cela" - il désignait une sorte de plongeur de chasse d'eau de toilette renversé et en bronze coulé - "c'est le pousseur". Il montrait un ensemble de six pales en caoutchouc régulièrement espacées, telles des étamines de fleurs. "L'eau afflue par cette conduite d'arrivée. Le pousseur tourne dans cette direction." Je pouvais voir la courbe formée par les pales indiquant qu'elles tournaient dans le sens contraire des aiguilles d'une montre. "L'eau arrive par le pousseur et sort par cette conduite. Regarde ces minuscules algues! Je crois que ce sont elles les coupables. Si j'ai raison, elles sont en train de bloquer le pousseur."

Je réfléchissais à ce que Don avait écrit au sujet de l'absence de vie: "une eau aussi claire, cela ne peut pas exister" et je m'étonnais de ce que ces minuscules algues aient pu s'introduire dans le seul navire se trouvant à 5000 milles à la ronde. D'où provenaient-elles?

Don testa l'eau douce dans l'échangeur thermique, rajouta de l'huile dans le carter, remis le capot du moteur, tourna la clé du starter... et le moteur se mit à ronfler. Le bruit assourdissant de notre diesel Perkins m'émut autant que la *Neuvième Symphonie* de Beethoven.

3 h: les rafales de vent ont atteint 30 nœuds à minuit et nous avons dû amener la grand-voile. Ni l'un ni l'autre n'avons pu nous rendormir après cela. Nous sommes restés assis à la table de cuisine et avons passé le temps à manger sur le pouce du pâté fait maison accompagné de crackers et à lire à voix haute des passages du Voyage du Beagle de Darwin. Le vent se calmant, Don a remis le pilotage automatique et nous allons nous recoucher.

11 FÉVRIER

Jour de mes 42 ans. Ce fut l'anniversaire le plus inhabituel depuis le moment où, il y a huit ans, Don m'a demandée de l'épouser. A mon réveil, j'ai trouvé un mot sur l'oreiller: "Bon anniversaire, à toi qui as choisi d'être ici. Puis-je chanter longtemps les louanges de Réanne, mon amour et lui témoigner mon estime quotidienne! Don (par 38° de latitude sud et 114° de longitude ouest)" Puis il m'a offert un autre gage de son amour sincère : un jour de congé!

Mon anniversaire me rappelait toujours les souvenirs de la soirée qu'il avait organisée il y a huit ans. A cette époque, il m'avait préparé un dîner surprise, en s'assurant le concours d'un de ses amis, pilote accompli. Alors que nous étions assis à bord d'un avion Cessna de quatre passagers, admirant les montagnes de San Bernardino, Don se mit à réciter un poème qu'il avait écrit lui-même et dans lequel il me demandait de l'épouser. A l'instant précis où il achevait le dernier vers: "Réanne, ma chérie, réponds-moi oui", l'avion tomba dans un trou d'air, les voyants lumineux se mirent à clignoter en rouge pour signaler la perte d'altitude, l'alarme retentit et nous fîmes une chute de 600 m avant que le pilote ne parvienne à stabiliser l'avion.

Pendant que Don était de cuisine, je me relaxais et achevais un des livres qui figuraient sur ma liste. La semaine qui s'était écoulée depuis notre départ de l'île de Pâques m'avait paru le meilleur moment de notre périple: plein d'agrément, comme les croisières de rêve que l'on se plaît à imaginer.

Ici, à un millier de milles de la terre, nous n'avons nul besoin de vêtements, de quarts de veille ou de feux de navigation. Nous avons mis le pilotage automatique et avons laissé au vent le soin de gonfler notre voilure et de nous pousser à vive allure en direction du sud. J'ai la sensation que nous émergeons du brouillard, Don et moi, après une longue séparation. C'est merveilleux!

Le journal de Don couvrait le reste de cette journée:

Matinée radieuse et ensoleillée avec quelques nuages seulement et une mer presque flalme. C'est là un parfait hommage à Réanne pour son anniversaire. Peut-être est-elle la seule femme à l'avoir fêté dans cette zone!

Petit-déjeuner: jus de pamplemousse non sucré, pour prévenir le scorbut. Compote de fruits mélangés, pour le plaisir et pour faciliter le transit intestinal. Crème de froment au vrai lait frais et entier de Californie et au miel, pour avoir de l'énergie. Cacao, pour réchauffer le corps et stimuler l'esprit. Le tout servi à ma Dame, sur le terrain, à 10 h 30, par un chef de second rang en col roulé.

Déjeuner pour ma Dame: chips au concombre, petits oignons au vinaigre, lamelles de fromage chilien bien fait, tranches de jambon cuit sur crackers Ritz, crème de poulet, melon d'eau (cœur seulement, le reste étant trop mûr), biscuits secs sucrés et glacés à la vanille, nectar d'abricot. Le tout servi à 14 h sur la joue du gouvernail par un temps ensoleillé mais frisquet.

Où sommes-nous exactement aujourd'hui? Honnêtement, je n'en sais rien. Sommes-nous perdus? Pas vraiment. J'éprouve la sensation de celui qui dit: "Comment pouvez-vous être perdus si vous ne vous souciez pas de l'endroit où vous vous trouvez?" J'ai négligé la navigation depuis que nous avons quitté Rapa Nui, il y a onze jours et je n'ai même pas cherché à faire le point. Tracer des droites de hauteur et faire des calculs me paraissent être des tâches inutiles dans cette étendue de mer exempte de dangers. Déterminer la latitude et la longitude de cinq lieux importants, indiquer avec précision les demi-droites et les intersections me semblent être des actes qui ne paraissent, actuellement, plus nécessaires. Je suis devenu paresseux et je profite du temps libre!

12 FÉVRIER

38°14' sud, 115°00' ouest.

Don a jeté, ce matin, un coup d'œil à bâbord et m'a annoncé: "Tu peux faire la grasse matinée aujourd'hui." Sur tout l'horizon s'étendait un panorama gris, terne, maussade sous un crachin désespérant.

Au fur et à mesure que, chaque jour, nous marquions au crayon notre position sur la carte - nous progressions de 0,6 cm par jour et de 1,2 cm les bons jours - nous nous approchions des terribles Quarantièmes Rugissants, cette zone comprise entre 40° et 50° de latitude sud où les vents dominants soufflent de l'ouest. (Les anciens clippers, ces voiliers construits pour la vitesse, qui reliaient San Francisco à Boston en doublant le Horn profitaient de ces vents portants pour effectuer le transport de leurs marchandises dans le respect des délais.) Sous ce régime de vents, nous recourions au pilotage automatique qui nous était d'un grand service. Il nous permettait, les jours comme celui-ci - quand nous étions poussés par un vent régulier à une vitesse de 20 nœuds - de rester en bas si nous en avions envie, sauf à grimper de temps à autre à l'échelle pour vérifier les conditions météorologiques du moment. Aujourd'hui nous avancions avec le petit foc et la voile d'avant.

Cette nuit-là, la couverture de laine se révéla insuffisante. Nous nous blottîmes l'un contre l'autre en S à la recherche d'un peu de chaleur. Nous installâmes une couverture supplémentaire qui ne fit pas mieux l'affaire. Il était grand temps de dérouler notre duvet en dacron. Et ce fut parfait! Ce jour-là, pour avoir chaud à l'intérieur de la cabine, je portais un pantalon en sweat, des chaussettes, un pull en laine sur un col roulé à manches longues, et un bonnet.

Pendant la nuit, j'avais entendu le bruit métallique des coulisseaux martelant le toit de la cabine. Je ne pouvais pas reporter à plus tard leur remise en place car nous pourrions avoir besoin de la grand-voile à tout moment. Aussi, ai-je enfilé aujourd'hui mon gilet et ma veste en duvet, mon pantalon de gros temps et mon ciré, en prenant soin de nouer solidement le capuchon autour de ma tête, avant de grimper à l'échelle. Je ressemblais à un Bibendum sur le pied de guerre!

Je fouillai dans la réserve à la recherche du grand taud de toile verte que nous tenions toujours prêt pour des jours comme celui-ci. Puis je tirai la moitié inférieure de la grand-voile hors de son rail, tandis que je me postais contre le mât principal, protégée par la bâche, pour entreprendre de réinstaller les coulisseaux. De simples réparations comme celle-ci prenaient un temps fou sur un voilier et requéraient un tel soin que, lorsqu'elles étaient terminées, j'éprouvais toujours une grande satisfaction. Je me sentais comme une petite fille recevant des éloges. ("Où étais-tu passée?" "J'étais sortie" - "Qu'est-ce que tu faisais?" Je remettais en place les coulisseaux." "Bravo!")

13 FÉVRIER

Nous dormîmes la plus grande partie de la journée, blottis l'un contre l'autre et fîmes l'amour. Ensuite, Don voulut savoir ce qui me rendait amoureuse aujourd'hui, alors que d'ordinaire je ne m'exprimais pas. Mes réponses furent les suivantes: le balancement du bateau était agréable (nous n'étions pas ballotés d'un bord à l'autre); Don était propre et prenait le temps de m'exciter au lieu d'agir comme un robot; il se montrait gentil. De son "ton d'ingénieur", il m'a suggéré de me détendre un peu plus pour que je me sente "sexy".

Mais je m'en fichais éperdûment. J'aurais simplement préféré qu'il se taisât, qu'il profitât des dernières lueurs du jour, qu'il laissât notre idylle se prolonger au lieu de vouloir comprendre le fonctionnement de ma machine!

Plus tard, Don consigna ses observations dans son propre journal:

Pourquoi Réanne est-elle, la plupart du temps, si dégoûtée - ou du moins contrariée - par mes pulsions sexuelles assidues et soutenues? Pour ma part, je ne parviens pas à savoir si les siennes sont cycliques ou non, et si elles ont une origine physique ou mentale. Car elles paraissent surgir d'un terrain en friche. Si seulement je pouvais trouver la clé de son comportement, je m'en porterais assurément beaucoup mieux.

15 FÉVRIER

42°37' sud, 113°27' ouest.

Nous avons franchi le 40e parallèle, il y a deux jours, en avançant au moteur sur une mer d'huile.

"J'ai du mal à croire que les Quarantièmes Rugissants sont tels que l'on dit" confiai-je à Don en lui appliquant un gros baiser. "Cette étape a été magnifique. Et ça aide de ne pas avoir le mal de mer!"

Les vents du sud-est nous avaient déviés de notre cap vers l'est. Il en avait été de même lors de notre traversée vers l'île de Pâques. Nous avions gagné 4° de longitude ouest depuis notre départ de la baie de Hanga Roa.

"Si ce régime des vents du sud-est se maintient, nous finirons par toucher l'Australie!" s'exclama Don. "Que dirais-tu de passer le cap Leeuwin au lieu du cap Horn?"

Ce jour-là, le baromètre enregistreur qui était monté à 770 mm avait commencé à baisser, annonçant un changement de temps. Le vent du sud-est avait tourné et nous étions désormais poussés par un vent du nord. Au lieu de se diriger vers l'ouest, le Dauphin nous emportait plein sud, à une vitesse assez grande de 5 nœuds.

Lors du coucher du soleil, nous remarquâmes, à l'horizon, une étrange nappe de brume jaune comparable à un feu de forêt. Cette vision m'inquiéta quelque peu. Avons-nous approché la zone de "Great White Arch" de Slocum?

16 FÉVRIER

Les fameux Quarantièmes Rugissants! Ayant entendu mes remarques désobligeantes, ils se vengèrent en nous envoyant une respectable tempête. Le bateau avançait à une vitesse moyenne de 5 à 6 nœuds, avec un fort roulis. Atteignant une hauteur de 6 m, la houle se précipitait vers la poupe et la soulevait. Elle marquait ensuite une pause, comme si elle prenait un temps de réflexion pour décider si elle allait nous engloutir ou non avant d'exploser en embruns, de déferler sous la quille puis de laisser la poupe retomber violemment, tandis que le paquet de vagues suivant s'apprêtait à nous tourmenter de nouveau.

Le *Dauphin amical* se cabrait furieusement à chaque vague en vibrant, s'ébrouait comme un chien mouillé puis se redressait avant de retomber dans un creux. Le bateau était dans son élément, Don était, lui aussi, dans le sien. Moi, je ne l'étais pas!

Le petit-déjeuner de ce matin a volé en éclats avant de se répandre sur le sol de la cuisine. Mon mal de mer a recommencé. Il est sans doute dû au mouvement du bateau ou à mon manque de sommeil de la nuit dernière.

En fin d'après-midi, mauvaises nouvelles. Le moteur refuse de redémarrer mais cette fois-ci ce n'est pas de ma faute car j'ai remis le robinet dans la bonne position. La lumière du jour est insuffisante pour que Don puisse se faire une idée de ce qui ne va pas. Nous sommes tous deux découragés, essayant toutefois de ne pas extérioriser nos soucis. Des pensées que je ne parviens pas à contrôler traversent mon esprit. Comme celle d'Agatha Christie: Et Alors, Il n'y eut plus Rien. Mon Dieu, l'esprit nous joue toujours des tours horribles!

17 FÉVRIER

Don a démonté la pompe à carburant et a découvert des bulles d'air dans les tuyaux. Il a purgé de nouveau le système et le moteur s'est remis à tourner. J'étais presque effrayée à la pensée d'en parler. Nous avons déjà dû faire face à beaucoup de problèmes et pourtant, il n'y en eut aucun que Don n'ait pu résoudre.

Mais aujourd'hui nous avons éprouvé des déconvenues supplémentaires: des pannes de matériel qui échappaient à toute possibilité de réparation. Notre récepteur portatif Sony rendit l'âme, sans que des batteries neuves aient pu le ranimer. En effet, lorsque Don le démonta, il trouva tous les circuits corrodés - et ceci uniquement par l'air marin. Nous nous rabattîmes alors sur la radio portative du capitaine du port pour tenter de recevoir des signaux horaires. Les "Qu'arriverait-il si..." me harcelaient de nouveau.

Qu'arriverait-il si Don ne parvenait pas à trouver la cause de nos ennuis de moteur? Nous n'aurions plus aucun moyen de recharger les batteries pour pouvoir utiliser l'émetteur. Ce qui signifierait qu'il n'y aurait plus de contact possible. Pas d'électricité non plus. Et que se passerait-il s'il y avait trop d'interférences sur le récepteur de Schlecter pour pouvoir obtenir des tops horaires? Cela signifierait aussi que je n'aurais plus aucun moyen de mettre ma Seiko à l'heure exacte et que nous n'aurions plus la possibilité de déterminer la longitude. Qu'arriverait-il si nous avions une panne que Don ne pourrait pas réparer? Avec de la chance, nous ne pourrions compter que sur nos seules voiles - Slocum n'avait, à l'époque, ni moteur ni batteries à sa disposition. Nous pourrions en fin de compte nous en tirer tous les deux.

Qu'arriverait-il si nous ne pouvions pas entrer en communication avec notre famille et nos amis? Sans nouvelles de notre part, maman et papa s'affoleraient. Et il y a pire: la pensée que s'il nous arrivait quelque chose, toutes mes notes seraient perdues à jamais. Aucun mot ne survivrait. Je me sens mal en pensant à ceux que j'aime. Si nous étions perdus, perdus en mer, ils ne sauraient jamais, jamais ce qui s'était passé.

Tandis que je consignais sur le papier ces sombres réflexions, Don développait par écrit des considérations plus pragmatiques, conformes à son esprit scientifique:

Si nous étions des astronautes, des milliers de techniciens enregistreraient notre progression et nous adresseraient constamment des instructions sur la manière de résoudre tel ou tel problème. Mais, ici, nous devons faire face à chaque situation par nous-mêmes en usant de nos forces et de notre esprit jusqu'à leurs limites. Personne, ni notre famille, ni nos amis ne peuvent imaginer ce que nous devons endurer chaque jour. Seuls, ceux qui ont navigué sous ces hautes latitudes sont capables d'apprécier notre expérience à sa juste valeur. (1)

18 FÉVRIER
45°38' sud, 107°15' ouest.

Les vents d'ouest finirent par s'installer et nous fûmes en mesure d'effectuer notre "grand virage à gauche" vers le sud-est, en direction du cap Horn. Vers 22 h, Don mit le pilote automatique pour pouvoir dormir un peu, laissant le foc et la voile d'avant bordés afin de récupérer notre retard.

A minuit, je fus réveillée par la sensation que le voilier était poussé latéralement. Je tirai Don de sa torpeur: "J'ai l'impression qu'il va falloir amener le foc."

Il passa la tête à travers l'ouverture du capot. Il faisait nuit noire et il pleuvait. "Oh, diable, passe-moi mes bottes! La filière de bâbord est sous l'eau!"

Le bateau galopait si fougueusement que je suppliais Don de ne pas m'envoyer à l'avant.

"Occupe-toi des écoutes et de la barre" hurla-t-il, "moi, je vais à l'avant et j'amène le foc."

La pluie me cingla le visage. Je le remerciai en silence.

La voile affalée et ferlée, Don rectifia le pilote automatique avant de s'effondrer à côté de moi sur la banquette du cockpit, visiblement secoué. "Bon Dieu! On se croirait en Sibérie rien qu'en parcourant les 12 m pour se rendre à l'avant et on ne sait même pas si on en reviendra!"

Je descendis lui préparer une tasse de cacao chaud, puis remontai.

A 0h30 le vent faiblit. "Peut-être était-ce prématuré. Peut-être aurais-je dû lâcher les écoutes et abattre sous le vent."

Un quart d'heure plus tard, nous subîmes une nouvelle bourrasque. Le Dauphin remonta dans le vent et reprit son galop. "Peut-être vaut-il mieux naviguer avec les voiles d'artimon et d'avant."

Dès que je le pouvais, je lisais à haute voix à Don des passages du livre de H.W Tilman: *Mischief in Patagonia*. Tilman était un remarquable alpiniste et marin britannique qui avait accompli de nombreux voyages dans les hautes latitudes des deux hémisphères, à bord de son cotre, le *Mischief*. En 1955, à l'âge de 54 ans, il s'était pris de passion pour la mer et avait acheté et réaménagé un cotre en bon état dans le but de rallier les détroits de Patagonie pour escalader la calotte glaciaire. Comme les Smeeton, il paraissait avoir oublié les épreuves qu'il avait endurées. Lorsqu'il se plaignait du temps ou des problèmes que lui posaient son bateau ou son équipage, il y attachait peu d'importance et son récit était empreint de tant de verve qu'il me captivait. Je recopiais fréquemment des extraits de son livre dans mon journal ou bien encore je disais à Don: "Ecoute ceci... Laisse-moi te lire cela."

Comparant la voile et l'alpinisme, il exprimait si bien ma propre pensée que je ne me lassais pas de feuilleter son ouvrage pour revenir à la page que j'avais cornée afin de pouvoir la relire à satiété:

Chacun adhère à des principes fondamentaux qui requièrent de la part des hommes pratiquant ces activités le maximum de confiance en soi, de prudence et d'endurance. La mer et la montagne offrent des défis à ceux qui s'y aventurent. C'est en acceptant ces défis et en se mesurant de son mieux aux éléments que le marin ou l'alpiniste va trouver sa récompense. La différence essentielle est que l'alpiniste accepte en général le défi dans les conditions qu'il s'est imposé, tandis que le marin, une fois en mer, n'a plus son mot à dire. Il s'ensuit qu'il lui arrive d'éprouver plus souvent le sentiment, salutaire mais humiliant, du danger. (2)

19 FÉVRIER

Ce matin, nous avons aperçu notre premier grand albatros, superbe planeur d'une envergure dépassant 3 m. Il nous a suivi pendant plus de trois heures.et pas une fois n'a battu des ailes. Aucun de nous ne peut admettre que l'on tire sur ces splendides créatures qui ne sont même pas bonnes à manger. Toutefois, je comprends que les marins qui n'ont eu pour survivre que du porc salé et des biscuits de mer aient considéré la chair de ces oiseaux comme un apport bienvenu rompant la monotonie de leur régime.

Plus tard, un grain amena de la grêle qui résonna sur le pont. Le vent se leva jusqu'à atteindre la force d'une tempête (35 à 40 nœuds). Les lames se brisaient contre la poupe, projetant leurs embruns à 10 m en l'air pour retomber ensuite en fines particules scintillantes comme des petits glaçons qu'une caméra-vidéo aurait filmés au ralenti. L'albatros avait disparu. Où était-il allé? nous demandions-nous avec étonnement. Plus haut dans le ciel pour gagner de la puissance en vol? En ce moment se pourrait-il qu'il fût déjà en vue du cap Horn?

Don fit le point - 46° 23' de latitude sud et 106° 16' de longitude ouest - mais il estimait que ses calculs nous situaient trop à l'ouest. Sans chronomètre, ni possibilité d'obtenir des indications d'heure sur WWV, les erreurs que Don avait prévues étaient précisément en train de se produire.

Le ciel avait perdu sa rudesse, son éclat aveuglant et sa ligne d'horizon nette. La lumière du soleil, douce et blanche, semblait se diffuser à travers de microscopiques particules de glace. Nous avions quitté la palette tropicale de Gauguin pour une toile de Monet. C'était encore l'été à cette latitude mais le temps était celui de l'hiver, cet hiver que j'avais tant désiré auparavant.

J'insérai des cassettes de musique de Noël dans le magnétophone du pont - le Messie de Hændel, le *Mormon Tabernacle Choir*, le *Casse-Noisette*, des chants français - et montai le son au maximum. Puis je m'emmitoufflai dans cinq épaisseurs de vêtements et m'assis derrière la barre en chantant à tue-tête. J'écoutai de nouveau l'enregistrement de Noël que Jean et Kathy avaient effectué pour nous.

Mais la hauteur des vagues me dégrisa. Enormes, incessantes, ces "grisons" - qui font virer la barbe du marin au gris - roulaient en direction de l'est. Je commençai à comprendre l'attirance des marins pour l'Océan du Grand Sud: c'étaient des sensations fortes de même nature que celles qui entraînent les alpinistes dans l'Himalaya.

Au cours de nos liaisons radio nocturnes l, nous avions réussi à joindre Tex en Californie. La communication fut difficile mais nous en entendîmes assez pour apprendre que la Salem Company lui avait expédié un autre chronomètre et qu'il s'était chargé de nous le faire parvenir à Punta Arenas. Toutefois, ayant été envoyé dans une boîte non rembourrée, ce troisième exemplaire était, lui aussi, *kaput*.

Au Brésil, Burt, PT2ZBS, plaisanta: "Vous aurez peut-être la chance de pouvoir racheter votre chronomètre numéro deux, à votre arrivée au Chili!" Nous riâmes mais sa remarque nous ramena à la réalité. Il ne nous était pas venu à l'esprit de lui demander si nous aurions aussi une chance de récupérer notre magnétophone et nos cassettes ou s'il faudrait parler d'argent avec le gouverneur. Nous avions présumé que les militaires chiliens étaient francs et loyaux. Mais pourquoi donc avions-nous imaginé qu'ils se comporteraient autrement que les autorités mexicaines?

**

21 FÉVRIER

1h du matin. Sous trinquette, foc et artimon - soit 200 m2 e voilure, le maximum que Don avait jusque-là hissé sous ces latitudes - le bateau filait à une allure de 4 à 5 nœuds.

J'écrivis: *Adieu aux jours ensoleillés, aux jours de chaleur, de confort, aux nuits passées à lire et à paresser au fond de la couchette du capitaine. Désormais nous expérimentons vraiment la navigation de haute latitude et nous nous accordons du sommeil seulement quand c'est possible - et toujours séparément.*

Cette nuit-là, Don nota dans son journal:

Sur ma couchette de quart, mon sac de couchage commençait à peine à se réchauffer tandis que je m'émerveillais de la douceur avec laquelle le bateau filait, tel un bus Greyhound, son étrave s'inclinant par moments comme pour saluer les sirènes du lieu.

A demi-assoupi, j'étais en train de me dire que les moments difficiles de cette traversée avaient finalement été plutôt rares - Réanne elle-même ayant avoué avoir pris, jusqu'à présent, un certain plaisir à cette navigation - lorsque, soudain, un coup de vent dans le gréement me ramena complètement à moi. Le bateau avait pris 10° d'inclinaison, la direction avait changé. Une armoire de cuisine flottait, grande ouverte, laissant échapper ses boîtes de conserve. Je jetai alors un coup d'œil à l'arrière du bateau. La roue du gouvernail tournait toute seule comme si elle était manœuvrée par quelque main invisible et puissante. La girouette tournoyait, affolée. M'emparant de mes chaussettes et de mes bottes, je montai au cockpit, criai à Réanne de m'apporter une veste et enlevai la girouette avant qu'elle ne soit détruite.

Après avoir procédé à sa visée de soleil à midi, Don déclara que nous étions maintenant entrés dans la zone officielle des hautes latitudes. Pour réduire ses estimations, il devait utiliser trois des Tables américaines H O qui couvrent le territoire s'étendant des Quarantièmes Rugissants au Pôle sud.

A 16 h, il tenta de mettre le moteur en marche afin de recharger les batteries. Au bout de la quatrième tentative, celui-ci se mit à tousser, à cracher, puis, sur le point de partir, s'arrêta net. M'efforçant de garder la tête froide, je me mis à chanter *Takin a chance on love* (Tenter sa chance en amour) en transposant cette chanson avec humour:

> *Nous recommençons une fois encore*
> *Pour le même résultat une fois encore*
> *Le moteur refuse de partir une fois encore...*

Don démonta les trois principaux filtres à carburant afin de purger une nouvelle fois le système qui était rempli de bulles d'air, puis il essaya de redémarrer le moteur, mais sans succès. Il dut purger encore deux des quatre injecteurs de carburant pour pouvoir, enfin, le faire partir. Il nota dans le journal de bord: "J'ai découvert que j'avais dégagé les conduites du système de purge de la pompe à carburant. L'air entrait probablement par là. Une grosse arrivée d'air dans le réservoir avait dû aérer le carburant. Pour empêcher l'air d'entrer, j'ai entouré les tuyaux avec de la bande de Téflon adhésive, en espérant ainsi résoudre ce problème."

Tout en profitant d'une mer calme et d'un après-midi ensoleillé, je me préparai à affronter les "Cinquantièmes Hurlants"(3): c'est ainsi que je colmatai à l'ensolite le capot central (l'eau s'y infiltrait chaque fois que le bateau piquait dans un creux) et que j'attachai solidement les tiroirs du carré à l'aide de bouts pour qu'ils restent en place en cas de forts coups de gîte. Deux jours plus tôt, le tiroir du haut avait jailli en déversant son contenu de vêtements sur le sol. Le coin du tiroir s'était brisé en heurtant la banquette, entaillant affreusement le bois.

23 FÉVRIER

Les conditions météorologiques commencèrent à se détériorer. Tout comme moi. Depuis deux jours, les secousses et le roulis n'avaient pas cessé. Don qui vivait dans la surexcitation se contentait de courtes périodes de sommeil. Moi, non. Si je ne pouvais pas dormir au moins trois heures d'affilée, je ne me sentais pas en forme. Depuis 48 heures, nous avions été continuellement occupés, à la fois sur le pont et en bas, à amener ou à hisser les voiles, à prendre des ris et à pomper, pomper encore. Et toutes les heures nous avions dû aussi annoter le livre de bord!

Je commis l'erreur de me plaindre du roulis et du manque de sommeil.

"Serait-il possible d'affa Îler le foc pour la nuit et de ne garder que la trinquette?" Ma proposition déclencha aussitôt les hostilités entre nous. Don se lança dans une interminable diatribe à mon encontre. Il dénigra mon aptitude à comprendre les raisons pour lesquelles le bateau devait être mené aussi durement, pour lesquelles le temps se détériorait, etc.

Pourtant, ce que je voulais était seulement qu'il abonde dans mon sens, en me répondant: "Ah oui, quel temps pourri!" et en m'enlaçant, au lieu de piquer sa crise. Ce n'est pas parce qu'il était doté, lui, d'une aptitude particulière à endurer les épreuves qu'il devait pour autant négliger mes émotions!

Cette nuit-là, nous entrâmes en liaison avec Big John qui nous mit en communication, d'abord avec Kathy, puis avec Sean. C'était formidable de pouvoir leur parler mais, énervée par ma joute avec Don, je mis un bon moment à reprendre mes esprits. Après cette communication qui aurait dû me remonter le moral, je me sentis déprimée et accablée de nostalgie. Le manque de sommeil y était aussi pour quelque chose: je n'avais même pas eu le temps de faire des rêves!

24 FÉVRIER

Notre journée débuta à 4 h du matin. Il faisait encore nuit noire lorsque Don vint me réveiller pour un changement de voile. Cette fois-ci, il m'envoya à l'avant pour que j'affale le foc.

Je crochai mon harnais de sécurité à la ligne de vie de tribord avant de ramper le long de la cabine et d'agripper la filière pour atteindre le mât. Tandis qu'avec la main gauche je m'accrochais de toutes mes forces au mât, je libérai, avec ma main droite, la drisse de foc et la fixai solidement. Puis, progressant tant bien que mal le long du beaupré, j'amenai et enlevai le foc. Cette tâche achevée, j'étais trempée et rebroussai chemin jusqu'au cockpit.

"Bon travail!" s'exclama Don en me serrant dans ses bras. "Comment t'es-tu sentie là-devant?"

Ma langue était si desséchée que j'eus du mal à articuler: "Aussi terrifiée qu'en enfer!"

"As-tu ressenti une *quelconque* ensation agréable en faisant cela?"

"Oui, en effet, le vent sur mon visage et les premières lueurs de l'aube" répondis-je, stupéfaite d'avoir relégué ma frayeur au second plan. J'avais commencé par accuser les marins des hautes latitudes d'être des fanfarons se refusant à dire "la vérité telle qu'elle est". Mais en acquérant de l'expérience, je me rendais compte que les marins avaient, bel et bien, une capacité d'endurance hors pair pour l'inconfort, ce qui expliquait leur tendance à minimiser les mauvaises conditions. Ils savaient ce pour quoi ils s'étaient embarqués et appliquaient ce credo: "Si tu te mets en difficulté, à toi de t'aider!"

Tous ces marins étaient taillés sur le même patron, que ce soit les Smeeton, Tilman, Moitessier... ou bien les Roth. Hal et Margaret Roth(4) - un couple d'Américains dont nous avions vu, en Californie, le film de leur traversée du

Pacifique Nord - effectuaient au même moment un périple à la voile en Amérique du Sud. En suivant leurs aventures dans une petite publication de voile, nous avions appris, peu avant notre départ, que leur bateau avait été jeté par une tempête contre les îles Wollaston, non loin du cap Horn et que la coque avait été déchirée en dessous de la ligne de flottaison. Nous étions impatients de savoir s'ils avaient pu réparer l'avarie de leur voilier *Whisper* et poursuivre leur voyage.

Ce fameux Océan Austral, tous l'avaient parcouru à la voile! Son nom ne figure pourtant sur aucune carte marine ni dans aucun atlas, ni dans l'annexe cartographique d'un dictionnaire mais ceux qui ont navigué dans ses parages l'appellent le "Grand Sud". Encerclant l'Antarctique, il s'est constitué un domaine d'une étendue illimitée, sans que rien ne puisse s'opposer à son avance furieuse et irrésistible.

Bernard Moitessier était devenu notre mentor. Son livre, *Cap Horn à la voile*, était notre Bible (je me l'étais procuré en France, plusieurs années auparavant). J'en traduisais, à haute voix, des passages à Don. Au fil des pages, des paragraphes avaient été soulignés à l'encre noire ou bien surlignés au feutre jaune fluo. Le livre était si fatigué que j'avais dû le consolider avec de l'adhésif pour qu'il ne se désagrège pas. Je le lisais et le relisais, à moi-même et à haute voix, ne cessant de surligner d'autres passages qui correspondaient à nos positions et à notre situation.

Bernard et sa femme Françoise avaient appareillé de Tahiti à la fin de novembre 1965. Vers la mi-décembre, ils avaient atteint les "Quarantièmes Rugissants" où ils avaient essuyé toute une série de tempêtes. En relisant la page 194, des mots que je "redécouvrais" me frappèrent:

"J'avais déjà oublié qu'on ne dort pas plus de quelques heures d'affilée au sud du 40e parallèle. Mais ce que je ne soupçonne pas en ce moment, c'est que Françoise et moi n'avons encore rien vu."

Comment avais-je pu laisser passer cette phrase lors de ma première lecture? Aurais-je dû m'aguerrir plus tôt pour être capable d'affronter ce que nous nous apprêtions à traverser?

Le restant de la journée se passa comm oe il se doit à un millier de milles à l'Ouest du cap Horn. Mon journal, pensai-je, ressemblait de plus en plus à celui d'un *vrai* marin:

7 h: petit somme d'une heure après un changement de voile. Je me réveille en me bâillonnant le visage à cause de la fumée. Don essaie d'allumer un feu dans la cheminée.

Perchée sur l'échelle où j'ai trouvé refuge, je reste pendant cinq bonnes minutes dans l'incapacité de distinguer la cheminée. Don s'empresse d'aller ouvrir le capot avant. "Je crois que le vent souffle trop pour pouvoir faire du feu" déclare-t-il avant de se précipiter à l'arrière pour avaler une bouffée d'air. Nous nous extirpons de là pour gagner le cockpit, en toussant afin d'expulser la fumée de nos poumons.

8 h: le soleil fait une brève apparition. Don en profite pour prendre son sextant et tenter une visée. Nous avons une discussion à propos de l'heure: impossibilité d'obtenir l'heure exacte à cause des interférences à la radio.

9 h: nous prenons le repas de flocons d'avoine que j'ai préparé il y a une heure.

9 h 45: je range dans le coffre le vêtement que j'ai raccommodé hier.

10 h: Don fait une autre visée. "Il faut saisir le bon moment", déclare-t-il. A quoi je réplique: "Oui, c'est comme pour le sexe".

10 h 15: le bateau file à une allure de 6 nœuds et cogne d'une manière infernale. Je suis occupée à écrire, assise sous le capot central. L'eau s'infiltre en abondance. Voilà le résultat de mon travail de colmatage!

10 h 30: Don calcule les relèvements d'aujourd'hui. Quant à moi, je lui tricote un cache-nez en laine.

11 h: Don retourne se coucher. Je me mets à préparer le dîner : bœuf en boîte accompagné de tomates, d'oignons (encore frais, provenant de l'île de Pâques), de flocons de céleri, d'ail frais, de spaghettis, le tout mélangé à de la crème aigre, assaisonné de basilic et de thym et décoré, sur le dessus, d'olives noires.

11 h 45: soudain, fort coup de gîte. Don se précipite sur le pont pour voir ce qui se passe. La ligne de loch s'est accrochée au gouvernail automatique qui s'est dégagé (pour la seconde fois de la semaine) et la girouette tourne dans tous les sens. Don remonte la ligne de loch et enlève la girouette. Les bourrasques ne cessent d'augmenter. Il est question de réduire la voilure.

12 h: nous engloutissons quelques bouchées à même la casserole, affalons le foc pour ne garder que la voile d'avant. Les coups de vent sont devenus trop violents: le gouvernail automatique ne peut contrôler le bateau et l'un de nous doit rester à la barre.

13 h: Don annonce: "Il est peut-être préférable d'ariser la voile d'avant." Mais, au lieu de cela, nous l'amenons complètement. Don fulmine contre lui-même: il est furieux de ne pas pouvoir faire de la vitesse. Nous naviguons maintenant sous des flèches de mât nues, sans la moindre voilure. Le vent est trop déchaîné pour pouvoir voguer ne serait-ce qu'avec un mouchoir de poche en guise de voile!

14h: je descends. L'eau des fonds a inondé le plancher. J'éponge.

14 h 30: Don décide d'essayer le tourmentin en grosse toile, censé convenir dans des conditions extrêmes. Mais, à la minute même où il le hisse, voilà qu'il éclate! De la toile pourrie! Nous amenons donc le tourmentin et voilà que le vent et les embruns l'emportent avant que je puisse le saisir. Une des manilles rompues accroche alors le bobstay. Nous tirons ce que nous pouvons de la voile pour la ramener à bord et l'attachons solidement, laissant le reste accroché au bobstay. Le Dauphin amical ressemble à un orphelin. Sous une mâture nue et avec le pilotage automatique engagé, nous nous envolons vent arrière. Force 7 ou 8. Le baromètre est en chute libre.

16 h: vidés, nous nous effondrons dans notre lit, pour nous relever à 18 h. Le constat est terrible: la cuisine est inondée, les instruments appartenant à Don et le coûteux voltmètre rangés sous l'évier sont mouillés et fichus. Accablé, Don écrit dans son journal de bord: "La situation se gâte, cela devient sérieux."

C'était bien vrai, la situation devenait sérieuse. J'étais nerveuse et tendue mais Don était si découragé que je n'osais pas me plaindre. Au contraire j'essayais de le réconforter, me disant en mon for intérieur: *La raison pour laquelle les marins finissent par devenir insensibles est qu'ils doivent survivre dans des conditions extrêmes.*

25 FÉVRIER
50°16' sud, 94°35' ouest.
C'est le jour le plus déplorable que nous ayons eu depuis cinq mois. Les vents soufflant en tempête ont hurlé toute la journée. Nous n'avons pas pu mettre de la voilure et n'avons parcouru que 50 milles sous une mâture nue. Des paquets de mer viennent continuellement éclater sur le toit de la cabine et nous en avons déjà reçu deux qui ont failli nous écraser. En bas, tout est trempé. Les bonds chaotiques du bateau sont devenus si violents qu'il est difficile de rester assis. On ne peut pas non plus se tenir debout sans risquer d'être projeté à travers la cabine. Il n'y a aucun endroit dans ce fichu bateau où trouver un peu de calme. Je suis endolorie de partout et exténuée. Il en va de même pour Don. Tout se désintègre.

Don diminua la surface de la voile d'avant en prenant un ris, avant de la hisser. Il pensait que cela assurerait au bateau une meilleure stabilité. Il attacha la bôme à un chandelier afin qu'elle ne regimbe pas. Mais, avec un vent aussi puissant, la voile d'avant ne cessait de tirer fortement comme un pur-sang sur sa bride. Environ trois-quarts d'heure après avoir hissé la voile, la bôme se mit à vibrer sauvagement, se cabra soudainement et cassa le chandelier en deux. Les filières de bâbord qui nous empêchaient d'être projetés par dessus bord gisaient maintenant, toutes flasques, sur le pont.

Cette nuit-là nous réussîmes à entrer en liaison radio avec le *Hero* auquel Don demanda de transmettre un message au capitaine du port de Punta Arenas.

Avant d'aller m'allonger, j'écrivis:

Don s'est montré irritable toute la journée. Si les conditions atmosphériques ne changent pas, nous nous sauterons bientôt à la gorge comme des chiens enragés.

Je ne comprends pas qu'on puisse vouloir rouer son corps de coups de cette façon. N'ai-je pas écrit que Tilman, Moitessier, les Smeeton et les Roth ont une capacité exceptionnelle pour supporter l'inconfort? Que diable, ce sont des masochistes!

Il m'arrive de penser que la routine de la vie de tous les jours est plus dure que les exploits héroïques qui font la une des journaux. Je me demande si ces mêmes marins pourraient résister aux tempêtes émotionnelles que j'ai endurées. Il est certain que le navigateur solitaire qui double le cap Horn ou bien l'alpiniste qui escalade l'Everest est admirable. Mais ne faut-il pas aussi un grand courage pour divorcer d'un conjoint alcoolique refusant de s'en sortir, pour élever deux enfants sans allocations familiales, pour économiser péniblement afin de mener à bien des études et d'obtenir un diplôme supérieur, pour se lever au petit matin et enseigner avec le sourire, pour rentrer chez soi, à la nuit, retrouver ses enfants alors que l'on est épuisé et qu'il faut encore donner son restant d'énergie? Un train-train quotidien qui requiert, lui aussi, de l'endurance et du courage mais qui n'est pas de même nature. Les parents isolés ne font pas les manchettes des journaux pour leur courage mais ils sont montrés du doigt s'ils baissent les bras ou avalent un flacon de somnifères.

Saint-Exupéry exprimait magnifiquement mes pensées: "Pour parvenir à l'âge d'homme, il n'est pas nécessaire d'aller se faire tuer autour de Madrid ou de faire voler des avions pour l'aéropostale ou encore de livrer de pénibles combats dans les neiges si l'on ne respecte pas la dignité de la vie. L'homme qui a la capacité de voir le miracle dans un poème, de ressentir une joie profonde en entendant de la musique, de rompre son pain avec ses camarades ouvre sa porte au même vent rafraîchissant du large."(5)

NOTES

1. Les marins qui participent à des courses de longue distance sponsorisées bénéficient désormais d'une surveillance constante et d'une aide en cas de détresse, mais le seul marin du tour du monde est toujours responsable de sa propre sécurité.

2. *Mischief in Patagonia,* p. 4, 5

3. La zone située au sud du 50e parallèle où les vents dominants "hurlent" autour de l'Antarctique est dénommée les "Cinquantièmes Hurlants".

4. Les Roth sont l'un des meilleurs couples de voile en Amérique. Auteur de huit livres sur leurs aventures, Hal détient la prestigieuse médaille Blue Water du Cruising Club of America.

5. Extrait de *Vent, sable et étoiles*, Harcourt, Brace and Company, 1967, p. 239

À tour de rôle à la barre.

CHAPITRE 5

A une semaine du cap Horn

Le yacht américain, le Dauphin amical, *qui a quitté l'île de Pâques le 1er février avec deux personnes à bord arrivera plus tard que prévu en raison de la météo et d'avaries mineures. Nouvelle date d'arrivée prévue à Punta Arenas: 10 mars.*

- Message radio retransmis le 25 fév rier 1975 par le *Hero* au capitaine du port de Punta Arenas.

26 FÉVRIER, MATIN

"A une semaine du cap Horn!" annonça Don avec enthousiasme pendant que nous avalions notre cacao du matin. "Tu t'imagines, nous sommes maintenant au sud de la Nouvelle-Zélande, de l'Australie et de l'Afrique... au sud de tout, sauf du cap Horn!"

Mon esprit bouillonnait de pensées sarcastiques. *Mon Dieu! L'enthousiasme est chez lui une vraie maladie. Plus il souffre et plus il est content!*

Mais l'exaltation de Don fut de courte durée. "Entends-tu ce bruit sourd? Il y a quelque chose qui cloche dans le mouvement du bateau." Il jeta un rapide coup d'œil au compas de l'intérieur. "Le gouvernail automatique ne tient pas son cap. Il faut que j'aille voir ça." J'observai la scène depuis le capot à demi-ouvert, tandis qu'il l'examinait. "Prépare-toi à affronter le mauvais temps et monte voir ça!"

Je me vêtis en conséquence et gagnai le pont

"Viens par ici!" cria Don qui regardait vers le bas, par-dessus le tableau arrière. "Accroche-toi aux bouts-dehors d'artimon et jette un coup d'œil en bas devant toi, sur l'arbre de transmission du gouvernail automatique... Que vois-tu?"

Penchée sur les bouts-dehors qui me servaient d'appui, je m'agenouillai pour regarder par-dessus la poupe. Ce que je voyais c'était que l'axe de transmission avait pris une drôle de courbure.

"Cela ne va pas être gai", conclut Don, "il est tordu à 15° au moins."

Cela ne va pas être gai... Je savais ce que cela signifiait : des veilles 24 h sur 24, dans un cockpit fermé, et l'un de nous à la barre quel que soit le temps, si nous voulions rallier notre prochain port dans les délais.

Jusque là, le pilotage automatique avait été si fiable que nous n'avions pas eu souvent l'occasion de nous servir des manœuvres intérieures que Don avait installées à l'époque où il pensait devoir manœuvrer seul le bateau. Quand nous les avions utilisées, une semaine auparavant, elles avaient bien fonctionné mais le gouvernail automatique n'était alors pas endommagé.

"Je veux faire un essai avant d'abandonner. Voyons si nous pouvons le faire fonctionner d'en bas." Il descendit, se posta sur la marche du milieu de l'échelle de descente puis tira alternativement sur les deux filins en nylon. Bien qu'il oscillât d'un bord à l'autre, le bateau ne maintenait pas son cap.

"Alors, chérie, tu sais ce que cela veut dire, n'est-ce pas?" J'acquiesçai. Je n'avais rien à répondre. Il savait que je comprenais la situation. "Voilà qui peut changer nos plans", conclut Don.

A la suite de notre dernière liaison radio avec John, du *Hero*, nous avions envisagé l'attrayante possibilité d'une escale brève à Ushuaia sur le canal Beagle pour rendre visite à ce navire, avant de mettre le cap au nord sur Punta Arenas. Je n'interrogeai pas Don sur ce qu'il entendait par "changer nos plans". J'étais trop découragée pour penser de façon rationnelle. J'étais terrifiée d'avoir découvert ce que la force de l'eau pouvait infliger à une barre de transmission en acier inoxydable de 8 cm de diamètre en la tordant de la même manière que je le ferais avec un plat à tarte en aluminium jetable.

26 FÉVRIER, APRÈS-MIDI

Le relèvement à midi indiquait que notre position se trouvait juste au-dessus du 50e parallèle, à 800 milles à l'ouest-nord ouest du cap Horn. Depuis notre départ de l'île de Pâques, le 2 février, nous avions parcouru près de 1000 milles.

Je me portai volontaire pour prendre le quart de l'après-midi afin que Don puisse s'accorder un petit somme. L'orage se transformait en tempête, comme celle que nous avions subie deux jours auparavant. Je savais que Don aurait besoin de toutes ses forces pour le dur labeur à venir.

L'albatros qui nous suivait depuis 24 heures avait maintenant disparu. Je me demandai où il était parti. Il aurait à parcourir un millier de milles avant de trouver la terre.

A midi, nous avions affalé le foc et la trinquette. Le bateau filait de nouveau avec sa mâture nue. Même en l'absence de voilure, je devais lutter pour conserver le contrôle du gouvernail. Les vagues explosaient et déferlaient sans arrêt sur l'arrière à bâbord, faisant gîter le bateau à un angle de 45° et déversant des dizaines de litres d'eau à l'intérieur du cockpit. Dès que je levais les yeux au moment où le bateau s'enfonçait dans le creux d'une vague, j'avais la certitude que nous allions être engloutis.

Un mélange de neige fondue et d'embruns salés me piquait les yeux, s'infiltrait dans mon cache-col et ruisselait le long de mon cou. Agitée de frissons, je regardais en direction de la poupe. La mer était un champ de bataille tout blanc. D'énormes rouleaux avançaient, tels des chars de combat. Des geysers se télescopaient avant d'exploser. L'écume blanche montait comme des blancs battus en neige puis retombait au bout de 900 m avant de disparaître dans d'insondables trous. Au-dessus de nous, des nuages sombres brassaient le ciel, s'amoncelant sur la ligne d'horizon qui rougeoyait à l'ouest avec l'intensité d'un incendie de forêt en pleine activité. C'était "la vieille et familière arche blanche, la terreur du cap Horn" que Joshua Slocum avait décrite. Elle annonçait - nous le savions maintenant - des vents qui ont la force d'un ouragan et vous font hérisser les cheveux sur la tête. C'était bien ça!

Je pensais à Moitessier, assis à son poste d'observation à bord du *Joshua* à coque d'acier, enseignant à Françoise comment barrer au milieu des déferlantes.

Regarde bien maintenant, tu vois cette lame arrive... je reste encore plein vent arrière... et un peu avant que l'arrière se soulève, je tourne la roue à fond... voilà... le Joshua *a pris de la gîte en déviant sur tribord comme je voulais... il est poussé en avant et un peu sur le côté... Au moment où l'arrière s'enfonce de nouveau, juste après le passage de la lame, je tourne la roue à fond dans l'autre sens pour revenir au vent arrière, c'est le moment idéal parce que le safran est profondément enfoncé sous l'eau et répond bien... Mais il y a deux règles impératives: attends que la vague soit assez proche pour donner le coup de barre. Si tu le donnes trop tôt, le bateau perdra de la vitesse, répondra mal à la barre et cherchera à se mettre en travers.(1)*

Je tentai d'appliquer ce que Bernard avait enseigné à Françoise. Qu'avait-elle pensé à ce moment? Avait-elle eu peur? Dans les descriptions qu'il avait faites d'elle, elle paraissait si impertubable!

Don ouvrit le capot et grimpa dans le cockpit. "Descends maintenant. Les conditions deviennent si affreuses que je vais devoir attacher le gouvernail", me dit-il.

Je décrochai le mousqueton de mon harnais de sécurité du curseur d'artimon. "Je te rejoins dans une seconde" ajouta-t-il.

En bas, j'enlevai ma tenue de gros temps. Le vent qui secouait frénétiquement le gréement vrombissait comme un moteur à réaction à plein régime. Le mât répercutait ce ronflement en vibrant. Combien de temps pourrait-il résister à de tels vents?

J'observais l'aiguille du baromètre-enregistreur alors que sa petite plume en cuivre amorçait, sur le papier millimétré du cylindre tournant, une descente brutale faisant penser à un tracé de sismographe en chute libre. "Si la plume continue ainsi, elle va quitter le papier" me disais-je. Chez nous, la pression atmosphérique suivait un tracé peu marqué, l'amplitude des variations au cours d'une année étant faible. Mais, à cette latitude, la pression avait chuté de 764 mm à 738 mm au cours de ces dernières 24 heures.

Don descendit et alluma les lampes à kérosène. "On dirait qu'un ouragan se prépare, le pire que j'ai jamais vu. J'ai attaché la roue du gouvernail à tribord. Tout est solidement arrimé. On ne peut guère faire plus que de prendre la cape." Il se glissa alors derrière la table de la cuisine pour aller s'étendre sur la banquette, la tête près du coffre de la radio.

Les flammes des lampes à kérosène jettèrent une lueur ambre sur les cloisons blanches. Les ombres vacillaient à chaque fois que le bateau se soulevait et prenait du roulis. La table à cardan et la cuisinière se balançaient d'avant en arrière, chacune selon son propre rythme, en émettant des sons graves dès qu'elles heurtaient la cloison.

Contrairement à ce qui se passait à l'extérieur et hormis les "cascades d'eau" qui pénétraient par le capot central à chaque fois qu'une lame se brisait sur le rouf, l'intérieur semblait un endroit sûr et bien rangé. Sur le pont, en dehors de la planche de surf des enfants et du dinghy retenus à la cabine par un bout en nylon et 7,5 cm de sangle de sécurité, tout était net.

Je ne cessais pas de passer en revue la liste des tâches accomplies depuis notre départ de l'île de Pâques et me demandais ce qu'il fallait faire de plus pour améliorer la sécurité du bateau. Nous avions entreposé le matériel le plus lourd dans le carré qui était l'endroit le plus profond du bateau, de façon à abaisser son centre de gravité et à réduire ses secousses. Nos quatre ancres et les boîtes à outils étaient fixées soit à la structure, soit aux solives du plancher du carré (avec trois tours de sangle en nylon doublée de 2,5 cm de diamètre). Les conserves alimentaires étaient arrimées dans la cale. Les voiles inutilisées avaient été enfouies dans leurs sacs et entreposées dans le poste avant. Les aussières d'ancre avaient été soigneusement lovées et empilées dans des coffres sous la cuisine. Les bouts que j'avais installés pour maintenir les tiroirs en place ainsi que les filets sur les rayons de livres avaient jusque là bien rempli leur rôle. Au pied de l'échelle de descente, le coffre de la radio était protégé par une bâche de grosse toile que j'avais confectionnée. L'intervention de Don sur le moteur s'était révélée efficace puisque nous n'avions plus eu de problème depuis le 21 février.

Y avait-il encore autre chose à faire? Je n'arrêtais pas de parcourir mentalement cette liste.

La dernière moitié de la courge jaune provenant du jardin des Ika basculait en heurtant violemment le fond de l'évier toutes les fois qu'une vague frappait le bateau à tribord. Cela m'ennuyait mais je ne pouvais pas la mettre ailleurs car elle était trop encombrante.

La préparation des repas m'était devenue une tâche pénible. Il me fallait batailler. Je demandai à Don si une assiette de potage lui conviendrait.

"Bien sûr! Pourrais-tu aussi remplir la thermos avec de l'eau bouillante? La nuit promet d'être longue!"

Auparavant, au cours de la journée, nous avions tenté d'entrer en liaison radio avec Tex et Big John mais les interférences étaient trop nombreuses. Nous n'avions pas non plus pu joindre la Station Palmer dans l'Antarctique.

"Si, un peu plus tard dans la nuit, je réussissais à contacter le Réseau du Pacifique Sud", déclara Don, "ce dernier pourrait transmettre aux Etats-Unis un message disant que nous allons bien."

Je m'imaginais les enfants debout à côté de Tex dans la cabine-radio: "K6KWS, K6KWS, ici W6PXQ. Vous m'entendez?" Combien de fois Tex avait-il appelé sans pouvoir nous joindre? Depuis une semaine nous n'avions pas pu parler à un membre de notre famille. Je savais que papa et maman imagineraient les pires scénarios au fur et à mesure de notre progression vers le cap Horn.

Don braqua sa torche électrique sur le baromètre-enregistreur. L'aiguille n'avait pas bougé. Elle donnait toujours la même indication.

"Le mercure est tombé au fond du baromètre!" s'écria-t-il. (2)

"Revoyons la procédure d'urgence" ajoutai-je, en pâlissant.

Le caisson de survie, en cas d'évacuation du bateau, contenait notre matériel de sauvetage. Mais il avait également été conçu pour renforcer le cockpit, à la sortie de l'échelle de descente. D'en bas, nous pouvions aisément débloquer le loquet de sécurité du caisson en tirant la clavette d'acier inoxydable mais, pour l'ouvrir, nous étions obligés de monter au sommet de l'échelle, le capot grand ouvert, ou bien de sortir complètement et se tenir dans le cockpit.

Le capot lui-même pesait environ 18 kg et je devais m'arc-bouter pour pouvoir le soulever. En cas d'urgence, serais-je capable d'exécuter cette manœuvre avec une rapidité suffisante? Aurais-je la force nécessaire pour retirer le radeau de survie Avon qui pesait plus de 36 kg? Fixé par son bout d'amarrage à un verrou situé à l'intérieur du caisson, ce radeau était censé se gonfler automatiquement aussitôt jeté à l'eau. Ce n'était pas une opération à effectuer avant qu'elle s'avère nécessaire! Prions le ciel que l'on puisse faire confiance aux fabricants!

"Tu te rappelles bien de la marche à suivre, n'est-ce pas?"

Oh oui! J'avais bien enregistré tout le processus: libérer la clavette, crocher le harnais de sécurité à la ligne de vie du pont. Soulever le couvercle du caisson et l'attacher au curseur d'artimon. Enfiler le gilet de sauvetage. Sortir le radeau de son caisson et le jeter par dessus bord, après s'être assuré que son bout est bien attaché au mât d'artimon au moment de l'abandon du navire. Le second gagne le radeau, puis le capitaine libère le crochet de fermeture ou bien, si la pression est trop forte, coupe l'amarre à l'aide du couteau attaché au radeau et saute dedans.

Je repensai à la communication téléphonique que nous avions eue précédemment avec les Durant : *"Au cas où vous n'auriez plus de nouvelles de nous, rappelez-vous que nous disposons d'un radeau de sauvetage Avon pour huit personnes et de quarante-cinq jours de vivres."* Nous n'en avions jamais discuté ouvertement mais je savais, comme Don, que, les températures de l'air et de l'eau étant comprises entre -1° et 5°C, nous mourrions assurément d'hypothermie sous les vagues glaciales qui déferleraient sur notre radeau, à moins qu'elles ne nous aient déjà emportés. Dans le "grand sud" du Pacifique, il n'existe ni garde-côte, ni hélicoptère de surveillance, ni avion de recherche. Nous étions totalement seuls, livrés à nous-mêmes.

Don grimpa à l'échelle, fit coulisser le capot juste assez pour y passer la tête. Se cramponnant à la poignée de tribord en haut de l'échelle pour ne pas être projeté dans la cuisine, il examina les conditions météorologiques: "Il n'y a aucune amélioration. Le temps est toujours aussi pourri. Passe-moi l'anémomètre et note les relevés que je fais." Pendant trois minutes, il énonça toutes les cinq secondes les chiffres suivants: 55, 52, 40, 42, 48, 32, 51, 38, 46... "Bon sang, voilà que le compteur monte à 65 nœuds! Vite, additionne tous ces chiffres et fais-en la moyenne."

Tout excité, il redescendit et referma le capot: "Oh là là! ça veut dire qu'une violente tempête se prépare, accompagnée de coups de vent de la force d'un ouragan! Ce sont les pires conditions que nous ayions rencontrées jusqu'à présent!" J'étais sidérée par le ton enthousiaste de Don, stupéfait de cette découverte. "Et n'oublie pas que le vent arrière nous pousse encore de plusieurs nœuds et que le courant nous entraîne aussi. Alors, ajoute 5 à 10 nœuds pour avoir la vitesse du vent."

"Passe-moi le livre de Robb" lui demandai-je. "J'aimerais relire la partie sur la survie en mer avant d'aller me coucher." Bien calée dans un coin, s ''ous l'évier, je l'ouvris et en lus attentivement plusieurs chapitres. Je préférais ce livre qui s'intitulait *Handling Small Boats in Heavy Weather (La manœuvre des petits bateaux par gros temps)* à n'importe quel autre traitant du même sujet. Il était mince, environ 130 pages, et concis. Son auteur, Robb, un skipper ayant 45 ans d'expérience passée en grande partie au large des côtes d'Afrique du sud, exprimait des opinions bien arrêtées et "disait les choses comme elles sont".

Il appelait "dernier retranchement du marin" ce que nous étions en train de faire: prendre la cape. Le gouvernail étant attaché, nous laissions le bateau réagir tout seul par rapport au vent et aux lames qui arrivaient par l'arrière. Dans de telles conditions, on avait tendance, selon Robb, à sousestimer la force du vent. Je me reportai donc à l'échelle de Beaufort de la page 40, fis descendre mon doigt, le long de la colonne intitulée "Vitesse du vent", jusqu'aux chiffres suivants: *52 nœuds (tempête), 60 nœuds (violente tempête), 65 nœuds (ouragan).* Puis je tournai les pages jusqu'à la description de l'état de la mer que je lus à haute voix. "Qu'as-tu dit au juste?" demandai-je à Don. "J'ai parlé d'une violente tempête qui n'a aucun rapport avec ce que nous avons eu jusqu'à présent. Si le vent se met à empirer, cette tempête aura la force d'un ouragan."

Les pages du livre étaient émaillées de photos montrant soit une énorme crête de lame, soit un gigantesque "geyser" ou bien encore une avaKlanche d'eau blanche déferlant sur un navire. (Une de ces photos était la même que celle du livre des Smeeton, choisie comme exemple pour illustrer le type de vague qui les avaient frappés.) J'avais consulté l'ouvrage de Robb pour me rassurer mais ne cessais de tomber sur des passages traitant "d'évènements exceptionnels", qui me donnaient la chair de poule. Je suspendis ma lecture un instant, passant en revue les installations de sécurité propres au *Dauphin*: ses réservoirs d'eau verrouillés aux structures en chêne, ses six batteries protégées par des barres d'acier inoxydables, sa perche d'acier de 7 cm de diamètre située à côté de l'échelle de descente, allant du sol de la cuisine au plafond du rouf et destinée à renforcer la cabine, la petite lampe de secours autonome fonctionnant sur son propre circuit au cas où l'électricité viendrait à manquer... Je n'avais pas apprécié ces détails à leur juste valeur lorsque nous avions réaménagé le voilier. En mon for intérieur, j'en remerciai maintenant Don et Al Ryan. Je repris ma lecture.

> *En étudiant les récits des petits bateaux qui ont subi des avaries ou ont connu des drames par gros temps, on se rend compte que, dans un nombre surprenant de cas, si l'équipage était tout simplement allé dormir et avait laissé son embarcation se comporter comme bon lui semblait, le bateau aurait traversé la tempête sans dommage.(3)*

C'est bon, nous avons fait ce qu'il fallait, pensai-je.

J'avais, à dessein, évité le chapitre 7 qui s'intitulait "La vague finale". Mais, à l'instar de ceux qui s'informent des accidents possibles avant de monter à bord d'un avion, je me sentis obligée de poursuivre ma lecture.

> *Il arrive que la mer devienne monstrueuse, source de catastrophes ou qu'une vague anormale surgisse. Dans ces cas-là, nombre de tragédies de navires disparus corps et biens ont la mer pour origine... J'ai vu, une fois, une lame de cette nature... Elle se soulevait au loin, nettement plus haute que les autres vagues environnantes. Mais, ce qui retenait l'attention n'était pas tant sa hauteur que sa silhouette car elle présentait un front abrupt, pareil à une*

muraille d'eau... tombant de façon continue, de telle sorte qu'elle semblait être une chute d'eau blanche balayant l'océan à une allure d'environ 30 nœuds.

On ne peut s'empêcher de se poser des questions: qu'arrive-t-il donc à un petit bateau relativement immobile lorsqu'il se trouve face à un mur d'eau se déplaçant à cette vitesse?...Eh bien, c'est de mauvaise grâce qu'il va à sa rencontre, en s'imaginant qu'il existe néanmoins une solution, là où ni l'habileté, ni le courage, ni la vigilance, ni l'équipement ne peuvent le sauver de la catastrophe.(4)

Je fermai le livre, en concluant: "J'aurais préféré ne pas avoir lu cela".

"Ce n'est pas l'histoire idéale pour s'endormir, n'est-ce pas?

"Que penses-tu d'un petit somme maintenant?" proposa Don. "Le bateau saura veiller tout seul sur lui. Il n'y a aucune raison que tu restes debout. J'attendrai encore une heure jusqu'à ce que je puisse avertir le Réseau maritime mobile. Par ailleurs, je devrai me lever à peu près toutes les heures pour inspecter le pont. Je vais simplement me reposer un peu sur la banquette. Si, plus tard, j'ai besoin d'aide, je te réveillerai."

Je me nettoyai le visage à l'alcool avant de grimper dans notre couchette, sans me dévêtir. Je consignai dans mon journal:

Je croyais que les tempêtes d'hier et d'avant-hier étaient méchantes. Mais ce n'est rien en comparaison d'aujourd'hui! Il fait un temps cafardeux, un froid glacial, il pleut, il tombe de la neige fondue. Par bonheur, le soleil a fait une apparition à midi et Don a pu relever notre position. Nous avons mis le bateau à la cape, face à l'est, et nous subissons de terribles coups de boutoir à bâbord arrière.

Avons-nous vraiment assez de vivres pour 45 jours? Pourrions-nous survivre dans ces vagues par ces températures? Bien sûr que non. Le radeau "ferait la roue" sur la crête des "grisons" avant d'être écrasé par un mur d'eau.

Je refuse d'y penser. Je me sens mal à l'aise. Non, c'est plus que cela. Je suis morte de peur... cette peur qui a occupé une large place dans ma vie aventureuse avec Don. Pourtant je dois me rappeler que je suis ici parce que j'ai choisi d'être avec lui. Il ne m'y a pas forcée. J'ai pris cette décision toute seule. J'ai été en piteux état et ai détesté certaines étapes de ce périple mais ce n'est plus le moment de gémir; la situation est maintenant critique.

J'ai le sentiment d'être devenue l'associée de Don. J'ai fait tout mon possible pour nous préparer au pire. J'ai peur mais il n'y a rien d'autre que je puisse faire. Aucun de nous deux n'a d'influence sur les conditions météorologiques. La seule chose qui est de notre pouvoir est d'œuvrer ensemble et d'espérer un répit.

Je jetai mon journal dans le hamac au-dessus de la couchette puis me calai au fond du lit et en travers, les pieds contre la planche à laver afin de ne pas être projetée au dehors mais ne pus trouver le sommeil. Je ne parvenais même pas à me relaxer. Tendue et nerveuse, je subissais toutes les secousses du Dauphin qui luttait contre les éléments, vibrait, gémissait, bondissait, puis se calmait comme s'il était à bout de force, contraint de se soumettre aux vagues.

Une heure après m'être étendue, j'entendis Don entrer en liaison radio avec la Station Palmer dans l'Antarctique. L'opérateur lui annonça qu'il avait bien transmis le message au capitaine du port de Punta Arenas en lui donnant la nouvelle date d'arrivée que nous avions prévue. Après cette brève communication, Don contacta le Réseau maritime mobile des Samoa américaines. Bob, l'opérateur habituel, était absent. Emporté la nuit précédente par un ouragan, son navire s'était échoué et avait été endommagé. Don dit alors à son remplaçant: "J'ai l'impression que nous allons subir le même sort. Nous essuyons une tempête de force 10 ou 11. C'est plutôt moche mais il ne me semble pas que nous soyons en danger dans l'immédiat. Je vous contacterai dans la nuit de demain, à la même heure."

Je m'endormis aussitôt son émission terminée.

NOTES

1.*Cap Horn à la voile*, p. 196

2. Le papier barographe Lufft a été conçu pour sept jours par incréments de deux heures. Les lignes horizontales, indiquant la pression barométrique, ont couru entre 31,00 pouces en haut et 28,00 pouces en bas.

3.*Handling Small Boats in Heavy Weather,* p. 96

4. Idem, p. 43, 44.

CHAPITRE 6

Chavirage par l'avant

26 FÉVRIER, NUIT DU 27 FÉVRIER

Je rêvais que j'étais incapable de bouger. Plaquée contre la cloison, je ne parvenais pas à m'en écarter. Mon estomac était comprimé contre mes poumons et ma gorge. Je faisais des loopings et des huit et cela me donnait la nausée. Etais-je à bord d'un petit avion? *Mais non, ce n'est qu'un cauchemar.*

Je flottais maintenant autour de la couchette. Il y avait eu un terrible crash suivi d'un fracas assourdissant comme si, après avoir fait une embardée, le voilier s'était complètement disloqué. Chaque pièce de bois gémissait. J'avais été projetée à travers le carré et mon épaule avait heurté le rebord de la couchette de bâbord. Le bateau tanguait et roulait. Objets en métal, verres et livres avaient volé alentour. L'eau glaciale affluait de tous côtés. *Mon Dieu, c'est bien réel!*

"Nous coulons, nous coulons!" hurlai-je

Les lampes à kérosène s'éteignirent. Ce fut l'obscurité totale.

J'entendis Don appeler: "Mon amour, où es-tu? Es-tu vivante?"

Le bateau piqua du nez, tournoya puis bascula sur le côté. L'eau jaillit à travers la cabine. Je me débattis pour trouver une prise à laquelle m'agripper, puis réussis à me mettre debout.

"Ça va bien, chérie. Je crois que nous venons de sancir." La voix de Don était altérée par un brusque afflux d'adrénaline. "Bon sang, du nerf! Sortons-nous de là!"

Soudain, ce fut le silence total. *Mon Dieu, c'est la fin. Nous allons être complètement submergés!* Sans émettre le moindre bruit, le bateau virevoltait, s'enfonçait, se tordait, se retournait.

"Merde, nous avons capoté! Nous sombrons...", gémissai-je, "nous descendons en vrille au fond de l'océan." *Non, je ne veux pas mourir de cette façon...*

"Ça va, ça va bien" cria Don, "Allume la lumière et essaye de pomper... Va à la pompe de cale!"

L'eau afflua de nouveau sur moi. Le bateau fit encore une embardée, gîta à tribord, frémit puis ne bougea plus. Brusquement, le mugissement du vent et le vacarme des vagues se fracassant contre la coque reprirent.

"Le bateau s'est redressé tout seul, il se remet d'aplomb! La quille a dû tenir bon. Nous ne sommes plus sous l'eau", assura Don

"Je n'y vois rien du tout!" geignai-je

"Bon sang, allume donc la lampe de secours!"

Hébétée, trempée, à demie consciente, je cherchai à tâtons la lampe au-dessus de la couchette du capitaine. Je pressai le bouton. Aussitôt un grésillement, des étincelles et un sifflement se produisirent.

"Non, pas celle-là!" hurla Don. "Eteins immédiatement, cela risque de mettre le feu!"

Il m'écarta, allongea le bras au-dessus de ma tête pour allumer la lampe de secours puis me saisit pour me rassurer: "C'est bon, ça va aller, mon amour" Il avait collé son visage contre le mien et il m'embrassait en me caressant les cheveux. Sa figure était mouillée et il s'en dégageait une odeur de sang.

Nous allons mourir, me disai-je, *et personne n'en saura rien.*

"Ça va aller, ma chérie. Va actionner la pompe. Pompe pour sauver ta vie. Vas-y, pompe!"

Je me frayai un passage à travers une montagne de débris flottants, en ne cessant de me répéter: *Ne disparaissons pas ainsi sans laisser de trace! Ne nous laissons pas couler!*

"Essaye la radio, je t'en prie, essaye donc!" insistai-je.

Je m'accroupis dans l'eau au pied du coffre contenant la radio. Le gas-oil et le kérosène s'étaient mélangés à l'eau. Le vent qui s'engouffrait à travers la cabine était glacial.

Don étendit la main au-dessus de ma tête pour attraper le microphone du poste émetteur: "SOS...SOS..." lança-t-il. Il y eut un éclair. L'émetteur grésilla puis tout sauta. "Merde, nous aurions pu provoquer une explosion!" Il emjamba la cuisine d'un bond, entra dans l'eau et coupa le disjoncteur.

"Ça va, chérie! Nous ne pouvons plus compter que sur nous... la radio est morte!"

De ma main droite je palpai la paroi de la soute afin de saisir le bras de la pompe. Il n'était plus à sa place! Une fois encore, le bateau se souleva et fit une brutale embardée vers tribord. Une lame vint heurter l'arrière à bâbord avant de balayer le toit de la cabine. Puis l'eau s'engouffra, se déversant sur nous.

La brève lueur d'un rayon de lune à travers le capot révéla un chaos total.

"Oh, là là! Le capot s'est ouvert. Il faut absolument que j'aille le refermer", s'exclama Don.

A la clarté fugace de la lune, j'aperçus l'échelle de descente tordue à 45°, ses charnières de cuivre courbées vers l'avant. Don se haussa, passa la tête par l'ouverture du capot et regarda par-delà le toit de la cabine.

"Mon Dieu!" s'écria-t-il, "Le dinghy est parti. On dirait aussi que la bôme de la grand-voile a pris le large. Mais les mâts sont toujours là! J'ai du mal à le croire!" Sa voix reflétait sa stupéfaction.

Je pensai: *Même sur le point de mourir, il a encore la capacité de s'étonner.*

"Je ne distingue rien, que de l'écume blanche", ajouta-t-il, "Rien que de l'écume blanche; le dinghy s'en est allé mais je n'arrive pas à le repérer."

Nous heurtant par le travers, une lame submergea le bateau. L'eau jaillit par l'ouverture du capot, nous douchant Don et moi. Le choc me projeta, tête la première, contre le bord tranchant de la radio. L'eau se mit à monter le long de la paroi de tribord, m'aspergeant le haut du corps. J'avais des élancements dans le front et je sentais le sang couler le long de ma joue.

"Non, Don, je t'en prie, abandonne cette idée", suppliai-je, "Je ne parviens pas à retrouver le bras de la pompe."

"Oh seigneur! cherche-le!" répliqua-t-il en remettant en place le capot. "Il faut que je déniche un instrument avec lequel on puisse écoper."

Comment mettre la main sur un tel objet dans un pareil chantier? Le bras de la pompe avait fort bien pu avoir été éjecté par l'ouverture du capot.

"Ici, ici!" s'écria-t-il, "ça peut paraître inimaginable mais le bras de la pompe a échoué dans l'évier... avec le pot de chambre!"

Je me précipitai à travers la cuisine pour m'en emparer.

"Oh là là! s'exclama Don en m'attirant vers lui, "Ton visage est en sang!" Passant doucement sa main sur ma figure, il l'essuya si tendrement que j'étais sur le point d'éclater en sanglots.

Je me calai dans un coin juste à côté de la pompe et m'assis sur un matelas. L'eau pénétrait à travers mon pantalon.

"Chérie, pompe lentement et doucement, vas-y calmement" m'ordonna-t-il

141

Je cherchai l'encoche pour y insérer le bras de la pompe puis je me mis à tirer et à pousser de toutes mes forces. J'avais les jambes qui baignaient dans un mélange d'eau, de gas-oil et de kérosène charriant tous les objets qui s'étaient déversés dans la cuisine.

"Vas-y doucement, chérie, sinon tu vas t'épuiser. Lentement et doucement car tu vas devoir pomper pendant un bon moment. Moi, je m'occupe d'abord de localiser les voies d'eau, ensuite j'irai écoper."

Je me mis à pomper lentement et régulièrement comme un robot. Je demeurais hébétée, comme si j'étais sous hypnose, telle une enfant abandonnée à la recherche de ses parents. *Mon Dieu, faites que je puisse revoir ma famille, que nous ne disparaissions pas sans laisser de traces... Où donc mon journal est-il passé?* Si je pouvais le retrouver et l'enfouir dans un caisson étanche, quelqu'un pourrait le récupérer, flottant quelque part. Ainsi subsisterait une partie de nous-mêmes.

Le bateau se souleva, se balança puis roula violemment à tribord. Une lame s'écrasa sur la cabine et je fus de nouveau inondée. Je hurlai: "Don, nous sommes en train de nous retourner à nouveau!"

"Non, absolument pas! Tais-toi et continue à pomper!"

Le ton brusque de Don ne produisit aucun effet sur moi. J'étais paralysée, j'avais froid, j'étais trempée. *Je dois continuer à pomper, à pomper,* me disai-je à moi-même à chaque coup de pompe.

"Je t'aime, Réanne."

Je relevai la tête pour le regarder tandis qu'il s'avançait vers moi le long de la paroi de tribord afin de vérifier l'état de la coque. Un côté de son visage était, lui aussi, couvert de sang.

"Don, ton visage..."

"Ça va, ma chérie. Ne t'inquiète pas pour ça maintenant. Il faut que j'aille voir si l'eau monte ou non."

Je poussai, tirai et comptai inlassablement: 122, 123, 124, me demandant pourquoi j'agissais ainsi.

La lampe de secours se nimba, dans la cabine, d'un halo grisâtre. Engourdie, je contemplai le désordre. Les coffres avaient vomi ce qu'ils renfermaient. Les portes des placards supérieurs de la cuisine battaient, les assiettes et les bols avaient disparu.

Je levai les yeux. Un fragment déchiqueté de bouteille de ketchup s'était logé dans le plafond. Le couteau à dé couper, fiché au-dessus de ma tête vibrait à chaque secousse du bateau. La batterie de cuisine, les épices, les pots de mayonnaise et de moutarde cassés s'étaient éparpillés. Les planches du sol de la cuisine s'étaient détachées et reposaient maintenant sur les matelas et les coussins. La cale avait rejeté son contenu: chaînes d'ancre, conserves alimentaires, matériel, huile de moteur, boîtes de graisse, rouleaux de câbles d'acier. De la sciure de bois humide, du jus de fruit jaune et du ketchup avaient éclaboussé le plafond. Les appareils de radio et le baromètre-enregistreur avaient quitté l'étagère de la cuisine.

J'observais Don qui écartait les objets de son passage pour inspecter la coque et localiser les avaries. Tel un médecin palpant un corps à la recherche de fractures, il se frayait avec précaution un chemin à travers l'eau huileuse et glaciale pour examiner les coffres vides et l'intérieur des tiroirs. Il promenait ses doigts sur la coque à l'endroit de l'emplanture du mât, inspe   "ctait l'avant du bateau, le carré, la cuisine, les postes arrière, et me faisait part de ses réactions au fur et à mesure de son examen : "Bon Dieu, l'eau m'arrive au-dessus des genoux dans le carré..." Allongé sur les débris, les épaules et les bras sous l'eau, il vérifiait tout minutieusement. "Je crois que la quille est en bon état. Les boulons sont bien fixés. Je ne sens aucune infiltration d'eau... ça va! La coque me paraît lisse, ici, dans le carré. Je pense qu'elle a tenu le coup ainsi que la quille."

Au même moment, le bateau fit une embardée à tribord qui me projeta contre le coffre. "Oh non, ça ne va pas recommencer!" L'eau se déversa sur moi. "Mon Dieu, de grâce, faites que cela cesse!" suppliai-je en pleurs.

"Ça va aller, ma chérie, oui, ça va aller, nous allons réussir à survivre. Aussi longtemps que la quille tiendra, tout ira bien. Continue de pomper. Il faut évacuer l'eau d'ici. J'ai presque terminé mon inspection."

Un coup en arrière, un coup en avant: 256, 257, 258. A chaque coup de pompe, je pensais à nos familles et à nos amis. *Les enfants? Ils s'en remettront, ils sont jeunes. Maman et papa? Cela les tuera si nous disparaissons. Oh, mon Dieu! ils ne sauront jamais rien. Pas de journaux de bord. Rien. "Disparus sans laisser de trace"* dirait la Presse.

L'eau affluait au dessus de ma tête. "Don, arrête-la, arrête-la!" En dépit de mes trois épaisseurs de lainage, je ne pouvais m'empêcher de frissonner et commençais à perdre mes esprits: "La seule chose que je désire c'est aller à terre pour voir ma famille et mes amis. Qu'on me ramène à terre!"

"Tout va bien, chérie. Cette lame de fond était unique parmi dix mille vagues. Cela ne se reproduira plus. J'ai inspecté la coque autant que j'ai pu. Elle me semble en bon état et je suis sûr que la quille l'est aussi."

Une sur 10 000... J'aurais voulu le croire mais j'en étais incapable. Les vagues ne cessaient de nous harceler. Je regardais Don. L'eau était-elle en train de monter? Avait-elle dépassé la hauteur de ses genoux? Je n'en savais rien. Il faut continuer à pomper.

Don entreprit d'écoper avec le pot de chambre, déversant frénétiquement l'eau dans l'évier. Il se mit à marmonner tout seul: "J'ai bien peur qu'elle ne gagne du terrain. Elle monte... Pourquoi y a-t-il ces vibrations chaque fois que le bateau gîte à tribord? Est-ce le gréement, la quille qui sont en train de se détacher? Comment pourraient-ils être à l'origine d'un bruit de cette sorte tout en restant fixés aux structures du voilier? Je finis par me demander si la coque ne s'est pas ouverte lors du premier choc. Peut-être devrais-je tirer tout cela au clair... Y aurait-il une fissure?... Diable, non! On ne peut rien voir avec une telle hauteur d'eau." Il était en train de paniquer.

"Calme-toi, chéri!" Je lui répétai ses propres mots. "Ne panique pas! ça fait un bon moment que tu écopes."

"Tu as raison. Il ne faut pas que nous cédions à la panique, il faut la combattre. Smeeton avait vu juste: rien de tel qu'un homme qui se noie pour écoper avec vigueur."

Le bateau s'inclina brusquement à tribord. Don me regarda et cessa d'écoper.

"Mon Dieu! Ce n'est pas étonnant que tu trembles. La liaison du pont et du rouf, juste au-dessus de toi, s'est ouverte et le hublot a été emporté. C'est pourquoi l'eau continue à affluer à l'intérieur. N'abandonne pas la partie et continue à pomper. Je vais essayer de trouver une planche de secours et la clouer à bâbord."

Je l'entendis marmonner : "Seigneur! Je lui ai demandé de se taire et jamais elle n'a cessé de pomper. Et elle reste assise ici avec l'eau qui lui dégouline dessus!"

"Ces hublots sont notre talon d'Achille en dépit de leur robustesse" conclut-il "Si je pouvais dégoter un marteau et du contre-plaqué, je boucherais ce trou. Je devrais trouver ce qu'il faut dans le coffre des batteries."

Celui-ci fut difficile à ouvrir: nous nous en étions toujours plaints. Toutefois il était le seul de la cuisine à avoir tenu le coup.

Le marteau était encore fixé à son emplacement à l'intérieur et les planches placées entre les batteries n'avaient pas bougé. La boîte de clous de 7,5 cm qui avait été coincée sous les batteries s'était vidée de son contenu mais Don réussit à récupérer suffisamment de clous pour être en mesure d'effectuer la réparation.

"Seigneur! Sous la poussée de cette lame, les barres d'acier inoxydables qui retenaient les batteries ont bougé de plus d'1 cm... Continue de pomper, chérie... Je monte boucher le trou."

Il ouvrit le capot suffisamment pour y passer la tête et jeter un coup d'œil au dehors afin d'apprécier les conditions météo. "Il n'a pas l'air de faire trop mauvais en ce moment. A moi de profiter de cette acalmie!"

Il se hissa à l'extérieur et referma le capot. Je pouvais l'apercevoir en train d'appliquer la planche contre le trou de bâbord et essayer de la clouer. *Mon Dieu! il est là-haut sans son harnais!* Cette pensée me traversa l'esprit. Aussitôt, j'interrompis mon pompage et ouvris le capot d'un coup sec en criant d'une voix aiguë dans le vent: "Descends immédiatement!"

Don redescendit. "Putain! C'est vraiment stupide... J'ai dû paniquer... Tout ce que j'ai réussi à faire a été de me taper sur les doigts. Je n'arrivais pas à enfoncer ces damnés clous, ni même à les tenir! Mes mains sont complètement engourdies. Je m'y remettrai quand je saurai ce que je fais." D'un revers sec de la main, il balaya les débris jonchant le comptoir de la cuisine puis y posa la planche dans laquelle il enfonça huit clous. "Merde! j'ai trop enfoncé celui-là et voilà que la maudite planche est clouée au comptoir!" Il retira le clou puis revint au capot.

"Ouvre le caisson de sauvetage et sors les harnais de sécurité", lui conseillai-je.

"Je ne veux pas l'ouvrir tout de suite. C'est sacrément risqué!"

"Tu ne vas tout de même pas retourner là-haut sans harnais!" hurlai-je. "Bon sang, trouve *quelque chose*. Je crois bien avoir aperçu un bout qui traîne par ici", répliquai-je en désignant le carré.

"Allons! On n'a aucune chance de trouver quoi que ce soit dans ce capharnaüm... Grands Dieux! tu as raison. Je tiens le bout de quelque chose qui résiste... probablement une écoute de foc."

En tirant avec effort sur le bout, il libéra une longueur de 9 m. Il fit ensuite un nœud de chaise autour de sa taille et deux demi-clefs autour de la marche supérieure de l'échelle, en prenant soin de laisser 4,5 m de mou. Puis il ouvrit le capot et marqua un temps d'arrêt : "Le mât rue d'avant en

arrière et spécialement vers bâbord. Il faudra que je m'en occupe plus tard."
Il sortit, refermant le capot derrière lui.

Je percevais ses coups de marteau sur les clous qu'il enfonçait dans la paroi du rouf. Heurté par une lame, le bateau fit une nouvelle embardée. L'eau déferla dans la cabine à travers la fissure. Le bruit du marteau cessa brusquement. *Oh, mon Dieu, faites qu'il se cramponne! Cette amarre pourrait bien casser. Tout comme la sangle du dinghy.* Quelques minutes plus tard, le martellement reprit. *Ouf! Il va bien. Il est sain et sauf!*

Le bateau se redressa tout seul. Le capot s'ouvrit soudain et Don sauta à l'intérieur d'un bond en arrière. "J'ai bien failli partir!" pesta-t-il "Je m'étais enroulé les bras et les jambes autour d'un chandelier de la filière pour m'arrimer... eh bien, tu aurais vu ce chandelier: il s'est salement tordu..."

S'emparant du pot de chambre, il se remit à écoper. "Je crois que maintenant l'eau s'évacue normalement par dessus bord" assura-t-il, bien que beaucoup plus tard il m'avouera avoir été persuadé qu'elle montait.

"Je t'aime, mon cœur. Nous allons nous en sortir."

J'étais agitée de frissons incontrôlables. *J'ai tellement froid, froid. Et ce vent! Tout ce que je souhaite est qu'il cesse.* Mais, bien au contraire, le vent soufflait plus que jamais, hurlant dans le gréement. *Ce hurlement est horrible. Mon Dieu, comme j'ai froid!... Il faut pourtant que je continue à pomper, à pomper... sans m'arrêter.*

Soudain je me remis à penser à mon journal. Où était-il passé? Il fallait absolument que je le retrouve. Si nous sombrions, il serait l'unique témoin de notre drame. A chaque coup de pompe, j'étais de plus en plus obsédée par cette idée. Si seulement la lumière du jour apparaissait, je pourrais tenter de le chercher.

Don ne cessait de vider avec le pot de chambre l'eau dans l'évier. "Nous faisons tout notre possible. L'eau baisse régulièrement."

"Je l'espère" bégayai-je

"Il est temps de sortir quelques provisions de secours. Laisse-moi ouvrir le caisson de survie. Ensuite je reprendrai le pompage."

Il grimpa à l'échelle et s'y accrochant par les jambes, ouvrit prestement le capot puis libéra la clavette du caisson: "Là, attrape-moi ce sac" m'ordonna-t-il.

J'ouvris le sac de nylon qui puait le moisi et en extirpai une pleine poignée de barres de chocolat de Hershey. Je les regardai avec stupeur. Leur emballage était recouvert d'une couche de moisissure bleue.

"Allons, ma chérie, manges-en une. Tu as besoin de calories." Après avoir refermé le capot, il dégringola l'échelle en se contorsionnant et reprit son travail de pompage.

D'un coup de dents, je déchirai le papier d'emballage et mis la barre dans ma bouche. Impossible d'avaler quoi que ce soit! Les morceaux de chocolat restaient collés à mes dents. Je n'avais plus de salive pour les faire descendre dans ma gorge.

En observant les vigoureux coups de pompe de Don, je pris soudain conscience de mon état de fatigue et de ma lenteur. En tentant de me relever, une vive douleur m'assaillit. Trempée, gelée, le corps engourdi d'être restée si longtemps à barboter dans l'eau froide, je pouvais difficilement dénouer mes muscles. Combien de temps avais-je pompé? Je jetai un regard à mes pieds: je ne les sentais plus "L'eau est en train de descendre" dis-je atone "Elle m'arrive maintenant aux chevilles."

"Juste ciel! nous reprenons le dessus! Donne-moi une barre de chocolat et trouve quelque chose de sec à te mettre sur le dos."

Je me faufilai à l'arrière vers la couchette de bâbord. "Le *moai* est toujours là!" m'exclamai-je, "Il n'a pas bougé d'un pouce!"

"Heureusement! Ce machin-là aurait pu écraser l'un de nous deux. Pour l'amour de Dieu, trouve-toi des vêtements secs!"

Les deux grands sacs marins que j'avais bourrés de vêtements de secours et de couvertures de l'armée étaient restés au pied de la couchette. En effet, les recoins du quartier arrière ressemblaient à de petites cavernes dans lesquelles les sacs avaient fini par glisser. J'ouvris la fermeture éclair de l'un d'eux et fourrageai dedans. J'en extirpai des chandails, une couverture de l'armée et deux pantalons d'aviateur en laine que mon frère Tom nous avait donnés. *Tom. Nous ne lui avions pas parlé depuis si longtemps... Je t'en prie, Tom, aide papa et maman à survivre si nous-mêmes n'y parvenons pas.* Je mis les sacs marins de côté et m'allongeai. Me reposer me faisait un tel bien que je commençai à m'assoupir.

"Que diable fabriques-tu à l'arrière?"

Je me secouai. "Je m'étais étendue..."

"Sapristi! Retire tout de suite tes vêtements mouillés et enfiles-en des secs, sur le champ! Tu es menacée d'hypothermie!"

Aussitôt, je me dépouillai avec lenteur de mes épaisseurs humides. Chaque mouvement me prenait un temps infini. *Cela me fait tellement de bien d'enlever ces vetements humides et d'en mettre des secs... Si seulement il y avait de la lumière. C'est affreux de ne rien y voir.* Vêtue de deux chandails de laine, d'un caleçon long de pêcheur, d'un pantalon d'aviateur et de chaussettes de randonnée, je m'extirpai de la couchette, me sentant réchauffée.

Don continuait à pomper avec vigueur. Je me demandais comment il pouvait maintenir une telle cadence.

"Si tu veux, je prends la relève."

"Pas encore. Regarde si tu peux trouver ta tenue de gros temps et la passer par-dessus tes vêtements secs. Tu en auras besoin."

Je traversai péniblement la cuisine. Aussitôt mes chaussettes sèches s'imbibèrent de l'eau des matelas et des coussins détrempés qui jonchaient le sol. Il régnait un désordre indescriptible. Tous les coffres, étagères et tiroirs du carré s'étaient vidés de leur contenu. Les tiroirs retenus avec de la corde de 1 cm de diamètre avaient jailli de leur logement comme des projectiles, vomissant leur contenu puis s'étaient remis en place, à demi-ouverts. Ils oscillaient de haut en bas en émettant des craquements chaque fois qu'une lame heurtait le bateau. Je les secouai, les poussai pour tenter de les fermer. Ils étaient vilainement éclatés et écornés.

Les vêtements étaient éparpillés et gorgés d'eau. Le petit oreiller qui remontait à mon enfance n'était plus qu'un amas de plumes détrempées. Je le ramassai et le regardai. Maman l'avait trouvé en vidant une armoire et me l'avait envoyé, sachant que je n'aimais pas les lourds oreillers. On aurait dû s'en débarrasser.

Des livres de poche et des cartes marines imbibés d'eau de mer étaient collés aux matelas. Je détachai une de ces cartes et, oh surprise! mon journal gisait dessous!

Mon journal! Ses pages étaient détrempées et collaient les unes aux autres. L'encre avait dégouliné et il était devenu pratiquement illisible. Mais je n'en avais cure. J'ai sauvé notre histoire, pensai-je. Un petit sac étanche contenant les papiers du bateau se trouvait à proximité. J'y enfouis mon journal. Hébétée, je n'avais pas envisagé l'éventualité que ce sac pourrait naviguer autour de l'Antarctique pendant des mois, des années ou même des décennies et que mon journal finirait par se désintégrer...

"On aperçoit maintenant le plancher", annonça Don en détachant les mots, "La pompe commence à aspirer de l'air... Je crois que nous ferions mieux de nous reposer un peu, du moins jusqu'à l'aube, jusqu'à ce qu'il fasse jour. Ensuite nous aviserons."

Exténués, frigorifiés, à bout de force, nous nous étendîmes sur les sacs de voile mis en boule et les matelas du carré. Nous nous emmitoufflâmes dans la couverture humide de l'armée, bien contents qu'elle soit en laine. Chaque fois qu'une lame éclatait par-dessus le rouf, le voilier gîtait à tribord et l'eau affluait à travers la fissure située juste au-dessus de nous.

"S'il te plait, arrête ça, fais quelque chose!" suppliai-je en claquant des dents. Don tira un coussin et nous en couvrit. Celui-ci était pesant, imbibé d'eau mais, au moins, il servait d'isolant.

Nous nous tenions étroitement enlacés, Don pressant contre lui mon visage et mes cheveux. "Ma chérie, jusqu'à présent, nous avons fait tout ce qui était en notre pouvoir."

Il n'y avait plus rien d'autre à faire sinon attendre, attendre jusqu'à l'aube, dans une obscurité redoutable.

CHAPITRE 7

Le lendemain matin

28 FÉVRIER (?)

Dernière position connue: 49°52' sud, 89°01' ouest.

Impossible de dormir. Les vagues ne cessaient de pilonner le bateau, de le frapper par tribord. Du haut de ses 16 m jusqu'à son emplanture proche de nous, le mât vibrait comme un corps agité de convulsions. Tiendrait-il?

De grâce, faîtes qu'il fasse jour, implorai-je en silence.

Qui implorai-je? Je n'en savais rien. D'habitude, je ne prie pas mais, à ce moment-là, peut-être priai-je effectivement. Cela me rappelait la prière des enfants qui vont au lit: *Maintenant, je me couche pour dormir...* J'étais épuisée mais incapable de trouver le sommeil. Le pire était de ne rien voir et de ne pas savoir ce qui se passait au dehors. *Si je devais mourir avant de me réveiller...*

"Don, nous allons nous retourner! Nous allons encore nous retourner!" hurlai-je.

Il me serra dans ses bras: "Tout ira bien. Je t'ai dit que cette vague était unique parmi 10 000 autres. Allons! Ressaisis-toi!"

Unique parmi 10 000. Combien de lames avaient-elles heurté notre bateau par le travers depuis "l'énorme"? 15, 20?

"10% de risque d'affronter des vents de force 10"... C'était ce que Don, alors insouciant, nous avait affirmé à Jeff et à moi-même, au Mexique: "Seulement 10%..."

Soudain, la colère m'envahit. J'étais irritée contre Don parce qu'il m'avait ordonné de me ressaisir, irritée aussi parce qu'il m'avait menti sur les conditions atmosphériques auxquelles nous devions nous attendre. Irritée également contre moi-même parce que j'avais perdu mon self-control. D'un ton cassant, je lâchai: "Ecoute, la seule chose que je te demande c'est ton appui. Je me sentirai mieux dès qu'il fera jour. Alors je redeviendrai forte. Soutiens-moi maintenant et laisse-moi redevenir un enfant."

A l'instar du mât, Don frissonnait. Ses épaules, tout son torse étaient agités de secousses, ses jambes tremblaient. D'hypothermie! *Voilà ce dont il souffrait, d'hypothermie due à l'humidité, au froid et au vent glacé. Le symptôme: l'engourdissement... Voilà pourquoi Don n'arrivait pas à enfoncer les clous! Et maintenant il tremblait. Lui qui avait tant insisté pour que j'enfile des vêtements secs, portait les mêmes effets mouillés. L'hypothermie, on en meurt! "Exposition au froid", "Exposé aux intempéries lit-on dans les gros titres des journaux. Nous devions nous soutenir mutuellement. Il ne faut pas que je m'endorme. Il ne faut pas que je laisse Don sombrer dans le sommeil. Il pourrait ne plus se réveiller: voilà le résultat de l'hypothermie!*

J'écoutais attentivement sa respiration. Il ne dormait pas. Un jour, il m'avait raconté que "les chasseurs à l'approche du gibier retiennent leur souffle et ne respirent plus que superficiellement, avec la bouche, de manière à mieux écouter." Il se raidissait à chaque tremblement de son corps. Tel un chasseur à l'affût, il restait sur le qui-vive. Je m'imaginais qu'il se demandait: *d'où provient ce bruit à tribord, chaque fois que le bateau donne de la bande? Les boulons de la quille se sont-il —détachés? Non. Peut-être est-ce un objet placé à l'intérieur d'un coffre qui cogne contre une traverse... Non. Cela cogne plutôt contre la coque...* Cependant, figée d'effroi, j'étais incapable de rompre le silence.

L'aube. Une lumière grise et morne éclairait la cabine. Elle révélait un vrai champ de bataille. *Comment vais-je faire pour retrouver quelque chose là-dedans? C'était comme si je fouillais dans les décombres de ma maison après un incendie. Par où commencer? Il y a tant à faire!* La mer heurtait violemment la coque. Chaque coup de boutoir était comme un signal qui nous avertissait d'aller manœuvrer la pompe de cale. Je me redressai d'un bond, terrifiée.

Don ouvrit vivement le capot, juste assez pour se faire une idée des conditions atmosphériques. Il observa attentivement l'état de la mer. La neige fondue lui cingla le visage. La mer était encore forte, les vagues nombreuses et aussi hautes que des gratte-ciel. "Je n'ai jamais vu pareille chose... Nous ferions mieux de rester debout. Il fait suffisamment jour maintenant. Je monte sur le pont pour examiner l'avarie."

"Change-toi d'abord et enfile des vêtements secs", insistai-je.

Je fouillai frénétiquement dans le sac marin de secours. Je me souvenais à quel point je m'étais plainte de tout cet équipement supplémentaire d'urgence que Don avait insisté pour embarquer. "Nous n'avons pas de place" avais-je répliqué chaque fois qu'il apportait un objet. "Nous ne trouverons pas d'endroit pour caser tout ce bric-à-brac. Il n'y a même pas assez d'espace pour six personnes!" Jamais plus je ne me plaindrai de ce surcroît de matériel. Si seulement nous pouvions en avoir davantage!

J'insistai pour que Don ouvre le caisson de survie et j'en sortis les harnais de sécurité supplémentaires.

"Ne va nulle part sans être attaché!" lui recommandai-je. Je me hissai pour mieux regarder dans le coffre. Bien rangé, celui-ci semblait rassurant. J'en sortis les vivres et les objets que j'y avais placés la nuit précédente: des sachets de thé et de cacao, des feuilles de nourriture lyophilisée, une trousse médicale d'urgence, des allumettes résistant à l'eau, trois couvertures d'hôpital, une torche étanche, un rotor supplémentaire et du filin pour le loch enregistreur. Puis j'y enfouis la pochette étanche contenant les papiers du bateau et mon journal personnel. Nous n'avions pas encore remis la main sur le livre de bord.

Sinistre. Tout était sinistre : faire le bilan des avaries, rechercher le matériel manquant. Pourtant la nuit dernière, j'étais encore assise, là, sur le plancher de la cuisine, à lire le livre de Robb et à discuter avec Don des techniques de survie. Mais était-ce bien la nuit dernière? Le sol luisait à la lumière de la lampe à kérosène. Tout, dorénavant, était devenu lugubre. J'étais désorientée. Je ne savais par où commencer.

Don fit un rapide tour d'inspection du pont. Ainsi qu'il l'avait soupçonné, la bôme de grand-voile s'était détachée et ne tenait plus que par la voile. Le mât et le mât d'artimon étaient éclatés sur toute leur longueur mais demeuraient encore debout.

"Bon, nous ne pouvons pas utiliser la grand-voile et j'ignore, dans ces conditions, quel poids le mât d'artimon pourrait supporter", conclut Don.

Les bômes des voiles d'artimon et d'avant étaient brisées mais tenaient encore. Le guignol de tribord du mât avait été emporté avec le feu de signalisation. Le capelage, endroit où les haubans sont fixés sur le mât, était tordu. Les boulons avaient tenu mais avaient été repoussés vers l'arrière d'environ 7,5 cm et avaient arraché le bois. "Je n'arrive pas à croire que le mât a pu supporter ce dommage sans avoir été emporté. Nous avons dû plonger pratiquement à la verticale", déclara Don. Les bouts-dehors de grand-voile et d'artimon avaient été courbés vers l'avant. Un des tableaux de commande des feux ainsi que l'antenne de la radio avaient été emportés. Tout comme la gaffe servant à repêcher un homme à la mer et la lampe Xenon qui y était fixée. Le pont avait été entièrement balayé. Quelques heures auparavant nous avions constaté la disparition du dinghy et maintenant nous réalisions ce que cela signifiait: plus aucun moyen de quitter le bateau pour nous rendre à terre.

L'aussière attachée à un pneu de voiture à l'arrière et servant d'ancre flottante pour ralentir le bateau s'était enroulée autour de la bôme d'artimon. Comme suspendu à une potence, le pneu se balançait au-dessus du cockpit au bout de 60 cm d'aussière. En bas, les dégâts semblaient pires. En dépit de mes précautions, rien n'était resté en place. Les ancres, le moteur du dinghy, les cordages, les écoutes avaient échoué dans le carré. Dieu merci, nous avions tout arrimé en bas.

Abasourdie, je restais plantée là. Tout ce dont j'avais besoin manquait. Où étaient passés les éléments de la cuisinière? Comment avaient-ils pu se disloquer de la sorte? Les lampes à kérosène s'étaient renversées. Leurs manchons et leurs globes manquaient, les pièces s'étaient éparpillées. Les radios et le baromètre-enregistreur avaient également disparu.

Le sol de la cuisine était jonché de coussins et de matelas tellement imbibés d'eau, de kérosène et de gas-oil que je ne pouvais pas les déplacer.

J'avais l'impression d'être dans un ascenseur s'élevant sur la crête d'une vague pour ensuite redescendre en glissant sur son dos. Sans jamais s'arrêter, ni jamais ralentir...

La première pensée de Don fut de remettre le bateau en état afin qu'il puisse mieux affronter les rudes lames. Il ouvrit le capot et me jeta un coup d'œil perçant: "Bizarrement, ça me fait du bien de me retrouver sur le pont. Je me sens mal à l'aise en bas. Au moins, lorsque je suis en haut, je peux voir ce qui se passe. Je vais rester à la barre et mettre le cap à l'est, les mâts nus. Je n'ose pas laisser plus longtemps le bateau livré à lui-même.

Plus tard, il écrivit:

La première chose fut de stabiliser le mât qui tournoyait. Le guignol de tribord dont les deux extrémités s'étaient détachées pendait par-dessus bord, retenu seulement par les drisses en nylon. Le galhauban était si lâche qu'il ne retenait pas la tête de mât.

En utilisant deux longueurs de sangle en nylon, je fis une sorte de garrot entre le galhauban, les deux haubans inférieurs et le mât lui-même. Avec le morceau restant du guignol j'entortillai le garrot pour obtenir la meilleure tension possible du galhauban. Cette opération a permis d'empêcher, en partie, le mât d'osciller et de mettre fin aux terribles vibrations de la coque. Je suis si heureux d'avoir deux mâts encore debout, avec l'espoir de pouvoir sauver nos vies. Mener à bien une petite tâche de cette sorte dans un environnement aussi hostile est un acte profondément gratifiant.

Le matériel de secours à l'abri, j'allai à la barre et mis le bateau qui était de travers, face aux lames, cap plein est. Droit vers la terre en chevauchant les "grisons".

Je voulais me rapprocher de la terre aussi rapidement que possible. Le Horn et les chenaux sous le vent d'Ushuaïa se situent à environ 1300 km au sud-est. Cabo Pilar et l'entrée du détroit de Magellan sont à peu près à 1100 km à l'est-sud est. La côte déchiquetée de Patagonie, la terre la plus proche, se trouve à 900 km plein est et Valparaiso est à plus de 1800 km, en franchissant les Quarantièmes Rugissants au nord-est. En attendant de pouvoir dresser le bilan des avaries du bateau et de choisir les options nécessaires, la seule chose à faire est de filer plein est le plus rapidement possible.

Plus j'y pense et plus j'en suis convaincu: nous ne devons plus tenir la cape, ni rester en bas à nous tracasser. Au contraire, nous devons piloter ce bateau avec tous les moyens dont nous disposons à bord, tant que nous les conserverons.

Je m'inquiétais pour Don resté dans le cockpit. Pourrait-il maintenir son corps à une température suffisamment élevée, alors que, sans cesse, des vagues glaciales s'abattaient sur le cockpit et la cabine? Je continuais à lui passer des tablettes de chocolat à travers l'ouverture du capot. Ces mêmes tablettes que j'avais toujours dédaignées lors de nos randonnées pédestres : elles étaient si sèches que j'avais du mal à les digérer. *C'est curieux comme on a tendance à être difficile chez soi*, pensai-je. Je me fis alors la promesse de ne plus jamais me plaindre.

J'ignorais combien de temps Don était resté à la barre. En l'absence de montre à mon poignet, le temps semblait s'éterniser. Comment allions-nous poursuivre notre route dans ces conditions? Comment saurions-nous quel jour nous étions? En estimant qu'il fallait une heure environ pour vider la cale et en sachant que j'avais pompé au moins trois fois depuis l'aube, ce qui faisait trois heures depuis le lever du jour, je supposais qu'il était environ 8h30.

Je m'obligeai à manger une barre de chocolat. Mes glandes salivaires se refusaient encore à fonctionner correctement mais je savais qu'il fallait persévérer. Comme Don.

Moi qui avais eu la nostalgie de l'hiver, je récoltais maintenant plus que je n'avais souhaité: temps maussade, chute incessante de neige fondue frigorifiante ou de grêle. L'eau glaciale affluait sans arrêt à l'intérieur de la cabine par la fissure du pont à tribord. Il n'y avait aucun moyen de se procurer un peu de chaleur : pas de fourneau, ni de lampes à kérosène, ni de grosses bûches toutes prêtes à mettre dans la cheminée!

Quel panorama marin subarctique avais-je imaginé? Des étendues de cristaux étincelant sous le soleil? Des démons du vent pourfendant de leurs bannières un ciel bleu saphir? Une étude de clair-obscur? Quelle médiocre vision de l'inconnu!

Je me remémorais les cours de survie en montagne, dans la neige, que Don avait coutume de donner. "Soyez préparés à survivre" ne cessait-il de répéter à ses élèves. Nous marchions péniblement dans la neige. Puis, après avoir trouvé un endroit plat, nous tassions la neige en la piétinant. Ensuite, nous découpions des blocs de glace que nous empilions les uns sur les autres, rangée après rangée, en ajustant chaque bloc et en comblant les espaces comme l'auraient fait des maçons fiers de leur chef-d'œuvre. J'aimais ressentir cette satisfaction du travail achevé en plaçant le dernier bloc de glace en clef de voûte. J'aimais dormir dans un tel igloo et porter un toast à cette longue journée de travail avec du champagne mis au frais dans un tas de neige. J'appréciais le merveilleux silence environnant, allongée, à l'intérieur de l'igloo, bien au chaud dans mon sac de couchage, ravie par l'éclat de cette cathédrale de glace dont la lueur des chandelles fait rougeoyer l'autel. Qui aurait alors pu imaginer une telle scène?

Je pouvais percevoir ma respiration à l'intérieur de la cabine. Mes pieds étaient encore engourdis par le froid. J'étais frigorifiée. *Il faut absolument que je retrouve les éléments du fourneau Nous avons besoin de réchauffer l'intérieur de notre corps avec un chocolat chaud ou une soupe. Il faut aussi que nous réussissions à avoir un peu de chaleur dans cette cabine. Où ces éléments de cuisinière peuvent-ils bien être? Ai-je mis des pièces de rechange dans un des containers de rangement? Où ces containers sont-ils passés? La dernière fois que je les ai aperçus, ils étaient rangés sous la couchette de Sean (celle de l'arrière tribord). Peut-être sont-ils encore là.*

J'étais allongée sur le ventre, face à l'arrière du bateau. Le couvercle de la soute de rangement était un panneau coulissant de contre-plaqué de 0,6 cm d'épaisseur. Comme le bois avait gonflé, je ne parvenais plus à l'ouvrir. Je me mis alors sur le dos, me reculant au-dessus des traverses jusqu'à ce que ma jambe droite arrive à hauteur du panneau. Puis j'assénai un magistral coup de pied dedans. Il vola en éclats.

Il y avait là quatre containers de rangement Avec un gros lot: des manchons supplémentaires de lampes à kérosène, des piles de torche électrique, des médicaments, des appareils photographiques, un livre de bord supplémentaire, un classeur à feuilles mobiles. D'excellentes trouvailles! Mais aucune trace d'éléments de cuisinière.

L'eau de mer continuait à lessiver la coque, inondant le sol de la cabine et mouillant le fond de mon pantalon d'aviateur. Je maudissais ce lieu. *Je profère des jurons. A quoi bon?* me disais-je.

L'eau émit de nouveau son signal. Le moment de pomper! Postée au pied du coffre de la radio, je me remis à pomper, le regard fixé sur le chronomètre placé sur la cloison située juste au-dessus du carré. *Tiens, c'est bizarre!* notai-je. Effectivement, la seconde aiguille du chronomètre s'était remise à marcher. Mais c'était son rythme qui m'hypnotisait! *On dirait un cœur en fibrillation.* Arrêté à 1h10 pendant les quatre dernières semaines, le chronomètre indiquait maintenant 22h50.

Encore en état d'hypnose, j'examinai attentivement la cabine. Quelques jours auparavant, elle était d'une élégance de club nautique mais maintenant elle ressemblait plutôt à une décharge de la Marine. C'était partout un spectacle étrange: des vis et des couteaux étaient enfoncés dans les jointures de la cloison, des morceaux de verre étaient si fortement fichés que je ne parvenais pas à les enlever, des livres dont plus de cent ouvrages de poche classiques complètement ruinés étaient éparpillés sur le sol. *Avions-nous vraiment pensé que nous aurions le temps de les lire tous? Peut-être que oui, si nous avions eu un équipage. Mais si les garçons étaient restés, mon Dieu! l'un d'eux aurait été de quart et aurait vraisemblablement été emporté et projeté par-dessus bord.* La nausée me saisit lorsque je remémorai le cauchemar qui m' öavait hantée tant de fois... Quelle horrible vision! *Allons, pense à autre chose!* Je me mis alors à pomper, l'esprit me ramenant en arrière à une époque plus heureuse.

De quelle couleur veux-tu que l'on repeigne l'intérieur? m'avait demandé Don lorsque le *Liddie Mae* transformé était devenu le *Dauphin amical.*

"En blanc. Du blanc pur. Du blanc laqué. "

"Pourquoi du blanc?"

"Je désire que l'intérieur soit lumineux et aéré. Pour y voir mieux."

"Et la garniture intérieure?"

"Jaune. Ni bleu marine, ni verte. Du bleu et du vert, nous en verrons toute la journée depuis le cockpit. Je veux qu'il y ait un contraste."

Les cloisons si lumineuses et gaies auparavant apparaissaient maintenant tailladées, norcies par des projections d'huile et couvertes de traces d'impacts de toutes sortes. Les coussins de tweed jaune avaient été souillés par le kérosène, le gas-oil et l'eau des fonds. *Quel gâchis. Pauvre Liddie Mae! Peut-être son ancien propriétaire avait-il raison. Peut-être n'aurions-nous pas dû changer son nom?*

Je sortis de mon état d'hypnose lorsque la pompe se mit à aspirer de l'air. Cette fois, il n'avait fallu que 140 coups. Le capot s'ouvrit brusquement et Don s'engouffra à l'intérieur. "Je voudrais voir si le moteur démarre. De cette manière, nous arriverons peut-être à réchauffer un peu cette cabine." Il tourna la clef. Le moteur gronda. "Pouah! Quel bruit! Je ne crois pas qu'il veuille partir... Je vais seulement le laisser au point mort pour qu'il répande un peu de chaleur à l'intérieur de la cabine. De toute façon, avec cette tempête, nous n'avons pas besoin de plus de vitesse que celle de notre navigation actuelle les mâts nus."

Désormais nous avons peut-être une chance d'atteindre la terre sans devoir passer par le cap Horn. Mais comment? Cela, je l'ignore. Nous n'avons plus aucun moyen de déterminer la longitude, ni de connaître l'heure. Nous n'avons plus de radio amateur, ni de poste récepteur à très haute fréquence. Don, je t'en prie, mets le cap sur le détroit de Magellan au lieu du Horn.

Mes pieds étaient trempés et engourdis par le froid. Je faisais gargouiller les matelas imbibés d'eau en marchant dessus à la recherche de mes bottes et des éléments de cuisinière. Ce faisant, je découvris ma montre Timex. J'avais attaché son bracelet au montant du rayonnage sur lequel se trouvait le baromètre-enregistreur. La montre y était toujours accrochée! C'était un modèle ordinaire à aiguilles et à remontoir que je n'avais payé que 15 dollars. A bord, j'avais préféré porter ma Timex plutôt que ma bonne Seiko. Etrangement ma Timex continuait à marcher et indiquait 10h30. Avec précaution je la remontai. Pas question de courir le risque qu'elle s'arrête!

Puis je m'agenouillai sur la banquette de la cuisine pour chercher à tâtons, sur l'étagère de tribord, la trousse contenant les instruments de navigation et ma Seiko (la seule qui d Ìonnait une heure fiable et que Don avait utilisée pour la navigation). Un linteau de teck de 15 cm de haut longeait la banquette sur toute sa longueur. Mais depuis que la cloison s'était incurvée, il était devenu impossible d'apercevoir quoi que ce soit à l'intérieur de l'étagère. *Il faut absolument que je retrouve cette Seiko. De grâce, faites qu'elle soit intacte!*

Pas de trousse et, par conséquent, pas de montre, ni d'instruments de navigation. Tout avait disparu. C'est alors que mes doigts entrèrent en contact avec un objet métallique. Je tirai dessus mais il résistait. Il était coincé dans le bois à l'angle de l'étagère. L'objet finit par lâcher prise.

Tout excitée, j'ouvris le capot en criant: "ça y est! J'ai mis la main sur un élément de la cuisinière! Il est tordu mais les fils semblent en bon état. Je vais essayer de mettre l'appareil en marche et de faire bouillir de l'eau."

Don paraissait être dans un état pitoyable. "Est-ce que tu vas bien?" lui demandai-je, inquiète.

Il acquiesça d'un air sinistre. Il était resté à la barre depuis l'aube, par une température glaciale. *Les tablettes de chocolat à elles seules ne suffiront pas à rehausser sa température interne. Il faut que je parvienne rapidement à faire fonctionner la cuisinière*, pensai-je.

"Si j'y arrive, je te ferai un chocolat chaud. Ensuite je te relayerai à la barre."

Il secoua la tête. Avec lenteur, il articula péniblement les mots suivants : "Non. Je veux avancer le plus possible vers l'est. Je ne veux pas que tu sois ici dans les conditions météo actuelles." *Gelé, voilà ce qu'il était! Il s'exprimait avec difficulté. Il faut que je parvienne à faire marcher la cuisinière. De grâce, faites que ce fourneau fonctionne! De grâce...*

Vidée de toute énergie, je tombais de sommeil mais il fallait que je reste éveillée. *Comment Don arrive-t-il à tenir le coup? Si je suis épuisée, lui est exténué. Il parlait avec une telle lenteur! De grâce, accordez-nous une pause! Faites que tout cela ne dure pas! Il a besoin de dormir. Et moi aussi. J'ai la sensation d'avoir du sable dans les yeux... C'est à peine si je peux les maintenir ouverts! Réanne oublie tout ça, cesse de penser à ta fatigue. Il faut que tu tiennes le coup!*

Je replaçai l'élément de cuisinière sur sa base. Un jet de gaz s'échappa. Je m'en fichais. Diverses questions m'assaillaient: *la bouteille de kérosène est-elle restée attachée? Contient-elle suffisamment de combustible? Le tuyau de cuivre reliant la bouteille au fourneau est-il encore en place? Est-il intact ou bien a-t-il été endommagé? Y a-t-il eu une infiltration d'eau dans le tuyau?*

Je m'agenouillai sur le matelas pour scruter l'étroit espace situé juste sous la cuisinière. Du kerosene s'y était répandu. La bouteille fuyait-elle?

Je tournai le robinet d'alimentation. Impossible de le faire bouger. Mes doigts étaient trop faibles. Je sortis ma chemise de toile de mon pantalon. Avec le pan de devant j'enveloppai le robinet et me remis à le tourner. Il se détacha. J'enfonçai alors mon index à travers l'ouverture de manière à vérifier le niveau du kérosène. J'en ressortis le doigt marqué à sa jointure d'une ligne huileuse. Je me mis à calculer: *dans le haut, il y a environ 5 cm3 d'air. Sachant que la bouteille a une profondeur de 15 cm, elle doit être pleine aux deux tiers.* Mes mains étaient dégoûtantes et me faisaient souffrir. Je les essuyai sur mon pantalon. *La pompe à vélo. Voilà ce que je dois aller chercher!*

Où pourrais-je bien trouver la pompe à vélo? Serait-elle restée à sa place sur le flanc bâbord de la caisse du moteur? Tandis que je me dirigeais vers l'arrière, mon pied glissa soudain. En me rattrapant à l'échelle, je regardai par terre. Le sol était enduit d'une pellicule de gas-oil et de savon liquide d'où sortaient des bulles. M'emparant d'un coussin de la couchette de quart, je le jetai par terre pour éviter de glisser. Plus tard, je m'occuperai de nettoyer le sol.

Aussi surprenant que ce fut, les deux courroies qui maintenaient la pompe à vélo avaient tenu. Je les défis, saisis la pompe que je calai sous mon menton de manière à conserver les mains libres puis entrepris de me diriger avec précaution d'abord vers le coffre arrière de la cuisine et l'échelle, ensuite vers le matelas posé devant la cuisinière. Une nouvelle fois, je m'agenouillai.

La bouteille résistera-t-elle à la pression? Si ce n'était pas le cas, nous serions perdus. Il n'y aurait alors plus aucun moyen de faire bouillir de l'eau, ni d'obtenir la moindre flamme pour réchauffer nos mains. Je dévissai la valve, me mis debout, coinçai le bout de la pompe sous mon pied puis entrepris de pomper. A ce moment-là, le bateau fit une embardée à tribord. Je fus projetée en arrière. J'avais oublié d'attacher ma sangle de sécurité.

Cette dernière pendait à côté de l'évier. Le piton à œil par lequel elle était accrochée avait été tordu vers le bas. *Tiendra-t-il?* me demandai-je. Je mis la sangle et recommençai le pompage. Je pompai de haut en bas en comptant jusqu'à ce que la jauge indique 7 kg.

Le bidon d'alcool en plastique flottait sous la bouteille de la cuisinière. Je le ramassai et l'essuyai sur ma jambe de pantalon. *Des serviettes en papier. Voilà ce qu'il me faudrait! Ou bien des chiffons. N'importe quoi. Il n'y a rien pour essuyer le gas-oil. C'est un tel foutoir! Maintenant, voyons si j'arrive à amorcer le fourneau.*

Voici, pour les cas d'urgence, des allumettes résistant à l'eau dans un paquet contenant dix petites boîtes. Toutes bien au sec dans leur emballage étanche quelque peu ratatiné. Une étiquette était ainsi libellée: "Les 45 allumettes de bois de chacune de ces boîtes en format de poche doivent être grattées sur la surface de frottement résistant à l'eau pour pouvoir être allumées." *Dix boîtes de 45 allumettes chacune. Soit un total de 450 allumettes seulement. Il va falloir y faire attention!*

Avec mes dents, je déchirai le papier d'emballage et en sortis une boîte, enfouissant soigneusement les neuf autres dans le sac de secours étanche. Je versai ensuite de l'alcool dans la coupelle à la base du brûleur. Déformée, elle ne pouvait être remplie que partiellement. Je grattai une allumette au-dessus de l'alcool. Les gicleurs de la cuisinière devaient chauffer suffisamment pour que le kérosène puisse carburer.

Je vérifiai la jauge. L'aiguille indiquait toujours 7 kg. L'alcool s'était consumé en exhalant cette odeur douçâtre qui donne la nausée et que je détestais. *Au moins, maintenant, je n'ai plus ni haut-le-cœur, ni envie de vomir,* me disais-je. J'essayai d'allumer le fourneau. Une fumée noire s'en échappa. Les gicleurs n'étaient pas encore suffisamment chauds.

Il fallut remplir cinq fois la coupelle d'alcool. Utiliser cinq allumettes de plus. Faire cinq essais d'allumage supplémentaires. Au sixième, des étincelles jaunes jaillirent des petits trous du brûleur en crépitant, puis virèrent au bleu pour redevenir jaunes et menacer de mourir. Pourtant, les étincelles bleues luttaient pour survivre et brûler. Et bientôt il y eut des flammes bleues et chaudes! Moi, la technicienne de l'assistance médicale, j'avais réussi, après une course contre la montre, à ranimer le cœur vacillant du fourneau de cuisine! J'étais au comble de la joie. Mais il fallait ensuite que j'alimente nos chaudières humaines.

La bouilloire à thé. Je crois l'avoir aperçue sur la couchette du pilote de bâbord. Oui, elle est bien là! Son couvercle tout bosselé avait été enfoncé.

Je tirai sur le bras de la pompe à eau douce. Rien ne venait. J'essayai à nouveau. La pompe aspirait de l'air. *Oh, non! Les réservoirs seraient-ils percés? L'eau aurait-elle fui? Les tuyaux seraient-ils endommagés?* Je jetai un coup d'œil sous l'évier pour vérifier l'état de la tuyauterie. Tout était en ordre. Je fis donc un troisième essai. De l'air, rien que de l'air... et la panique me gagna!

Du calme! J'avais aperçu le robinet d'un réservoir d'eau de 1l émergeant du chantier du carré. Je l'extirpai et remplis la bouilloire avec l'eau du port municipal de Los Angelès, datée du 10 octobre. Si nous ne parvenions pas à faire fonctionner la pompe d'eau douce, combien de temps notre réserve d'eau durerait-elle? Je ne me souvenais plus du nombre exact de réservoirs supplémentaires que nous avions, ni de l'endroit où nous les avions entreposés.

La pompe d'eau salée marchait-elle? Je l'essayai. Après un crachement, l'eau salée se mit à couler. Au moins pourrons-nous nous laver les mains. Mais nous devrons rationner l'eau potable.

De la vapeur commençait à s'échapper du bec de la bouilloire. Mais il n'y avait ni ustensile, ni tasse. Les placards de la cuisine étaient vides. Soulevant un des sacs de voiles du carré, je regardai dessous. Rien. Cependant, en grimpant sur la couchette du capitaine, je découvris, dans un recoin, une cuillère et deux tasses ainsi que le livre de bord, humide mais utilisable.

J'ouvris le hublot du cockpit: "Chéri, du cacao chaud!" criai-je à Don, en lui passant la tasse. "ça te fait du bien à l'estomac?"

Je pus à peine entendre sa réponse. Emettre des mots lui demandait un gros effort. "C'est bon..", articula-t-il avec difficulté, "Essaye de trouver un sachet de soupe."

"Non. Descends maintenant faire une pause", dis-je avec insistance, "Les sachets sont dans la pochette de secours."

Il défit son harnais et descendit. "Enfile mon équipement avant de monter sur le pont", ordonna-t-il, en ajoutant: "Et sois prudente. Le pont est couvert de glace."

"Surtout n'éteins pas le brûleur, il pourrait mourir." lui conseillai-je.

Je pris mon poste à la barre, après avoir croché mon harnais au guide d'écoute de grand-voile dont la tige en acier inoxydable était tordue vers le ciel. Je me demandai si elle résisterait.(1)

La grêle cinglante me tenait éveillée et ranimait mes glandes surrénales. Je luttais à la barre, manœuvrant le bateau sur des montagnes russes qu'il fallait sans cesse monter et descendre. Les "grisons" défilaient sans arrêt. Le vent avait chassé toute vie. Aucun albatros ne survolait aujourd'hui ces vagues acharnées. Il y avait mieux à faire.

Je regardais l'eau qui déferlait sur le pont du cockpit. Dès que le bateau roulait d'un bord à l'autre, l'eau gargouillait en s'évacuant par le dalot de tribord puis par celui de bâbord. Ensuite elle refluait en écumant pour s'engouffrer de nouveau dans le cockpit. Je me demandai si les trous d'écoulement n'étaient pas bouchés. J'avais toujours pensé qu'ils étaient beaucoup trop petits pour aspirer quoi que ce soit, mais, s'ils avaient été plus gros, ils auraient facilité l'inondation du cockpit. *Mon Dieu, sur un bateau tout n'est qu'échange!*

J'eus une pensée pour les opérateurs radio qui avaient suivi notre progression: Big John en Californie, Tex, John du *Hero*, Burt au Brésil, les hommes de la Station Palmer dans l'Antarctique. L'un d'eux a-t-il pu se douter de ce qui nous était arrivé? Le seul à connaître les conditions météorologiques et notre position était le remplaçant des Samoa américaines. Etait-il entré en liaison avec quelqu'un? "Je rappellerai demain dans la nuit" lui avait dit Don. *Je m'y perds. Etait-ce bien la nuit dernière? S'il en est ainsi, personne ne se doute encore de quelque chose. Nous avons manqué tant de rendez-vous radio avec Tex qu'il aura mis notre absence sur le compte des conditions météorologiques ou bien de notre négligence.*

Je fus soudain en colère contre Tex. Il s'était froissé à une ou deux reprises lorsque nous avions manqué notre rendez-vous radio avec lui. Certes, il avait été épatant en se portant volontaire pour assurer régulièrement la liaison radio avec nous. Mais, dès notre arrivée dans l'hémisphère Sud, il était devenu difficile de faire coïncider nos horaires. Tex ne pouvait nous parler que pendant son heure de déjeuner - 16 h pour nous - c'est-à-dire au moment le moins favorable: ou bien les conditions atmosphériques n'étaient pas suffisamment bonnes, ou bien nous étions en train de changer de voile. Tex n'avait pas la moindre idée de ce que nous affrontions. Personne d'ailleurs n'en savait rien. Qui pouvait le savoir, hormis ceux qui avaient navigué dans ces mers?

L'ennui, quand je suis à la barre... c'est que je me mets à trop penser. Je veux pourtant chasser de mon esprit mes parents, les enfants, les amis et connaissances. Je ne peux pas me permettre d'avoir une pensée pour eux. Cela me fait trop mal. La seule chose que je désire est de rallier la terre et d'assurer notre salut. Je sais que nous y parviendrons. Il faut que nous y parvenions.

Le capot s'ouvrit et la tête de Don apparut. "J'ai fait un bon petit somme!" annonça-t-il d'un ton guilleret.

Il n'avait pas dormi plus d'une heure. Une courte sieste et voilà qu'il était de nouveau d'attaque! Cela lui ressemblait bien. Comment pouvait-il faire? Il était dans son élément. Il ne s'était pas attendu à en baver autant. Or, non seulement il s'accomodait de la situation précaire dans laquelle il se retrouvait et du peu de sommeil qu'elle exigeait, mais il en voyait le côté merveilleux. Cette aptitude qui était la sienne m'avait toujours irritée et elle irritait aussi les autres. Lorsqu'au cours de nos randonnées nous nous plaignions des kilomètres à parcourir ou des moustiques qui nous harcelaient, Don nous ignorait ou bien qualifiait notre attitude de "maladie de l'esprit", comme il l'avait fait pour mon mal de mer. Cependant son aptitude à voir les choses autrement que les autres était précisément une des qualités que j'avais admirée chez lui lors de notre première rencontre. Il ne se comportait pas comme les gens dits "normaux".

C'est un animal sauvage, indompté, en porte-à-faux avec la "civilisation". Il a une compréhension intuitive de la nature. Tous les alpinistes et les marins sont-ils ainsi faits? Cette qualité a un côté magnifique. Dieu merci! je ne suis pas en ce moment avec un individu "normal": aucune personne normale ne pourrait survivre dans une telle situation.

"Je vais rester en bas pour inspecter une partie de l'équipement et aller à la recherche des radios. Il me semble que le vent a un peu diminué. Le temps n'est plus aussi exécrable qu'au début de la matinée. Peux-tu tenir encore un peu la barre?

"Entendu. As-tu pompé récemment?"

"Oui. Je viens d'en finir avec 200 coups."

Il disparut en bas. Il avait raison au sujet du vent et de l'état de la mer. J'avais moins de peine à tenir la barre. Le *Dauphin* voguait plus aisément. Il serait peut-être même possible de mettre un peu de toile dans l'après-midi. Je me demandais à quelle distance de la terre nous nous trouvions, quelle distance nous avions parcourue vers l'est depuis le calcul de notre dernière position. L'entrée du détroit de Magellan se situait à environ 74° de longitude ouest et la dernière position notée était 89° ouest. La nuit où nous avions sanci, nous n'étions encore qu'à 600 milles environ de la côte chilienne. A quelle vitesse le bateau filait-il maintenant sans voiles?

Le ciel s'éclaircissait. Le soleil fit une timide apparition. J'ôtai mes gants et jetai un coup d'œil à ma Timex: 11h45. Je détachai mon harnais du curseur d'artimon pour le crocher à la ligne de vie de bâbord puis me faufilai jusqu'au capot que j'ouvris d'une poussée.

"Le soleil tente une apparition. Tu pourrais peut-être faire une visée à midi."

Un regard sur le visage de Don m'apprit qu'en bas tout n'allait pas pour le mieux. "J'ai retrouvé les radios mais aucune ne fonctionne. J'ai retrouvé ta Seiko mais j'ignore si elle est exacte ou non. J'ai retrouvé ma montre mais elle est en miettes... J'ai nettoyé les radios avec l'eau douce du réservoir de 11 l et mis de nouvelles piles mais cela n'a rien donné. La radio du capitaine de port fonctionne mais nous sommes trop éloignés pour recevoir les signaux horaires." Lui qui s'était montré si joyeux à son réveil, avait sombré dans le découragement. "L'eau salée agit exactement comme de l'acide chlorhydrique" ajouta-t-il.

"Regarde là-haut" lui dis-je en désignant le ciel. "Je crois que tu vas pouvoir faire quelques visées. As-tu vérifié l'état de ton sextant?" Ce dernier avait été entreposé dans le réfrigérateur au milieu de conserves alimentaires et de denrées sèches (dont la plupart avaient été éjectées). Il n'avait pas bougé. Enveloppé de mousse et rangé dans sa boîte en bois d'origine, il était en parfait état.

Don trouva un stylo et me tendit le livre de bord pour que je puisse noter ses relèvements. Je me remis à la barre avec le livre de bord et le stylo à la main. Don se cala sur une marche de l'échelle tordue et procéda à six visées différentes qu'il énonçait à chaque fois: "46°50', 47°41', 47°41', 47°39', 47°37', 46°50'." Mes doigts étaient si gourds que j'avais de la peine à inscrire les chiffres.

"Formidable! Nous l'avons saisi juste au bon moment. Le soleil va maintenant passer de l'autre côté. Quelle chance! Attends une minute." Il ferma le capot, fit ses calculs puis l'ouvrit à nouveau en s'exclamant: "Il semble que nous nous trouvons exactement sur le 50e parallèle: j'ai calculé 50°07' sud. Que dit le loch à la poupe?" Je me rendis à l'arrière et lus 237. "Laisse-moi faire quelques calculs." Le capot se referma puis, quelques minutes après, s'ouvrit et la tête de Don émergea. "J'estime que notre position est 87°20' ouest... Maintenant descends et va te reposer un peu. Je te remplace" conclut-il en grimpant sur le pont.

"Essaye de te sécher pour te réchauffer. Avec le moteur qui marche au ralenti, il commence à faire meilleur."

Je descendis, retirai la veste, le pantalon et les bottes de Don et les lui rendis. Ensuite j'allai à la pompe et en donnai 80 coups. En inscrivant ce nombre dans le journal de bord, je remarquai que les notes que Don venait de consigner étaient illisibles.

Si seulement je pouvais récupérer mes bottes, me dis-je lorsque, soudain, il me revint à l'esprit que Michaël et Sean avaient laissé leurs bottes à bord et que je les avais rangées dans un sac à ordures derrière la couchette de quart à bâbord. Mes pieds flotteraient dedans mais, avec deux paires de chaussettes, elles feraient l'affaire. Je me faufilai vers la couchette. Enfoui dans un espace exigu, le sac n'avait pas bougé. J'en extrayai une paire de bottes. Puis je fouillai dans les sacs marins et en extirpai deux paires de chaussettes de laine. Celles que je portais, en coton, collaient à mes pieds comme de la glu. Je les retirai pour enfiler à leur place sur mes pieds humides celles en laine. J'avais la sensation d'avoir mis des chaussons. Quelle merveilleuse chaleur!

Avant de m'étendre pour me reposer, je jetai un coup d'œil circulaire sur le carré. Dissimulée dans un recoin du flanc de notre couchette, une petite carte de visite au nom du précédent propriétaire attira mon attention. Elle portait au dos ce texte : "Souriez, Dieu vous aime!"

NOTES

1. Le guide de grand-voile est une tige d'acier inoxydable de 2 cm de diamètre attachée au mât d'artimon. Il permet à la poulie de l'écoute de grand-voile de "circuler" librement de bâbord à tribord.

CHAPITRE 8

De l'huile sur l'eau

1er MARS

Lorsque Don essaya de mettre le moteur en marche, je m'attendais à entendre un ronflement. Mais il ne se produisit rien, ni bruit, ni le moindre déclic.

"Il est mort lui aussi, comme tout le reste" conclut-il

Debout, contemplant le moteur, Don était dans un triste état. De sombres cernes marquaient ses yeux. Il avait tenu la barre huit heures d'affilée pendant la nuit, refusant que je prenne mon quart et insistant pour que je dorme un peu. J'avais fait en sorte qu'entre son approvisionnement constant en chocolat chaud et en tablettes de Hershey et ma corvée de pompe, mon sommeil, bien que fragmenté, soit suffisant pour me permettre de retrouver mes forces.

Je ne répondis rien. Pourtant maintes solutions me venaient à l'esprit: *Tu devrais purger le système. Il y a peut-être du varech dans la pompe à eau salée. Tu devrais changer le filtre à huile.* Au lieu de cela, je lui dis: "Nous sommes vivants, mon chéri."

Cependant, en moi-même, j'étais effrayée: plus de moteur pour lutter contre le vent, plus de grand-voile pour diriger le bateau. Ce qui signifiait que nous serions *contraints* de faire route vers le cap Horn pour nous éloigner de la dangereuse côte de Patagonie sous le vent et pour retrouver le vent arrière qui souffle en direction du Horn. Sans moteur il était impossible de mettre le cap sur le détroit de Magellan. (Le *Pilot* indiquait: "Il y a des écueils à 10 milles au large de la côte et jusqu'à 5 milles. Vents violents soufflant vers la terre, mer forte, faible visibilité accompagnée de pluie et de neige.") Or le détroit représentait notre seule chance de pouvoir être secourus par la Marine chilienne.

Je ne contrôlais plus mon esprit qu'agitaient des pensées tour à tour optimistes et pessimistes. *Le cap Horn! Non, mon Dieu, surtout pas le cap Horn! Le bateau ne pourra jamais résister à de pareilles lames - Mais non! Nous y arriverons, nous y arriverons... Nous devrions quand même tenter le passage du détroit. Joshua Slocum y est bien parvenu, lui, un siècle auparavant, en navigateur solitaire, sans moteur*

166

ni électronique. Pourquoi ne réussirions-nous pas, nous aussi?... Non, pas le cap Horn! De grâce, surtout pas le cap Horn!

"La batterie 1 est peut-être défectueuse." Don brancha la batterie 2 et actionna de nouveau le starter. Rien, ni bruit, ni déclic. Rien du tout. "Aucune jauge n'indique quoi que ce soit. Le tableau de contrôle est plein d'eau. Cette eau salée a tout détruit, y compris l'écho-sondeur." L'eau salée, c'est pour les marins de l'acide chlorhydrique!

Je ruminais cette pensée: *Plus d'écho-sondeur pour sonder le profil de la côte et nous prévenir des écueils.* Cet écho-sondeur "indestructible" nous avait été vendu, ce qui nous avait séduits, comme étant le meilleur sur le marché, son joint d'étanchéité parfaitement hermétique garantissant le maintien au sec des circuits. Don entreprit de le démonter avec la certitude de trouver un remède à son mauvais fonctionnement. Mais, lorsqu'il dévissa l'arrière de l'appareil, une bonne tasse d'eau s'en écoula.

Enlaçant Don, je lui dis : "Pourquoi n'irais-tu pas maintenant dormir un peu? Laisse-moi prendre la barre, je me sens mieux."

"Non, non! J'ai réussi à maintenir le cap sur l'est. Il faut que nous fassions le maximum de route dans cette direction. De plus, le baromètre s'est remis à descendre."

Nous utilisions à ce moment un petit baromètre mural que j'avais trouvé dans l'une des nombreuses boîtes de rangement que Don avait fait embarquer en supplément. Il était en bois de rose et portait des inscriptions peintes dans le style vieille Angleterre: "Vent", "Pluie", "Variable", "Beau", "Sec" autour d'un cadran doré. Nous avions des doutes sur son exactitude car, dès que je donnais une pichenette à son verre, l'aiguille sautait. Mais il nous permettait au moins d'avoir une idée des changements atmosphériques.

"Je remonte reprendre la barre" annonça Don "Toi, tu restes en bas et tu continues à m'apporter du chocolat chaud ou du thé."

Pomper, faire bouillir de l'eau, veiller à la sécurité de Don, telles étaient les principales tâches qui occupaient mon temps. Peu à peu, je fus en mesure de trier les aliments et de séparer ceux que nous pouvions encore consommer de ceux que nous devions jeter.

La plupart de la nourriture lyophilisée avait été entreposée dans quatre seaux en plastique de 18 l. J'avais rangé trois de ces seaux sous la couchette de Carl (couchette de quart bâbord), à la poupe. Leurs couvercles étaient si difficiles à ouvrir que je devais utiliser, à cet effet, une pince faisant levier. Le quatrième seau, stocké à l'avant, avait été emporté par le flux vers l'arrière, et s'était échoué dans le carré où il avait déversé tout son contenu. Paquets de flocons d'avoine Quaker, crème de riz, Bran Buds, granola et petites boîtes en fer blanc d'épices séchées: basilic, thym, persil et cannelle collaient aux matelas ou tapissaient les cloisons au milieu des projections de jus et de sciure.

Je regardai attentivement sous la couchette de Carl. Les trois seaux se trouvaient à l'endroit où je les avais rangés. D'un coup sec je retirai celui qui portait l'étiquette: "purée de pommes de terre, crème aigre, sachets de lait en poudre". J'avais effectivement une idée de dîner: c'était le premier signe indiquant que j'avais retrouvé mon énergie.

Je rassemblai à la pelle les paquets de céréales détrempés et les boîtes corrodées d'herbes et d'épices, puis déversai le tout sur le tas d'ordures au pied de l'échelle. Je ramassai aussi les morceaux de verre et les bouteilles cassées. Certaines boîtes de conserves avaient été défoncées et étaient si rouillées que leurs fonds bougeaient.

Des livres de poche vinrent grossir l'amas de détritus: il y avait là des ouvrages de Conrad, Mark Twain, Dickens, Steinbeck, Pagnol, Robert Louis Stevenson, Alan Paton, Rostand, Soljenitzine, Maya Angelou, Henry Miller, Sartre, Saint-Exupéry, qui faisaient partie de la liste établie par les enfants et que nous avions prévu de lire. C'étaient des livres que nous aimions, des amis, de vieux compagnons et voilà qu'ils s'étaient délités et qu'ils gisaient là, privés de vie, dans l'attente d'être jetés à la mer.

Je récupérai également les cartes marines. Les cartes que nous avions rangées sur la planche en teck au-dessus de la couchette du pilote étaient celles dont nous aurions besoin pour le détroit de Magellan et le cap Horn. Imprimées sur du papier épais, elles ne s'étaient pas désagrégées. Cependant, encore enroulées, elles étaient humides. Il faudrait trouver le moyen de les faire sécher.

J'ouvris le capot et entrepris de monter les ordures sur le pont. Je mis de côté le livre gorgé d'eau de Saint-Exupéry, *Vol de nuit*, qui relate l'histoire des premiers vols de l'aéropostale sur la côte est de l'Amérique du Sud au début des années 1930. Les équipages de ces petits avions étaient mes héros. Bien avant l'invention du radar, ils avaient volé au milieu des tempêtes de la Patagonie, aussi redoutables que celles que nous avions essuyées et certains y avaient laissé la vie. Je soulevai délicatement le livre et l'examinai comme s'il était très ancien. Sa couverture était toute gondolée et bosselée et la pellicule brillante avait disparu. J'avais mal au cœur à l'idée de m'en séparer.

A la barre, Don me fixait sans expression, ce qui me ramena brutalement à la réalité. "Le moindre mot m'épuise", articula-t-il péniblement, "J'aimerais pouvoir garer cet engin pendant quelques heures avant de reprendre le combat."

De nouveau, je tentai de le convaincre d'accepter que je le relève à la barre, afin qu'il puisse se reposer. Finalement, il y consentit, à condition de m'aider à hisser la voile d'étai avant de descendre.

Etant donnés les dégâts causés aux espars et au guignol de tribord, nous ne pouvions pas utiliser la grand-voile et Don ne voulait pas non plus risquer de hisser une voile d'avant. La voile d'étai était une belle voile de vieux coton que nous avions achetée d'occasion à un prix intéressant. C'était une grande voile à utiliser lorsque le vent souffle par le travers ou par l'arrière et nous l'avions expérimentée à plusieurs reprises sous les tropiques avec de bons résultats. Maintenant que le vent frappait bâbord arrière, Don pensait qu'elle nous aiderait à prendre de la vitesse. Bien que plus légère que la grand-voile, elle était cependant lourde à hisser car elle ne possédait pas de ralingue de bordure. Pour l'établir, l'un de nous deux devait tenir le guindant pendant que l'autre accrochait la têtière sur la draille avant de hisser la voile sur sa drisse.

Je m'enveloppai de la taille aux pieds dans de la toile à voile, serrai si étroitement la capuche de ma veste de gros temps que je m'étranglai presque, crochai le mousqueton de mon harnais de sécurité à la ligne de vie, puis m'installai à la barre en essayant de maintenir le bateau sur son cap du 70° magnétique, selon les instructions de Don.

Un vent du nord-ouest balayait le flanc bâbord, gonflant la voile d'étai et la voile d'avant et nous propulsait en direction de l'est. Des particules de glace tombaient d'un ciel gris et morne et cinglaient le pont. Je fis de mon mieux pour maintenir le cap car j'avais des difficultés à suivre le compas. Don m'avait expliqué que du fait que nous nous approchions du pôle Sud magnétique, la force tangentielle s'exerçant sur l'aiguille du compas diminuait en sorte que celle-ci réagissait avec une certaine lenteur et devenait moins fiable. Bien que comprenant le sens de la manœuvre, je n'avais pas tout à fait saisi la manière de procéder.

Je me retournai fréquemment pour jeter un coup d'œil inquiet à ces terribles vagues qui me fascinaient.

Avant d'aller se reposer, Don écrivit dans son journal:

Les vagues sont colossales, elles ont en moyenne une hauteur de 12 m et atteignent la tête de mât. Cependant, ce matin, au large, j'ai aperçu 4 ou 5 lames géantes qui, selon moi, s'élevaient à une hauteur de 21 m à 24 m. Toute la partie antérieure de ces vagues se soulevait en avançant comme une avalanche, en roulant et en tourbillonnant, tandis que la partie postérieure explosait vers l'avant en geysers de 6 m de haut. Ces lames laissaient derrière elles un sillage d'écume d'une blancheur pure, de la taille d'un terrain de football. Il semble que la formation subite de ces monstrueuses vagues ne puisse pas s'expliquer logiquement. C'est le fruit du hasard!

C'est, sans doute, une lame de cette taille, ou même supérieure, qui nous a heurtés. Compte tenu des dégâts, je pense que le bateau a chuté à la verticale avant de se retourner. En sont pour preuve: la manière dont les feux de tête de mât et les trois bômes se sont rompus, celle dont les bouts-dehors de grand-voile et d'artimon ont été pliés vers l'avant, comme si le bateau avait reculé lors de sa chute et enfin la façon dont l'accastillage, les boulons et les vis ont été tordus vers le bas.

Je n'arrêtai pas de batailler pour diriger le bateau vers bâbord ou vers tribord. De nouveau le vent forcissait en tempête et la barre refusait de répondre. Il était temps d'amener la voile d'étai. Je me mis à frapper des pieds sur le plancher du cockpit en espérant que Don m'entendrait.

Le capot s'ouvrit soudain et la tête chauve de Don émergea. "Que se passe-t-il?" Un coup d'œil et il comprit: "Merde! Il faut amener la voile d'étai."

Le *Dauphin* glissa sur la crête d'une vague d'allure menaçante. Don sauta sur le pont, sans chapeau, ni gants ni tenue de gros temps. Il saisit la drisse, la libéra et se mit à descendre la voile. Le vent s'en empara et elle se gonfla à nouveau.

"Abats sous le vent!" hurla-t-il

La poupe se souleva sur une autre lame, l'étrave tourna vers bâbord. "Je n'y arrive pas! gémissai-je en tentant de ramener le bateau vers tribord. "La barre refuse de répondre!"

"Bon Dieu! Abats sous le vent! La voile s'est prise dans les chandeliers."

Une fois encore, je tentai de forcer la barre. Elle n'était pas prête à réagir et je ne pouvais pas la contraindre. Elle finit pourtant par céder mais la voile s'était déchirée. Sans attendre que j'essaye de faire virer le bateau pour que la voile soit à contre, Don lâcha plus de drisse et essaya de la dégager du chandelier. La voile continuait de se gonfler et la déchirure s'agrandissait.

"Putain! Ramène la poupe dans le lit du vent!"

"Je n'y arrive pas! Le bateau est en son pouvoir!"

Le *Dauphin* dévala la lame, la poupe se souleva sur la suivante, resta perchée, menaçant de monter.

"Nous allons nous embrocher si j'abats davantage!" hurlai-je

"Laisse filer l'écoute!" ordonna-t-il d'un ton autoritaire.

Je me relevai prestement, appuyant ma hanche contre un rayon de la roue du gouvernail de manière à en garder le contrôle puis étendis la main vers le winch de tribord afin de libérer l'écoute. La chute de la voile flottait sous le vent au-dessus de l'eau. L'écoute était encore attachée et se débattait tel un serpent en fureur. Le bateau commençait à répondre à la barre.

Don surveillait la voile qui claquait en dehors de la proue, à tribord. Alors qu'elle commençait à se déchirer, il me lança un regard furibond et fulmina: "Nom de Dieu! Si c'est là ta meilleure performance, nous ne parviendrons *jamais* à sauver nos vies! C'était la seule voile importante que nous pouvions installer sur le mât d'artimon, la seule capable de nous propulser efficacement."

Je tressaillis. Etait-ce vraiment de ma faute ou bien était-il si angoissé qu'il m'invectivait uniquement pour évacuer sa colère? J'étais très affectée par ce qui était arrivé à la voile, toutefois je ne pensais pas que l'un de nous était à blâmer. Les conditions atmosphériques étaient trop infectes. Don tentait de rallier la côte aussi rapidement que la manœuvre du voilier le permettait. J'aurais voulu lui rétorquer: "Allons, calme-toi. Nous ferons de notre mieux. Pilote toi-même ce bateau qui est devenu fou!" Mais je n'osai pas ouvrir la bouche.

Il finit par retrouver son calme. Il tira avec effort sur la voile, puis, le cœur gros, ramassa la toile en lambeaux. Après avoir décroché la têtière et le point d'amure, il ouvrit le capot avant et jeta le tout en bas. Ensuite, il descendit l'échelle sans un mot. Les larmes remplissaient ses yeux.

Nous nous traînions désormais. Le loch n'avait enregistré que 10 milles depuis que nous avions perdu la voile d'étai. A cette allure et avec de telles vagues, il nous faudrait peut-être trois semaines pour atteindre la côte.

Le vent continuait de forcir. La neige fondue avait maintenant cédé la place à la bruine. Le froid me causait des élancements dans l'épaule et des douleurs dans les bras. Mon nez ne cessait de goutter et ma bouche gelée me faisait l'effet d'une fente rigide.

Le capot s'ouvrit une heure plus tard. Don émergea lentement. Il m'apportait une tasse de cacao et une barre de chocolat.

"As-tu dormi?" l'interrogeai-je.

"Un peu mais je suis trop découragé pour pouvoir me détendre. Cette voile était notre unique espoir de sortir de cette situation critique...De plus je suis trop angoissé pour dormir. En bas, c'est pire qu'en haut: une centaine de fois, j'ai revécu le même cauchemar. J'ai passé la plupart du temps à chercher les réserves de vivres et à dresser la liste des choses à faire pour m'occuper l'esprit et m'empêcher de penser à tout ça."

J'avalai le cacao et la barre de chocolat.

"Je prends ta relève maintenant", annonça-t-il, "mais, tout d'abord, parlons un peu des options qui s'offrent à nous."

Elles étaient les suivantes: mettre le cap au Sud sur le Horn ou le détroit de Magellan ou bien se diriger vers le Nord et Valparaiso. Toutefois, sans moteur ni écho-sondeur, le cap Horn était "la route logique" qui nous permettait d'éviter la côte rocheuse.

"Ce qui m'inquiète c'est que le bateau ne supportera ni le doublement du Horn, ni le trajet jusqu'à Valparaiso", conclut Don, "Le bateau émet trop de bruits bizarres et se secoue comme s'il était sur le point de se disloquer. Je me sens mal à l'aise... Que crois-tu que nous devrions faire?"

J'avais le même sentiment que lui et j'étais contente qu'il l'ait exprimé à voix haute. "Je tenterai plutôt le détroit. Valparaiso étant à plus de 1200 milles au nord, il nous faudrait un mois pour y arriver. Combien de temps penses-tu qu'il nous faudrait pour atteindre Cabo Pilar?"(1)

"Voyons..." Il se pencha par dessus la poupe pour lire le loch: "Il indique que nous avons parcouru 160 milles au cours de ces dernières 48 heures. Nous en avons probablement fait 30 de plus en raison du courant. Toutefois, comme nous sommes à la merci des vents, je ne peux pas déterminer exactement le nombre réel de milles. J'estime que nous nous trouvons encore aux alentours du 50e parallèle, peut-être à 85° ouest. Ceci dit, cela pourrait prendre une semaine."

"Je vote pour le détroit" concluai-je

"Entendu, alors en route pour le détroit!"

Nous étions très affairés à préparer notre arrivée à terre. Don parcourut la liste de ce qu'il nous restait à faire: mettre en route le moteur à la manivelle, brancher un spot directement sur la batterie, réparer la fuite de la pompe à carburant, faire sécher les cartes marines, fixer la lampe de l'habitacle, se mettre en quête du pavillon International de détresse et retirer l'équipement du caisson de survie. Nous devions aussi remonter les ancres sur le pont et les attacher à leurs chaînes, trouver un moyen de nous procurer de l'eau potable autre que celle des réservoirs, remplir la bouteille de kérosène du fourneau, consolider tant bien que mal les bômes d'artimon et de voile d'avant. Cependant, étant donné la force des vagues, nous ne pouvions rien faire de plus dans l'attente d'une accalmie.

Il me revint soudain à l'esprit que John, du Hero, nous avait averti que le feu de navigation situé à l'entrée nord-ouest du détroit ne fonctionnait plus et que les tempêtes incessantes avaient empêché la Marine chilienne d'en assurer l'entretien. Je rappelai cela à Don.

"Oui, maintenant, je m'en souviens. Il y a deux solutions : tenter de gagner le détroit pendant qu'il fait jour ou demeurer au large. Je prends la barre tout de suite mais j'ai faim. Veux-tu aller me préparer quelque chose?"

Je descendis et en profitai pour pomper, inscrivant 77 coups dans le livre de bord. Puis, je jetai un coup d'œil sur les chiffres de ces dix dernières heures et procédai à une estimation. Selon celle-ci, plus de 700 coups de pompe avaient été donnés. Certes, je ne me souvenais plus du volume d'eau que, selon les calculs de Don, chaque coup de pompe représentait. Mais 700 coups, cela correspondait déjà à une sacrée quantité!

Don avait rempli une page entière du livre de bord en y mentionnant les problèmes à résoudre et les réparations à effectuer mais j'avais du mal à déchiffrer son écriture. Toutefois une petite phrase griffonnée en bas de page retint mon attention: "Réanne a été d'une aide si précieuse et d'un tel secours que cette épreuve a eu pour effet de renforcer mon amour et mon admiration pour elle." J'essayai de décrypter ce qu'il avait fait pendant le temps où il était censé se reposer mais mes yeux étaient si embués de larmes que je n'y parvenais pas.

MATINÉE DU 2 MARS

Je me réveillai en sursaut. Ma Timex indiquait: 6 h. *Mon Dieu! Deux heures se sont déjà écoulées depuis que j'ai pompé!* Je me levai d'un bond et, d'une poussée, ouvris le capot. "Chéri, pourquoi ne m'as-tu pas appelée pour que je prenne ta relève?" criai-je.

"Tu avais besoin de dormir", répondit-il de toute la force de sa voix, "En outre je voulais rester le plus longtemps possible à la barre car, dans les conditions présentes, je la tiens mieux que toi.. Le vent se met de nouveau à forcir. S'il te plaît, va jeter un coup d'œil au baromètre, ensuite, remonte et prends la barre pendant que j'amène le foc."

J'ouvris le réfrigérateur et cherchai des yeux le baromètre. Il indiquait 733 mm (978 millibars). Je donnai une pichenette au verre. L'aiguille sauta et rEprit la même position.

Je gagnai le pont et m'emparai de la barre, tandis que Don détachait le mousqueton de son harnais de sécurité avant de commencer à agir.

"Croche ton mousqueton à la ligne de vie!" hurlai-je d'un ton strident afin de couvrir le vent"

"Non, cela prend trop de temps!"

"Bon sang, croche-toi!"

Le vent était si puissant que Don aurait pu être projeté par-dessus bord. *De grâce, faites qu'il ne lui arrive rien! Sans lui...* La nausée m'envahit et je me sentis fiévreuse. C'était la peur. *Réanne, reprends-toi !*

Tandis que j'observais la hauteur des vagues monstrueuses et l'inquiétante lueur jaune qui occupait l'horizon à l'ouest, les sombres pensées que j'avais écartées depuis deux jours ressurgirent. *Si cela se reproduit, ce sera la fin!* Les conditions météorologiques sont les mêmes que celles du soir où nous nous sommes retournés. *Le bateau n'y survivra pas!*

Don amena le foc, laissant la voile d'avant en place. Il m'ordonna de descendre tandis que les nuages noirs éclataient, provoquant une tempête de neige fondue. De nouveau je m'allongeai dans le carré sur le tas de voiles froissées, répétant mon invocation: *nous réussirons, nous réussirons,* destinée à chasser mes pensées pessimistes. Je commençai à m'assoupir lorsque le bruit de l'eau clapotant sur le plancher me réveilla: j'avais oublié de pomper! Je me rendis à l'arrière et me mis au travail: 111 coups. Je préparai ensuite une tasse de cacao pour Don avant de retourner m'effondrer sur les voiles. Les secousses du bateau étaient aussi violentes que pendant la nuit où nous avions fait la roue, mais j'essayais de chasser cette pensée. Epuisée, je me rendormis. L'anxiété me réveilla puis je replongeai dans le sommeil. J'avais mauvaise conscience à propos de Don. Celui-ci assurait de longues veilles pour que je ne sois pas debout en pleine nuit. *Combien de temps pourra-t-il encore tenir le coup? Il faut que je me repose suffisamment pour pouvoir assurer le relais.*

Le clapotis de l'eau sur le plancher me réveilla à nouveau. Je regardai ma montre : il était 8 h. Le bateau était sauvagement malmené. Le mât oscillait d'avant en arrière dans son emplanture. L'affreux gémissement qu'il émettait me rappelait un film que j'avais vu jadis, dans lequel un éléphant déracinait un arbre. Je priai le ciel que le mât ne casse pas. Je me faufilai jusqu'à la pompe et en donnai 91 coups.

Je posai la bouilloire à thé sur la flamme "éternelle", désormais notre unique source de chaleur, et plaçai tout autour les barres de protection afin d'empêcher le récipient de tomber du fourneau. Ces barres qui s'étaient dévissées la nuit où nous avions sanci avaient échoué au pied de la couchette de quart de tribord. Nous retrouvions effectivement nos affaires dans les coins les plus invraisemblables.

MIDI

Je préparai une purée avec du lait déshydraté reconstitué, des pommes de terre déshydratées, un demi pot de crème aigre, de l'eau et ajoutai au dessus un morceau de bacon émietté. Je mangeai ce plat dans le cockpit avec Don en partageant avec lui l'unique bol que nous avions récupéré. Cela fait, je regagnai la cuisine, posai le bol dans l'évier et me remis à pomper.

De nouveau, j'ouvris le réfrigérateur pour regarder le baromètre. Il n'avait pas bougé depuis le matin. Je tapotai sur son verre. Aucune modification.

Je passai ma tête par l'ouverture du capot pour lancer un mot d'encouragement à Don. Celui-ci paraissait commotionné, ses yeux étaient vitreux et il grelottait.

"Laisse-moi te relayer. Tu as besoin de repos."

"Entendu" répondit-il d'un ton monocorde "Mais, auparavant, je vais tenter de verser de l'huile sur l'eau."

De l'huile sur l'eau! Bon sang, il est en train de perdre la tête! pensai-je. L'huile répandue sur l'eau était supposée avoir un effet apaisant car el le augmentait la tension superficielle en agissant comme une membrane invisible. Je me rendais pourtant bien compte que répandre de l'huile sur des vagues telles que celles qui nous secouaient n'aurait aucun effet. Je me remémorai ce que j'avais lu à ce sujet dans le livre de Robb et ailleurs et je savais que cela exigerait "une sacrée quantité d'huile". Peut-être était-il possible qu'un container laissant échapper des milliers de litres puisse calmer ces eaux mais j'en doutais. Comment pourraient-ils avoir le moindre effet sur des vagues qui s'étaient formées à des milliers de milles marins d'ici?

Je me souvenais d'une discussion que nous avions eue dans le port de Los Angelès. Don était alors occupé à transvaser de l'huile de moteur dans des bidons de deux litres destinés à être entreposés dans la soute en prévision du voyage. Je lui avais dit d'un ton direct: "C'est stupide! Nous ne pourrons pas transporter de l'huile en quantité suffisante pour calmer les fortes vagues. Tu ne crois tout de même pas à ce tissu d'âneries?" Cette remarque m'avait valu d'être mise à l'écart pour le restant de la journée. Don m'avait fusillée de son regard menaçant de Mongol tout en continuant à remplir ses bidons. En effet, selon sa Bible: l'*American Practical Navigator* de Bowditch, l'huile serait efficace "lorsque le navire dérive ou vogue lentement vent arrière."

Il tente de se raccrocher à n'importe quoi. Il s'égare! Toutefois, je dois le laisser essayer. Le ridicule se chargera de le remettre sur ses rails.

Don observa les vagues à l'arrière: "C'est le bon moment pour verser l'huile, avant qu'une prochaine vague énorme n'arrive", annonça-t-il en se parlant à lui-même. Il déverrouilla la soute, souleva le couvercle et descendit. Pendant une minute sa tête disparut tandis qu'il fouillait à la recherche des bidons d'huile.

"Voilà", dit-il, "Monte-les dans le cockpit" Il y avait là 4 bidons que je plaçai à mes pieds pendant que Don se hissait pour sortir avant de refermer le capot de la soute et de le reverrouiller. Puis il s'empara d'un bidon et se dirigea sur le pont de bâbord.

"Croche ton harnais à la ligne de vie!" lui criai-je d'une voix stridente pour dominer le vent.

Il se retourna et me fixa un instant comme s'il ne saisissait pas mes paroles. Mais je vis ses lèvres articuler: "Oh oui!" tandis qu'il se crochait. Il se dirigea ensuite vers le mât au moment même où une lame souleva la poupe, inclinant l'étrave vers tribord. Le bateau réussit à se rétablir. Don dévissa alors le bouchon et versa l'huile par-dessus la filière au vent. Celui-ci balaya l'huile, aspergeant l'avant bâbord de jets noirs.

"Nom de Dieu! Calme-toi, vent de Satan!" Il brandit le poing vers le ciel avant de tomber en arrière et de s'effondrer sur le bord du rouf. Son visage était blême. Pendant quelques secondes, il demeura prostré sur le toit de celui-ci puis, redressant le buste, se remit debout et se dirigea à l'arrière vers le cockpit. Il souleva ensuite un autre bidon en grommelant qu'il allait déverser l'huile dans les toilettes afin de l'évacuer par pompage. (Il avait lu dans Bowditch que l'huile pouvait être évacuée par les "conduites d'eaux usées").

Quelques minutes plus tard, sa tête émergea de l'ouverture du capot et il me cria: "Vois-tu du changement?"

Un tant soit peu effrayée à l'idée de lui répondre par la négative, je me contentai de secouer la tête, en espérant qu'il veuille bien arrêter ses essais et aller se coucher. Au lieu de cela, il partit chercher les deux bidons restants qu'il remonta et posa sur le siège du cockpit. Puis il ouvrit le couteau suisse qui pendait à un cordon de son harnais, perça les bidons de plusieurs trous et crocha son harnais à la ligne de vie de bâbord. Il noua ensuite une corde de nylon à chacun des bidons et les suspendit au-dessus de la filière de bâbord. Tels des diablotins, ils heurtaient l'eau avant d'être projetés en l'air et rebondissaient à nouveau. Pour la seconde fois, l'huile éclaboussa le pont avant à bâbord.

Don était à bout de nerfs. Se retenant aux poignées du rouf, il rampa vers l'arrière et me regarda droit dans les yeux. Sa tête seule se secouait comme s'il était paralysé: "Nous sommes cuits. Nous n'y arriverons pas. Nous sommes impuissants." déclara-t-il

"Bon sang, tais-toi et ne parle *plus jamais* de cette façon. Descends te reposer. Je resterai à la barre."

Le roc qu'il était venait de se briser. C'était désormais à mon tour de me montrer de roc.

Je serrai la toile à voile autour de mes jambes et de mes fesses et tirai sur les cordons de ma capuche. Le froid était piquant.

Je regardai vers l'arrière. La lueur jaune qui éclairait l'horizon à l'ouest et qui signifiait que nous nous trouvions dans une zone de vents cycloniques s'était intensifiée. Des nuages noirs annonciateurs de tempête couraient vers la poupe, prêts à nous atteindre et à nous envelopper.

"Grisons" et déferlantes ne cessaient de grossir. Leurs crêtes s'élevaient pour ensuite se briser en une écume blanche. Le bateau disparaissait dans un abîme. Les lames qui culminaient au-dessus de notre mât devaient avoir de 15 à 18 m de haut. J'étais à la fois terrifiée et hypnotisée par ce spectacle.

Pendant un court moment j'étais au sommet d'une montagne d'où j'apercevais un vaste désert bleu de pics et de vallées, l'instant d'après je me retrouvais au fond d'un canyon aux parois blanches et mouvantes.

C'étaient bien là les vagues colossales que Don avait décrites dans le livre de bord, les mêmes que celles mentionnées par Robb. *Mon Dieu! La mer avait un aspect identique la nuit de notre accident. De grâce, faites que nous ne succombions pas! Par pitié, que le vent se calme! De grâce...*

La barre ne voulait plus répondre. Je me souvenais de la règle d'or de Moitessier: passer chaque vague selon un angle de 15 à 20°, puis laisser la barre réagir librement sans essayer de la forcer.

Je mis ce conseil en pratique. Descendre une vague par tribord selon un angle ne dépassant pas 15°. Remonter la suivante par bâbord selon le même angle. Laisser la roue libre pendant une seconde ou deux lorsqu'elle devient trop dure à contrôler, puis la ressaisir. C'est ce que je m'efforçai de faire, en utilisant toutes mes forces, jusqu'à ce que mes mains s'engourdissent.

Soudain je me rendis compte que le bateau décrivait des cercles... *Mon Dieu! Nous voici dans l'œil du cyclone!* Nous étions pris dans le dangereux tourbillon décrit par Bowditch. (2)

L'étrave fonçait droit dans le vent et les vagues déferlaient de toutes les directions, se brisant d'abord contre l'avant tribord puis contre l'arrière bâbord. Je jetai un coup d'œil en me retournant, juste à temps pour apercevoir une gigantesque vague qui se précipitait en direction de la poupe. La vague éclata par-dessus mon dos, à l'intérieur du cockpit. L'écume tourbillonnait autour de mes bottes.

"Don", hurlai-je, "je n'arrive plus à contrôler la barre!"

Le capot s'ouvrit brutalement. Don jeta un regard et s'écria: "Oh mon Dieu, nous surfons! Tiens bon, chérie, je file les aussières." (3)

Il laissa filer les aussières, d'abord à l'arrière bâbord, puis à tribord: il déroula ainsi 7 m, puis 15 m, 30 m, 45 m, 60 m, 76 m, 91 m de corde.(2)

Tandis que le voilier ralentissait, la barre commençait à réagi r et, bientôt, je n'eus plus à batailler.

"Je retourne me coucher", annonça Don en souriant, "Le bateau répond bien." "Comment peux-tu me faire ça?" hurlai-je. La traction m'avait endolori les épaules, les mains me faisaient mal, l'eau s'était infiltrée à l'intérieur de ma veste de gros temps.

"Tu manœuvres superbement!" brailla-t-il en se glissant par l'ouverture du capot.

"Mais j'ai besoin d'un support moral!" Ma bouche était desséchée.

Si une heure de sommeil avait suffi à lui rendre sa bonne humeur, il avait besoin de plus de repos pour remettre son corps en état. Aussi renonçai-je à protester.

Une heure. Descendre une vague, en remonter une autre. *Maintenir l'avant à un angle de 15°. Laisser la barre réagir. Ne pas forcer. Monter, descendre. Laisser le bateau agir à son gré. Mais oui, nous y arriverons, nous y arriverons! Je hurlai en suppliant le ciel:* "Faites cesser ce vent! Par pitié, faites cesser ce vent!"

La tête de Don pointa.

"Tu n'as pas dormi très longtemps cette fois-ci."

"Oui, je sais, mais c'est tellement excitant!" répondit-il en se mettant à "mitrailler" avec son appareil photo.

"Comment Diable peux-tu prendre des photos dans de telles circonstances?"

"Tu manœuvres exactement comme il faut!"

"Je suis absolument terrifiée!" J'essayais d'humecter mes lèvres.

"Je prends ta relève maintenant. Après ce bon petit somme, je me sens requinqué. A ton tour de descendre. Bravo, ma chérie, tu as fait de l'excellent travail!"

Une fois en bas, je lavai mon visage à l'alcool, ce que je n'avais pas fait depuis quatre jours, et m'effondrai sur le tas de voiles, complètement vidée, ayant gardé ma tenue de gros temps.

NOTES

1. Cabo Pilar est situé à l'entrée Nord du détroit de Magellan.

2. Les aussières et les ancres flottantes sont de grosses cordes qu'un navire laisse traîner à l'arrière lorsqu'il veut ralentir son allure et qui maintiennent sa poupe dans le vent ou sur les vagues. Si un voilier navigant avec une mâture nue menace de se retourner latéralement ou bien s'il se met à surfer en descendant une vague escarpée courant ainsi le risque de sancir, le skipper doit mettre à la remorque des aussières afin de garder le contrôle du navire. Dans notre cas, Don avait enroulé 6 m de chaîne d'ancre autour de deux pneus d'auto (qui servent de pare-battage dans les ports du Tiers-monde) et les avait laissés filer à l'arrière de manière à ce qu'elles s'enfoncent bien sur toute la longueur du "grison" déferlant sur nous (une longueur un quart). L'effet apaisant de ces aussières fut immédiat et considérable. A la suite de notre chavirage par l'avant, nous les avions plusieurs fois mises à la remorque dès que le vent et les vagues devenaient excessifs.

3. Les chaînes ou les drogues sont de grandes lignes remorquées derrière un navire pour le ralentir et maintenir la poupe dans le vent ou les mers. Si un bateau court sous des poteaux dénudés et menace toujours de broyer (tourner latéralement et chavirer) ou de dévaler le bord d'attaque d'une vague raide, un skipper doit remorquer des chaînes pour garder le bateau sous contrôle. L'effet modérateur de ces chaînes était immédiat et substantiel, et nous les avons remorquées plusieurs fois après notre piqué quand les vents et les mers sont devenus excessifs.

CHAPITRE 9

Décision

SOIR DU 2 MARS

"J'ai attaché la barre" annonça Don en arrivant en bas. "Il fait trop froid pour rester là-haut plus longtemps."

Je fus prise de terreur. "Non, je ne veux plus tenir la cape!"

"Voyons, ma chérie, nous ne pouvons pas demeurer tou œte la nuit dans le cockpit par ce temps. La tempête est passée et les vagues vont diminuer. Le bateau saura prendre soin de nous."

Cela, le bateau ne le pouvait sûrement pas! Il n'en avait pas été capable la nuit où nous avions sanci. Endommagé comme il l'était, il se désintégrerait complètement si nous nous retournions encore. Une seconde fois et ce serait la fin.

Don ôta la tenue de gros temps qu'il n'avait pas quittée depuis trois jours et inscrivit dans le livre de bord: "18 h 30 heure locale. Baromètre 750 mm (en ascension). Vent sud-ouest force 6. Distance parcourue en 24 h : 57 milles. Position inconnue. Temps très froid accompagné d'un vent du Sud piquant. Le gouvernail continue à cogner et ce bruit m'inquiète. Barre attachée et équilibrée de façon à ne pas être obligé de rester à la barre. C'est la première fois depuis de nombreuses heures que nous nous sommes dispensés d'assurer la veille. Nous commençons à montrer des signes d'épuisement et avons besoin de repos et de chaleur. Simplement pour nous rappeler qu'il est le maître, Neptune nous a envoyé une lame solitaire qui s'est écrasée au-dessus de la cabine et a pénétré à travers les capots fermés. Tout était humide ou détrempé. Je suis parvenu à allumer la lampe à kérosène que j'ai suspendue par sa poignée. Chaleur et lumière ont été les bienvenues (sans utilisation de batterie). J'ai réussi également à faire un feu de bois qui nous a fait du bien mais nous avons manqué de bûches pour l'alimenter. J'ai donc versé dans le foyer des poignées de sciure humide mais elles étouffaient le feu."

Don s'allongea sur les voiles. Quant à moi, je m'assis à la table à cardan de la cuisine pour rédiger mon journal sur un bloc de papier sec que j'avais déniché au fond de notre tiroir à vêtements. Je me levais toutes les dix minutes pour vérifier le cap au compas et risquer un coup d'œil par l'ouverture du capot. Don m'entendit ouvrir et refermer le panneau: "Chérie, va te coucher. Tu as besoin de repos."

"Je ne peux pas. Je vais rester dans la cuisine pour surveiller ce qui se passe là-haut."

Une heure plus tard, je dis à Don: "Je monte. Je suis nerveuse à la pensée de laisser la barre sans personne."

"Entendu mais tâche d'être bien crochée!"

Je portais des caleçons longs en résille (pas chauds!), un tee-shirt d'homme, un thermolactil à manches longues, un col roulé en coton également à manches longues, un pull en laine, un autre en acrylique, une chemise longue et un pantalon en laine de l'armée de l'air (toujours mouillé aux fesses). Tels étaient mes vêtements depuis ces quatre derniers jours. Par dessus tout cela, j'enfilai un gilet (encore humide et grumeleux), un pantalon et une veste de mauvais temps, des mitaines et un cache-nez que j'enroulai une fois autour de ma tête par dessus mon bonnet de jersey et deux fois autour de mon cou. Ainsi harnachée, je pouvais à peine remuer.

Crochant mon harnais au curseur de grand-voile, je m'emmitouflai dans un taud de toile à voile. La roue du gouvernail était restée attachée à ce dernier et s'en remettait à ses soins. Je n'avais rien d'autre à faire qu'à regarder autour de moi. Des grains répétés balayaient la mer, aspergeant d'écume l'arrière. Le bateau dérivait sous le vent vers bâbord, provoquant chez moi des accès de frayeur.

Je levai les yeux. Le ciel était splendide. Pour la première fois depuis plus d'une semaine, je voyais les étoiles scintiller à l'horizon. Au-dessus de moi, la lune éclairait par derrière des nuages constamment changeants qui me faisaient penser à des protozoaires dont les cils vibratiles tantôt s'allongeaient, tantôt se rétractaient dans un ciel indigo. Le froid vif de l'air nocturne m'apprit que le taux d'hygrométrie avait baissé. Des souvenirs de neige du temps de mon enfance me revinrent à l'esprit.

J'ai cinq ans. Ma mère et moi, nous nous rendons en voiture dans le Wisconsin chez ma grand-mère pour Noël. Une neige drue se met brutalement à tomber sur un paysage déjà revêtu d'un manteau blanc. Bientôt la neige se mue en un blizzard déchaîné. Soudain la voiture dérape, quitte la route et atterrit dans un fossé. Il n'y a aucun moyen d'en retirer le véhicule.

"Maman, qu'allons-nous faire?"

"Nous allons partir à la recherche d'une ferme et appeler papa."

Il n'y a pas la moindre intonation de panique dans la voix de maman, rien qui donne à penser que je devrais avoir peur. Nous sommes chaudement vêtues et il fait suffisamment clair pour marcher sur une distance de 700 m jusqu'à la ferme la plus proche. Là, un couple âgé et aimable nous hébergea pour la nuit.

"Allons prendre un chocolat" suggère papa le soir de mes 7 ans. "Je vais te tirer en traîneau." Engoncée dans un combinaison de ski et chaussée de bottes, je m'aggrippe aux lattes du traîneau, les mains enfouies dans des moufles, tandis que papa me remorque jusqu'à la ville. Ò Les patins de métal crissent sur la neige, le froid fait couler mon nez, me contraignant à respirer par la bouche. Des lambeaux de nuage traversent le ciel nocturne, tantôt masquant, tantôt révélant la lune et les étoiles. *Comme j'aime ce spectacle!*

Seize ans. Papa m'emmène au parking du collège pour une leçon de conduite. Le sol gelé est couvert d'une couche de neige. "Quand tu commenceras à déraper", me conseille-t-il, "tourne le volant dans la même direction. N'essaye pas de braquer en sens inverse avant d'avoir repris le contrôle du véhicule."

J'appuie sur l'accélérateur. La voiture démarre et dérape vers la gauche. Je braque à droite.

"Non, il ne faut surtout pas faire comme ça!" La voix de mon père est sévère, ce n'est pas celle à laquelle je suis habituée. "Recommence!"

Je répète la manœuvre, laissant le volant tourner pendant le dérapage jusqu'à ce que la voiture ralentisse, puis je tourne le volant en sens contraire. Pendant une heure nous pratiquons la technique du dérapage contrôlé jusqu'à ce que je la maîtrise. Je ne comprends rien à la physique mais je suis capable d'utiliser la mécanique.

Les directives de mon père ressemblaient à celles de Moitessier : "Laisse la barre agir à sa guise, puis tourne..." Je me mis à sangloter. Des ruisseaux de larmes chaudes et salées coulaient sur mon visage à vif, tandis que ma mémoire libérait d'autres souvenirs. Puis me vinrent à l'esprit des pensées concernant mes relations avec Don, mêlées d'un sentiment de culpabilité quant à la façon dont nous nous traitions l'un l'autre.

Je lui parlais en silence: *Je sais que j'ai ridiculisé ton enthousiasme sans bornes, ton ambition dynamique, tes exigences mais en ce moment je n'aimerais être avec personne d'autre.* J'aurais voulu être en mesure de lui manifester l'estime à laquelle il aspirait si désespérément, même si ce besoin paraissait tellement exagéré. Je poursuivais: *Pourtant je sais que tu ne peux pas être autrement. Ni moi non plus. Serons-nous capables de continuer notre vie ensemble? Sauras-tu accepter que je sois d'une nature différente? Pourrons-nous vivre nos passions respectives en restant ensemble?*

Je n'avais pas réfléchi récemment sur nous-mêmes et ne désirais pas le faire à présent. Pas maintenant. Je devais cesser de pleurer et me concentrer uniquement sur notre objectif qui était de gagner la terre. C'était tout ce qui comptait. Et prévenir mes parents. J'inspirai longuement, retins ma respiration pendant vingt secondes, puis expirai. Mes pleurs se calmèrent. J'avais trop froid, je devais redescendre. Le désœuvrement avait fait ressurgir trop de souvenirs, trop de pensées.

En bas, je vérifiai, à la pâle lumière de la lampe Optimus, l'heure à ma montre. Il était 0h30. J'étais restée une heure et demie à la barre. J'ouvris le réfrigérateur pour scruter le baromètre. Il était monté à 754 mm.

Le Dauphin *se pilote tout seul. Il n'y a rien d'autre à faire là-haut mais je suis si tendue que j'ignore si je pourrai trouver le sommeil.*

Avant de sancir, les coups de boutoir et les paquets de mer qui éclataient au-dessus la cabine m'apparaissaient difficiles à supporter. Maintenant ils me frappent de terreur. Chaque fois que la poupe est soulevée par une énorme vague, je me demande avec angoisse si nous la descendrons et si nous pourrons remonter sur l'autre face. Le bateau tiendra-t-il ou qu'arrivera-t-il de catastrophique? Nous souffrons tous deux de diarrhée et de nausée depuis l'accident. Nos nerfs en sont la cause. J'en suis persuadée.

Je m'étendis sur les voiles et m'endormis, blottie contre Don.

MATINÉE DU 3 MARS

Livre de bord: "Le baromètre poursuit son ascension: 761 mm. Vent sud, force 4. Température de l'air extérieur: 7,5°C. A l'exception des moments consacrés aux corvées de pompage toutes les heures et aux rapides contrôles extérieurs, nous avons tous deux bien dormi."

Le soleil brillait. Le ciel d'un bleu d'acier blessait nos yeux. Moi qui avait fini par croire que le soleil n'existait plus! Sur sept jours d'enfer, un seul de paradis! Qui sait ce que le reste de la journée ou le lendemain nous réservera?

Le moral de Don s'améliorait: "Battons le fer pendant qu'il est chaud", disait-il gaiement, "Voyons si nous pouvons entreprendre quelques réparations."

La barre attachée et bien équilibrée, Le *Dauphin* avait filé à petits bonds toute la matinée en maintenant son cap, ce qui nous avait permis d'achever les travaux inscrits sur la liste que Don avait dressée deux jours auparavant. Ce dernier avait terminé les 2/3 des réparations urgentes et formulé ses commentaires entre parenthèses:

Sortir la fusée éclairante et le pavillon de détresse du coffre de secours en cas d'abandon du navire.

Essayer de rincer les radios avec un mélange d'eau douce et d'alcool (essai non concluant).

Tenter de faire démarrer le moteur à la manivelle (aucun résultat)

Colmater la fuite de la pompe à carburant (travail à moitié réalisé)

Fixer la lampe de l'habitacle.

Rechercher la montre Seiko (trouvée mais il y a désaccord sur l'heure entre la Timex et la Seiko et je ne peux dire laquelle des deux est fiable).

Réparer la bôme d'artimon(encore un travail à moitié fait, consolidation avec 5 cm de ruban adhésif).

Renforcer le gréement.

Remplir de kérosène le fourneau de cuisine.

Réparer la fuite sur le robinet d'arrivée du fourneau (ai découvert que le tube de cuivre et les raccords de la bouteille étaient endommagés; ai effectué une autre réparation de fortune avec du ruban adhésif - en espérant qu'elle tiendra)

Trouver des lampes à kérosène et tenter de les faire fonctionner (réussi à faire marcher l'une d'elles; pas parvenu à retrouver les pièces des deux autres; réussi à faire fonctionner l'Optimus)

Reste à faire:

Préparer les apparaux de mouillage

Retirer la pompe et le siphon d'eau potable des réservoirs pour les installer sur les bidons de 18 litres.

Réparer la voile d'artimon. Coudre les mousquetons sur le foc et la voile d'artimon déchirée. Sécher les cartes marines et trier celles de la côte dont nous avons besoin.

Don alluma un feu dans la cheminée pendant que je rassemblais les cartes qui jonchaient le carré avant d'en extraire celles dont nous avions besoin. Nous ne possédions que deux cartes à petite échelle de la côte chilienne. L'une couvrait la zone allant du *Golfo de Penas* (47° 20' sud) à la rive sud du canal Trinidad (50°). L'autre englobait la zone la plus dangereuse, celle de l'approche du détroit de Magellan, c'est à dire les 150 milles s'étendant entre le canal Trinidad et le détroit. Cependant, ces deux cartes ne permettaient pas de repérer avec précision les endroits dangereux ou localiser les mouillages.

Je déroulai la seconde carte pour l'étudier attentivement. "Tu vois ça. Regarde comme l'entrée du canal Trinidad est large! De plus, elle se trouve en plein sur le 50e parallèle! Peut-être y a-t-il une possibilité. Je réenroule les cartes avant d'aller consulter le *Pilot*, si je peux mettre la main dessus!" Notre exemplaire des *Instructions nautiques américaines* ayant été détruit par l'eau, nous avions été contraints de nous en débarrasser mais j'espérais que l'ouvrage britannique *South America Pilot* avait survécu.

Je comptai 62 cartes marines que j'empilai près de la cheminée. Détrempées et rendues fragiles, elles commençaient à sécher à la chaleur du feu. Leur papier blanc devenu craquant ressemblait maintenant à du vieux parchemin.

Nous possédions une vaste collection d'ouvrages nautiques solidement reliés, entreposée dans un coffre étanche sous les rayonnages de livres. Elle recélait des trésors tels que le *Bowditch* de Don, considéré comme la Bible des marins, le *Chapman Piloting* qu'il m'avait offert pour mon anniversaire, l'*American Heritage Dictionary*, un dictionnaire Espagnol-Anglais, un dictionnaire Pascuan, le *Petit Larousse*, le livre de Slocum: *Sailing Alone Around the World*, et celui de Moitessier: *Cap Horn à la voile*. Placé contre le flanc bâbord, juste à côté de la cheminée, dans la partie la plus basse du bateau, ce coffre que nous avions surnommé "le coffre-fort" contenait nos objets de valeur et une trousse médicale d'urgence avec des seringues, ce qu'il faut pour faire des sutures et des analgésiques. Son couvercle avait été conçu pour être hermétique et il l'était resté.

Je dus le forcer à l'aide d'un long tournevis avant de me pencher pour en examiner le contenu. Le matériel médical entreposé au fond ressemblait plutôt à un tas de déchets hospitaliers destinés à être jetés à la mer mais les livres, eux, avaient assez bien survécu. Ils étaient chauds en raison de la chaleur émanant de la cheminée. Tout à coup j'aperçus la solide reliure du *South America Pilot*.

"Regardons ce qu'il raconte à propos du détroit" proposa Don. Je feuilletai les pages jusqu'aux chapitres concernant l'Estrecho de Magallanes et me mis à lire: "Les difficultés et les dangers de la navigation dans le détroit... sont accrus par la prédominance du mauvais temps, tout particulièrement en direction de l'extrémité occidentale, et par la configuration rocheuse des mouillages en général détestables. Les coups de vent violents et imprévisibles sont fréquents sur l'ensemble du détroit, ce qui rend la navigation périlleuse." (1)

Suivaient des paragraphes où il n'était question que de descriptions de groupes d'îles rocheuses au large de l'entrée nord-ouest du détroit, accompagnées de mentions du genre: "entouré d'écueils", "courants de marée portant vers les rochers", "zone à éviter", "exposé à la violence du Pacifique"...

Don fronça les sourcils: "Sans radar ni écho-sondeur, cet accès me paraît abominable. Rappelle-toi : les îles Evangelistas se situent à environ 24 milles au nord-ouest de Cabo Pilar; sans possibilité de déterminer la longitude, nous courons le risque de finir notre course, en pleine nuit, sur un de ces écueils. Je n'aime pas ça... Lis ce qui est écrit au sujet du canal Trinidad."

Je poursuivis: "Les conditions météorologiques et l'état de la mer dans le canal Trinidad et le Golfo Trinidad situés à 150 milles au nord de l'entrée occidentale de l'Estrecho de Magallanes sont en général plus modérés qu'au Sud. En conséquence, cette route constitue une option plus favorable que celle de l'extrémité nord-ouest de l'Estrecho de Magallanes. Le Golfo et le canal Trinidad ne devraient pas être abordés en arrivant par l'océan Pacifique à la nuit ou par gros temps, lorsqu'il devient impossible d'identifier un haut fond [car] les écueils et les hauts fonds sont nombreux au large [et] il arrive que la mer déferle à 4 milles de la terre." (2)

Ces mots "en général plus modérés" résonnaient plus agréablement que les descriptions de l'entrée du détroit de Magellan. Néanmoins cette petite phrase: "il arrive que la mer déferle à 4 milles de la terre" nous faisait l'effet d'une menace. Le canal Trinidad était, il est vrai, plus proche et nous avions plus de chance de parvenir à y entrer que d'avancer jusqu'au détroit.

Je savais que la côte chilienne, au sud du 47e parallèle, était constituée d'un archipel d'îles montagneuses couvertes de forêts denses et de fjords profonds qui s'étiraient tout le long de la route du Horn, à 55° sud, et que les Canales Patagonicos constituaient un réseau compliqué de chenaux reliant le Golfo de Peñas au détroit de Magellan. Ce réseau était utilisé par les navires de commerce qui préféraient éviter les 300 milles de pleine mer. Toutefois j'ignorais les dangers extrêmes et les difficultés que rencontraient les vaisseaux qui naviguaient dans ces eaux intérieures. Pour échappers aux effrayants "grisons", je ne voyais que la possibilité de gagner un de ces chenaux et de nous mettre à l'abri derrière une île pour y mouiller. Ainsi pourrions-nous évaluer nos chances de poursuivre dans cette voie ou, au pire, nous préparer à abandonner le navire *à terre*.

"Je vote pour le canal Trinidad" annonçai-je, "je ne veux plus voir ces vagues".

"Oui, je pense que, dans ces conditions, c'est notre seul espoir. Nous ignorons si nous sommes encore sur le 50e parallèle et j'hésite à mettre le cap au sud sans même connaître notre longitude. Si le soleil continue à briller aujourd'hui, je ferai une visée à midi. Dans le cas contraire, si nous dévions ne serait-ce que d'un epsilon du plein est, j'ai bien peur que nous nous perdions complètement."

Le *Pilot* conseillait de ne pas aller à l'est du 76° ouest avant d'atteindre la latitude de 49° 58'. Il était donc impératif, la température étant favorable, que Don fasse le point de midi pour déterminer notre latitude. Bien que ma Seiko fût plus fiable, l'écart entre l'heure qu'elle indiquait et celle de ma Timex nous préoccupait. Toutefois, comme nous connaissions mieux le fonctionnement de la Timex, nous décidâmes de continuer à l'utiliser. Toute la matinée je ne cessais de la surveiller avec nervosité car je savais que Don voulait commencer ses visées à 11 h.

En attendant, j'entrepris de siphoner l'eau des réservoirs pour la transvaser dans des bidons de 19 litres. J'aspirai donc l'eau de mon mieux à l'aide d'un tube long de 50 cm et large d'environ 1 cm, puis le pinçai avec les doigts avant de l'introduire prestement dans le bidon de 19 litres.

Au bout d'une demi-heure j'avais transvasé moins de 2 litres. *A ce rythme, pensai-je, aucune réparation ne pourra jamais être faite. Il me faudra 24 heures pour tout siphoner!*

Don descendit pendant un bref moment. "Que diable fabriques-tu?"

"Je siphone, comme tu m'as demandé de le faire."

"As-tu déjà siphoné auparavant?"

"Pas depuis les cours de chimie du lycée."

"Voyons, tu compliques les choses. Voici comment tu dois t'y prendre."

Il se montrait si patient et si doux que je me mis à fondre en larmes.

"Qu'est-ce qui ne va pas? Ai-je été sarcastique?"

"Non", répondis-je en reniflant, "Tu as été si gentil que cela a déclenché mes larmes." Pendant quelques minutes je sanglotai contre son épaule tandis qu'il me caressait la tête et le dos. Mon moral s'était effondré. Dieu merci, j'avais soutenu Don lorsque le sien avait été au plus bas.

Je retirai des planches à claire-voie pour placer les bidons dans la cale, en-dessous du niveau des réservoirs afin de pouvoir les siphoner correctement. Un flacon de savon liquide privé de bouchon flottait dans la cale. Son contenu mêlé au kérosène qui avait fui avait recouvert le plancher de la cabine d'une couche gluante.

Après avoir rempli les bidons, je poussai les matelas sur le côté. Ayant pris la précaution d'appliquer une écharpe sur mon nez, je déversai un demi-litre d'ammoniaque sur le sol. Puis j'épongeai, rinçai l'éponge dans de l'eau salée et recommençai l'opération avant de vider l'autre moitié de la bouteille d'ammoniaque. De nouveau j'épongeai et rinçai jusqu'à ce que le plancher redevienne enfin propre. Je jetai un coup d'œil à ma montre et la remontai avec précaution pour la troisième fois en six heures.

"Il est grand temps de te préparer à faire quelques relèvements?" lançai-je à tue-tête de bâbord arrière.

"Quelle heure est-il?"

"11 h à ma Timex."

"Oui, nous ferions bien de nous tenir prêts. Le soleil continue son ascension mais je ne sais pas quand il sera au zénith. C'est pourquoi nous allons entreprendre une série de visées. Passe-moi le sextant, veux-tu?"

Je sortis avec précaution la boîte du sextant du réfrigérateur et la lui passai. Puis m'armant d'un stylo, du livre de bord et de la Seiko, je me rendis en haut.

Don prit le sextant dans la boîte, puis fixa la lunette prismatique au sextant, fixant le cordon de ce dernier autour de son cou. Calant ensuite ses jambes contre les bouts-dehors, il souleva la lunette jusqu'à son œil droit avec sa main gauche qui faisait osciller le sextant, tandis que, de sa main droite, il réglait la vis micrométrique sur le limbe gradué. L'astuce était de régler le sextant de telle façon que le soleil touche l'horizon dans la lunette au moment même où le voilier se trouvait sur la crête d'une vague. Et ceci alors qu'il roulait et tanguait!

C'était une technique que je ne maîtrisais pas. Si j'avais essayé de l'appliquer après la disparition de mon mal de mer, j'aurais peut-être pu m'y entraîner. Mais n'étant que deux pour manœuvrer le bateau, il me semblait que jamais je ne pourrais lui consacrer le temps nécessaire.

"Prépare-toi... Marque!" cria-t-il.

J'inscrivis l'heure pendant qu'il lisait ce qu'indiquait le vernier, afin de mesurer la hauteur du soleil. Puis il m'ordonna de noter cette donnée. Il avait déjà réalisé quatre visées lorsque, jetant un coup d'œil à ma Timex pour me préparer à une cinquième, je m'aperçus que l'aiguille des minutes ne bougeait plus.

"Cette satanée montre s'est arrêtée!" m'écriai-je

"Oh, mon Dieu!"

Je me sentais coupable, me demandant si, dans mon anxiété, je ne l'avais pas trop remontée ou bien si elle n'avait pas, tout simplement, succombé à une mort naturelle. En espérant ne pas me faire injurier, je me hâtai d'ajouter: "Eh bien, recommençons avec la Seiko. C'est tout ce que nous pouvons faire."

Nous reprîmes donc le processus qui dura presque une heure. Don enchaînait ses relèvements à des intervalles d'une à trois minutes, jusqu'à ce que le soleil aît, semble-t-il, atteint le zénith (46°52'). Pour s'assurer qu'il avait exactement mesuré la hauteur maximale du soleil, Don fit six autres visées. La dernière position relevée (46° 39') attestait que le soleil avait bien entrepris sa descente vers l'ouest.

"Sors l'*Almanach nautique*", dit-il en dévissant la lunette et en replaçant le sextant dans sa boîte.

Je descendis et remis la boîte à sa place. Puis j'ouvris l'*Almanach* saturé d'eau, estimai les corrections à apporter au soleil à la date retenue et les communiquai à Don. D'après ses calculs nous nous trouvions à 49°58' sud, à seulement 2 milles au nord du 50e parallèle. Il pensait aussi que notre longitude (82°15' ouest) pouvait varier d'environ 2°.

Je saisis le *Pilot* et me reportai aux descriptions du canal Trinidad que j'avais précédemment lues: "Ne pas s'avancer à l'est du méridien 76° ouest avant d'avoir atteint la latitude 49° 58' sud."

J'appelai Don: "Bravo, tu as fait mouche!"

"Oui, mais que nous ayons déterminé notre position de cette manière me semble un peu étrange. Espérons que nos calculs sont exacts! Le canal Trinidad me paraît effectivement être notre seul espoir. J'estime que nous nous trouvons actuellement à une distance de la côte comprise entre 120 et 150 milles. Il faudra trois bons jours ou plus avant de toucher terre. Si nous parvenons à conserver notre cap plein est, nous devrions alors nous diriger droit sur le Golfo Trinidad."

Il inscrivit dans le livre de bord: "longitude estimée entre 81° et 83° ouest" puis, le doigt pointé, il ajouta: "Quand nous aurons achevé toutes les réparations mentionnées sur la liste, nous étudierons en détail la carte du canal Trinidad et tu pourras me lire les instructions nautiques concernant son accès et ses mouillages. Dans l'immédiat achevons de coudre les mousquetons au foc."

"Tu vas faire ça? Je pensais que tu préférais que je m'en charge."

"Oui, j'aurais préféré mais comme tu as une foule de choses à faire en bas, j'ai pensé qu'il valait mieux que je termine ce travail et que je hisse ensuite le foc. Je veux que ce voilier soit en mesure de filer."

J'étais impressionnée: mes leçons de couture avaient apparemment été comprises!

Je réfléchissais à ses paroles: "Trois bons jours ou plus avant de toucher terre." La terre! Nous allions enfin réussir à l'atteindre! Les préparatifs à cette fin semblaient faciles car j'ignorais les dangers de la manœuvre. Ce qui m'importait vraiment était d'échapper à ces horribles vagues.

Cependant Don avait consigné dans son journal tout ce qui le tracassait et dont il ne m'avait pas informée:

Chaque jour, le cercle représentant notre position présumée s'agrandit un peu plus. Nous allons affronter, au large de la côte, des dangers si sérieux, qu'à partir d'aujourd'hui, pour notre sécurité, j'établis notre position à l'extrémité Est de ce cercle. Cette nuit sera la dernière où nous voguerons à l'aveuglette en filant plein Est. J'ai, à dessein, minimisé notre progression car je ne veux pas que Réanne se décourage au cas où nous mettrions plus de temps que prévu. Autre point noir: au sud du 47e parallèle, le courant de l'océan Austral oblique brutalement vers l'est avant de se scinder en deux à l'approche du continent. Une branche se dirige au nord vers les Galapagos, l'autre au sud vers le cap Horn. Comme nous ne disposons d'aucun moyen pour calculer la dérive et la vitesse du courant, il est possible que nous nous trouvions en fait soit plus au nord, soit plus au sud que ce qu'indiquent mes calculs. Allons-nous être happés par l'un ou l'autre de ces courants?

APRÈS-MIDI DU 3 MARS

15 h: j'enfilai ma tenue de mauvais temps et mon harnais pour monter faire quelques réparations. Le soleil brillait encore et, à l'exception de nuages en formation à l'est de l'horizon, le ciel était clair. C'était un spectacle splendide! Quoique houleuse et agitée, la mer ne présentait pas les monstrueuses vagues qui nous avaient auparavant attaqués.

Je crochai mon harnais à la ligne de vie de tribord et me dirigeai vers le coffre du pont. Son cadenas avait maintenu le couvercle fermé mais, à l'intérieur, c'était un capharnaüm. De la main, je farfouillai dans son contenu et en extirpai deux boîtes de mastic *Poxy Putty* que je mélangeai.

Allongée sur le pont de tribord, j'examinai la fissure entre le rouf et le pont. Les boulons de 45,72 cm de longueur qui s'y trouvaient étaient sortis de 1 cm mais aucun n'était parti. Je supposai que si je réussissais à étendre une couche suffisamment épaisse de résine époxy sur la fissure, l'eau ne s'infiltrerait plus jusqu'à la banquette de la cuisine chaque fois qu'un paquet de mer éclaterait au-dessus du rouf. Je n'arrivais pas à croire à notre chance. En effet, nous n'aurions jamais survécu si le rouf s'était envolé comme cela s'était produit sur le *Tsu Hang* des Smeeton.

Quand j'eus fini de colmater la brèche, le soleil était bas à l'horizon. Trempée, frissonnante, je descendis pour pomper (173 coups) puis m'efforçai de mettre un peu d'ordre dans le carré. Bien que le sol de la cabine fût désormais propre, les matelas y étaient toujours étalés, si imbibés d'eau que nous n'avions même pas essayé de les soulever pour les réinstaller sur les couchettes. Au contraire, nous les avions utilisés comme marchepieds.

Voici ce qu'on pouvait lire dans le journal de Don en cette fin d'après-midi:

Nos affaires s'améliorent un peu aujourd'hui. J'ai fait un somme et le beau temps aide vraiment mais tout est épouvantablement trempé ou humide. Le plafond est constamment couvert de gouttelettes de même que les cloisons, le plancher, les hublots, etc... Le coussin du dossier du siège de cuisine pèse près de 36 kg, tellement il est gorgé d'eau!

Je reste inquiet au sujet du courant. Avec quelle exactitude pourrons-nous garder le cap plein est? Comment nous y prendrons-nous pour approcher de la côte sans moteur ni écho-sondeur? Quel genre de mouillage y trouverons-nous? Aucun moyen d'obtenir des renseignements sur les marées et les courants.

Nos mains sont couvertes d'ampoules, de brûlures dues au frottement des cordages et d'écorchures. Nous souffrons de constants picotements dans les doigts et j'arrive à peine à déchiffrer mes propres gribouillis. Nous n'avons pas retrouvé l'ouvre-boîte, aussi ai-je dû utiliser un tournevis pour ouvrir les boîtes de conserves. Cet après-midi, j'ai voulu prendre, sur le rayonnage, une boîte de jus de fruits aux 8 vitamines mais une vague solitaire venue de l'arrière s'est écrasée contre le cockpit: quel jus vitaminé super-salé!

Cette nuit, avant de m'effondrer sur la couchette du navigateur, j'exposai mes récriminations:

Rien ne sèche sur ce bateau. Nous avons fait du feu presque toute la journée mais nos chandails et nos caleçons longs sont restés aussi mouillés qu'après notre chavirage. Nous venons enfin de remettre en place le matelas sur notre couchette. Il est encore trempé mais qui s'en soucie? De toute façon, nous n'ôtons jamais notre tenue de gros temps. Nous avons, aujourd'hui, accompli une foule de choses mais je suis si vannée que j'ai envie de pleurer et que je me désagrège. Don, lui, a été épatant.

Après le dîner, il a sorti son couteau suisse et s'est mis à se nettoyer les ongles. Je lui ai demandé comment, diable, il pouvait prendre le temps de faire cela maintenant. Il a grimacé en me répondant simplement: "Je le fais!" J'aurais aimé pouvoir agir de même mais je ne me sens pas capable de prendre le temps de m'occuper de ma personne. Pourtant mes mains ressemblent à celles d'un cow-boy. Je ne me suis pas brossé les dents ni changée depuis que nous avons sanci (j'ai conservé les mêmes sous-vêtements).

Lentement nous faisons route vers la terre. La terre! Dès que nous l'aurons touchée, je pourrai prendre soin de moi. Mais pas avant! Si quelque chose devait arriver à Don, j'ignore ce que je ferais. Je serais incapable de manœuvrer le bateau. Mon Dieu, quelle horrible pensée!

4 MARS

Temps triste accompagné de bruine ou de pluie. Le ciel est complètement gris. J'écrivis: *J'admire les artistes et les poètes capables de trouver de la beauté à cette tristesse.* Don, lui, en a conclu: "Hier était une journée inhabituelle. Aujourd'hui, nous sommes revenus à la normale."

Les vagues précipitaient contre nous leurs courtes crêtes tandis que les bourrasques se succédaient en provenance du nord-ouest. Le baromètre demeurait haut et stable (762 mm). Pourtant, l'horizon paraissait, à l'est, étrangement menaçant. Comme les tempêtes arrivaient d'habitude de l'ouest, ces conditions me rendaient perplexe.

"Nous ne pourrons pas vérifier notre latitude aujourd'hui, à moins d'une éclaircie", lança Don, "Lis de nouveau ce qu'on dit de l'accès au canal Trinidad."

Je relus les instructions.

"D'accord. A présent, relis ce qui est écrit au sujet des amers. Je veux graver ces détails dans mon esprit."

Je lus à haute voix:

La côte sud à l'entrée ouest... fait face aux Rocas Vidette, ensemble d'îlots bas et d'écueils dont certains s'étendent à environ 3 milles du rivage. De nombreuses déferlantes ont été observées à 3 milles au large du Cabo Rugged, au nord-ouest... La rive sud du Canal Trinidad est bordée de hautes collines et de montagnes... A 1 mille à l'ouest du Cabo Cardinal, le monte Tres Picos, au nord-est des Picos Orientales, domine abruptement la rive méridionale de ses 603 mètres; il est couvert de forêts presque jusqu'à son sommet constitué de roc nu et sombre, où l'on distingue trois pics, le pic nord étant moins élevé que les deux autres. Ces pics élancés constituent un excellent point de repère car on les distingue nettement en arrivant de la mer.

Sur la rive nord de l'entrée du canal, le monte Nares domine Puerto Alert; vu depuis l'ouest de la Peninsula Corso, ce mont apparaît comme un cône tronqué (position: 99°).

Le monte Catedral est un pic proéminent... qui s'élève à 11 milles, au nord-nord-est de l'entrée du canal; il culmine à 1169 m et évoque de loin une flèche d'église mais il est, la plupart du temps, dans les nuages. Toutefois, par temps clair, il est visible depuis le Golfo Trinidad. (3)

Je lus pour moi les descriptions de deux mouillages possibles à l'intérieur du Canal Trinidad. Le mouillage recommandé, Puerto Alert, petite crique de la rive nord, se trouvait à 4,5 milles au N-NO mais ses eaux étaient si profondes que j'imaginais que seuls les cargos pouvaient s'y ancrer. Puerto Henry, indiqué comme convenable seulement par beau temps, était situé sur la rive méridionale. Toute une série d'amers répertoriés dans le *Pilot* ne figurent même pas sur notre carte marine à petite échelle. La moindre erreur de calcul de position à partir de ces cartes pouvait avoir des conséquences, ce qui rendait aventureux le parcours le long de cette côte.

Je décrivis ces deux mouillages à Don.

"Hum!" dit-il, "La possibilité de jeter l'ancre va dépendre du vent et du courant, ainsi que de notre habileté à naviguer et à piloter le bateau lorsque nous pénétrerons dans le Golfo Trinidad. Mais poursuis ta lecture et tâche d'en retenir le maximum."

Le *Dauphin* avait vogué seul toute la journée, filant vers l'est à la vitesse de 3 nœuds sous trinquette et foc. Ainsi, avions-nous pu travailler en bas. Régulièrement nous vérifiions le compas intérieur et allions sur le pont pour procéder aux réglages de la barre et de l'écoute de foc.

La chaîne d'ancre que nous avions entreposée dans la cale du carré après avoir quitté l'île de Pâques s'était emmêlée et coïncée dans la charpente du bateau. Nous œuvrâmes ensemble pour localiser son extrémité, la démêler et la tirer jusqu'au poste avant, afin de l'arrimer dans son caisson, lieu de stockage normal. De l'eau salée chargée de rouille gouttait de chaque anneau sur 91 m de longueur et faisait d'affreuses taches sur le sol en vinyle.

J'embrassai du regard le poste avant. L'établi où Don voulait ranger les cordages était couvert de rouille. La boîte à outils attachée à la table avait vomi tout son contenu. Ecrous, boulons, vis et clous étaient mélangés dans tous les interstices. Un ciseau de menuisier était enfoncé dans la coque. Une scie circulaire fichée entre la coque et le plancher vibrait à chaque embardée du bateau. Tenter de retirer quoi que ce soit s'avérait impossible. Voulant faire plaisir à Don en nettoyant la table, je l'essuyai avec un chiffon. La rouille s'étala partout comme du beurre de cacahuète, recouvrant la peinture jadis grise d'une couche orange et gluante.

L'après-midi précédent, Don avait été occupé sur le pont à démêler les cordages que nous avions utilisées comme aussières et à vérifier leur usure. A présent, il les descendit, les enroula sur l'établi puis retourna au carré et se mit à plat ventre sur la pile de voiles au pied de notre couchet Óte. Il parvint ainsi à gagner l'espace aménagé sous la couchette où l'on avait arrimé l'ancre CQR, les deux ancres Danforth et la Yachtsman. En les détachant, il leva les yeux vers moi et me dit d'un ton sérieux: "Heureusement que ces sangles en nylon ont tenu, autrement tu aurais été réduite en bouillie lorsque nous avons sanci."

Ensemble, nous déplaçâmes, à force de bras, l'ancre CQR de 27 kg jusqu'au poste avant et nous la déposâmes au pied du caisson à chaînes. Je me souvenais de la somme d'efforts que nous avions dû déployer pour dégager le pont après notre départ de l'île de Pâques et la fatigue que ce travail nous avait coûtée. Pourtant, descendre par le capot avant ces ferrailles pesant respectivement 27 kg et 29 kg avait exigé un bien moindre effort que celui que nous dûmes faire pour les remonter.

"Reste en haut du capot avant", commanda-t-il, "Moi, je soulèverai l'ancre CQR. Toi, tu la recevras d'en haut, tu en saisiras les pattes et tu essaieras de la maintenir en équilibre jusqu'à ce que je sorte par l'ouverture arrière et que j'arrive. N'essaye surtout pas de la hisser! Je la tirerai ensuite pour la remonter entièrement... Dès que ce sera fait, redescends et aide-moi à déplacer la Danforth jusqu'au poste avant : nous la sortirons en la hissant de la même manière."

Je me glissai dehors par l'ouverture avant, m'assis sur le panneau de teck et calai mes pieds en les appuyant sur l'autre côté. Don passa une partie de la CQR et je me penchai pour en saisir les pattes, sans lâcher prise. Lorsque Don arriva, il s'en empara et nous soulevâmes l'ancre ensemble pour la sortir par l'ouverture du capot. Puis Don la déplaça tout seul jusqu'à l'extrémité du beaupré, l'introduisit dans la bôme à rouleau de l'avant et l'immobilisa.

Nous répétâmes la même opération pour la Danforth. Je sentais les muscles de mon avant-bras droit s'étirer sous le poids de ses 29 kg. Nous avions travaillé si rapidement toute la journée que nous avions présumé de nos forces. "Nous ne pourrons guère faire plus" déclarai-je, regrettant aussitôt de me montrer négative, car il fallait que nous en fassions "beaucoup plus" et je ne pouvais pas me permettre de m'écouter malgré mes douleurs. "Voilà peut-être un moyen de rééduquer des délinquants juvéniles!", dis-je à Don.

"Nous pourrions les amener ici."

"Non merci. C'est suffisamment dur rien qu'à nous deux."

Je fondis en larmes.

"Tu pensais aux enfants en disant cela, n'est-ce pas?" interrogea-t-il.

"Oui, mais ils ne seraient pas très contents", répondis-je en riant et en pleurant tout à la fois, "s'ils apprenaient que les 'délinquants juvéniles' m'avaient fait songer à eux!"

"Je suis si heureux qu'ils ne soient pas avec nous", me confia Don en installant la Danforth sur ses supports, "Un des enfants aurait été de quart... Nous aurions perdu quelqu'un... Je ne veux même pas y penser."

Moi non plus! Une image de mon cauchemar cyclique ressurgit: celle de Sean projeté par-dessus bord et perdu à jamais lorsque nous nous sommes retournés.

"N'en parlons plus" conclus-je.

Nous poursuivîmes l'exécution des tâches figurant sur notre liste: monter par l'ouverture du capot 91 m d'aussière en nylon puis les faire passer dans l'écubier en prenant soin de les enrouler dans le coffre supérieur contenant les chaînes. Monter par cette même ouverture une chaîne d'ancre de 91 m pour l'accrocher à l'organeau de la CQR. Faire descendre les 88 m restants par l'écubier - après avoir attaché le bout à une solive du fond du coffre puis en la plaçant avec précaution à l'intérieur pour l'empêcher de s'emmêler.

La dernière fois que nous avions procédé à ce travail de routine, nous nous trouvions dans les docks du port de Los Angelès et le bateau ne bougeait pas. Mais ici chaque mouvement équivalait à un exploit acrobatique et je me sentais légèrement nauséeuse. La seule chose que je souhaitais était de m'asseoir et de me reposer. Je réitérai mes plaintes: *Tout ça ne peut-il pas attendre? Pourquoi Don se conduit-il ainsi?*

Epuisés et endoloris après avoir enfin terminé, nous nous effondrâmes sur les sièges du cockpit pour nous reposer et restâmes assis sans un mot. Il était 16 h 30.

"Je sais que tu vas te moquer de moi", dis-je en rompant le silence, "mais tout l'après-midi j'ai eu l'impression de respirer la terre. L'air a une odeur différente. Il ne sent pas l'océan, il sent le sol."

"Allons donc! Ton foutu nez te joue de vilains tours!"

Je ne discutai pas. *Il a peut-être raison après tout, pensai-je, il est possible que, dans mon ardent désir de respirer la terre, mon nez aît fabriqué son odeur.* Pourtant j'étais sceptique : en principe mon nez ne me trompe pas.

Pour le dîner j'avais fait des nouilles lyophilisées et du poulet. Aucun de nous n'avait beaucoup d'appétit. Le plat de pâtes se révéla gluant et les morceaux de viande difficiles à mâcher. J'aurais dû me dispenser d'apporter de la variété au menu. En effet, ma recette de purée de pommes de terre toute prête accompagnée de morceaux de bacon était un régal surpassant tout le reste.

Après le repas, Don monta affaler le foc. Le vent avait forci en un début de tempête et le moment était venu de voguer à sec de toile.

"Tu vas aller te reposer" annonça-t-il, "Moi, je reste à la barre jusqu'à ce que tu te réveilles."

Je m'étendis sur la couchette avec le *Pilot*. J'étais exténuée mais ce livre me fascinait tant que je n'arrêtais pas de le feuilleter pour lire les chapitres concernant la zone dont nous approchions. Comparé à l'ouvrage aride de l'*American Sailing Directions*, il donnait une masse de renseignements sur le climat, des descriptions du pays et même des observations faites par des navires, remontant à 1828 - date de la première traversée du *Beagle* sous le commandement du capitaine Pringle Stokes. C'était une combinaison d'instructions nautiques et d'histoire si passionnante que j'avais du mal à le quitter.

J'étudiais le tableau climatique des îles Evangelistas au large du détroit de Magellan. Le nombre de jours couverts dans ces parages excédait 21 en février et 26 en mars. Un jour de soleil par mois semblait être la dose normale - et nous avions déjà eu notre compte!

La ligne de nuages sombres qui soulignait l'horizon à l'est continuait de m'intriguer. Nous dirigions-nous vers du brouillard ou bien vers des grains? Je cherchai dans l'index du livre le mot brouillard et me reportai au chapitre 1: *"Le brouillard marin n'est fréquent dans aucune partie de la zone que couvre ce volume. Les nuages les plus bas se trouvent à une trentaine de mètres seulement de la surface de la mer et quelquefois reposent dessus. L'identification des amers proches peut alors s'avérer très difficile."* (4)

Je ne parvenais pas à m'endormir. J'étais nerveuse et n'arrêtais pas de m'interroger sur l'état de la mer. Les vagues étaient courtes, totalement différentes de celles que nous avions connues depuis les Quarantièmes Rugissants et le ciel avait quelque chose d'étrange.

Je me levai pour aller pomper pour la 12e fois en 12 heures, ruminant des pensées sur les conditions météorologiques. J'ouvris le capot d'une poussée et regardai vers l'avant par delà l'étrave. La bande noire à l'est était toujours là.

"Il semble que ce soit bien du brouillard là devant", dis-je à Don, "Pourtant le *Pilot* affirme qu'il y a moins de 5% de risque d'avoir du brouillard à cette époque de l'année."

"Ne sois pas ridicule. Crois-tu tout ce que tu lis? Ce n'est pas parce que tu as lu que le brouillard marin n'est pas fréquent qu'il faut en déduire que nous n'en rencontrerons pas."

"Bon sang, Don, il se passe pourtant quelque chose de bizarre là devant! Je jure que je sens l'odeur de la terre! *Lève-toi et jette un œil.*

Il se leva avec réticence. "Oh, doux Jésus! Tu as peut-être raison! Je crois apercevoir des montagnes. Des formes étranges. Va vite chercher les jumelles et le compas!"

Je bondis au bas de l'échelle, ouvris le réfrigérateur, saisis les instruments et les passai à Don par l'ouverture du capot. Il regarda au delà de l'étrave en réglant ses jumelles.

"Bon Dieu! C'est bien la terre, chérie! Attends... Non, peut-être est-ce seulement une couche nuageuse..."

Mon cœur battait. C'est la terre, me disais-je, je sais que nous approchons de la terre. Je la sens!

"Finalement..." poursuivit Don, "Je crois que ce sont bien des pics. Passe-moi le compas et note les relèvements que je te donne. Dépêche-toi. Il fait presque nuit."

Je m'emparai du livre de bord et griffonnai: "à 74° îlot possible; à 76° pic montagneux; à 112 : extrémité d'une île possible. Terre s'étendant grosso-modo de 80° à 100°. Accès possible à 108°. Davantage de terre vers 115°."

Ma main tremblait tellement que je pouvais à peine me déchiffrer.

"Oui, je suis certain qu'il s'agit bien de la terre. Mais il est difficile d'évaluer la distance qui nous en sépare. Ces chiffres ne concordent pas tout à fait... Prends la barre et maintiens le cap plein est. Moi, je vais vérifier la carte et tenter de comprendre ces relèvements." Puis il s'éclipsa en bas.

Cinq... Dix minutes s'écoulèrent...une éternité. Enfin, sa tête émergea.

"Ça va, chérie, j'ai une vague idée de l'endroit où nous pourrions être. Il nous faudra rester au large toute la nuit et, demain matin, voir à quoi cela ressemble. Nous avons beaucoup à faire. Restons vigilants. C'est un autre genre de base-ball!"

Je me fichais pas mal de son genre de base-ball et de la somme de travail que nous devions entreprendre. Car c'était bien la terre. La terre! Après toutes ces épreuves, j'aurais fait n'importe quoi. Fini les horribles vagues! Oui, nous serions peut-être contraints d'abandonner le navire, mais, sur terre, nous survivrions... Je savais que c'était possible.

La dernière lueur du soleil couchant s'éteignit à l'ouest. Le brouillard venu de l'est nous enveloppa. Une longue nuit débuta.

NOTES

1. *South America Pilot*, p. 108

2. Idem, pp. 193, 198

3. Idem, p. 198, 199

4. Idem, p. 9

CHAPITRE 10

Patagonie - la côte sous le vent

NUIT DU 4 MARS

La pluie et le vent nous attaquaient en tirant horizontalement leurs salves d'artillerie qui étaient invisibles dans l'obscurité mais cinglaient nos visages. Nous hissâmes la voile d'artimon pour donner plus de stabilité au *Dauphin* puis nous nous mîmes à la cape dans l'obscurité.

Nous nous trouvions dans le golfo Trinidad ou, du moins, dans ce qui devait l'être. C'était lui, j'en étais intimement persuadée. Cependant nous n'en avions pas la moindre preuve et Don aurait ricané si je lui avais affirmé: "je sais que c'est bien lui." En effet, j'avais foi en ses capacités de navigateur et en son intuition pour découvrir la terre.

Nous nous engagions, en effet, dans une partie de base-ball particulière - ainsi que Don se plaisait à le répéter - dont les règles étaient rendues, depuis notre chavirage, encore plus dangereuses par les conditions existantes: vents de tempête soufflant de l'ouest, côte sous le vent reconnue la plus périlleuse d'Amérique du Sud et peut-être même du monde... et pas de moteur! Certains passages du *Pilot* m'étaient restés en mémoire: "Une barrière de récifs s'étend en travers de l'entrée occidentale du golfo Trinidad... [Elle] n'a jamais été entièrement explorée... Des rochers à fleur d'eau situés à environ 3 milles du rivage, une multitude de brisants à 3 milles au nord-ouest du Cabo Rugged... Certains écueils ne figurent pas sur les cartes marines... îlots non répertoriés, récifs au large, importante barre côtière sur laquelle déferlent les vagues... La mer se brise quelquefois à 4 milles de la terre." Aucun moyen de déterminer notre position, ni de connaître la profondeur de l'eau. Aucun indicateur de marées, ni de courants. Pas de moteur, aucune possibilité de manœuvrer rapidement. Pas de grand-voile. Des bômes d'artimon et de voile d'avant mutilées. Et aucune carte marine détaillée, seulement deux cartes à petite échelle recouvrant l'ensemble du littoral de Patagonie.

"Il se pourrait que nous soyons dans l'obligation d'abandonner le navire; alors, pense à rassembler tout ce dont nous pourrions avoir besoin à terre. Tout ce qui nous permettra de survivre comme Robinson Crusoe. Apprête-toi à charger tout ça dans le cockpit.”

Les avertissements de Don me firent l'effet d'un coup de poignard dans l'estomac. C'était effectivement une partie de base-ball de haut niveau pendant laquelle il fallait s'attendre à de sales coups! Après l'état de choc, l'effroi et l'euphorie s'emparèrent tour à tour de moi, l'un et l'autre de ces sentiments tentant de prendre le dessus. Ce fut l'euphorie qui l'emporta: nous étions dans le golfo Trinidad, j'en étais certaine!

“Ne compte pas aller dormir. Nous devrons louvoyer toute la nuit et j'aurai besoin de ton aide.”

J'étais si exténuée que j'avais la nausée. Cependant, je devais tenir le coup tant bien que mal.

“Il y a autre chose que je voudrais que tu fasses: c'est étudier à fond le *Pilot*. Si nous avons la chance d'entrer dans le canal Trinidad ce matin, je compte sur toi pour me lire les instructions. Et cette nuit, lorsque nous aurons tout lu, nous reverrons les directives avant de discuter de la stratégie à adopter et des scénarios à envisager. D'accord?”

Il avait parlé comme s'il posait une question mais en réalité il donnait un *ordre* qui ne prêtait pas à discussion. J'acquiesçai donc.

“Va ouvrir le coffre sous notre couchette et détache les deux autres ancres. Nous aurons besoin de ces deux grosses-là à la poupe pour le cas où nous serions contraints de nous ancrer à proximité d'un récif. N'essaye pas de les déplacer toute seule, c'est moi qui le ferai. Ensuite, va chercher la torche électrique et sors le reste des cordages lovés dans l'équipet. J'en aurai besoin pour les ancres.”

Je retirai le couvercle du coffre puis, allongée sur les voiles, j'y introduisis ma tête et mes épaules pour détacher les sangles de nylon. Je me rendis ensuite sur le pont, crochai mon harnais à la ligne de vie de tribord et longeai le cockpit jusqu'au coffer arrière.

La pluie battante avait fait place à une bruine désespérante et le faisceau de la torche électrique balayait le brouillard dans le noir. J'ouvris le loquet de l'équipet puis, à bout de forces, soulevai le couvercle. En me penchant par l'ouverture, j'aperçus les amarres dans l'angle à bâbord. J'étais certaine de pouvoir les en sortir sans avoir à ramper à l'intérieur du “donjon”. J'étendis donc la main, le postérieur en l'air et le buste courbé à 45°, pour saisir un des cordages lovés et le tirer vers moi. A cet instant, une lame vint frapper le quartier bâbord et le bateau fit une embardée. La poupe se souleva et le couvercle de l'équipet me retomba sur la tête. Je ressentis aussitôt une douleur si intense que j'eus envie de vomir. Je m'effondrai sur l'équipet avant de perdre connaissance.

"Pourquoi diable mets-tu autant de temps?"

Je gémis: "S'il te plaît, viens vite!"

"Allume donc la lampe pour que je puisse te voir!"

"Je ne peux pas, j'ai besoin d'aide."

"Mais que se passe-t-il? Qu'est-il donc arrivé?" Ses mains me cherchaient à tâtons tandis que je le lui expliquais. "Laisse-moi t'enlever la capuche et examiner ta tête."

"Oh, je t'en prie, ne la touche pas!" J'essayai de m'asseoir mais je fus prise de nausée et de vertiges. "Laisse-moi m'allonger." Je me glissai dans le cockpit et m'étendis sur la banquette. Me soutenant le cou d'une main, Don retira, de l'autre, ma capuche et palpa l'arrière de ma tête. "Oh, pour l'amour de Dieu, n'y touche pas!"

"Chérie, je dois le faire. Je ferai attention... Tu as une sacrée bosse derrière le crâne et tes cheveux sont si poisseux que je crois bien que la peau a éclaté. Il faudra surveiller ça de près pour s'assurer que tu vas bien. Laisse-moi te transporter en bas pour que je puisse voir ce qu'il en est."

La douleur devint cuisante. "Je crois que ça ira mais j'ai froid." Je claquai des dents et me mis à trembler de tous mes membres. "Puis-je m'allonger?" C'est le choc, me dis-je, "Transporte-moi en bas. J'ai l'impression que je vais à nouveau m'évanouir."

"Chérie, je suis désolé d'avoir à te réveiller..." Don me frottait doucement les épaules et les bras. "Mais j'ai besoin de ton aide." Il me souleva les paupières: "Je veux seulement examiner tes yeux... Tes pupilles ont l'air normal. Dis donc, tu m'as vraiment fait une peur bleue. Tu as dormi deux heures. Il est 10 h."

Je me soulevai sur un bras. Tout mon corps était endolori et j'étais incapable de dire où j'avais le plus mal: à la tête, aux articulations ou aux muscles. Je m'étirai pour tenter de me détendre puis me mis lentement en position assise. Je tâtai la bosse de ma tête: elle me semblait énorme et terriblement sensible. Je sentais une coupure à la base de mon crâne et mes cheveux avaient pris la texture de la résine séchée.

"Te sens-tu défaillir? Est-ce que ça va lorsque tu es assise?"

Je me sentais affaiblie mais les vertiges et la nausée avaient disparu. "Oui, je pense que ça va aller... Que veux-tu que je fasse?"

Deux mousquetons s'étaient détachés du foc dans l'après-midi. Don me demanda si j'étais en mesure de les recoudre tout de suite car nous pourrions avoir besoin du foc.

Le sac à couture de marine en nylon ainsi que son contenu étaient détrempés. Les aiguilles étaient rouillées, les rivets de la paumelle étaient corrodés et son cuir s'était racorni. Je pris la voile et l'étendis sur mes genoux. Don l'avait décrochée et descendue par l'ouverture du capot avant alors que je dormais. Je me demandais comment il y était arrivé tout seul et, de surcroît, dans l'obscurité!

Les mousquetons de la voile sont tombés comme des mouches au premier signe de l'hiver. Le foc était neuf lorsque nous avions quitté la Californie mais les claquements répétés des ralingues avaient tranché les fils suifés comme avec un scalpel. A présent, je suis assise, entourée de mètres de toile sale, m'efforçant de pousser en maugréant. l'aiguille courbe et son fil à travers l'épais Dacron. J'ai ri en me remémorant la leçon de couture que j'avais donnée à Don peu après notre départ de l'île de Pâques. (Il est devenu un peu plus patient depuis qu'il a réalisé la difficulté de ce travail.) Je me suis également souvenue d'une certaine nuit entre Acapulco et l'île de Pâques où j'avais cru entendre de la grêle et m'étais précipitée sur le pont, pensant avoir perdu la raison. Ce que j'avais alors perçu était une pluie de coulisseaux de grand-voile s'abattant sur le pont. Combien de coulisseaux et de mousquetons ai-je dû remettre en place au cours de ces cinq derniers mois? Des centaines assurément.

La réparation achevée, j'ouvris le capot pour en informer le capitaine: "Le foc est prêt; je l'ai remis dans le poste avant."

"Je vais maintenant faire faire demi-tour au bateau et mettre le cap au sud", cria Don, "Il se peut que nous soyions allés trop loin vers le nord."

Le phare Tudor, à la pointe de l'île Madre de Dios située au nord du Cabo Rugged était mentionné dans le *Pilot*. Si nous pouvions le repérer, nous serions capables d'établir notre position.

Le vent virait au nord-ouest et se faisait plus vif. Des gouttes d'eau chargées de sable criblaient le rouf. Si nous avions été ancrés dans un lieu sûr, j'aurais aimé le crépitement de la pluie sur le pont mais, à présent, elle battait à un rythme qui annonçait: attention, danger! Visibilité nulle.

Nous tirions des bordées en attendant la lumière du jour et en tentant de repérer le phare Tudor. Mais on ne voyait strictement rien. Le *Dauphin* était enveloppé d'un voile noir.

Nous fîmes de nouveau demi-tour pour mettre le cap au nord. De méchantes vagues, courtes et hachées, nous empêchaient d'avancer. Ballotté par les flots, le bateau roulait et nous pouvions difficilement maintenir notre route. Laissant la voile d'avant en place pour stabiliser le bateau, Don affala l'artimon puis attacha la barre et descendit.

"Sur le pont c'est sinistre, il y a un vent d'enfer. Nous allons mettre le bateau à la cape pendant un moment, le temps d'étudier les cartes. J'aimerais que tu relises les passages qui parlent des mouillages du canal Trinidad." Il déroula les deux cartes et les compara: "Réenroule celle-ci. La carte 22390 indique mieux l'accès par le nord." Nous nous penchâmes sur la table de la cuisine pour l'examiner.

"Je pense que nous sommes quelque part par ici." Son index désignait l'entrée du canal à 76° ouest: "Tu vois tous ces récifs et ces rochers?"

Même sur une carte à petite échelle, les dangers apparaissaient clairement. En étudiant celle-ci, je me sentais envahie par la fatigue. Abrutie, je ne parvenai plus à me concentrer: j'étais littéralement hypnotisée par l'effort de fixation! La carte se brouilla, semblable à une aquarelle abstraite : un haut-fond se métarmorphosait en une petite goutte d'eau turquoise contenant des inscriptions telles que: "8 brasses", "forte houle", "brisants", "rocheux", disséminées au sein de fins tracés, évoquant un dessin à l'encre de Matisse. Une "amibe bleue" indiquant "Rocas Seal" (Rochers du phoque - gros brisants de 1,52 m) avait elle-même ingéré plusieurs croix et points noirs. *1,52 m, 1,52 m, 1,52 m.* Cela avait toute l'apparence d'une mise en garde.

Je m'ébrouai, respirai à fond, tentant de me concentrer sur la carte. "1,52 m! Merde, j'y suis! C'est la voie recommandée pour pénétrer dans le canal et elle passe juste au milieu de ces rochers émergeant de 1,52 m et du haut-fond situé à 8 brasses (14,64 m)".

"Ça y est, chérie, tu as ta description! Alors, lis ce qu'on dit des mouillages de la rive sud."

Nous avions déjà rejeté celui de Puerto Alert sur la rive nord du canal. Ce mouillage se trouvait à environ 14 milles de l'entrée et il était trop profond pour un petit bateau comme le nôtre. Selon le *Pilot*, Puerto Henry, le premier îlot situé à l'est du Cabo Rugged, juste à l'embouchure du canal

Trinidad, constituait "le seul mouillage sûr de la rive sud...[mais] exposé aux rafales de vent qui, par gros temps, soufflent avec une rare violence." En dépit des conditions météorologiques détestables et de notre inaptitude à manœuvrer rapidement, Puerto Henry nous apparaissait comme notre unique espoir.

Je lus à haute voix le *Pilot*:

On accède à Puerto Henry en passant entre les Islotes Seymour et l'Islote Low, ce dernier îlot se trouvant à l'est des Islotes Arragon... Sur sa rive orientale, un banc de sable blanc proéminent s'étend entre la Punta Maple et la Punta Parr, situées, par rapport à l'Islote Low, la première à 4 encâblures au SE, la seconde à 4,5 encâblures au sud-sud-est. C'est la première plage de sable que l'on aperçoit sur cette rive dès que l'on pénètre dans le canal: elle est bordée d'une dune basse et présente à son extrémité sud-ouest une butte rocheuse et boisée. Un navire se présentant à l'embouchure du canal bénéficie d'un bon point de repère: celui des Picos Organ Pipes, crête montagneuse en dents de scie culminant à 700 m et située à 1 mille au SSO de la pointe de Dársena Aid.(1)

Ni les îlots Arragon, ni les Puntas Maple et Parr ne figuraient sur notre carte marine dont l'échelle était trop petite. Seul, un des îlots Seymour y avait été porté. Les autres points de repères figurant sur la carte étaient le phare Tudor à l'extrémité de l'isla Madre de Dios et toute une série de croix indiquant des écueils émergeant à trois-quarts de mille au nord-est de la pointe.

"Nom d'un chien, quelle est la longueur d'une encâblure? Cherche-moi ça, s'il te plaît!". (2)

Je feuilletai le *Pilot* à la recherche d'un glossaire ou de notes relatives à la terminologie britannique. En effet, cela faisait déjà des décennies que les Américains avaient supprimé l'encâblure de leur vocabulaire nautique.

"Je ne trouve absolument rien."

` "Sapristi! Comment diable allons-nous faire pour calculer les distances si nous ignorons ce que représente une encâblure? Relis donc le livre!"

C'est ce que je fis et nous nous efforçâmes de visualiser le plan de la zone en question.

Nerveux, Don ouvrait périodiquement le capot en quête d'un signal lumineux.

"Si seulement nous pouvions apercevoir le phare Tudor! Mais il n'y a rien. Il fait nuit noire. Je n'arrive à repérer ni écume ni gerbe d'eau. Mon Dieu, mes nerfs sont mis à rude épreuve!" Il continua à s'épancher: "Il se peut que nous nous trouvions trop au nord, à proximité de ces horribles écueils." Puis il se pencha à nouveau sur la carte pour mieux l'étudier, annonçant en pointant l'index: "Ceci indique des fonds infects à 3 ou 4 milles du Cabo Primero." Là-dessus, il ferma les yeux dans un effort de compréhension. "Jésus! Si nous sommes allés trop loin au sud, nous pouvons être emportés par le courant du Horn. Il se pourrait alors que nous soyions entraînés directement vers le canal Trinidad et le Cabo Rugged!"

Ses yeux s'ouvrirent brusquement. Il était en train de penser tout haut et ne réclamait aucune réponse mais j'acquiesçai pour lui faire comprendre que j'écoutais.

"J'aimerais savoir ce que fait la marée. Si nous nous trouvons bien là où je pense, c'est à dire dans le golfe Trinidad, il serait suicidaire de tenter de franchir la barre avec des vents de tempête. Je me demande si notre dernier relèvement était exact." Puis il gémit: "Suppose que nos calculs soient erronés. Avons-nous tenu compte de la déviation du compas?" Son regard me fixa lorsqu'il ajouta: "Je réfléchis à ce que nous aurions pu oublier. A la moindre chose. Il se peut aussi que notre imagination nous joue des tours. Pourtant, si nous sommes bien près de l'embouchure du canal, comment diable se fait-il que nous n'apercevions pas le phare Tudor? La carte indique qu'il est visible à 11 milles!"

Abandonnant ses pensées, il grimpa sur le pont pour prendre son quart, me laissant ramasser le matériel de secours avant d'aller préparer le cacao qu'il m'avait réclamé une demi-heure plus tôt.

J'avais omis de lui mentionner que le signal lumineux de l'entrée occidentale du détroit de Magellan ne fonctionnait plus et qu'il en était peut-être de même du phare Tudor.

5 MARS

Un instant plus tard, la tête de Don surgit par l'ouverture du capot: "Il commence à faire un peu plus clair. Sors les gilets de sauvetage et enfile le tien immédiatement. Je vais hisser les voiles d'artimon et d'avant et mettre cap plein Est pour jeter un coup d'œil."

L'obscurité diminuait, remplacée par une morne grisaille. Des rafales de pluie horizontale balayaient le toit de la cabine; les vagues éclataient en écume. Pendant une minute la visibilité était nulle mais, la minute d'après, le grain faisait place à une éclaircie et se jouait de nous en ne nous accordant qu'une vision fugace de la terre. Ensuite le brouillard reprenait possession des lieux.

J'étais postée sur l'échelle, écarquillant les yeux sans rien y voir. Un passage de *Heart of Darkness (Au cœur des ténèbres)* me revint à l'esprit: "La mer et le ciel étaient étroitement soudés sans le moindre joint..." Le ciel morne de Londres décrit par Conrad me faisait penser au tableau que j'avais en face de moi.

Le vent tomba et le rideau de brouillard se leva de nouveau brièvement. "Il y a une éclaircie! Je vois la terre! s'écria Don. "Note ces relèvements..."

Je les griffonnai nerveusement avec le maximum de détails : "Au nord, haut sommet positionné à 345°; pics jumeaux moins élevés à 035°; falaise déchiquetée à 130°; terre à 135°; des rochers et une langue de sable entre 300° et 335° et un petit chenal possible à 000°". Je regardai ma montre: elle indiquait 6h40. Tandis que Don descendait faire le point en traçant les demi-droites des amers relevés, je me précipitai vers la barre pour maintenir le cap.

La nuit avait été si pénible que je n'avais guère eu le loisir de songer à ce que le lever du jour nous apporterait. Le temps était lugubre et effrayant. J'étais exténuée et aurais bien volontiers fait un pacte avec le Diable en échange de huit heures de sommeil d'affilée. Toutefois le mot "terre" brûlait en moi comme une braise, alimentant mon corps en combustible.

Don sortit la tête pour inscrire ses calculs. "Les relèvements indiquent que nous nous trouvons en plein milieu de l'embouchure du canal Trinidad, à environ 6 milles au nord-ouest du Cabo Rugged... non loin du haut-fond situé à 8 brasses... si notre latitude est correcte... J'aimerais avant tout apercevoir le phare Tudor pour en être assuré."

"Voici encore un coup de vent qui arrive!" hurlai-je

Le vent faisait vibrer mâts et bômes. "Nous ferions bien d'affaler la voile d'artimon!" répondit Don.

De la main gauche, je dégageai la drisse d'artimon de son taquet tandis que je maintenais la roue du gouvernail de la main droite. La voile amenée claqua furieusement. Le regard fixé sur la fissure en haut du mât, je priai le ciel que celui-ci tienne bon.

Don ferla la voile puis gagna la proue pour affaler à son tour la voile d'avant. Dans son livre de bord, il inscrivit ensuite: "Nous nous trouvons quelque part dans le canal Trinidad, à la cape et à sec de toile. Visibilité nulle. Vent nord-ouest force 7. Vagues bouillonnantes. 35 coups de pompe."

Au bout d'une demi-heure le grain s'étant déplacé vers l'est, Don remonta l'échelle pour hisser à nouveau les voiles que nous venions d'amener. Nous louvoyâmes pendant vingt minutes en nous efforçant de maintenir notre position puis virâmes à l'est pour avoir un autre aperçu de la terre au cas où le brouillard se dissiperait.

Don tourna la roue du gouvernail jusqu'à ce que le compas indique 070° avant de mettre le cap. Le ressac venait se briser contre la coque à bâbord; les vagues se rassemblaient avant de se soulever et d'éclater; l'écume était projetée horizontalement à 60 m de là, vers un invisible rivage. Nous avions viré trop tôt!

"Merde! Nous sommes de l'autre côté de ce maudit récif!" s'écria-t-il en tournant la roue et en dirigeant l'étrave vers le sud-est.

Le *Dauphin* avait l'apparence d'un jeune blaireau revenu à l'état sauvage, flairant l'air, plongeant son museau dans une eau inconnue. Il bondissait vers la côte, échappant de justesse à un reptile prêt à le happer la gueule grande ouverte. Il poursuivait inlassablement sa route, cherchant son chemin et se risquant toujours plus loin. Parviendrait-il à s'en sortir?

"Peut-être ferions-nous mieux de nous éloigner et de gagner la haute mer!" marmonna Don, "De telle sorte que, si nous ne parvenons pas à pénétrer dans le canal, nous puissions mettre le cap au sud sur le détroit ou le cap Horn, en cas de nécessité."

Non, non, dis-je en suppliant le ciel. *Il faut qu'il y ait une accalmie. Mon Dieu, de grâce, ne me faites pas retourner en pleine mer!*

8h. Don enleva les voiles d'artimon et d'avant. Nous retournâmes à l'intérieur finir les préparatifs en cas d'accalmie.

"Va chercher sur le pont les ancres de poupe. Je veux qu'elles soient prêtes à être mouillées en une seconde."

Je me demandais si j'aurais la force nécessaire. *Allons, femme, tu n'as guère le choix!*

Une course frénétique commença: soulever les ancres; accrocher la chaîne au cordage; préparer la ligne de sonde; passer le foc par l'ouverture du capot avant et l'accrocher à l'étai avant; faire courir les écoutes à l'arrière. De même que des prisonniers préparant leur évasion, nous ne pouvions pas nous accorder de repos, ni de pause, ni nous permettre la moindre erreur. En dépit de nos bras en compote, de nos maux de tête et de nos mains écorchées et mises à vif, nous devions poursuivre notre course.

Des vagues courtes et hautes se levaient tandis que le vent se remettait à forcir. Le *Dauphin* faisait des embardées d'un bord à l'autre. Nous dûmes établir les voiles d'artimon et d'avant de manière à stabiliser le bateau. Don mit une nouvelle fois le cap à l'est en annonçant: "Il faut au plus vite nous rapprocher de la côte. Avec un temps pareil nous ne pourrons identifier aucun amer si nous nous éloignons d'ici."

A 10 h, il inscrivit dans le livre de bord: "Vent nord-ouest, force 8. Mer très houleuse, spectrale. Rafales de vent ayant la violence d'une tempête. Scénario menaçant et répétitif."

Une minute plus tard, la pluie cessa et le brouillard se leva jusqu'à un plafond de 10 m. Pour la première fois nous pûmes entrevoir fugacement la rive méridionale du canal. Nous étions encore à 2 ou 3 milles de la côte et nous nous approchions des récifs du Cabo Rugged.

Nous refîmes un virement de bord vers le nord. Une brume grisâtre descendait sur la terre, masquant tout : sommets, rochers, bancs de récifs et îlots. *Visibilité nulle*. Ma gorge se désséca.

"Dégotte-moi un crayon et du papier et relis la description de Puerto Henry" ordonna Don. "Je vais établir une carte grossière."

Je me précipitai en bas, déchirai en deux une feuille de papier graphique, m'emparai du *Pilot*, regagnai en vitesse le cockpit et relus les instructions nautiques.. .une fois, deux fois, trois fois. En s'efforçant de visualiser la topographie des lieux, Don réalisa une esquisse du Cabo Boleyn, des îlots Seymour, ainsi que des rochers et récifs déjà répertoriés.

J'aurais été capable d'en faire, de mémoire, une description détaillée. Mais à quoi bon puisque nous ne pouvions pas nous repérer! Nous aurions même pu nous écraser contre les rochers alors que je débitais ces instructions à Don.

Si aucune éclaircie ne se produisait, nous serions obligés de louvoyer d'avant en arrière toute la journée. Que se passerait-il ensuite? La réponse évidente à cette question me nouait l'estomac et s'enfonçait en moi comme une ligne de sonde: nous serions contraints de tourner au sud et de faire route vers le cap Horn ou le détroit de Magellan... *si* nous réussissions à virer!

"Nom d'un chien, j'aimerais bien savoir la longueur d'une encâblure!" ne cessait de répéter Don. "Comment diable pourrais-je situer les îlots Arragon, la Punta Maple et la Punta Parr? Je n'arrive pas à reconstituer ce puzzle car il me manque des données. Tôt ou tard, nous devrions apercevoir du nouveau. Et alors, j'espère que nous saurons où nous sommes exactement!"

Tandis que nous étions blottis dans le cockpit, Don se mit à étudier les nuages, le mouvement des vagues et les traînées d'écume dans la direction du vent. Sa tête tournoyait comme une antenne radar scrutant un horizon parfaitement sombre.

"Le temps résulte sans doute de perturbations purement locales", expliqua-t-il. "Il semblerait que ce soit une série de rafales de la force d'une tempête mais pas une tempête majeure. Peut-être est-ce un temps normal par ici." Il resserra la capuche de sa veste.

"Envoie le foc!" ordonna-t-il

"Avec ce vent?"

"Oui, tu m'as bien entendu! Nous devons tester cette coque de noix pour voir ce dont elle est capable. J'ignore quelles sont ses performances en l'absence de moteur et avec seulement trois petites voiles établies. Nous allons lui balancer un os à ronger et nous verrons bien!"

Ça y était! Ses clichés avaient été lâchés ("tester cette coque de noix", "lui balancer un os à ronger"), le capitaine avait retrouvé son entrain! Comme un jockey attendant le coup de revolver, il était prêt à s'élancer, à pousser son étalon à son maximum.

Le foc se gonfla et le *Dauphin* bondit en direction du nord comme un cheval sauvage. "Borde les écoutes!" Don s'époumonait, faisant remonter de plus en plus le bateau dans le vent. Je courus vers le cockpit pour mouliner le winch du foc.

"Maintenant borde l'artimon!" Le *Dauphin* gîta à tribord, fendant les vagues courtes d'un tranchant net. "Cette coque commence à prendre de la vitesse. Regarde-la!"

Je m'installai sur le cockpit, calant mes pieds contre le banc de tribord.

"Non, non, reste près du winch de foc, comme cela tu pourras border un peu plus l'écoute. Je voudrais voir jusqu'où le voilier peut lofer." Ses joues étaient colorées, il paraissait aller beaucoup mieux que durant ces dernières heures. C'était un jockey ramenant chez lui, à vive allure, son cheval vainqueur.

"Tu aimes ça, n'est-ce pas?"

"Oui, chérie, ça fait du bien de naviguer", cria-t-il dans le vent, "pour tester la résistance extrême de ce gréement cassé. C'est à la limite de ce qu'on peut faire et peut-être la plus belle navigation de ma vie!"

La limite, pensai-je songeuse, *voilà une idée qu'il aime! Mais maintenant il n'agit plus pour l'amour du risque ou pour procéder à une épreuve de distance ou de vitesse. Non, il le fait parce qu'il le doit.*

Les nappes de brouillard se succédaient, tantôt épaisses, sombres et ondulantes, masquant l'entrée du canal Trinidad, tantôt semblables à des rideaux de mousseline ondoyant sur la rive nord et nous offrant la vision fugace des dangers existants au large de cette côte.

"Continue à garder l'écoute bordée", ordonna Don, "Je vais encore remonter dans le vent et voir quel cap nous pouvons maintenir." Le *Dauphin* gîtait de façon inquiétante; la filière était au ras de l'eau. Je coinçai mes pieds sous le banc de tribord pour ne pas passer par dessus bord. "Il semble que 10° vrai soit le maximum que nous puissions tenir. Chaque bordée nous fait perdre du terrain."

J'entendis des pots s'écraser sur le sol de la cuisine et perçus les heurts de la table à cardan contre la coque. Nous étions surtoilés dans ces conditions de navigation.

"Allons-y, c'est le test final! hurla Don. Il tourna la roue à fond vers bâbord pour rapprocher le bateau du lit du vent et la proue piqua dans les vagues. Le *Dauphin* ralentit et cala. "Nom d'un chien! Nous n'y arrivons pas! Choque les écoutes. Nous allons essayer de nouveau." Dès que nous prîmes de la vitesse, je bordai l'écoute de foc. Don tourna brutalement la barre. L'étrave refusa de remonter à 20° du vent.

Il serra les dents: "Encore un essai. Cette fois, nous allons partir plus rapidement et abattre sous le vent dans un rayon plus large. Dès que nous aurons pris suffisamment de vitesse, je virerai de nouveau à bâbord. Ni trop rapidement, ni trop lentement. Maintiens une tension maximale sur cette écoute. Quand nous entrerons dans le vent, lâche l'écoute. Au moment même où nous serons dans le lit du vent, tu prendras la barre et, moi, je me précipiterai pour mettre la voile d'avant à contre. Nous allons voir si nous pouvons forcer l'étrave du bateau à franchir le lit du vent pour passer sur l'autre bord. Le minutage de cette manœuvre est une opération critique. Nous sommes trop près de la côte pour rater notre coup!"

Nous avions fait du bon travail ensemble et Don en était satisfait.

"Sans grand-voile pour nous amener dans le vent, le bateau peut très bien ne jamais vouloir remonter au vent... Tiens la barre!"

Don s'esquiva, se précipita, libéra de son coinceur l'écoute de la voile d'avant et poussa la bôme endommagée vers tribord aussi rapidement et précautioneusement qu'il put. Je fis passer brutalement la barre à bâbord. Le *Dauphin* ralentit, la voile d'artimon se mit à battre mais nous ne parvenions toujours pas à rapprocher le bateau de la direction du vent; la voile d'avant mise à contre ne suffisait pas. Le bateau refusait de remonter et nous étions trop près du rivage pour refaire un essai.

Essoufflé, le visage empourpré, Don arriva en beuglant: "Putain de bateau! Barre à tribord! Nous devons virer de bord. Vite, nous risquons de nous retrouver dans la merde! Reste aux écoutes!"

Je devais m'occuper de la barre. Comment diable allais-je pouvoir en même temps tourner la roue vers bâbord et manœuvrer les écoutes?

"Pousse-toi! Je prends la barre", annonça Don, comme s'il lisait dans mon regard.

Pour virer vent arrière, nous effectuâmes un empannage contrôlé vers la rive sous le vent. Prudemment, Don amena la poupe dans le lit du vent, baissant la tête en faisant passer à bâbord la bôme d'artimon endommagée. Je libérai l'écoute de foc de tribord pour border celle de bâbord. La bôme de la voile d'avant se secoua violemment mais tint bon. Je m'affalai sur le banc du cockpit, à bout de forces.

Don ne cessait de porter son regard au delà de la poupe et de le ramener au compas. "Bon sang... 165°! C'est tout ce que nous pouvons faire! Et nous avons perdu près de 300 m sous le vent avec cette manœuvre!" Il continua à débiter de son ton d'ingénieur: "Notre champ de manœuvre est vraiment trop limité. Cette coque de noix ne pourra jamais naviguer contre le vent, ni même virer de bord!"

Nous avions poussé notre étalon à son maximum mais, comme les vieux navires gréés en carré, notre voilier, privé de moteur, ne pouvait naviguer que vent arrière. "Nous avons quand même eu la chance de nous en être sortis. Tu as fait du bon travail au winch et à la barre!"

Ayant usé toutes mes forces, j'étais complètement vidée. Ce compliment me réchauffait le cœur.

"Il aurait bien voulu naviguer" poursuivait Don, abattu, "mais il est trop endommagé. Le bateau est comme nous, il n'en peut plus... Tout ce qui se présentera en naviguant vent arrière: rocher, îlot, récif ou haut-fond constituera un danger. Sans grand-voile pour nous diriger, nous ne pourrons pas éviter le moindre obstacle... Et si nous devons virer de bord", là, il marqua un arrêt, "nous serons immédiatement poussés par le vent arrière. Comme le rayon de notre virement de bord est presque d'un quart de mille, nous heurterons tout ce qui se présentera sur ces 400 m sous le vent!"

Je suffoquai. *Un rayon de 400 m!* La plupart du temps, nous ne pouvions même pas voir aussi loin!

"Avant de nous engager dans le canal" ajouta Don avec douceur, "je veux que tu saches combien je suis fier de toi. Nous avons accompli une foule de choses ensemble." Il poursuivit: "Nous ignorons ce qui se trouve devant nous. Nous devons nous cuirasser contre la panique, nous ne pouvons pas nous permettre d'y céder. Il n'y aura pas une seconde à perdre pour exécuter une manœuvre car nous n'aurons droit qu'à *une seule* chance. As-tu bien compris?"

J'acquiesçai.

"Bon, alors écoute-moi bien. Je resterai à la barre. Toi, tu iras à l'extrémité du beaupré et tu signaleras tous les obstacles que tu apercevras. Continue à les signaler jusqu'à ce que je te crie: c'est bon! Si la situation devenait critique, je jetterai cette carcasse sur une plage, à condition d'en trouver une! Si nous devions le faire, saute du bateau et gagne le rivage à la nage dès que je t'en donnerai l'ordre. Mais seulement quand je te le dirai! Sors du ressac le plus rapidement possible. Je te suivrai avec le maximum de pièces d'équipement que j'aurai rassemblées."

11 h. Devant nous, le brouillard se dissipait légèrement et je pus faire un relevé sommaire du littoral sud. "Est-ce bien le Cabo Rugged?" questionnai-je.

"Ce pourrait être ça." Le vent avait molli et nous tirions sur les écoutes pour prendre de la vitesse. "Si c'est effectivement le Cabo Rugged, alors c'est notre dernière chance de pouvoir pénétrer dans le canal. Nous sommes trop près des brisants pour traîner plus longtemps. Te rends-tu compte des risques? Aucun moyen de faire machine arrière une fois partis! Veux-tu qu'on tente le coup?"

J'en connaissais les risques. Depuis ces dernières 24 heures, ils avaient agité mon esprit tout comme les vagues contre la coque. Avait-il l'intention de me les énumérer? *Rien pour sonder la profondeur. Des cartes marines inadéquates. Des dangers non signalés sur les cartes. Des rochers et des récifs. De nombreux brisants. Pas de moteur. Pas moyen de virer de bord ou de manœuvrer rapidement. Le bateau pourrait être réduit en miettes. Nous pourrions être jetés sur les rochers, nous y écraser et nous noyer. Personne ne saurait jamais ce qui s'était passé.*

"Il le faut" répondis-je "C'est notre seule chance!" C'était ça ou parcourir 150 milles de pleine mer pour gagner le détroit de Magellan.

"Bon, alors tu vas maintenant à la proue et tu surveilles les rochers et les brisants. Si tu remarques *quoi que ce soit* qui te paraît dangereux, hurle! Et n'arrête pas la surveillance! Ne présume pas que j'ai aperçu le danger. Compris?"

"Oui, capitaine, j'ai compris." Je me penchai, l'embrassai, lui murmurant: "je t'aime."

Je me rendis à l'avant, m'agenouillai sur le beaupré et m'aggripai au chandelier sans crocher mon harnais de sécurité à la filière. Je devais me tenir prête à me mouvoir rapidement. J'enlevai mon gilet de sauvetage, resserrai ses sangles au maximum avant de le remettre. Une épaisseur de 2,5 cm de kapok m'enveloppait. Au cas où je devrais sauter à l'eau, ce matelas retarderait de 5 mn l'hypothermie.

Le *Dauphin* vira et nous voguâmes vent arrière. Je m'efforçais de voir. Le vent arrachait en embruns les crêtes déferlantes et l'écume volait. Etait-ce des crêtes blanches ou bien des rochers que j'apercevais? Je ne pouvais le dire.

Ça y est, me disai-je, *c'est la dernière manche!*

Je vis une ligne d'écume blanche et solide entre des rochers: était-ce des écueils? Puis un cap surgit devant mes yeux: un promontoire précédé de rochers et d'îlots plongeant dans l'écume créée par le ressac.

"Le phare Tudor!" hurlai-je en désignant un vieux bâtiment rouillé. Le signal lumineux ne fonctionnait pas mais le phare permettait d'identifier le Cabo Boleyn.

"Peux-tu identifier une de ces îles?"

Les paroles de Don me parvenaient à l'avant, transportées par le vent, sans que je puisse lui répondre. Je ne m'y retrouvais pas: îlots Arragon, îlots Seymour, îlot Bas, tous à fleur d'eau. *Grands Dieux! Lequel est lequel?* Je me retournai vivement pour faire à Don le signal convenu.

Quelque chose en lui me frappa lorsque je le vis debout à la barre, l'effleurant à peine, ses antennes sensorielles captant tous les stimuli. Un souvenir me traversa l'esprit. La première fois que j'avais conduit sa jeep, il m'avait dit: "Tu portes la marque d'un bon chauffeur: une pression légère sur le volant". *Il portait, lui, la marque d'un bon marin*, pensai-je à cet instant. *Mon Dieu, il est un bon marin!*

La houle commençait à se calmer, les vagues hachées diminuaient et le brouillard, doucement, se dissipait. Le temps était en train de changer. Etait-ce dû à un changement de marée? Avions-nous franchi la barre?

"Continue à surveiller! Arrives-tu à te repérer là-dedans?"

"Je n'en sais rien", criai-je

Nous étions en train de longer la rive sud du canal Trinidad et nous en étions suffisamment proches pour ne pas la perdre de vue. *Mon Dieu! Si seulement nous apercevions, ne serait-ce que fugitivement, les Picos Organ Pipes, nous serions alors en mesure de repérer l'entrée de Puerto Henry.*

Don gagna le mât principal et décoinça la drisse de foc. Je passai la tête, retirai de l'étai avant, d'un coup sec vers le bas, le foc que je mis en boule, en prenant soin de mettre le pied sur sa têtière pour l'empêcher de s'envoler par dessus bord. Je ne pouvais pas prendre le risque de quitter l'eau du regard pour le ferler.

Le foc enlevé, le bateau ralentit. "Aperçois-tu des signes de récifs ou de hauts-fonds par tribord?"

"Non!" lui criai-je. Il y avait beaucoup d'écume mais je ne voyais ni écueil ni haut-fond.

"Nous nous trouvons peut-être derrière cette première ligne de récifs et d'îlots. Aperçois-tu une sorte de baie au sud?"

"Oui!" répondis-je en désignant un point: "Là! On dirait un endroit abrité."

"Il s'agit peut-être de Puerto Henry. Je vais virer à droite et mettre le cap droit dessus."

La houle avait peu à peu disparu. La mer, désormais, était calme. Le bateau glissait doucement et je pouvais me mettre debout.

"Ne t'inquiète pas si nous passons à ras des rochers à tribord. Je veux conserver le maximum de distance entre nous et la côte sous le vent."

J'acquiesçai.

"Crois-tu que ces îlots à bâbord sont les Seymour?" Il régnait un tel calme que Don n'avait plus besoin de s'époumoner.

Cependant, je ne répondis pas. J'étais envoûtée par l'odeur du sol humide, par la vision de cette verdure, par le silence. Nous étions dans un sanctuaire sombre et mystérieux, d'une beauté à vous couper le souffle. Des cyprès étêtés et mutilés par le vent, de longues touffes d'herbe dorée, des fougères et des buissons remplis de minuscules fleurs blanches croissaient à la frange de l'eau. C'était un spectacle si beau que mes yeux se remplirent de larmes.

215

Ce doit être Puerto Henry, me disais-je, et pourtant rien ne collait. Je ne voyais aucun des amers mentionnés: ni la plage blanche, ni la dune de sable basse avec sa butte rocheuse et boisée. Il y avait des montagnes au sud mais leurs sommets étaient noyés dans le brouillard.

Le vent tomba complètement. Le *Dauphin* glissait silencieusement sur l'eau, avançant à peine sous ses voiles d'avant et d'artimon. Nous poursuivîmes notre route vers une petite île. Le chenal s'était maintenant rétréci et Don dirigeait le bateau en zigzags. Il fait cela pour éviter les dangers, me disais-je.

"Est-ce clair plus en avant? Aperçois-tu quelque chose sous la surface de l'eau?"

Je détestai d'avoir à lui répondre, de briser le silence. "Non, l'eau est claire, aussi loin que porte mon regard. Où penses-tu que le mouillage se trouve?"

"Je n'en sais rien. Nous l'avons peut-être dépassé."

Soudain, un second chenal, à peine large de 30 m, s'ouvrit au sud-ouest. Des mouettes - 30, 40, 50 - étaient postées en lignes nettes et équidistantes face au vent du nord telle une escadrille d'avions de combat prêts à décoller. Elles rompirent les rangs, sans hâte, pour nous laisser passer, comme si la vue d'un voilier était un fait quotidien. Nous poursuivîmes notre glisse dans le chenal. La terre était si proche que j'aurais voulu la toucher. Toucher le sol, les arbres, l'herbe, les fleurs.

Un courant magique semblait nous emporter. Nous ne pouvions pas nous arrêter. Hypnotisé par le silence et la beauté, aucun de nous ne parlait. Le chenal s'élargissait en une étroite rade naturelle dominée sur sa rive ouest par une paroi de granite et au sud par des pentes raides couvertes d'herbe. Une longue île aux contours doux gardait le côté orientale de cette baie. Nous nous trouvions dans un bassin naturel fermé par la terre!

"Ce doit être Darsena Aid", affirmai-je, me souvenant de la description du *Pilot*: *"Darsena Aid (Bassin de secours), situé en avant de Puerto Henry, est entièrement enclos par la terre et accessible seulement aux petits navires... Il n'est pas intéressant d'y pénétrer car on ne peut pas prévoir le temps qu'il fera à l'extérieur du bassin. En effet, il pleut souvent à verse à Darsena Aid quand, à Puerto Henry, le temps est beau et clair."*

"Nous avons dépassé Puerto Henry", conclut Don, "mais je me fiche pas mal d'avoir manqué le mouillage recommandé et de l'impossibilité de connaître le temps qu'il fait à l'extérieur de ce bassin. Tout ce que je voulais c'était trouver un endroit où mouiller pour nous reposer et récupérer. Mon Dieu, j'ai tant attendu ce moment!

"Réanne! Reviens et prends la barre."

Je bondis, pensant que j'avais fait quelque chose de travers. Don m'appelait rarement par mon prénom sauf quand il était en colère.

"Nous allons jeter l'ancre ici."

"Dois-je d'abord enlever le foc?"

"Non, laisse-le pour l'instant. Vite!"

Je me tenais debout à côté de la roue et attendais les ordres.

"Je vais amener la trinquette", m'annonça-t-il, "et ensuite manœuvrer à la main la voile d'artimon pour tenter de mettre le bateau face au vent de façon à pouvoir jeter l'ancre. Dès que je serai prêt, tu tourneras à fond la barre à bâbord.

"Vas-y!" hurla-t-il en courant pour jeter la CQR.

L'ancre et la chaîne firent entendre un cliquetis et un grincement en passant par-dessus fi la proue avant de tomber à l'eau; puis, le cordage fila à son tour. J'observais Don en train de l'enrouler autour de la bitte d'amarrage, en attendant que le vent repousse le bateau en arrière pour que l'ancre puisse ainsi crocher le fond. Il tournait sans cesse la tête pour surveiller l'opération avant de lâcher plus de cordage. Lui qui, l'instant d'avant, paraissait confiant, avait maintenant l'allure d'un animal traqué, ne sachant plus où aller. L'adrénaline qui le stimulait semblait épuisée et je fus frappée par son état de maigreur.

Une rafale de vent siffla sur la langue de sable de l'extrémité nord du bassin en projetant des embruns à la surface de l'eau et se dirigea vers nous. L'accalmie avait été éphémère. Nous retrouvions les coups de vent.

Le bateau recula et l'ancre crocha. Don déroula davantage de cordage et fit une boucle autour de la bitte d'amarrage. Le bateau s'ébroua avant de s'immobiliser.

"Alléluia! Elle tient!"

"Hourrah!" répondis-je en vociférant.

En jetant un coup d'œil à tribord pour faire un relevé, je poussai un cri aigu: le voilier s'était immobilisé à 6 m de l'île orientale. Et, à 1,80 m par tribord arrière, jaillissaient trois énormes rochers déchiquetés. *Nous avons jeté l'ancre trop loin. Nous allons la perdre dans ces rochers!*

Don revint en courant au cockpit, hissa la voile d'artimon et poussa la bôme vers bâbord. Le *Dauphin* vira à l'ouest, vers la paroi de granite. La poupe était dos à la côte rocheuse.

"Prends la barre. Il faut que nous décrochions l'ancre!"

Il est fou, pensai-je, nous ne pourrons jamais décrocher cette ancre!

"Décrocher l'ancre", cela signifiait utiliser le vent pour manœuvrer le bateau de manière à pouvoir extraire l'ancre. Comme la proue était amarrée dans le vent, nous devions manœuvrer juste au-dessus de l'ancre en louvoyant d'avant en arrière, de façon à utiliser le mouvement du bateau pour la décrocher. Bien sûr, nous avions employé cette technique une douzaine de fois auparavant, en Californie, au Mexique et même à l'île de Pâques, dans de meilleures conditions il est vrai. "Décrocher une ancre à la voile est l'ultime épreuve d'un marin" était l'une des sentences favorites de Don. Il se targuait d'être capable de manœuvrer un voilier dans de minuscules et étroites anses et, de surcroît, dans des conditions presque extrêmes, y compris dans le cas de mauvais rivage sous le vent. Et il avait toujours réussi ses manœuvres sous les regards étonnés que nous échangions les enfants et moi. Mais alors, nous possédions un moteur que nous pouvions faire démarrer en cas d'urgence.

Pour l'instant, nous n'avions pas le choix. Il fallait décrocher l'ancre ou bien le *Dauphin* irait s'écraser sur les rochers.

"Paré!" cria Don "Barre à bâbord. Laisse filer l'écoute de foc. Va à..." Ses ordres se perdaient dans le vent et il fit un geste de colère en direction du pont avant. "Bon sang! Tu ne m'entends donc pas hurler? Il faut que nous relèvions cette ancre et que nous partions d'ici. Envoie le foc, vite!"

Nerveuse et tremblante, je me précipitai à tribord du mât principal et enlevai de son taquet la drisse de grand-voile.

"Que diable fabriques-tu? Idiote, la drisse de foc!"

J'eus la sensation que mon cerveau avait disjoncté et que j'étais devenue amnésique. Que diable étais-je en train de faire? En un clin d'œil je tournai à bâbord du mât, décoinçai la drisse de foc et hissai celui-ci.

"Viens ici et maintiens le cordage de l'ancre serré autour de la bitte d'amarrage pendant que je fais passer le foc. Nous allons voir si nous pouvons abattre sous le vent vers bâbord."

Je demeurai près de la bitte d'amarrage pour m'assurer que le cordage ne se déroulait pas pendant que Don faisait passer le foc. L'avant du bateau commençait à s'écarter du lit du vent. "Mets-toi derrière moi et tire. Il faut que nous ramenions le plus possible de cordage... Tire sur la ligne de mouillage quand le vent tombe, arrête de tirer quand il souffle. C'est bien compris?"

"Vas-y! Bon sang, tire, tire! glapissait-il

J'aurais voulu crier: *Je ne peux pas, mes bras sont en train de se déboîter*, mais je tirai plus fort.

De courtes rafales se succédant toutes les 30 secondes et du grésil nous aveuglaient mais nous conservions le rythme: "tirer, s'arrêter, tirer, s'arrêter." Avec nos vingt tonneaux nous luttions contre le vent et le courant jusqu'à ce que nous ayions hâlé plus de 30 m de cordage.

"Voici une autre bourrasque qui arrive!" annonça Don en nouant en boucle le cordage autour de la bitte d'amarrage. "Fais passer la bôme de voile d'avant à tribord!" Aussitôt, j'exécutai la manœuvre pendant qu'il se penchait sur le foc pour le mettre dos au vent. Nous n'avions qu'une chance de réussir et il n'avait pas besoin de me le rappeler. Si le bateau reculait davantage, il s'échouerait sur ces rochers en moins de deux minutes. La proue se mit à dériver vers bâbord, franchissant lentement le lit du vent.

"Retourne dans le cockpit", cria Don, "Tiens-toi près de l'écoute de foc et assure-toi que la barre est bien passée de l'autre côté." Il resta debout sur le beaupré jusqu'à ce que le foc fut mis dos au vent. "Dégage l'écoute de tribord, ensuite serre l'écoute de bâbord au winch."

Le foc commença à se gonfler et le *Dauphin* avança lentement vers l'ouest. Je serrai au winch l'écoute de foc, envoyai la voile d'artimon et redressai la barre. Don remonta le câblot d'ancre aussi rapidement qu'il pût. Nous voguions! Dès que le bateau se trouva vent arrière par rapport à l'ancre, Don fit trois tours de corde autour de la bitte d'amarrage se cala le dos contre le mât principal et hurla: "Tiens bon!" Le câblot d'ancre se tendit fortement; l'avant du bateau trébucha à tribord comme un étalon sur ses jambes puis se redressa.

"L'ancre a cédé! Borde les écoutes et fichons le camp loin de ces maudits rochers!"

"Veux-tu que je t'aide à remonter l'ancre?" proposai-je.

"Non, nous allons simplement la traîner."

Le foc se gonflait et le bateau se dirigeait vers la rive ouest, prenant de la vitesse à chaque coup de vent.

"Lâche l'écoute de foc! Ralentis cet animal!" hurla Don.

L'écume blanche se précipitait dans la rade. *Mon Dieu!* pensai-je, à l'instant où une rafale nous fouetta, *le vent doit souffler à 50 ou 60 nœuds!* Le bateau gîtait à bâbord et nous étions projetés droit sur la paroi de granite de la rive occidentale.

Don entreprit alors de larguer le câblot d'ancre aussi rapidement qu'il l'avait ramené.

"Libère l'écoute de foc. Fais passer la barre à tribord. Nous devons essayer d'accrocher le fond."

"De grâce, faites que l'ancre puisse crocher! hurlai-je au vent, tandis que nous étions précipités vers la muraille.

"Ça mord!" glapit Don. Il continua à dérouler du cordage et le bateau se mit lentement face au vent, la paroi rocheuse n'étant plus qu'à 30 m de notre flanc bâbord.

"Nous allons la heurter!" m'écriai-je affolée.

"Non, non, tout va bien, mais je ne peux pas remonter de la corde, l'ancre risquerait de se décrocher." Le bateau ralentit son allure avant de s'immobiliser tout près de la muraille, puis se mit à dériver lentement vent arrière. Don arriva à la poupe.

"Mon Dieu, c'était limite!" lui dis-je avec soulagement.

"Oui, ça a pris pas mal de temps pour que l'ancre se place; ça doit être sacrément profond ici!"

"On n'est guère mieux ici que du côté des rochers. Il n'y a même pas la longueur d'un bateau entre nous et la muraille!"

"Oui, mais tant que le vent soufflera du nord-ouest, tout ira bien pour nous. De plus, aimerais-tu recommencer cette opération d'ancre?" Il s'assit une minute et étala ses paumes de main sur ses cuisses. Ses doigts ressemblaient à des saucisses trop cuites. Ils étaient gonflés, craquelés, prêts à éclater. "Quand la prochaine bourrasque surviendra, essaie de repérer des aspérités sur cette muraille et dis-moi si l'ancre a chassé ou pas."

C'est ainsi que je repérai, sur la paroi, des fougères émergeant d'une saillie et les accrochai aux bouts-dehors de grand-voile.

"Prépare-toi, voici un autre coup de vent!" m'annonça-t-il

Je gardai les yeux rivés sur la saillie. L'ancre semblait tenir.

"Pouvons-nous redescendre maintenant et nous reposer un peu? demandai-je.

"Tu plaisantes? Nous devons nous tenir prêts à évacuer le bateau!"

"Oh mon Dieu! Ne pouvons-nous pas aller en bas nous reposer juste un moment?"

Le visage de Don devint cramoisi, ses narines frémirent et son regard me transperça. J'avais dit ce qu'il ne fallait pas dire, comme si j'avais agité un drapeau rouge. "Pour l'amour de Dieu, tu n'y songes quand même pas!" Sa poitrine se gonffla et se lèvres esquissèrent une grimace mauvaise: "Il se pourrait que nous finissions sur les rochers."

Cette conclusion était si mordante qu'elle paraissait avoir fermenté dans son esprit depuis des mois. Je savais dans quel état d'épuisement il était et combien il avait été mis à l'épreuve. Il était au bout du rouleau mais j'étais, moi aussi, exténuée et je ne méritais pas ça. Ma bosse à la tête me causait des élancements. J'aurais plutôt voulu entendre un "Bravo!" et une étreinte aurait été formidable.

Je descendis en m'efforçant désespérément de ne pas pleurer. Je m'emparai de tous les vêtements secs qui me tombaient sous la main pour les fourrer dans les sacs d'urgence. Puis la colère et l'apitoiement sur moi-même prirent le dessus et j'éclatai en sanglots. Je traînai avec effort le sac du génois qui gisait dans le carré et le déplaçai centimètre par centimètre jusqu'au bas de l'échelle. "Satanée échelle" grommelai-je au milieu de mes sanglots. "Comment vais-je faire pour soulever ce maudit sac sur cet engin, sous un pareil angle?" La colère décuplait mes forces. Marche après marche, je hissai le sac jusqu'à l'ouverture du capot par laquelle je le passai.

Il pleuvait à verse. Don avait ôté, sur le pont, ses deux chandails et sa veste et ils étaient déjà trempés. Une pensée me traversa l'esprit: *Il est peut-être en train de faire de l'hypothermie.* Mais, à cet instant, j'étais trop furieuse pour m'en soucier. Je fis volte-face, poussai violemment du pied le sac du génois dans le cockpit quand, soudain, je me sentis honteuse comme si j'avais flanqué des coups de pied au chien de la maison. Le génois nous avait servi de fidèle matelas pendant si longtemps! Je me disais: "Garde le moral. ˇ Ne laisse pas Don le saper par ses remarques. Ses pensées sont aussi pessimistes que les tiennes. Aie plutôt une attitude positive." Plus je me parlais et plus je sanglotais. La vision embuée par les larmes, je cherchai frénétiquement nos affaires, saisissant tout ce qui pourrait nous être utile en cas d'abandon du bateau. *Les autres voiles... il faut que je les amène sur le pont. Nous pourrons en avoir besoin pour nous abriter*, pensai-je alors.

J'ouvris le capot avant, soulevai une des voiles jumelles d'avant pour la poser sur le banc de travail, puis je sortis pour hisser le sac et le pousser du pied le long du pont jusqu'à l'intérieur du cockpit. Je renouvelai l'opération avec la seconde voile, lui flanquant de violents coups de pied comme si je la rossais pour m'avoir attaquée. *Bon Dieu! Réanne, que t'arrive-t-*

il? Maîtrise-toi! Je commençais à m'effondrer tant mentalement que physiquement. *Pour l'amour de Dieu, reprends-toi!*

Don se haussa hors du coffre arrière où il avait déchargé le reste des cordages, l'eau et les bidons de kérosène. Je détournai la tête de manière à ce qu'il ne puisse pas voir mon visage et descendis. Me penchant au-dessus de l'évier, je maintins le tuyau d'alimentation du robinet contre mon visage et pompai avec le pied. L'eau salée et froide me coupa la respiration. Je me redressai et me passai la main sur la figure et les yeux. Le sel de l'eau de mer mêlée de larmes me piquait. Je cessai de pleurer, respirai longuement en m'invectivant: *ça suffit!*

Allongée sur le ventre, je rampai à l'intérieur du coffre, sous la couchette de Carl, et en retirai les trois boîtes de l'armée qui contenaient nos appareils photographiques, les documents du bateau, les batteries et les allumettes, puis je sortis de cet espace exigu en me tortillant.

Je hissai les conteneurs de nourriture en haut de l'échelle pour les traîner ensuite vers le cockpit. Je remplis des sacs humides de conserves alimentaires dont les étiquettes s'étaient décollées dans la cale. J'ajoutai des paquets d'aliments lyophilisés qui pouvaient être mélangés à de l'eau froide. Il fallait monter le tout par l'échelle et l'entreposer dans le cockpit pour qu'il soit prêt à être jeté sur les rochers au premier fracas.

"Regarde ça!" Don fit un signe de tête en direction du vent "Voici une autre rafale qui arrive!" Il se dirigea vers le pont avant pour vérifier le câblot d'ancre.

Des traînées d'écume arrivaient sur nous et le vent faisait claquer le gréement. Le *Dauphin* eut un soubresaut et recula de quelques mètres. Je sautai sur le rouf, au niveau des bouts-dehors de grand-voile pour vérifier la position de la saillie. Nous n'avions pas bougé. La ligne d'ancre en nylon s'était tendue mais tenait bon. Finalement le vent tomba aussi vite qu'il s'était levé.

"Bonne nouvelle!" Don esquissa un sourire dans l'intention de faire la paix. "Le bateau est resté immobilisé dans le vent tout comme les buissons et les cyprès du rivage. Il ne s'est pas rapproché d'un centimètre de la paroi. Aussi longtemps que le vent dominant soufflera parallèlement à cette muraille, l'ancre tiendra bon. Mais si le vent tourne à l'est ou au sud, nous aurons de sérieux ennuis." Puis il ajouta d'une voix lente et presque inaudible: "Nous devons maintenant aller dormir. Nous continuerons plus tard." Il s'affala sur une voile du cockpit, l'œil vague et le visage blême. Il était à bout de forces. Maintenant qu'il avait réussi à nous conduire à terre, sa résistance nerveuse et physique s'effondrait.

J'observai la paroi, là où un mince filet d'eau coulait goutte à goutte sur les fougères. Elle était mouchetée de gris et de vert clair. Je tirai Don par la manche: "Capitaine, tu nous a amenés ici. Tu m'avais promis que tu réussirais et c'est si beau que j'en pleurerais. Allons! Descendons prendre un cacao!" Je cherchai ses mains pour le mettre debout. Il grimaça de douleur. Je m'aperçus alors, avec horreur, que ses doigts étaient en sang.

Il se leva avec peine, passa un bras autour de ma taille et pour garder son équilibre, appuya son autre bras contre le mât d'artimon. "Ma chérie, nous avons fait ensemble de l'excellent travail. Je n'y serais pas arrivé tout seul. Tu es un bon second."

NOTES

1. *South America Pilot*, p. 196

2. Une encâblure fait environ 200 m.

CHAPITRE 11

Dársena Aid

Dormir. Pouvoir dormir plus d'une ou deux heures. Dormir sans avoir à craindre d'être projeté contre la paroi de la coque ou sur le plancher. Je ne pensais qu'à cela alors que nous étions étendus tout habillés sur notre matelas mouillé avec un sac de couchage en guise de couverture. Pourtant, ce sommeil que j'avais si désespérément attendu, ne voulait pas venir.

Don s'endormit immédiatement mais il se retournait fréquemment en gémissant. Son corps occupait toute la place et je ne pouvais pas m'allonger. La largeur de notre couchette (une double nautique) était de 1,10 m à la tête et de 90 cm au pied. Dans un lit double classique, lorsque nous sommes étendus sur le dos, épaule contre épaule, nos bustes côte à côte occupent à eux deux un espace d'une largeur de 1,22 m. Habituellement, nous nous serrions l'un contre l'autre sur le côté pour pallier le manque d'espace. Or, ce soir-là, Don reposant à plat sur le dos, je devais dormir en chien de fusil, les genoux repliés en dehors de la couchette. Dans cette position incommode, je ne réussissais pas à apaiser suffisamment les douleurs de mes articulations pour parvenir à me relaxer mais je ne voulais pas repousser Don. Il avait trop besoin de sommeil et, chaque fois que je le heurtais, il geignait.

Finalement, je me glissai hors de cette couchette et gagnai celle du pilote située de l'autre côté. Je m'y allongeai sur le ventre, les mains jointes derrière le dos, en étirant et en cambrant mon corps pour en relâcher la tension. Puis je me retournai pour accomplir certains exercices consistant à contracter puis à relâcher chacun de mes muscles, des orteils à la tête. Cependant, mon esprit, lui, demeurait tendu .

En effet, j'étais attentive au moindre bruit ou mouvement: au cliquetis de la drisse contre le mât principal, au mugissement du vent dans le gréement, aux vibrations du mât, au grincement du cordage d'ancre frottant contre la bitte d'amarrage et raclant le beaupré, au crépitement de la pluie sur le rouf, au claquement des rafales sur la proue et aux désagréables soubresauts du bateau. Mille questions se bousculaient dans ma tête: l'ancre tiendrait-elle? Réussirions-nous à quitter le navire dans l'obscurité en cas de nécessité? Comment pourrions-nous établir un campement sur un rivage incliné à 45°? Je ne parvenais pas à me détendre, il était vain d'essayer.

Je regardai à travers le hublot. Il n'était que 17h40 et il faisait encore jour. Menaçante, la muraille de granite se dressait juste derrière le bateau. *Oh mon Dieu, nous allons la heurter!* pensai-je.

Je saisis ma veste de gros temps, enfilai mes bras dans les manches et me précipitai en haut de l'échelle. Le grésil recouvrait le pont et le vent soufflait avec une telle furie que je devais m'accroupir pour garder l'équilibre. J'avançai en rampant, m'accrochant à la filière. Etait-ce une nouvelle tempête qui nous arrivait ou bien ces vents décrits dans les livres comme violents, froids, fugaces et soufflant des montagnes en balayant tout sur leur passage à une vitesse d'au moins 100 nœuds?

L'amarre était aussi tendue qu'une corde de violon. Je m'agenouillai en me demandant si je devais réveiller Don. Nous avions envoyé 120 m d'aussière et il en restait encore 60. Sous une telle tension, il était certain que l'ancre allait chasser.

Sa réaction ne se fit pas attendre. "Ecarte le bateau, nom d'un chien!"

Saisie d'effroi, je poussai un cri strident.

"Regarde comme nous sommes près de la falaise!" s'exclama Don d'un ton furieux.

Que diable croyait-il donc que je faisais? Je n'en reviens pas: on dirait vraiment un fou!

Il se pencha pour vérifier le câblot, puis se redressa et jeta un coup d'œil tous azimuts pour s'assurer de notre position. Une courte accalmie soulagea momentanément la tension du mouillage. Il ne semblait pas que l'ancre eut dérapé. Pour l'instant tout allait bien.

"Si le cordage de l'ancre se rompt ou bien si l'ancre se décroche, nous allons ricocher contre cette falaise et nous échouer sur les rochers à l'autre bout du bassin" annonça-t-il. "D'ici peu nous pourrions avoir besoin de l'ancre Yachtsman." Il me demanda d'aller chercher la sonde à main pour mesurer la profondeur de l'eau.

Je larguai la ligne de sonde par-dessus la poupe. Dès qu'elle se fut enfoncée, je me mis à compter les nœuds. Chacun équivalait à une brasse (1,83 m). Au dixième nœud - à l'extrémité de la ligne - le plomb n'avait toujours pas touché le fond.

"Bon sang, c'est sacrément profond! Pas moyen de passer à gué!" conclut-il.

Trempés et grelottants, nous redescendîmes. "S'il te plait, reviens te coucher avec moi", supplia Don, "Je veux te serrer dans mes bras." Il me faisait penser à un nourrisson qui, la minute précédente, pleurait en repoussant sa mère et qui, la suivante, s'accrochait de toutes ses forces à son sein.

Je ne supportais pas la douche écossaise à laquelle il me soumettait. Aussi remontai-je à contre-cœur avec lui dans la couchette. Son corps s'étant réchauffé au contact du mien, il se détendit, s'allongea complètement et se mit à ronfler. De nouveau obligée de me mettre en chien de fusil, je me glissai hors du lit et regagnai la couchette du pilote. Je m'enveloppai dans une couverture de l'armée, fermai les yeux et tentai de trouver le sommeil.

Cependant mon esprit continuait à s'activer, dressant des listes sur lesquelles figuraient du miel, du lait en poudre, des noix, du jambon poivré, du raisin, du cacao, des sticks de viande. C'était des aliments par lesquels je voulais compléter le contenu des sacs de survie en cas d'abandon du navire. J'y joignis la dernière lettre de mes parents datant de l'île de Pâques et celle de Sean. Je m'attendrissais sur moi-même. A Rapa Nui, nous n'avions reçu aucune lettre des autres enfants. Depuis plus de quatre mois aucune nouvelle de mon fils aîné Chris ne m'était parvenue. *Ils se fichent pas mal de nous*, pensai-je. Je rejetai la couverture et me levai. *C'est absurde! Cesse de t'apitoyer sur toi-même. Ce ne sont que des adolescents comme les autres.*

J'allumai la lampe à kérosène au chevet de notre couchette ainsi que l'Optimus accrochée au-dessus de la table de la cuisine. Bientôt il ferait sombre et la chaleur nous ferait du bien.

J'ouvris le réfrigérateur et en sortis les jumelles, la boîte du sextant et le compas à main. Je les posai sur la table de la cuisine, prêts à être débarqués. Je m'agenouillai, ouvris la partie centrale du coffre de rangement et introduisis mon épaule gauche dans l'ouverture. Tendant le bras aussi loin que je pus, je me débrouillai pour en extraire les paquets de nourriture sèche qui restaient. Je me fis un pense-bête pour ne pas oublier de récupérer la viande et les barres de chocolat que j'avais enfouies dans le caisson de survie.

Deux objets bizarres que j'avais récupérés dans la cale vinrent s'ajouter aux affaires de secours: c'était des trésors dont je ne voulais pas me séparer. Avant de quitter Acapulco, Jeff nous avait offert un cadeau amusant: une statuette en caoutchouc représentant deux enfants appuyés contre un arbre. La petite fille aux yeux clos posait avec assurance ses lèvres sur la joue du garçon dont les yeux ronds et noirs s'écarquillaient et dont le sourire fendait la moitié du visage. Le socle de cette statuette portait l'inscription: *Nous avons besoin l'un de l'autre.*

Le second trésor m'avait été offert par un de mes étudiants. C'était un gnome en bois sculpté avec une tête pointue, des oreilles de renard, une unique dent blanche et des yeux perçants. Son nom, *Knorgolwoggle*, était difficilement prononçable mais ce personnage difforme qui avait l'air de sortir de quelque antre souterrain de la Forêt Noire, m'enchantait. "Si vous le portez sur vous", m'avait assuré mon étudiant, "vous ne connaîtrez jamais la poisse". Et jusque-là, cette petite créature avait bien rempli son office. Malgré la décoloration de ses traits par l'eau des fonds, ses yeux irisés brillaient encore.

Je regagnai la couchette du pilote mais ça n'allait pas; mon esprit travaillait toujours. Je me levai pour écrire:

Où serions-nous à l'heure présente si nous n'avions pas sanci? Quelque part dans l'Atlantique Sud, entre les îles Falkland et Tristan da Cunha? Ou peut-être déjà aux Falkland? Notre arrivée à Madagascar était prévue pour juillet. Je pense à Elise. Comme j'aurais aimé la revoir! Au lieu de cela, nous continuerons à correspondre comme nous l'avons fait depuis l'époque où nous étions étudiantes à Grenoble. Ces îles me semblent à présent des rêves lointains. C'est étrange, mais, hormis l'idée de ne pas revoir Elise ni de connaître ses enfants et son mari, je n'éprouve aucun regret. Ma déception est purement abstraite et intellectuelle. Actuellement ma seule préoccupation est de survivre et de revoir ma famille. Mon Dieu, faites en sorte qu'elle n'abandonne pas l'espoir de nous retrouver!

Le ciel s'assombrissait. Bien que la pluie eût diminué, le vent continuait à mugir et la falaise de granit constituait toujours une menace à bâbord. Je glissai mon bloc de papier sous le matelas et regagnai la couchette du pilote en me demandant si auparavant je devais à nouveau vérifier la corde d'ancre.

Je déambule de magasin en magasin à la recherche de pantalons chauds et de grosses chaussures. Je fouille dans des rayons remplis de robes en coton, de jupes en coton, de pantalons en coton. Dans aucun de ces magasins, il n'y a d'article en laine. "Je veux quelque chose de chaud!" Je m'époumone. Un employé me répond d'un ton sarcastique: "Ne soyez pas ridicule, vous ne pouvez pas acheter de laine en Californie." Comme je

227

continue d'errer, je tombe sur des personnes de ma connaissance qui me disent de ne pas m'inquiéter: "Nous allons avertir les autorités. Vous n'aurez aucun problème."

Un grondement sourd et la vibration du mât me réveillèrent. Je demeurai un moment allongée, tentant d'interpréter ce bruit. Serait-ce celui d'un avion à réaction parti à notre recherche et nous survolant? Je finis par me rendre compte qu'il s'agissait du bruit du vent dans le gréement.

Je réfléchis à mon rêve. Le sommeil m'apportait des réponses aussi simples que celle-ci: *"Vous n'aurez aucun problème"*. J'espérai que mon subconscient voyait juste.

Je repris conscience et me rappelai qu'un conteneur étanche plein de graines de luzerne avait été entreposé dans le réfrigérateur. *La grille à tiges métalliques du four peut aussi servir de gril.* Je me levai et posai ces deux objets près de l'échelle.

Avant de regagner la couchette du pilote, je tapotai doucement le dos de Don en lui murmurant : "Chéri, je t'aime!"

Il bougea et grogna: "Hum!"

MATINEE DU 6 MARS (?)

Ma Seiko indiquait 10 h. Don avait dormi plus de seize heures et moi, douze. Je me tournai sur le côté et le regardai. Il était réveillé et fixait des yeux le plafond.

"Comment te sens-tu?" lui demandai-je.

"J'ai mal dans tout le corps et je ressens des picotements dans les mains. Ils m'ont empêché de dormir et je peux à peine plier les doigts. J'ai peut-être aussi une côte cassée..." Puis il me dévisagea d'un œil pénétrant: "Comment se fait-il que tu n'as pas dormi avec moi?"

Cette question me fit rire. C'était tout lui de ne pas insister sur ses maux et de me demander pourquoi je n'avais pas dormi avec lui. Je lui suggérai de se reposer toute la journée tandis que je restais là haut en vigie.

"Bonne idée, mais tu as aussi besoin de repos."

J'aurais certes aimé me reposer si j'avais eu l'esprit en paix. Mais, pour le moment, c'était impossible. Trop de choses étaient à préparer dans l'hypothèse d'un abandon du bateau.

"Entendu, occupe-toi de la nourriture. Mais, auparavant, laisse-moi me lever pour faire du feu et assécher ainsi la cabine. Ensuite je retournerai me coucher."

Lui qui, la nuit précédente, avait touché le fond, avait maintenant retrouvé tous ses esprits. J'admirai sa capacité à remonter la pente.

Curieusement depuis que nous avions atteint Dársena Aid, une vision d'île déserte m'était apparue. Jouer à Robinson Crusoe était mon jeu favori lorsque j'étais enfant. C'est ainsi qu'un été, dans notre chalet du lac Michigan, je m'étais emparée, en guise de bateau, d'une caisse en bois à claire-voie qui avait contenu un nouveau réfrigérateur et avais installé un campement dans notre arrière-cour. J'avais cloué une vieille couverture sur le dessus de la caisse dans laquelle j'avais entreposé du matériel de secours au cas où je devrais survivre sur mon "îleá". Mon père, en homme ordonné, voyait d'un mauvais œil cette "verrue" sur sa propriété et lorsque les ouvre-boîtes, cuillères, assiettes et bols commencèrent à disparaître de la cuisine de même que les tournevis, les pinces, la corde et les chambres à air du garage, il décréta que la caisse devait être enlevée. J'étais accablée. Il me promit alors de me bâtir une cabane au bord de l'eau dans laquelle je pourrais dormir et jouer "pour de vrai". Mais je ne m'amusai jamais autant qu'avec la hutte que je m'étais construite.

J'étais certaine que nous pourrions survivre à Dársena Aid au cas où nous serions obligés d'hiverner sur la côte. Je pourrais probablement faire durer le reste de nos provisions; nous pourrions utiliser les voiles pour construire un abri et avions une hachette pour débroussailler. Mais Don n'admettait pas que je me laisse aller à trop d'optimisme.

Evacuer un bateau n'est pas un jeu, ne cesse-t-il de me rappeler. Cependant tenter de survivre au flanc d'une colline sauvage me semble être une perspective beaucoup plus attrayante que celle de passer un jour supplémentaire sur l'Océan Austral. A terre, je sais au moins comment prendre soin de moi. "Ailleurs" je suis entièrement dépendante de Don, du bateau et de forces redoutables et inconnues.

En insistant sur le fait que je ne me représentais pas exactement les réalités auxquelles nous aurions à faire face à terre, Don poursuivit en m'expliquant, point par point pourquoi je manquais de lucidité: si le bateau était projeté contre la falaise, la coque serait percée ou s'écraserait; il n'y avait ici aucune plage; il se pourrait très bien que nous n'ayions pas le temps de retirer du cockpit le matériel indispensable et que nous nous retrouvions sans rien, simplement parce que la profondeur de l'eau dépassant 18 m le bateau pourrait couler sur place et s'engloutir entièrement, mâts compris. Sans bois pour faire du feu, ce ne serait pas une partie de plaisir. Robinson Crusoe bénéficiait d'un climat nettement plus chaud que le nôtre, etc... Mon état d'esprit était le même que lors de la destruction de ma hutte par mon père. Peut-être n'avais-je pas compris tout ce que cela

impliquait mais Don aurait pu me laisser faire mes preuves. Je coupai court à ses propos
en lui répliquant: "Avais-tu bien saisi les réalités de la navigation dans ces parages en
envisageant ce voyage?"

Grâce au feu de bois, aux lampes à pétrole et à la flamme brûlant régulièrement sous la marmite de ragoût, la cabine s'était réchauffée. A présent, nous nous sentions bien. Nous avions l'impression d'être dans une cabane en rondins, attendant la fin d'une tempête hivernale. Si nos rondins tenaient bon et si la cabane restait bien ancrée dans ses fondations, nous serions tirés d'affaire.

La tempête avait soufflé sans répit pendant la nuit et la pluie s'infiltrait par toutes les fissures du bateau. Elle passait par le capot du carré puis dégoulinait le long des parois de ce dernier. Par les jointures du pont, elle pénétrait dans la cuisine, mouillait les couchettes de quart et le poste avant. Je renonçai à recueillir les gouttes. L'eau de pluie rincerait le sel de la mer; elle pourrait même laver les matelas et les coussins que nous avions mis sur le rouf.

Dans la chaleur de la cabine, nos vêtements commençaient à sécher et nous devions ouvrir les hublots pour aérer. Quel avantage d'être ancrés près de la terre! Nous étions au moins au chaud pour nous changer!

Cependant, la paroi de granite surplombant de 9 m le côté bâbord, l'intensité du vent, le grincement de la corde tirant sur l'ancre, le bateau se cabrant chaque fois que le clapot heurtait sa proue, tout cela rappelait l'existence de dangers latents. Mais tant que l'ancre tiendrait, la perspective d'évacuer d'urgence le navire s'estomperait dans mon esprit.

Don s'accroupit pour pomper l'eau des fonds. "Quel jour sommes-nous?"

Je ne m'en souvenais plus. Bien que toutes les pages du livre de bord eussent indiqué une date, il se pouvait que nous ayions omis un jour. Nous avions perdu la notion du temps. Assis à la table de la cuisine, la pluie dégoulinant sur nos épaules, nous entreprîmes de revoir le livre de bord page par page afin de vérifier la date. Nous supposâmes que nous étions le 6 mars.

"Nous avions prévu d'arriver à Punta Arenas dans quatre jours. Crois-tu que les autorités ont déjà été alertées?"

Don haussa les épaules. "Peut-être par nos familles."

"Et Tex? Nous avons manqué pas mal de liaisons radio. Crois-tu qu'il en a averti les autorités?"

"J'en doute. Il a probablement appelé comme c'était prévu et qui sait combien d'heures il a passé à essayer de joindre en vain K6KWS. Mais il a pu penser que nous étions trop occupés pour répondre ou que les conditions météorologiques n'étaient pas bonnes ou encore que le moment de la journée était mal choisi."

"Crois-tu que la Marine chilienne va commencer à entreprendre des recherches?"

"Que diable crois-tu qu'elle fera? Elle attendra probablement au moins une semaine avant d'envoyer un communiqué radio. Ensuite, il faudra patienter jusqu'à la fin mars avant que quelqu'un ne sorte de sa léthargie et mette les choses en branle."

Je fondis en larmes en pensant à mes parents. J'éprouvais tant de chagrin pour eux. La dernière fois que je leur avais parlé c'était au début de février et, bien que Big John, en Californie, leur eut transmis nos messages, ils devaient être affolés par notre silence depuis le 27 février.

Don caressa mes cheveux et me massa les épaules et le dos. "Tu as été épatante! Tu as été tellement gentille avec moi la nuit dernière alors que j'étais désagréable. C'est à ton tour, chérie. Vas-y, pleure. Nous sommes en vie, pense à ça! Nous trouverons le moyen de nous en sortir."

"Trouver le moyen de nous en sortir" devenait maintenant urgent. Je cessai de pleurer à chaudes larmes. "Discutons des choix à faire!" proposai-je, pressée de trouver une solution immédiate. Je ressentais tantôt un désespoir profond, tantôt un besoin d'activité provoqué par une poussée d'adrénaline, à tel point que je me demandais si je n'étais pas en train de perdre la tête. Peut-être devenions-nous fous!

"Eh bien, d'après ce que je vois, plusieurs possibilités s'offrent à nous. Si nous trouvons le moyen de gagner le rivage, nous pourrons rejoindre à pied le phare Tudor du cap Boleyn et y laisser un message avec l'espoir que la Marine viendra bientôt réparer le feu défectueux. Mais il semble que cela pourrait prendre des années!"

Je me demandais comment Don se rendrait à terre sans dinghy et même, si c'était possible, comment nous pourrions laisser le bateau sans personne à bord. Ce serait aller au devant d'un désastre, étant donné les brusques changements de temps. Je n'aimais pas non plus l'idée de laisser Don partir tout seul. Sa progression à travers les broussailles nécessiterait peut-être plus d'une journée et, s'il lui arrivait malheur, il ne pourrait pas me prévenir.

"Nous pourrions déployer sur le pont le pavillon international de détresse", proposa Don. "Au cas où le temps s'améliorerait, la Marine enverrait peut-être des avions vers le Nord et nous aurions alors une chance d'être repérés", ajouta-t-il.

Séduite par cette idée, je suggérai de démonter la grand-voile, de poser sa bôme à plat sur le pont et d'accrocher le pavillon sur le toit du rouf, de façon à ce qu'il puisse être aperçu par un avion.

"As-tu d'autres idées?" demandai-je.

"Eh bien, encore une fois, cela dépendra de notre arrivée à terre...Nous pourrions marcher jusqu'à Puerto Henry, y établir un campement et prévoir des tours de garde pour surveiller les abords du chenal. Si un bateau se présentait dans les parages, nous pourrions tenter de l'alerter. Ou bien..." Il fit une pause en esquissant un sourire imperceptible.

"Ou bien quoi?"

"Nous pourrions nous secourir nous-mêmes."

"Que veux-tu dire par là?"

"Nous nous débrouillerions pour faire naviguer le voilier à travers les chenaux, en direction du sud, jusqu'à ce que nous rencontriions un bateau de pêche ou un cargo pouvant nous venir en aide."

"Sans aucune carte détaillée ni annuaire des marées et des courants ni écho-sondeur?" Je lui dis qu'il était timbré, que le bateau ne pouvait naviguer que vent arrière, que nous n'avions pas pu virer de bord, ni lofer lorsque nous étions entrés dans le canal Trinidad. Comment, dans ces conditions, pourrions-nous espérer franchir les autres chenaux? Si une rafale venait à jeter le bateau à la côte sous le vent, nous nous échouerions et la coque serait percée. Le *Pilot* avertissait clairement les navigateurs: un navire sans moteur ne devrait pas pénétrer dans ces chenaux! Or, non seulement nous n'avions pas de moteur, mais, de surcroît, nous ne pouvions même pas établir toutes nos voiles! *Nous nous trouverions dans de meilleures conditions à bord d'un simple bateau à rames! réalisai-je aussitôt. Et je m'empressai de le lui dire.*

"Ecoute", insista Don, "je n'aime pas l'idée d'attendre un hypothétique secours. Il y a sûrement un moyen de nous en sortir par nous-mêmes. Mais, avant d'entreprendre quoi que ce soit, il faut que nous récupérions, physiquement et moralement et que nous remettions le bateau en état. Nom d'un chien, je n'arrive pas encore à tenir correctement un crayon ou un tournevis! En attendant, notre mouillage ici nous rend très vulnérables. Si le bateau heurte cette muraille, notre priorité sera de tout débarquer sur le rivage aussi rapidement que possible."

Il ignorait ce que j'avais fait pendant son sommeil.

"Viens avec moi sur le pont et laisse-moi te montrer ce que j'ai accompli",dis-je.

7 MARS

J'entrouvris le capot pour regarder au dehors. Toute la nuit, des averses étaient tombées par intermittences et, à présent, il bruinait. Le vent s'était calmé et le bateau qui avait pivoté, faisait maintenant face au rivage. A minuit, nous avions dû nous lever et jeter l'ancre Yachtsman à la poupe pour rester au large de la côte.

Bien qu'au sud les sommets demeuraient masqués par le brouillard, mon regard portait, pour la première fois en 48 heures, jusqu'à l'autre extrémité du bassin. Le bateau était stable. Je refermai le capot et retrouvai Don sur la couchette.

"Masse-moi les mains, veux-tu? Doucement!" me pria-t-il. "Je me demande si elles guériront un jour" ajouta-t-il.

"Tu n'as pas bien dormi depuis que nous avons descendu la Yachtsman, n'est-ce-pas?"

"Non, je continue à avoir des picotements dans les doigts."

"Et tu pensais aussi au choix qu'il faudra faire?"

Plus tard dans la journée, je terminai l'inventaire de nos réserves alimentaires et séparai les conserves en bon état des autres. Notre situation s'améliorait.

L'inventaire du bateau était inscrit sur un bloc-notes à spirales et feuilles détachables. Ce dernier était demeuré dans le coffre à livres inférieur mais ses pages étaient piquées et tachées de rouille. Je feuilletai douze de ses pages aux lignes serrées, portant la mention "Provisions de la cuisine", et vérifiai ce qu'il en restait. Nous avions encore beaucoup de desserts mais nous n'étions guère riches en céréales, purée de pommes de terre et poudre de crème aigre.

Nous étions partis pour ce périple avec un total de 588 boîtes de viande: jambon, corned beef, filet de porc, côtelettes, dinde rôtie, tamales, piment rouge, ragoût de bœuf, Spam, jambon poivré et hachis de bœuf, ce qui représentait une quantité de nourriture suffisante pour six personnes pendant six mois. Depuis le départ des garçons, nous avions utilisé plusieurs cartons de boîtes de dinde, de tamales, de jambon et de piment rouge. Il nous restait encore une bonne provision d'autres viandes, quelques boîtes de thon et environ vingt boîtes de conserves de fruits et autant de légumes. A l'exception de celles que j'avais dû jeter, la plupart de ces boîtes, traitées à la gomme-laque, étaient demeurées en bon état. Je les essuyai avant de les remettre en place dans le quartier arrière.

Je continuai à parcourir le bloc-notes, examinant minutieusement la correspondance des fournisseurs. Une lettre de la Del Monte Corporation me fit sourire: "Fragile. Attention aux heurts, à l'écrasement ou aux chutes qui pourraient endommager le métal de la conserve."

Si nos réserves de nourriture semblent suffisantes, il nous reste à peine 115 l d'eau. Don maintient que si jamais la pluie s'arrête, nous devrons nous débrouiller pour nous rendre à terre et remplir nos bidons au ruisseau.

Notre problème de vêtements est en train de se résoudre. J'ai trouvé une autre réserve de chandails et quelques couvertures d'hôpital en laine, roulées dans des sacs poubelle en plastique... et toutes sèches, de surcroît!

Je m'efforce de ne pas penser à la maison mais depuis que j'ai trouvé les couvertures qu'il nous avait apportées juste avant notre départ, le visage radieux de Al Nieman m'est soudain apparu. Nous sommes entourés par tant d'objets offerts par la famille, les amis, les voisins et mes étudiants qu'il est difficile de ne pas penser à "chez nous". Chaque fois que je regarde l'horloge du bateau, je pense à mon père car c'est le cadeau d'anniversaire qu'il a fait à Don. Il y a aussi le service de bols en acier inoxydable de ma mère qui a survécu avec seulement quelques gnons; un service danois de bols en plastique munis d'un fond antidérapant donné par Jean et Joel; et des livres, tant de livres!

Les souvenirs me submergent et pour m'empêcher de penser à la maison, je m'oblige à répéter cette litanie: nous réussirons! Nous sommes en vie. Oui, nous nous en sortirons! C'est tout ce qui compte.

8 MARS

Le soleil s'était levé, jetant une douce lueur kaki sur les sommets granitiques arrondis et les pics du sud. Pour la première fois nous apercevions les Picos Organ Pipes dont nous avions lu la description. Sur les pentes herbeuses qui nous dominaient, les cyprès étêtés aux branches tordues par le vent s'inclinaient vers les pics rosés. Le bateau demeurait parfaitement immobile. Pas une ride ne venait perturber son reflet.

Nous étions assis sur le rouf, les yeux grand ouverts, fascinés par ce spectacle. Le temps pourri où se mêlaient pluie, grêle, grésil, vent et brouillard s'était évanoui. A Darsena Aid, le ciel bleu, le soleil brillant, l'eau calme, les montagnes et les arbres nous apparaissaient comme un cadeau du ciel.

"Comment peut-on être déprimé lorsqu'on jouit d'une telle vue de son balcon?" dis-je avec douceur en espérant pouvoir rester assise là toute la journée, dans la quiétude, simplement occupée à lire ou à écrire. Mais Don me ramena brutalement à la réalité.

"Eh bien, profitons de ce beau temps pour aller à terre et remplir nos bidons d'eau. J'ai une petite idée sur la manière de procéder. Allons, hâte-toi de te préparer!"

Contrariée, je descendis en grommelant, enfilai un short, un tricot à manches longues et un bonnet de laine. La tâche n'allait pas être facile, je le savais. La profondeur de l'eau dépassait 18 m et le rivage descendait abruptement.

"Fais bien attention", m'avertit Don, "je vais t'expliquer comment nous allons procéder. Tout d'abord, je vais amener le bateau aussi près que possible du rivage. Ensuite, je nagerai ou pataugerai vers la rive en emportant une corde. A un bout je ferai une boucle autour d'un rocher puis je te lancerai l'autre bout pour que tu puisses faire pivoter l'avant du bateau." Il fixa solidement 60 m de cordage supplémentaires à l'ancre de proue, puis courut d'avant en arrière en laissant filer alternativement la ligne de proue et celle de la Yachtsman à la poupe.

Je me penchai par-dessus la filière de bâbord et, empoignant à deux mains l'unique rame du dinghy, je me mis à pagayer de toutes mes forces pour contraindre le bateau à bouger. Au bout d'une demi-heure nous avions amené l'arrière du côté du rivage mais n'avions pas réussi à faire pivoter l'avant.

Muni d'une aussière en nylon, Don sauta du voilier sur un écueil et pataugea dans une eau glaciale qui lui arrivait à la taille. Il fixa une boucle sur un rocher et me lança l'autre extrémité de l'amarre. Je tirai dessus pour faire pivoter la proue jusqu'à ce que le beaupré vienne se placer juste au-dessus du rivage, de manière à ce que le bobstay puisse être abaissé et qu'il soit ainsi possible de sauter du voilier sans se mouiller.

Je lançai les bidons d'eau à Don avant de bondir à terre. Le sol, doux et spongieux, s'écrasa sous mon poids. "Oh, mon Dieu, que c'est bon de retrouver la terre ferme!" m'exclamai-je en m'agenouillant pour toucher le sol. Partout des fougères s'inclinaient avec grâce et des pousses de cyprès sortaient du sol moussu. J'aurais tant aimé m'asseoir là, sur le sol humide, embrasser du regard la baie de Dársena Aid et réchauffer mes jambes nues au soleil. "C'est splendide!" m'exclamai-je d'un ton calme.

"Allons-y!" coupa Don, "Pas question de batifoler, le temps peut changer d'une minute à l'autre. J'ai trouvé, à environ 45 m en haut de la colline, un endroit où nous pourrons remplir nos bidons."

Je suivis Don au sommet d'une plateforme rocheuse, jusqu'à une anfractuosité d'où tombait un filet d'eau. Je m'agenouillai et mis mes mains en coupe pour boire. C'était de l'eau de montagne froide et rafraîchissante dont la couleur thé était due à de microscopiques particules de racines et de mousses. Comparée à l'eau saumâtre de l'île de Pâques, elle était merveilleuse et étancha ma soif.

Pendant quatre heures nous fîmes la navette, chargés des bidons. Il fallait monter jusqu'à l'anfractuosité pour les remplir puis les redescendre jusqu'au bateau où, chaque fois, je devais grimper à bord, les hisser avec une corde, puis les charrier à l'arrière, les faire glisser le long de l'échelle et enfin transvaser l'eau qu'ils contenaient dans les réservoirs.

Le rocher était si glissant que chaque voyage était une entreprise ardue. Au bout de deux heures, je commençai à ralentir la cadence et demandai à Don quand nous en aurions terminé. Au lieu de me répondre, il me jeta un regard mauvais et se réfugia dans ses hypocrisies habituelles. A chacun de mes pas, il se laissait aller à quelque commentaire du style: "Veille à garder ton centre de gravité sous tes pieds!" suivi d'un "MA-GNI-FIQUE!" prononcé d'un ton douceâtre. J'en avais encore davantage plein le dos! Si bien qu'à la fin je lui dis de fermer sa gueule...

Lorsque Carl nous avait quitté au Mexique, il m'avait donné une petite plaque gravée en mémoire de ses oncle et tante chéris. Il m'avait demandé de la poser "dans un beau coin de Patagonie" et d'en faire une photo pour lui et son père.

Lors de nos va-et-vient pour remplir nos bidons, j'avais emporté cette plaque. En traversant le ruisseau, je parvins à une pente dont les touffes d'herbe d'un vert doré pendaient par-dessus les rochers comme la toison d'une chèvre de montagne. Je me baissai pour examiner quelques buissons rabougris, aux minuscules fleurs blanches et feuilles vernissées, qui rappelaient le laurier sauvage de la Sierra Nevada.

Don s'agenouilla sur la mousse humide pour enfoncer la plaque dans le sol, tandis que je prenais deux photos. J'avais l'impression d'assister à quelque cérémonie funéraire et courbai la tête. Sur un arbre voisin, un oiseau gazouilla et sa compagne, perchée en haut de pente, lui répondit. Un colibri passa en battant des ailes et plongea son minuscule bec dans l'une des petites fleurs blanches. *C'est vraiment un beau coin de Patagonie. Carl sera heureux.*

Une brise soufflait du sud-est. "Allons, dépêche-toi!" s'impatientait Don, "Le bateau risque d'être jeté au rivage... Toi, grimpe à bord, surveille les amarres retenant la proue au rivage et empêche-les de s'emmêler. Quand je repousserai l'avant du bateau vers le large", ordonna-t-il, "tu tireras vers toi les amarres. Ensuite je grimperai à bord et prendrai le contrôle du bateau."

Il repoussa la proue, sauta sur le bobstay et, s'aidant de ses mains, se hissa en haut de la chaîne jusqu'au beaupré. Mais la proue demeurait tournée vers le rivage alors que nous devions la faire pivoter vers le nord. Trempé et épuisé, Don reprit le contrôle du bateau et continua à tirer sur les amarres de poupe pour mettre le voilier dos au rivage.

"Merde! Le cordage de proue s'est emmêlé dans quelque chose. Nom d'un chien, regarde ce que tu as fait! Tu ne maintiens pas l'amarre suffisamment tendue. Si le vent venait à se lever, la proue irait s'écraser sur les rochers. Maintenant, l'un de nous doit se mettre à l'eau."

Me sentant fautive, je me portai volontaire.

"Non, c'est moi qui y vais. Toi, sors le masque de plongée du coffre du pont." Simplement vêtu d'un caleçon et d'un tee-shirt, il sauta dans l'eau, ajustant maladroitement son masque et s'évertuant à le plaquer sur son visage pour le rendre étanche tout en pataugeant. "Aïe! Je suis pris dans du varech!" hurla-t-il

J'eus un moment d'hésitation, ne sachant si je devais rester là à le surveiller ou bien courir au cockpit chercher un gilet de sauvetage. Pris de terreur, il agita les bras dans tous les sens avant de disparaître sous l'eau. Je me précipitai vers le cockpit et, munie d'un gilet de sauvetage, tentai de localiser l'endroit où il avait coulé. Il refit surface au bord du rivage, cherchant à tâtons son chemin le long des rochers et tirant l'amarre sous divers angles. Visiblement, il tremblait de froid.

"Le vent reprend", cria-t-il, "Si nous ne fichons pas le camp d'ici immédiatement, nous allons perdre le bateau! Tire sur l'amarre de proue et regarde si elle vient."

Je tirai de toutes mes forces et l'amarre se libéra. Don exerça une forte poussée sur le beaupré. Le voilier pivota avant même qu'il put saisir le bobstay. Il dut replonger et regagner le bateau à la nage avant de se hisser à bord.

Je courus chercher une couverture de l'armée pour l'en envelopper. Alors qu'il descendait par l'échelle, épuisé et agité de frissons, il désigna le ciel du doigt à travers l'ouverture du capot, en bégayant: "Regarde!" Un grand condor à crête rougeâtre et au long plumage tournoyait au-dessus de nous. "Observe-le bien," ajouta-t-il, "il attend tout bonnement pour nous dépiauter!"

Pendant que Don dormait, les rafales de vent augmentèrent d'intensité. Je me rendis sur le pont afin de vérifier la ligne de mouillage. Elle était tendue mais pas outre mesure. Nous n'étions qu'à 7,50 m environ de la paroi de granite mais le voilier était bien ancré dans le vent et ne semblait pas en danger. Je redescendis l'échelle et refermai le capot. Le bruit réveilla Don qui bondit en bas de sa couchette comme s'il en avait été chassé par un fantôme. "Il faut balancer une autre ancre!" beugla-t-il "Tu as vu comme nous sommes près du rivage?"

"Attends une seconde! Je viens de tout vérifier. La situation n'est pas critique." Mais il ne m'écouta pas et voulut enfiler son pantalon.

"Ecoute, tu exagères! Tout ira bien encore pendant un moment. Finis de t'habiller et avale un bol de soupe."

Il s'effondra sur la banquette de la cuisine. "Oui, je crois que tu as raison. Nous pouvons peut-être attendre quelques minutes."

Nous jetâmes la Danforth par-dessus bord. Don arriva vers moi en m'ordonnant: "Viens ici et regarde bien ce que je vais faire. Je veux que tu comprennes."

Ça y est, me dis-je, *j'ai encore droit à un cours!*

"Observe-moi bien : je me dégage du rivage en donnant du mou à l'aussière portée au rivage puis je tire sur l'ancre à jet et je laisse filer le cordage de proue. Maintenant, si jamais nous étions poussés par le vent, quelle que soit la direction, ce serait vers un endroit d'où nous pourrions gagner le rivage... Comprends-tu?"

Je comprenais ses paroles mais je ne croyais pas pouvoir un jour comprendre la dynamique du vent sur un voilier ou la raison de la tension des cordages. *"C'est de la physique! Pourquoi, diable, n'as-tu pas étudié la physique?"* Des douzaines de fois il m'avait rabattu les oreilles avec cette accusation!

A la fin du dîner, il me demanda si je voulais discuter des évènements de cette journée.

"Non, si tu as encore l'intention de me faire un cours! Je pense avoir compris ce que j'ai fait de travers."

"Pouvons-nous rediscuter de cette manœuvre? Je veux être assuré que tu as bien compris."

J'eus droit à ce que je redoutais: un cours complet de physique, alors que je ne désirais qu'une explication *simple*. Lorsqu'il s'arrêta enfin pour reprendre son souffle, je lui proposai d'aborder une autre question. Il acquiesça, inconscient du fait que j'avais en tête mon propre exposé qui, lui, portait sur la différence entre un état de nécessité extrême où il est question de vie ou de mort, et une simple situation d'urgence.

"Tu exagères toujours tout. Ainsi, cet après-midi, s'agissait-il vraiment d'une situation si critique qu'elle avait pour enjeu notre survie?" Je ne voulais surtout pas qu'il réponde à ma question. Aussi continuai-je à parler. Et plus je parlais, plus je m'échauffais. J'avais refoulé trop longtemps ma colère. "Je ne comprends pas pourquoi tout ce que nous entreprenons doit relever de la haute performance, comme si nous devions mourir sur le champ à la moindre hésitation... Je pense que tu suis tes impulsions. Tu es incapable d'agir autrement et si tu n'as pas ta crise, eh bien tu te la fabriques! Etait-ce *vraiment* une situation critique?" J'élevai la voix: "Eh bien, l'était-elle?"

Il demeura silencieux et je m'attendais à une réponse cinglante. Au contraire, il répondit pensivement: "Je crois que tu as raison. J'agis souvent ainsi. Peut-être est-ce dû à ma formation d'ingénieur ou bien à mon expérience des affaires. J'ignore ce qui me rend comme ça."

9 MARS

Encore un jour magnifiquement ensoleillé! La pression du baromètre demeure élevée (770 mm), la brise légère. Nous avons laissé les capots et les hublots ouverts afin d'assécher l'intérieur du bateau. Nous prenons nos repas sur le pont et pouvons ainsi observer les oiseaux et contempler les Picos Organ Pipes à l'autre bout du bassin.

Je chantais et sifflotais pour la première fois depuis que nous avions franchi les Quarantièmes Rugissants. Don me serra dans ses bras: "L'oiseau de terre chante aujourd'hui. J'aime te savoir heureuse!"

Les coussins de la cuisine et les matelas commençaient à sécher. Pendant que Don était occupé sur le pont à tester, à vérifier, à renforcer, à recontrôler, je continuais à briquer le bateau, à le remettre en ordre et à faire la lessive. Mes mains redevenaient propres mais elles demeuraient engourdies et insensibles à l'eau salée bouillante.

"Que dirais-tu d'emprunter les chenaux vers le sud?" me demanda Don au cours du déjeuner. Il s'était empressé d'oublier ma réaction des jours précédents. Je lui répétai que je n'aimais pas cette idée.

"Slocum a navigué dans le détroit sans moteur et c'était il y a 80 ans. Pourquoi n'y arriverions-nous pas?" me rétorqua-t-il.

Je lui rappelai tout de même que Slocum s'était heurté à de sérieux problèmes de manœuvre en raison des rafales de vent. Et nous, nous n'avons en tout et pour tout qu'"une voile d'artimon et une d'avant. Bien que pouvant éventuellement utiliser le bobstay et le beaupré disponibles pour y fixer le foc, nous ignorions combien de temps l'étai avant pourrait tenir. "Je ne vois pas comment nous parviendrons à avancer avec de tels vents. Et que se passera-t-il si, comme hier, il n'y a pas un souffle?"

"Eh bien, nous mouillerons!" répondit Don. "Nous naviguerons en nous servant de l'ancre."

Je m'imaginais le programme: son accès de colère quotidien accompagné d'invectives à mon encontre et ma crise de larmes ou bien mes cris en guise de réponse.

"Comment crois-tu que Slocum a réussi?" lança-t-il d'un ton ironique.

"Il ne se trouvait pas aussi loin au nord" rétorquai-je "Et il restait en vue des autres navires. La marine savait de quel côté il se trouvait et le maintenait sous surveillance dans le détroit."

Irrité par ma réponse, il feignit de l'ignorer et conclut: "Eh bien, si mes mains guérissent, je vais peut-être pouvoir tirer au clair ce qui cloche dans ce moteur. Sinon, nous mettrons les voiles. Nous étudierons la carte et le *Pilot* plus tard et verrons de quoi il retourne."

Chaque jour passé à Dársena Aid nous a apporté des surprises. Ce soir, avant le coucher du soleil, des bancs de krill d'un rouge éclatant ont traversé la baie en tourbillonnant. Ils ont balayé le flanc du bateau en effectuant des huits, des cercles et des revirements. Chaque figure était exécutée avec une telle précision qu'on aurait dit que ces animalcules exécutaient ce ballet uniquement à notre intention.

Un peu plus tard, un vol d'oies sauvages de Brent traversa le bassin avec des cris rauques avant de s'abattre sur l'eau. La voix de Don résonnait sur la rive éloignée:

"Allez-y, bande d'excitées, poussez donc vos cris!" Les oies sauvages tournèrent alors la tête dans notre direction, comme pour dire: "Qu'est-ce que c'est que cet idiot?"

Je me penchai par-dessus les bouts-dehors d'artimon et contemplai la baie. Le bateau était déjà dans l'ombre de la paroi rocheuse qui nous surplombait mais les Picos Organ Pipes luisaient encore sous les rayons de soleil de cette fin d'après-midi. "C'est superbe, vraiment superbe!" m'écriai-je à tue-tête.

Les oies s'envolèrent en direction des Picos.

Don s'était détendu une grande partie de la journée. Son journal personnel reflétait sa bonne humeur.

En l'absence de vent, nous remarquons de légers tourbillons à la surface de l'eau, qui résultent de l'action combinée de l'eau de mer et de l'eau douce. On dirait de petits ruisseaux s'écoulant sur la surface de la mer et provenant sans doute de la cascade située à 55 m en amont. L'eau revêt une couleur brun foncé et permet une visibilité jusqu'à 1,50 m ou 1,80 m de profondeur seulement.

Parfois nous entendons des bruits de chèvres ou de cochons mais peut-être proviennent-ils simplement d'oies s'accouplant sur l'île Jane, en face. Il règne ici une telle quiétude que le temps semble s'être arrêté. Toutefois, avec cette muraille de 15 m de haut qui se dresse au-dessus de nous à 7,5 m à peine, je me demande si nous n'allons pas être écrasés contre elle par le remous causé par une rafale. Pour l'instant, tout sentiment de crainte paraît déplacé. Mon instinct me dicte d'affronter la peur à son heure, de ne pas précipiter les choses mais de savourer le calme de ce moment et d'attendre demain.

10 MARS

Peu à peu, les doigts, les mains et les bras de Don reprirent de la vigueur et nos douleurs articulaires se calmèrent.

Le temps demeurait agréable et chaud. Les vêtements que j'avais lavés et suspendus aux lignes de vie et aux haubans séchaient en quelques heures et sentaient merveilleusement bon. L'humidité des matelas et des coussins mis à sécher devenait acceptable. Nous les rangeâmes à leur place.

Pendant que Don fourgonnait dans son moteur pour détecter ce qui n'allait pas, j'extirpai ma machine à écrire du cockpit. (Cette petite machine manuelle était rangée sous la couchette de Carl lorsque nous avions sanci. Protégée par une épaisse boîte en vinyl, elle était demeurée intacte.)

Je m'étais fabriqué un tabouret de fortune en posant un coussin sur un seau et un bureau en installant la planche à laver sur un deuxième seau. Tournée vers bâbord, je pouvais apercevoir les flots ou lever les yeux sur le jardin suspendu de la paroi de granite. J'entrepris la rédaction d'une lettre à mes parents (une fois terminée elle faisait 20 pages) dans laquelle je leur décrivais notre chavirage et notre lutte pour gagner la terre.

Don interrompit ma frappe: "J'ai une idée. Peux-tu venir m'aider?" Il m'expliqua que tous les circuits et réglages étaient abîmés par l'eau salée et par le choc qu'ils avaient subi. "Je pourrais peut-être faire démarrer le moteur si j'arrivais à by-passer tous les circuits de contrôle électrique. Passe-moi un long tournevis. Je vais essayer de faire en sorte de court-circuiter le solénoïde du démarreur."

Il se pencha au-dessus du démarreur, passa la tige du tournevis en travers du solénoïde et toucha le bloc moteur avec la pointe. Le moteur se mit à gronder puis à tourner. Je retins ma respiration de peur de manifester une émotion prématurée.

"Oui, nous avons une petite chance!" annonça Don avec lenteur, "Mais il n'y en aura peut-être qu'une car la charge trop faible de la batterie ne permet qu'un seul essai."

Il s'agenouilla et introduisit sa tête à l'intérieur du coffre sous la couchette de Carl. "Je pense qu'on devrait trouver là-dessous un bidon d'éther que je pourrai utiliser pour amorcer le moteur. Monte sur le pont et pousse le levier des gaz à fond. Si le moteur démarre, tire immédiatement le levier en arrière afin de ne pas l'emballer."

Je montai au cockpit et attendis. Le moteur toussa, démarra et s'élança à pleins gaz. Vite, je repoussai la manette des gaz pour le faire tourner au ralenti.

"Ouah! C'est formidable!" s'écria Don en se précipitant pour regarder par-dessus la poupe. "L'eau de froidissement s'évacue par sa conduite, ça semble marcher." Il jeta un coup d'œil à l'ampèremètre. L'aiguille n'avait pas bougé. "Les batteries ne chargent pas... J'ai une autre idée. Attends ici."

En criant à travers le hublot arrière, il me donna une explication succincte de ce qu'il était en train de faire: "J'ai découvert un circuit couvert d'une croûte de sel qui semble être la clé du problème. Je pense pouvoir le court-circuiter avec des pinces et faire ainsi tourner l'alternateur."

Nous fîmes deux essais et, bientôt, le moteur ralentit, indiquant que l'alternateur chargeait. La machine fonctionnait!

"Maintenant, lance les gaz!" aboya-t-il

Je poussai à fond le levier vers l'avant et le bateau tira sur l'ancre de poupe.

"Formidable! Maintenant inverse la marche!"

Je tirai le levier vers l'arrière. Le bateau recula, surtendant le mouillage de proue.

"MA-GNI-I-FIQUE! Le moteur ronronne, tout semble fonctionner." Il émergea de l'échelle, la bouche fendue d'un large sourire et me fit signe de couper le moteur. "Crois-tu pouvoir trouver un peu de rouleau adhésif? La vis de purge d'air fuit de nouveau salement."

Je dégringolai jusqu'en bas, euphorique, et l'étreignis fortement: "Capitaine, tu es formidable!" Je sautais et pleurais de joie. Désormais, nous pourrions avancer sans avoir à nous soucier de jeter ou de relever nos ancres. Peut-être pourrions-nous trouver du secours dès que nous aurons atteint les principaux chenaux.

Je fouillai dans le réfrigérateur à la recherche de notre dernier rouleau adhésif. Sa boîte s'était désintégrée depuis longtemps et des gouttes de sel y étaient collées. Je repensai aux Quarantièmes Rugissants lorsque nous avions fait la même opération et me mis à chanter: "Nous y revoilà..."

Cette nuit, je griffonnai en titre de mon journal de la journée: *JOUR DE BONHEUR* en grosses capitales de 10 cm de hauteur avec ce commentaire:

Don veut quitter Dársena Aid dans moins de trois jours, à la nouvelle lune. Nous devrons économiser notre carburant car nous en avons tout juste assez pour alimenter le moteur lors des opérations de mouillage d'entrée et de sortie. Nous devrons naviguer le plus possible à la voile durant la journée. Ce soir, nous avons transvasé nos derniers 20 l de gas-oil dans le réservoir de carburant, en ajoutant 20 l de kérosène pour la cuisine, ce qui nous laisse 57 l pour les lampes et le fourneau.

Notre arrivée à Punta Arenas était prévue pour aujourd'hui. Demain, nous serons donc officiellement en retard. La seule pensée de pouvoir poursuivre notre route, atteindre Punta Arenas et de ne pas être contraints d'hiverner ici m'enchante. C'est la meilleure nouvelle depuis notre découverte de Dársena Aid!

J'ai une telle fringale de glucides depuis que nous avons touché terre que, cette nuit, j'ai ouvert une boîte de sucre vanillé et que j'en ai avalé la moitié à la petite cuillère, ce qui représente au moins 800 calories.

Le lendemain matin, j'écrivis:

La nuit dernière avant d'aller me coucher, j'ai mis à chauffer deux marmites d'eau salée pour remplir l'évier et nous avons tous les deux pris un "bain". Don m'a frotté le dos, puis je me suis assise sur le comptoir de la cuisine, les jambes dans l'évier pour me laver de la taille aux pieds. Une douche chaude ne m'aurait pas fait plus de bien! Nous nous sommes couchés tout nus pour la première fois depuis.... Je ne m'en souviens même plus. La peau de Don contre la mienne m'a fait un délicieux effet et nous étions comme de jeunes amoureux se découvrant l'un l'autre. Comme il est merveilleux de ressentir à nouveau du désir! Je ne me doutais pas de la somme d'émotions que j'avais refoulée jusqu'à mon orgasme lorsque, brusquement, j'éclatai en sanglots, répétant sans cesse: "Nous sommes en vie, en vie, en vie!"

Don consigna dans son journal:

Nous avons perdu, Réanne et moi, plus de 7 kg. Après le chavirage, nous n'avions plus la sensation de faim. Nous vivions de bouillie de maïs chaude le matin et d'un bol de soupe le soir, mais surtout de tablettes de chocolat et de cacao chaud. Nous avons également eu de la diarrhée, causée probablement par le stress...

J'ai lu que la pulsion sexuelle est l'un des comportements humains de base qu'une personne perd, en premier, dans les périodes d'épuisement ou de manque de nourriture et qu'elle ne revient qu'en dernier. J'ai eu ma première érection involontaire la nuit dernière quand nous dormions peau contre peau, ce qui signifie que je commence lentement à récupérer.

12 MARS

Nous avons passé les 48 heures suivantes à faire des préparatifs en vue de notre appareillage. Tout ce que nous avions chargé dans le cockpit en cas d'évacuation du navire avait dû être redescendu et remis en place : amarres, tauds, voiles, pavillon de détresse, seaux de nourriture, sacs de vêtements, linge et outils. Nous avions arrimé les ancres à jet Yachtsman et Fisherman à la poupe pour qu'elles soient prêtes en cas d'urgence. Bien que le cockpit fût vide et en ordre, le pont lui-même paraissait encore sinistré. La bôme principale gisait en diagonal sur le toit du rouf, retenue au mât par la grand-voile seulement. Le guignol de tribord pendait, flasque, au hauban. Les bouts-dehors de grand-voile ressemblaient à des bossus. Les filières étaient dans un état pitoyable et le tableau des feux toujours de guingois.

Nous décidâmes de démonter la girouette automatique et son gouvernail auxiliaire. Depuis qu'il avait été tordu, il freinait notre allure. Tandis que Don était accroupi sur l'échelle arrière en se contorsionnant pour dévisser la patte de fixation inférieure de la girouette, je me tenais debout au-dessus de lui, sur la poupe, retenant l'axe de transmission pour l'empêcher de tomber à l'eau. Celui-ci et le gouvernail auxiliaire pesaient près de 45 kg. Les monter à bord sur la poupe, puis les soulever par-dessus la bôme d'artimon avant de les transporter jusqu'au toit du rouf fut une opération exténuante qui faillit bien nous achever.

J'étais satisfaite de ce que j'avais accompli. La cabine, que j'avais rendue aussi propre que possible, avait retrouvé son aspect douillet et bien ordonné. Au cours de mon nettoyage, je découvris des objets perdus dans des coins inattendus. Lorsqu'une boîte de piments verts fut dégagée du dessous du plancher, Don me demanda de lui confectionner un plat mexicain pour le dîner. J'avais déjà sorti de nos provisions de secours un paquet de bœuf Strogonoff lyophilisé mais les carrés de viande mis à tremper dans un bol n'arrivaient pas à s'imbiber de liquide et les nouilles prévues pour les accompagner étaient devenues caoutchouteuses au bout d'une demi-heure d'ébullition. Je jetai tout ce gâchis à la mer, ouvris une boîte de corned beef haché et ajoutai les piments à la part de Don.

13 MARS

Tôt dans la matinée, Don shunta le solénoïde, installa des pinces sur l'alternateur et le moteur se mit à tourner. Il était temps de quitter Dársena Aid.

Pendant que, postée en vigie sur la proue, je tenais la ligne de sonde et surveillais les rochers, nous avancions au moteur vers le sud pour reconnaître l'autre extrémité du bassin. Soudain, deux vallées stupéfiantes coupées par un glacier surgirent au pied des Picos Organ Pipes et nous aperçûmes un lac ceint de rochers à fleur d'eau et de végétation rabougrie. Comme j'aurais souhaité pouvoir ancrer le *Dauphin* en lieu sûr et gagner le rivage! Les quatre heures au cours des quelles nous avions charrié l'eau du ruisseau dans les bidons devaient être les seules que nous ayions passées à terre.

Lorsque nous virâmes et, nous enfilant dans le chenal, dépassâmes au moteur Puerto Henry, je ressentis un pincement au cœur. Nous avions été éprouvés à Darsena Aid par les pluies torrentielles et les rafales de vent qui avaient failli nous projeter contre la falaise de granite ou nous pousser à l'autre bout du bassin mais tout cela n'était rien en comparaison des vagues cauchemardesques de plus de 18 m de hauteur que nous avions affrontées.

Aid Basin, au nom si bien choisi par les explorateurs britanniques, avait été notre hâvre. Il nous avait abrités et protégés, nous procurant eau, soleil, montagnes et arbres, alors que nous étions persuadés que le brouillard, la neige fondue et les gigantesques "grisons" seraient notre seul horizon.

Dans Dársena Aid. Don a manoeuvré l'arc pour atteindre le sol.

CHAPITRE 12

Sauvetage manqué

Pendant qu'à Darsena Aid nous étions occupés à relever les ancres, je me rappelais une question que Don m'avait posée la nuit précédente. Excité par la perspective d'appareiller, il se montrait bavard et se laissait aller à des spéculations.

J'étais exténuée et la seule chose que je désirais était d'aller me coucher mais la question de Don: "Qu'est-ce que les gens de chez nous peuvent bien raconter à notre sujet, en ce moment?" me tracassait.

Je me doutais de ce que *certains* pouvaient dire et le lui rapportai: "Ceux qui ne nous aiment pas disent: Douglass ne cherche qu'à se faire de la publicité. Attendez un peu et vous verrez: il refera surface!" Ou bien: "C'était de la folie! Ils auraient dû se renseigner davantage. Il fallait être complètement inconscient pour entreprendre un tel périple."

Je me représentais très bien ces personnes, nos "amis" des cocktails. (Je préfère la distinction que font les Français entre "*amis*" et "*connaissances*". Nous autres Américains avons une propension à appeler "ami" n'importe qui). Je me souvenais en particulier d'une réception d'adieu que mes parents avait organisée en notre honneur quelques semaines avant notre départ. Don ne pouvant y assister, Sean et moi nous nous étions envolés pour San Francisco avec les diapositives que nous voulions projeter, relatives aux préparatifs du voyage. Lors de cette réception, un des invités, un "ami" qui lui-même possédait un voilier, m'avait attirée dans un coin de la salle à manger pour me prendre à part et m'avertir de tous les déboires qui nous attendaient. Comme s'il avait eu affaire à une personne dure d'oreille, il avait élevé la voix pour me sermonner: "Vous ignorez dans quoi vous vous engagez!" J'avais coupé court à ses propos en concluant d'un ton faussement aimable: "Alors, d'après vos recommandations, nous devrions renoncer immédiatement à ce projet?" A cet aparté s'était joint un autre "ami" qui avait émis quelques remarques spirituelles, prononcées sur un ton sarcastique avec l'accent de Boston: "C'est un fait, Rene", avait-il dit à mon père, "un homme d'action n'est *jamais* un homme de réflexion..." Ce qui avait rendu Sean furieux: "Maman, c'est de papa qu'il parlait! Qu'importe si papa n'est pas un philosophe! Qu'a-t-il fait, lui, de si extraordinaire? Au moins papa se fixe des objectifs et il les atteint!"

Dans mon journal, je consignai la suite de cette réflexion:

J'aurais assuré la défense de Don contre quiconque l'ayant traité de fou. Il y aura toujours des gens qui considéreront que prendre des risques est stupide. Mais Don pèse ces risques: ainsi il n'y avait que 15% de risque de tempête en février. Ce n'était donc pas, à mon avis, prendre trop de risques mais le sort avait été jeté et nous avions perdu, tout comme les Smeeton en 1957.

Si nous avions eu un voilier comme le Joshua *de Moitessier, à coque d'acier, "flush deck" et barre intérieure (Françoise et Bernard Moitessier pouvaient se mettre à l 'abri et échapper aux paquets de mer déferlant sur le pont), nous aurions peut-être subi moins d'avaries. Mais cela reste difficile à établir. Tous les navigateurs étudient les récits de ceux qui "l'ont fait". Et même Moitessier notre héros qui avait bien failli sancir une fois et qui, une autre fois, avait mis son bateau sur le flanc dans les Quarantièmes Rugissants, avait douté de l'aptitude du* Joshua *à voguer sur de telles mers. Il disait que seuls les "vrais bateaux" avaient le droit de naviguer sous ces hautes latitudes.*

Qu'entendait-il par "vrais bateaux"? La coque d'acier du Joshua *n'était-elle pas suffisante pour en faire un "vrai bateau"? Quel est le genre de bateau qui aurait pu supporter de telles conditions météorologiques? D'après ce que j'ai lu à ce sujet, c'est surtout une question de chance, d'habileté et de bonne conception du navire.*

La chance n'était pas avec nous à 50° sud, 89° ouest. En revanche, elle l'était certainement le jour où nous avons pénétré dans le canal Trinidad et découvert Dársena Aid.

En quittant cette dernière baie pour mettre le cap sur le canal Trinidad, nous y jetâmes un dernier regard sans pouvoir en distinguer l'entrée complètement cachée. Et nous n'étions toujours pas en mesure d'identifier certaines des îles mentionnées dans le *Pilot*.

Nous aperçûmes une carcasse de baleine échouée sur la plage de Puerto Henry et, lorsque nous nous en approchâmes par curiosité, de grosses mouettes d'un gris terne, occupées à prélever à coups de bec de la graisse sur ce cétacé, se mirent à crier furieusement en déployant leurs ailes pour défendre leur territoire.

En nous engageant dans le chenal principal, nous fûmes accueillis par un vent glacé du nord-est qui faisait claquer nos lourdes vestes et nos capuches, tandis que les nuages, en galopant, jouaient à cache-cache avec le soleil. Le baromètre continuait d'indiquer une pression élevée et je m'étonnais:

Où est donc passé l'horrible temps dont le Pilot *fait état dans cette région? A Darsena Aid, le temps a été beau., à l'exception des premiers jours. Mais il se peut qu'un gros coup de vent se prépare...*

Quel que soit la direction vers laquelle on regarde, le paysage offre des vues à couper le souffle: à l'est, les crêtes en dents de scie enneigées de la cordillère méridionale scintillent sous le soleil; au nord du canal Trinidad, se dressent des montagnes d'un gris bleuté; sur la rive sud, une splendide chute d'eau, jaillissant d'une haute vallée suspendue, dévale une paroi verticale et se déverse en bouillonnant dans la mer. Juste au-dessus de la ligne d'eau, les bouleaux qui parviennent à s'accrocher au rocher revêtent leurs premières teintes automnales.

Je pris la barre pour permettre à Don de se rendre aux toilettes. En remontant, il me dit: "A propos - et là il marqua une pause pour mieux ménager son effet - sais-tu que nous avons épuisé tout le papier hygiénique et qu'il ne reste plus qu'une seule boîte de Kleenex secs? Nous n'aurions peut-être pas dû jeter par dessus bord tous ces rouleaux trempés."

"Ils étaient imprégnés d'eau de mer. Ils n'auraient jamais séché!"

"Oui, mais du PQ mouillé, c'est mieux que rien!" Il marqua un temps d'arrêt et me fit une drôle de grimace: "Y a-t-il des livres de poche rescapés que tu sacrifierais volontiers?"

"Oh oui, *L'Exorciste!* Je l'ai déniché, l'autre jour, coïncé sous la couchette de Sean."

"Formidable! Prends les kleenex, moi j'utiliserai L'Exorciste."

"Tu ne vas pas *te servir de ça* dans les WC?"

Il souria: "Non, ne t'inquiète pas!"(1)

Don hissa le foc et nous coupâmes le moteur. "Bon Dieu, c'est formidable de pouvoir arrêter le moteur en sachant que nous pourrons le remettre en marche!" s'exclama-t-il.

Ses paroles résonnaient encore à mes oreilles quelques heures plus tard lorsque nous nous approchâmes de l'extrémité orientale du canal Trinidad. Nous avions envisagé de mouiller derrière l'île Pilot, la plus grande de la rive sud et, quand nous l'eûmes atteinte, Don me demanda de m'occuper du levier de débrayage tandis qu'il ficourt-circuitait le solénoïde. A l'instant même où il cria: "Mets le levier au point mort", je me rendis compte que j'avais oublié de débrayer lorsque nous avions précédemment arrêté le moteur. La commande s'était corrodée et mes doigts gonflés n'avaient plus la force de la manœuvrer.

"Je n'arrive pas à l'actionner!"

"Merde! beugla-t-il en se précipitant vers le cockpit et en agissant lui-même sur la commande.

J'espérais que cette bêtise laisserait une trace dans mon cerveau. (En effet, j'avais commis le même oubli avec la commande d'arrêt du moteur dans les Quarantièmes Rugissants.)

"Pouvons-nous laisser, ici, une pince à portée de la main?" demandai-je "Cela m'aiderait à m'en souvenir et je pourrai plus facilement actionner la commande."

Il acquiesça et se lança dans un sermon, me rappelant que nous n'avions pas de gas-oil à gaspiller, que nous pourrions perdre le bateau et que la navigation dans les chenaux ne comportait pas moins de dangers. "Avec tous ces écueils et ces récifs, les risques encourus à l'intérieur de ces chenaux sont encore plus importants qu'au dehors. Il se peut que nous n'ayions qu'une seule chance de réussir et la moindre erreur peut nous faire échouer sur les rochers et nous coûter le bateau."

Véxée, je me tus et enregistrai dans ma mémoire le ton de sa voix à défaut de ses paroles. Aucun de nous deux n'avait récupéré ses facultés physiques mais la chance voulait que nous soyions plus coriaces que je n'aurais cru. Je m'efforçai donc de faire bonne contenance.

Après avoir jeté l'ancre, nous entreprîmes d'attacher aux ancres CQR et Danforth des chaînes de plus petit diamètre et plus maniables. Les grosses chaînes étaient, en effet, trop pesantes pour les mains de Don encore gonflées.

L'île Pilot s'élevait haut au-dessus de la mer. L'avant du bateau pointait en direction d'une chute d'eau tombant d'une hauteur de 12 m de la falaise de granite lisse qui protégeait notre petite baie. Alors que le soleil disparaissait derrière l'île, le vent s'engouffra par une brèche au dessus de la chute et se mit à nous projeter sur le pont de violentes ondées. Des centaines de cormorans huppés aux yeux bleus étaient postés en observation le long des fissures obliques et moussues de la falaise. Avec leur "frac" noir, leur ventre blanc et leur posture bizarre, ils nous faisaient penser aux petits pingouins Magallanes que nous avions vus en photo.

Pendant que nous dînions, le *Dauphin* se mit à tanguer avec le balancement caractéristique émis par le sillage d'un bateau. "C'est un navire!" nous écriâmes-nous d'une seule voix, en bondissant sur le pont, juste à temps pour apercevoir des vaguelettes hautes de 45 cm qui clapotaient contre la poupe. C'était bien le sillage d'un bateau! Pourtant il n'y avait aucun navire en vue. Vingt minutes auparavant, alors que nous nous occupions des ancres, nous n'avions rien remarqué. Comment un vaisseau aurait-il pu arriver et repartir entre ce moment et maintenant?

"Si *c'était* un navire, il n'était certainement pas à notre recherche", fit remarquer Don. "Nous étions visibles du chenal et s'il y avait eu quelqu'un posté en observation, il nous aurait repérés."

J'étais partagée entre la déception et la joie. La joie en me disant que des navires circulaient sur ces eaux et qu'un de ces prochains jours nous allions peut-être rencontrer notre sauveur.

Après le dîner, je demandai à Don si l'on ne pourrait pas placer des pinces sur le démarreur. Ainsi, si je devais mettre en marche le moteur, je ne risquerais pas de le bousiller. La veille, Don m'avait donné des explications mais comme je ne les avais pas toutes bien retenues, je voulais qu'il me les répète. Croyant que tous les Y de métal étaient des têtes de fils électriques, je lui demandai à laquelle de ces têtes je devais toucher.

"Ce n'est pas ça du tout, c'est l'endroit *où* les fils aboutissent!" Puis il explosa: "Tu n'as pas pigé un traître mot! Je te l'ai pourtant déjà expliqué...Tu n'arrives pas à comprendre le système, n'est-ce-pas? Tu devrais au moins être capable d'écouter!"

Plus il se mettait en colère, plus je devenais silencieuse. Je me demandais ce qui serait la pire des attitudes: m'arrêter de parler ou lui répondre en élevant la voix. Il détestait le silence mais me mettre à crier témoignerait de ma part d'un "manque de contrôle". Je décidai de me taire mais lorsque ses remarques acerbes fusèrent comme de la mitraille, ma bonne résolution s'évanouit en un instant. Je lui décochai un regard furibond et courus me réfugier dans la couchette du pilote en emportant mon journal.

Nom d'un chien, il n'a qu'à dormir tout seul cette nuit. J'en ai plein le dos de ses reproches à propos de mon manque d'intelligence et de ma faiblesse physique. Je ne suis pas capable de comprendre son idée. Quelle foutaise! Je ne comprends rien à la physique, ET ALORS!

"Tu es trop susceptible. La plupart des marins sont comme moi", m'a-t-il dit. Vraiment? Même si la plupart des marins sont comme lui, est-il pour autant plus facile à vivre? Ses sarcasmes fusent comme le feu d'artifice de la fête nationale. Avec lui on ne sait jamais quand la prochaine fusée va partir ni ce qu'elle enflammera. Je me déteste moi-même lorsque j'essaye d'avoir le dessus mais, quand j'éclate, je ne peux plus m'arrêter.

C'est justement sa méchanceté qui a fait fuir les garçons et non la dureté du travail à bord. Chaque fois que nous nous disputons, mes sentiments pour lui déclinent. Je me suis montrée un bon second et rien ne justifie donc son emportement contre moi. Qu'y a-t-il en lui? Si seulement il manifestait quelque remords en me disant après coup: "Je suis désolé, je n'avais pas l'intention d'être aussi brutal." Mais il ne l'a jamais fait.

J'aimerais bien le voir avec une autre femme à bord pendant trois mois: mon Dieu! il se rendrait vite compte que je ne suis pas aussi stupide et incapable qu'il le prétend! ... Et voilà qu'il s'étonne que je ne veuille pas me glisser dans le lit avec lui. Merde alors! Il est peut-être capable d'allumer ou d'éteindre son sexe comme une bougie eh bien moi non!

Je me demande si Bernard et Françoise Moitessier se sont jamais querellés. Si, comme Don l'affirme, tous les marins sont pareils, j'aimerais vivement entendre la version de Françoise. Mais je ne pense pas la connaître un jour!

Le livre de bord de cette journée contenait, dans la marge, une annotation de Don:

Cet après-midi, dispute avec R. à propos du débrayage du moteur.

A mon réveil, le lendemain matin, Don se trouvait debout au chevet de ma couchette, me caressant le minou en esquissant un sourire: "Je suis désolé. Soyons amis aujourd'hui, tu veux bien? S'il te plaît, viens te coucher avec moi. Il est 6 h mais, dehors, c'est une telle purée de pois que nous ne pouvons pas bouger dans l'immédiat."

14 MARS

La carte 22400 se couvrait de traits de crayon qui indiquaient notre progression et nos positions heure locale. Nous avions laissé filer le loch à l'arrière. En atteignant la péninsule Brazo au nord-est de l'île Madre de Dios, il enregistrait 27,2 milles.

L'entrée nord du canal Concepcion s'ouvre sur le Pacifique. En contournant la péninsule, nous vîmes que des crêtes d'écume blanche agitaient le chenal. Don avait tenu à parcourir 10 milles de plus mais, après avoir jeté un regard aux vagues, il s'écria: "Je n'ai aucune envie d'affronter ces crêtes avec un tel vent; nous allons consommer trop de gas-oil. Sors la ligne de sonde et prépare-toi à sonder; nous mouillerons à l'île Gort."

Sur la carte, l'île Gort apparaissait comme un point microscopique sur la rive ouest du canal Trinidad et son nom n'y figurait même pas. Le *Pilot* ne mentionnait aucun mouillage. Nerveuse, je ne cessai de relire les *Avertissements* inscrits sur la carte:

1. La zone que couvre cette carte n'a pas été entièrement relevée. Les marins doivent observer la plus grande prudence lorsqu'ils naviguent dans ces eaux partiellement sondées.

2. Les renseignements détaillés n'y figurent pas ou ont été développés dans les zones couvertes par des cartes à plus grande échelle.

La vision des vagues du canal Concepcion me dégrisa. Le sermon de Don prenait maintenant tout son sens. Il avait raison: un seul faux pas et ce serait la fin. *Une vigilance constante, l'expression favorite de Don, voilà la seule façon de pouvoir atteindre Punta Arenas,* pensai-je.

En observant le rivage de l'île Gort aux jumelles, nous pouvions distinguer une zone dégagée, une couronne d'arbres carbonisés, un objet bleu vif qui ressemblait à un lit. Notre imagination s'enflammait: était-ce le refuge d'un équipage échoué, le campement d'un vieux pêcheur, ou les restes d'une épave de navire? Peut-être allons-nous bientôt tomber sur un autre camp occupé par des gens bien vivants!

La nuit venue, Don alluma le feu de mouillage pour la première fois depuis que nous avions quitté le Mexique. A 20 h 45 nous aperçûmes un navire dans le chenal principal. Surexcitée, je courus chercher le projecteur. Don fit un signal SOS. Pas de réponse. Une heure plus tard, nous ressentîmes les remous de son sillage. Ainsi donc, la première fois où nous avions observé de semblables remous, le navire qui les avait produits nous avait sans doute précédé de beaucoup et était passé avant même que nous ayons jeté l'ancre!

"A l'exception des hors-bords à Rapa Nui, cela fait grosso-modo 100 jours que nous n'avons pas vu de bateau", fit remarquer Don. "Cela m'étonne d'avoir parcouru tant de milles et d'avoir aperçu aussi peu de trafic!"

Après le dîner, j'écrivis dans le livre de bord: "Réparations exécutées aujourd'hui: 1) ligature des bouts du cordage du tangon bâbord ainsi que de l'extrémité de l'écoute de la voile d'avant, qui commençaient à s'effilocher. 2) réparation du rail de la voile d'artimon, de sorte que nous pouvons maintenant utiliser cette voile. Durée totale de ces réparations: 1 h 1/2. Bon dîner: spaghettis à la sauce tomate préparés avec un stick de viande émietté, de l'origan, des feuilles de laurier et, en accompagnement, du vin rouge (unique bouteille ayant échappé à la casse); comme dessert, du tapioca.

Dans mon journal intime, je tins des propos plus positifs que ceux de la nuit précédente:

Aujourd'hui la journée a été meilleure. Nous avons accompli ensemble du bon travail. Nous étions gais! Un simple "merci" ou "tu as fait du bon boulot" ou encore "je suis désolé" me sont allés droit au cœur. Si seulement Don pouvait continuer sur cette voie, il y aurait tellement moins d'anicroches entre nous! Car il cache, derrière ses fanfaronnades et son arrogance, un fond de tendresse qui explique mon attachement pour lui. Si l'on totalise le nombre de fois où j'ai évoqué son comportement, je dois avoir réussi un joli score! Mais peut-être ce périple sera-t-il une étape décisive vers l'adoucissement de son caractère.

15 MARS

Ce jour-là, Don inscrivit dans le livre de bord: "Avec une certaine élégance, nous avons appareillé à la voile à 8 h 45. Hélas, nous nous sommes trouvés encalminés derrière l'île Gort et avons dû mettre le moteur à 9 h 10. Temps clair, visibilité parfaite, pression du baromètre stabilisée à 775 mm. Avons viré au sud pour nous engager dans le canal Concepcion mais, en raison du vent trop fort nous arrivant de face, avons dû abattre sous le vent et jeter l'ancre CQR dans 27 m d'eau sur la côte sud, à Seno Molyneux. Un endroit déconseillé en cas d'inversion du vent. Distance parcourue dans la journée: 16,2 milles (total cumulé: 43,4 milles. Quelle lenteur!)"

Le *Pilot* citait Seno Molyneux comme étant l'un des deux seuls bons mouillages du canal Concepcion, long de 23 milles. Le phare de la Punta San Miguel, situé de l'autre côté du détroit, était le premier feu de navigation en état de fonctionner que nous apercevions depuis notre départ d'Acapulco.

Don écrivit dans son journal:

Cette nuit, nous avons de nouveau allumé le feu de mouillage et j'ai regardé dehors toutes les vingt minutes pour surveiller l'arrivée d'un navire.

Déçu de n'avoir aperçu aujourd'hui aucun bateau, pas même de pêche, alors que nous sommes maintenant dans le canal proprement dit et notamment à Seno Molyneux considéré comme un des meilleurs mouillages de cette zone. Deux bouées signalant des dangers sur la rive nord contribuent à rendre cet endroit plus menaçant encore: l'une indique Roca Fawn sur lequel le HMS *Fawn* s'est écrasé en 1870. Il y a eu aussi, par ici, le naufrage d'un grand navire à vapeur. Le *Pilot* dit que de violentes rafales de vent balayent le détroit Molyneux, frappant les navires de plein fouet et que, lorsque le USS *Pinto* a subi ici une violente tempête, la force des vents variait de 4 à 11! (aucune mention de date).

Je me sens un peu déprimé. Je viens de passer plusieurs heures à étudier à la fois le *Pilot* et la carte. J'ai dressé un plan qui nécessite des déplacements quotidiens d'environ 25 milles chacun. Plusieurs mouillages sont médiocres. En fait, effectuer cette traversée jusqu'à Punta Arenas, même sans prendre de risque, semble irrationnel, pour les raisons suivantes: nous ne sommes que deux, nous n'avons pas de grand-voile, ni d'équipement électronique, ni de carte à grande échelle couvrant cette zone jusqu'au détroit; nous manquons de gas-oil et la voie d'eau qui s'est produite sur le *Dauphin* nous oblige à pomper l'eau des fonds en donnant quotidiennement plusieurs centaines de coups. Je pense que le bateau finira par sombrer d'ici une semaine si nous n'effectuons pas de réparations sérieuses. J'ai essayé, cet après-midi, de faire marcher la radio mais sans succès. Les mains de Réanne et les miennes sont encore gonflées et maladroites; j'espère qu'elles guériront bientôt. Quel beau temps pour voler! Pourquoi n'y a-t-il aucun avion dans le ciel?

H.W Tilman et son équipage avaient tenté de mouiller le *Mischief* au même endroit en 1956 mais, la nuit venue, une bourrasque avait emmêlé la chaîne autour de l'ancre et ils avaient été contraints de gagner le plein milieu du détroit et de mettre le bateau à la cape jusqu'à l'aube.

Auparavant, en traversant le "ice cap", le *Mischief*, conduit par Tilman et deux hommes d'équipage, s'était échoué. Les dommages à l'hélice ayant rendu le moteur inutile, l'équipage ne pouvait plus compter que sur les voiles pour naviguer dans les chenaux. Le chargeur de batterie lui aussi détérioré, ils ne pouvaient plus, comme nous-mêmes, capter les tops horaires à la radio. Tenant à s'éloigner le plus vite possible de la côte, Tilman avait dû choisir entre le canal Trinidad et le canal Concepcion, ouverts sur le Pacifique. Et il avait décidé de s'engager dans le second:

Le canal Trinidad long de 40 milles s'ouvre sur le Pacifique. Comme il est orienté nord-ouest, il est soumis à un vent dominant qui soulève une grosse houle rendant éprouvante la progression d'un voilier vent debout ... Comme [le canal Concepcion] ...est orienté ouest-sud, nous devrions être protégés de la houle du Pacifique par les îles Madre de Dios et Duke of York... La distance pour gagner la haute mer est plus courte par cet itinéraire mais nous devrons entrer dans ce canal par un degré plus au sud, à la latitude 52°S. (2)

Des vents de tempête avaient frappé de plein fouet le *Mischief* lorsque Tilman et son équipage pénétrèrent dans l'Océan Austral, essayant vainement de virer au nord. Tilman avait alors proposé de rentrer en Angleterre via le cap Horn et Valparaiso où ils devaient récupérer des vivres mais l'équipage n'avait pas approuvé cette idée. Après avoir lutté contre les éléments pendant trois ou quatre jours, ils avaient enfin réussi à virer au nord.

Quand je pensais à ce que Tilman avait pu accomplir avec l'aide de quatre hommes, j'étais fière de ce que nous avions réussi à faire rien qu'à nous deux. Cependant le bon moral ne m'aidait pas à combattre le virus que j'avais attrapé.

18 h 15. Ai dormi trois heures cet après-midi, après avoir ancré le bateau. Je suis épuisée; j'ai mal à la gorge et des frissons. Je ne comprends pas comment ces symptômes sont apparus. Car, en dehors de l'infection urinaire survenue lors de la traversée de l'île de Pâques et qui était due à une absorption insuffisante de liquide, ma santé est restée bonne, tout comme celle de Don. L'absence de contacts humains prouve que c'est bien mon état d'affaiblissement qui a activé ce virus; j'ai le sentiment d'avoir touché le fond.

Après ma sieste, j'ai remis de l'ordre dans les coffrets de l'armée: un premier fut affecté au matériel photo, un deuxième aux médicaments et aux produits de toilette, un troisième aux appareils de précision de Don, un quatrième aux objets personnels auxquels je tenais (journaux, etc.). J'ai terminé le bonnet de laine que j'avais commencé à tricoter, il y a six semaines, pour Don qui le trouve à son goût.

17 MARS

4 h. Ce fut une nuit aussi pénible que celle que le Mischief *avait connue. Toute la nuit, des rafales de vent se sont engouffrées jusqu'à Seno Molyneux et nous n'avons eu droit qu'à trois quarts d'heure de sommeil. Le* Dauphin *qui n'a pas cessé de se cabrer a été violemment malmené.*

Au lever du jour, le vent qui avait tourné au sud-est s'était calmé. Nous pûmes appareiller avec une bonne visibilité. Je pris le quart pendant que Don faisait un petit somme. A 9 h 20, alors que nous nous trouvions à 6 milles au sud de Seno Molyneux, je repérai un navire. Toute excitée, je criai: "Sur le pont! Navire en vue!" Le capot s'ouvrit et Don reprit le contrôle du bateau tandis que je descendais chercher les messages que j'avais dactylographiés à l'intention de son associé P.J. et du capitaine du port de Punta Arenas.

"Quelle veine!" s'exclama Don, "Enfin de l'aide!" Il prit un cap de collision, mit le moteur à plein régime, se dirigea droit au centre du canal pour intercepter le navire en vue. J'accrochai puis hissai le pavillon international de détresse. Nous sortîmes nos défenses de l'équipet et les posâmes sur le pont à bâbord, prêts à être installés le long du bateau. J'inserai les messages dans une pochette étanche que j'enfouis dans mon pantalon, imaginant le bonheur extrême de mes parents en apprenant que nous étions sains et saufs. Puis, aux aguets, nous restâmes là à attendre.

Lorsque le navire ne fut plus qu'à un demi mille de distance, Don ralentit le moteur et décrivit un étroit cercle devant sa proue. Mais, à 70 m seulement de nous, le cargo changea de cap et nous dépassa en accélérant.

Don s'empara de ses jumelles: "Il doit y avoir erreur!" dit-il en les braquant sur le bridge-deck du navire. "Bon Dieu! J'aperçois trois gars qui regardent avec des jumelles dans notre direction! Que se passe-t-il donc?" Il mit ses mains en porte-voix autour de sa bouche. Mais, imperturbable, le cargo continua sa route à vive allure et son nom, le SS *Anaconda Valley* de Stockholm, s'estompa peu à peu. Nous demeurâmes pendant plusieurs minutes dans le remous de son sillage, espérant que son équipage finirait par réagir. Mais il ne se passa rien.

"Ça alors!" m'écriai-je, "Que croyaient-ils que nous faisions...une croisière dominicale peut-être? Il ne passe guère plus d'un ou deux voiliers par an dans ces parages, et encore... Qui sait, ils ont peut-être envoyé un message radio à Punta Arenas."

Don remit les gaz et nous nous dirigeâmes cap au sud. "Oui, c'est vraiment étrange... Ne t'inquiète pas, chérie. Nous nous débrouillerons tout seuls", répondit-il.

Ce n'était pas pour moi que je m'inquiétais mais pour mes parents qui attendaient de nos nouvelles depuis si longtemps: plus de six semaines s'étaient écoulées depuis que nous avions eu une conversation avec eux et presque un mois depuis notre dernier contact radio.

La beauté du paysage était apaisante. Nous avions l'impression de naviguer au cœur de la Yosemite Valley: des vallées coupées de glaciers et des sommets granitiques, massifs et arrondis, bordaient les deux rives de ce chenal large de 5 milles. Certaines pentes étaient si lisses et si escarpées que seule un maigre végétation parvenait à s'y accrocher. Sur d'autres déclivités, au contraire, les cyprès, les lauriers, les hêtres, les fougères et les mousses constituaient une végétation si dense qu'elle était impénétrable à l'homme. Parfois, les rives plongeaient si abruptement dans l'eau que je m'imaginais soulever le *Dauphin* jusqu'en haut de la paroi rocheuse et attacher sa poupe à l'un de ces arbres enrubannés de champignons jaune vif ou orange.

Au cours de la traversée de cette région à bord du *Beagle*, Charles Darwin évoquait ces *"énormes masses granitiques, grandioses et abruptes, qui semblent remonter aux origines du monde... Ces hautes chaînes imposantes au relief compliqué semblent défier le temps, sans que l'homme ou l'animal puissent en tirer un quelconque profit. Pour les géologues, le granite est une roche ordinaire mais parce qu'il est largement répandu et offre une belle texture compacte, il jouit d'une notoriété bien plus ancienne que la plupart des autres roches... Nous savons aussi que le granite constitue la couche géologique la plus profonde de la croûte terrestre que l'homme a pu atteindre."* (3)

Nous changeâmes de cap et nous nous dirigeâmes vers le sud-est pour nous engager dans le canal Inocentes. Peu après midi nous aperçûmes un second vaisseau, un navire-citerne cette fois.

Celui-là s'arrêtera, me dis-je.

Don ouvrit complètement le couvercle de l'équipet et se pencha sur l'ouverture pour en retirer un porte-voix orange enduit de gas-oil. Après avoir amené la voile d'avant, nous décrivîmes trois cercles en plein milieu du chenal. Don leva le porte-voix, prêt à lancer un message tandis que je me précipitai vers le mât en agitant les bras et en désigant le pavillon de détresse qui flottait au-dessus de moi.

Aucune réponse. Tout comme l'*Anaconda Valley*, le navire passa doucement devant nous et si près que nous pouvions apercevoir son équipage asiatique aligné sur le pont supérieur, souriant et agitant les mains.

Que se passait-il? Les deux géants nous avaient méprisés. Pourquoi les Règles Internationales de Détresse n'étaient-elles pas respectées ici? Pourtant, les navires ont l'obligation d'appliquer ces Règles qui sont de s'arrêter et de porter secours. Mais que pouvions-nous faire? Je descendis inscrire dans le livre de bord: "Le *Cheun On* de Panama a préféré nous ignorer." Je jetai un coup d'œil à ma montre qui indiquait 13 h 35 et remontai sur le pont.

"Des signes de main et des sourires... eh bien, c'est mieux que l'*Anaconda Valley*", conclus-je.

Don désigna les sous-vêtements et les chaussettes mises à sécher sur les lignes de vie en ajoutant: "Il se peut que nous n'ayions pas l'air d'être suffisamment en détresse."

"Nous avons pourtant hissé le pavillon de détresse!" lui répondis-je, furieuse.

"Oui, c'est vraiment la pire insulte: apercevoir un pavillon de détresse et préférer l'ignorer! Je n'arrive pas à comprendre ça. Eh bien, je souhaite aux capitaines de s'étouffer avec leur "filet mignon"!.... Un des membres de l'équipage finira bien par se sentir coupable et raconter que le yacht américain en retard a mis cap au sud et s'est engagé dans les chenaux." (4)

Bahia Wide, notre mouillage de la journée, figurait sur la liste des "mouillages non recommandés" mais, comparé à celui de Seno Molyneux, c'était un paradis. En nous y infiltrant, nous pûmes aisément en repérer les dangers. C'était une anse ensoleillée et chaude, abritée du vent par des îlots bas.

Don se déshabilla et s'allongea dans le cockpit pour prendre un bain de soleil. Je me dévêtis également des pieds jusqu'à la taille et me rasai les jambes pour la première fois depuis plus d'un mois.

"Pourquoi te rases-tu? Tu as vraiment l'air sexy avec tes jambes poilues. (Il adorait "le naturel").

Mes jambes ressemblaient effectivement à une forêt de Patagonie. Sous mon caleçon long, la pousse du poil s'était activée et me causait des démangeaisons. Mais je ne pris pas la peine de le lui expliquer.

Quand le temps commença à se refroidir en fin d'après-midi, nous nous rhabillâmes avant de retirer la grand-voile et de batailler pour la faire descendre par l'ouverture du capot et l'introduire dans le poste avant. Puis nous fixâmes sa bôme sur le toit du rouf à côté de la girouette du gouvernail automatique.

"Voilà qui est fait! Sans bôme de grand-voile, nous aurons vraiment l'air d'être en détresse", conclua Don, "mais ce sera bien le diable si je permets à quiconque de nous secourir maintenant! Qu'ils aillent tous se faire foutre! Si nous n'arrivons pas à nous en sortir tout seuls, au moins nous aurons fait de notre mieux."

Nous étions assis dans le cockpit à observer les bébés oies qui apprenaient à voler. Quelques-uns s'élançaient seuls, effleurant la surface de l'eau de leurs battements d'ailes maladroits et irréguliers. Il régnait un tel calme que nous percevions le sifflement de l'air sur leurs ailes. Ces oisons captaient notre attention qu'ils disputaient aux *patos vapor*. Ces canards étaient aussi divertissants que les poissons volants de la côte mexicaine. Ils me faisaient penser à des oiseaux mécaniques que l'on aurait remontés: leurs ailes battaient en décrivant des cercles comme des roues à aubes latérales. La description que Tilman en avait faite me plaisait beaucoup:

Leurs ailes sont trop petites et trop faibles pour voler mais ils s'élancent sur l'eau avec une vitesse étonnante, nageant et courant tout à la fois, battant l'eau de leurs ailes, faisant tant d'éclaboussures et un tel raffut que leur agitation apparaît extrêmement comique... A l'approche du Mischief, *cet étrange monstre marin, ils se sont d'abord mis à nager en ronds incertains, puis se sont agités et rassemblés, prenant de la vitesse comme s'il s'était agi d'une course de survie. Cette vitesse augmentait de plus en plus jusqu'à ce que la bande choisisse d'un commun accord la dispersion dans le désordre. Dans leur fuite éperdue, ils actionnaient leurs ailes et leurs pattes à la manière de pistons, disparaissant dans des nuages d'embruns. On estime que leur vitesse peut atteindre15 à 20 nœuds.* (5)

Après le dîner, nous ouvrîmes notre dernière boîte de lait de poule dans lequel nous versâmes une rasade de rhum mexicain provenant de la dernière bouteille d'alcool ayant survécu au chavirage. Nous entonnâmes des chansons de cowboys, des chansons italiennes et irlandaises. L'alcool me rendit mélancolique et les chansons irlandaises me firent penser à mes parents, notamment à mon père jouant du piano et chantant les vieux airs irlandais qu'il avait appris lorsqu'il était petit garçon. Je me mis à entonner *The Shoogy Shoo* (un swing) qui était l'un de ses chants favoris et fondis en larmes. Trop de souvenirs ressurgissaient.

"Pourquoi pleures-tu maintenant?" interrogea Don de son ton d'ingénieur. "Tu n'as pas fondu en larmes lorsque les deux navires nous ont ignorés!"

Le ton de sa voix m'irrita et j'arrêtai de pleurer. Je restai un moment silencieuse, réfléchissant à sa question. Puis je lui répondis: "Mes affaires personnelles seules sont la cause de ma tristesse ou de ma déprime, qu'il s'agisse de la mort de quelqu'un que j'aime, ou de mes affrontements avec toi, de tes réflexions blessantes, de tes attaques injustes, ou encore du sentiment de frustration de ne pas pouvoir contrôler la situation. Voir un vieil homme glisser et tomber dans la rue pourrait aussi me mettre la larme à l'œil, de même que la vue d'une carte de la Saint-Valentin me rappelant ma première histoire d'amour! Quelques méchancetés à l'adresse de mes propres enfants pourraient aussi provoquer chez moi une crise de larmes."

"Mais comment peux-tu ne pas être affectée par ce qui s'est passé? Cela semble si injuste!" insista-t-il.

"Parce que c'est *impersonnel*. J'ai ressenti de la déception et de la colère mais cela ne m'a pas touché personnellement. Je pense avoir eu une attitude philosophe."

Il se versa carrément une tasse de rhum: "Une attitude philosophe! Dieu tout-puissant! Nous n'avons pas vu un seul bateau depuis Acapulco et tu soutiens que cela ne t'a rien fait quand ils ont filé!

"La pilule était effectivement amère mais je l'ai avalée. Une chose est certaine: cela m'a fait l'effet d'un coup de massue et j'ai été fortement déçue. Mais nos affaires s'arrangent: le moteur marche et nous progressons vers le sud. Nous n'avons plus besoin de secours. J'aurais simplement souhaité que ces navires s'arrêtent pour avertir notre famille. Cela me fait de la peine pour elle, pas pour moi."

Ma réponse le laissa perplexe. Il secoua la tête: "Je n'arrive pas à croire que tu ne ressentes pas plus que ça!" Il aurait bien voulu sonder mon âme mais, le lait de poule au rhum m'ayant rendue somnolente, je dus aller me coucher.

Don resta éveillé, occupé à vider la bouteille de rhum. Je l'entendis pincer les cordes de la mandoline qu'il venait de découvrir en bon état et sèche, au pied de la couchette de Carl. Il se mit à la gratter en maudissant, par de vilaines paroles, l'*Anaconda Valley* et le *Cheun On*. A chaque gorgée de rhum son ton devenait plus mélodramatique et il déclamait à pleins poumons *Invictus*, *Sea Fever* et des passages de *Macbeth*.

La dernière goutte de rhum avalée, il sauta dans la couchette et se blottit contre moi en me couvrant de baisers amoureux. Une minute plus tard, il ronflait.

Dans la matinée, je découvris qu'il avait noirci huit pages de son journal en commentant notre mésaventure et en exposant les conclusions qu'il en avait tirées:

Nous ne devrions pas gaspiller notre temps en jérémiades: la vie ne tient qu'à un fil, c'est un bien précieux; une vigilance constante est le prix à payer pour rester en vie; l'amour fait que cela en vaut la peine; les choses doivent être partagées pour prendre leur pleine signification; c'est formidable d'être encore en vie et de pouvoir avoir une seconde chance; il est préférable de nous attaquer aux problèmes, un par un; mon rêve était plutôt ridicule. Sa conclusion, écrite en lettres capitales: PATIENCE était à peine déchiffrable.

NOTES

1. De nombreux propriétaires de bateaux apposent, au-dessus de leurs toilettes, une plaque rappelant aux passagers non marins qu'à l'exception des matières mâchées et digérées (et du papier hygiénique en petites quantités), rien ne doit être jeté dans la canalisation. Utiliser des pages de livre aurait occasionné une catastrophe. N'importe quel propriétaire de bateau sait quel travail épouvantable représente le démontage d'un siphon.

2. *Mischief in Patagonia*, p. 153.

3. *The Voyage of the Beagle*, p. 285

4. Nous avions lu que le coût d'un navire en route était de 10 000 à 20 000 dollars l'heure. Ce coût s'accroît, bien entendu, lorsque le navire s'arrête en cours de route. Tout navire de commerce circulant dans ces chenaux doit louer les services d'un pilote chilien. Accordant le bénéfice du doute aux navires qui étaient passés devant nous, nous avions aussi supposé que les pilotes étaient traduits devant un tribunal en cas de retard. Cependant, lorsque, par la suite, nous avons porté ces faits à la connaissance de l'Amiral Eduardo Allen qui commandait à l'époque la Région maritime des Magallanes, ce dernier fut choqué d'apprendre qu'aucun de ces deux navires ne s'était arrêté et il nous informa qu'il poursuivrait leurs capitaines pour violation des Règles Internationales de Navigation.

5. *Mischief in Patagonia*, p. 92.

CHAPITRE 13

Rencontre du Vendredi Saint

18 MARS

La double humiliation subie la journée précédente et la pénurie de boisson avaient insufflé à Don de l'énergie: son ivresse l'avait fait sortir de lui-même et il avait surmonté sa déception en écrivant. Il était impatient de partir et ne cessait de répéter: "Oublions ces navires! Nous gagnerons Punta Arenas tout seuls et nous pousserons cette coque jusqu'au bout". Il passa des heures à revoir ses estimations et à refaire ses calculs aux fins d'établir le meilleur itinéraire nous permettant de rallier Punta Arenas en deux semaines. Son nouveau plan consistant à naviguer à une moyenne de 30 à 35 milles par jour dépendait essentiellement du maintien des conditions atmosphériques favorables dont nous jouissions alors. Habitués à un ciel clair et à un bas taux d'humidité, notre disposition d'esprit était celle de personnes s'apprêtant à descendre la côte californienne.

Mais les puissances d'en haut en décidèrent autrement et contrarièrent les plans de Don. Le temps habituel en Patagonie revint à la charge comme pour prendre sa revanche. Les températures se mirent à chuter, de violentes bourrasques se firent sentir, accompagnées d'une pluie, morne et incessante, et d'un froid lugubre et glacial que je croyais révolus. Mon intuition m'incitait à ne pas me reposer sur mes lauriers et me dissuadait de trop espérer et de m'attacher à ce misérable endroit.

Les lieux de passage et les mouillages que nous avions prévus pour les quelques jours à venir devaient nous faire permettre de franchir le goulet Guia (Angostura Guia) puis de gagner le détroit de Magellan par le canal Sarmiento, le chenal le plus long reliant le canal Trinidad au détroit. Ce canal, d'une longueur de 67 milles, était orienté S-SE suivant une ligne en pointillé presque précise. Sur tout le parcours, des monolithes de granite polis par les glaciers se dressaient, abrupts, à plus de 600 m et, telles des rubans, des cascades dévalaient des crêtes couvertes de neige.

Nous avions tout d'abord mis le cap sur Puerto Bueno, situé à un quart du parcours total du canal Sarmiento, puis sur Puerto Mayne, à 20 milles plus au sud. Au-delà, des mouillages sûrs seraient plus difficiles à trouver.

Le temps empirait. Malmené par des vagues courtes, hachées, violentes et enchevêtrées, le *Dauphin* piquait de l'avant, faisait des embardées et roulait en suivant le chenal. Le fait d'apercevoir la terre à un mille de distance seulement ne me rassurait nullement car les conditions météorologiques étaient exactement celles dont j'avais lu la description. Elles étaient effroyables!

J'avais du mal à manœuvrer la barre et Don assurait la plupart des veilles. Au départ, les vents de tempête constituaient un avantage: nous filions vers Puerto Bueno, les voiles d'artimon et d'avant gonflées à bloc. Mais en arrivant à Fiordo Peel(1), situé à l'intersection de l'entrée Nord du canal Sarmiento, presque à angle droit avec l'Est, nous fûmes accueillis par des vents glacés soufflant des glaciers de couleur tourmaline du fjord avec une intensité inattendue. D'après le *Pilot*, on peut apercevoir, dans cette zone, des "growlers", icebergs dérivants "qui rendent la navigation dangereuse... lorsque la visibilité est faible".(2)

Don aimait ce défi qu'il comparait à celui qui l'avait fait frissonner la première fois qu'il avait franchi Deception Pass, ce passage étroit et dangereux du Goulet Puget, connu pour ses courants violents et ses remous. Il écrivit:

Ici, à Angostura Guia, les courants peuvent atteindre 8 nœuds et le *Pilot* met en garde contre un courant transversal susceptible d'entraîner un bateau sur la rive Sud. Nous ne possédons aucun annuaire des marées mais, aujourd'hui, nous avons eu la chance d'accéder directement à cet endroit. La mer était courte mais le courant nous a précipités dans ce goulet et j'avais du mal à garder le contrôle du bateau. Grâce à Réanne postée en vigie sur le beaupré, cette expérience m'a apporté une grande satisfaction. Les vents violents soufflant en bourrasques ont continué à faire rage mais nous avons suivi jusqu'au bout, à la voile, ce chenal qui évoque une Yosemite Valley inondée.

J'avais étendu notre taud sur le cockpit de manière à pouvoir diriger le bateau sans être douchés. Les températures se maintenaient autour de 5°C mais nous prenions nos repas, blottis sous cette tente, une couverture militaire couvrant nos jambes. Cette installation ne dura pas longtemps. En effet, les coups de vent menaçaient de mettre la toile en lambeaux, quel que fut l'endroit où elle était attachée.

La pluie s'infiltrait sans arrêt à l'intérieur de la cabine et, bientôt, toute ma batterie de cuisine fut utilisée pour recueillir les gouttes d'eau. La cuisine et le carré résonnaient de sons aigus, semblables à ceux qui s'échappent de violons dont on pince les cordes. Ils paraissaient vouloir concurrencer le hululement du vent.

Puerto Bueno portait bien son nom qui signifie "Bon Port". Ses berges herbeuses bordées de cèdres et d'arbustes faisaient penser au terrain gazonné d'un *country club* bien entretenu plutôt qu'à un paysage sauvage de Patagonie. Dans la soirée, un soleil de bonne augure perça les nuages sombres et un arc-en-ciel surgit au sud-est. Bien que le hurlement du vent et les vibrations engendrées par ces terribles bourrasques nous empêchâssent de dormir, nous ne nous sentions pas en danger. En effet, je n'aurais pas pu choisir un meilleur lieu d'ancrage que celui-là. Autant j'avais aimé Darsena Aid et d'autres mouillages pour leur beauté, autant j'appréciais Puerto Bueno pour la sécurité de son abri.

Ce matin du 18 mars, des pluies torrentielles empêchaient toute visibilité et, lorsque Don suggéra que nous nous offriions un jour de repos, j'en fus ravie. Depuis deux jours que je luttais contre des douleurs, des frissons et un mal de gorge opiniâtre, la pensée d'appareiller par un tel temps ne m'enchantait guère. Je passai donc la journée au lit. Cette nuit, j'écrivis:

Il a plu à verse toute la journée et le vent n'a pas cessé de mugir. Mais nous sommes ici en sécurité, solidement ancrés. C'est une journée idéale pour dormir!

Je me vide de mon énergie et j'ignore si c'est à cause du temps ou bien de mon état physique. Nous avons été tellement tendus tout le long du trajet, sans cesse occupés à scruter les rochers, à manœuvrer contre les courants, à surveiller la résistance des étais et des bômes, que je me sens incapable du moindre enthousiasme pour quoi que ce soit alors que nous sommes enfin au mouillage...

Dans l'intérêt de Don, j'essaye de faire bonne contenance afin de ne pas le décourager mais je suis dans les vapes. Mon esprit et mes sens sont engourdis. Tout me manque: les nouvelles, les programmes de la BBC, les contacts avec les autres radio-amateurs, la possibilité de communiquer avec mes amis français et d'échanger des idées avec mes collègues dont j'appréciais les réparties, les plaisanteries et les moqueries. J'ignore si ces symptômes grippaux sont ou non la cause de ma léthargie. Ce matin, je me suis aperçue que je n'ai pas rêvé depuis plus d'une semaine.

Don, quant à lui, est stimulé par les changements de temps, par les courants et les coups de vent. Il calcule notre progression, note des idées pour des articles de journaux, dresse l'itinéraire du lendemain. Il ne comprendrait pas le besoin que j'ai d'une stimulation extérieure. Grâce à Dieu, les hauts et les bas de notre moral ne semblent jamais coïncider!

Bien que Don demeurât persuadé que ma grippe n'était qu'une "maladie de l'esprit", il fut cependant impressionné par mon comportement. En effet, il écrivit: R. a montré une attitude positive aujourd'hui. Elle a passé presque toute la journée au lit mais elle s'est levée cette nuit et a fait cuire un pain irlandais pendant que j'étais occupé à entretenir le feu.

Je commençais à me demander si mon incapacité à juguler mon mal de gorge n'était pas dû à une carence en fer. J'avais ressenti un tel besoin d'épinards et de betteraves que, après avoir ouvert une boîte, j'étais capable, comme Popeye, d'en engloutir le contenu tout entier en une seule fois et sans assaisonnement. Or il ne nous restait plus que quelques boîtes de chacun de ces légumes et je ne m'étais pas encore débarrassée de mon appétit pour eux. De plus, j'avalais quotidiennement la moitié d'une boîte de sucre glace. Mon corps m'envoyait des signaux et la seule chose que je pouvais faire était d'essayer de lui fournir ce qu'il réclamait.

19 MARS

Ces vents de tempête incessants nous apportaient cependant quelques compensations. Ils permettaient une meilleure visibilité et, après notre départ de Puerto Bueno pour Puerto Mayne, ils nous propulsèrent dans un canal Sarmiento agité et moutonneux. Comme je continuais à souffrir de la gorge, Don assuma les quatre heures de quart à la barre, appréciant chaque minute qui passait, ainsi qu'il le consigna par la suite:

On a du mal à imaginer qu'un endroit comme celui-ci puisse être aussi changeant et que ces changements puissent être aussi brusques et radicaux. A cet instant même, il fait terriblement sombre. Les montagnes et leurs sommets s'estompent avant de disparaître complètement; les vagues s'amoncellent à chaque rafale de vent et, la plupart du temps, il pleut simplement à verse, à verse, à verse...

Est-ce là un rituel de la nature pour permettre aux conditions atmosphériques existantes de faire place à de nouvelles ou bien une démonstration de puissance émanant de pressions rivales? Il n'y a rien d'étonnant à ce que l'imagination de Darwin se soit enflammée au cours de ses expéditions, dans les années 1830!

Cet après-midi, j'ai répondu, dans la pluie, à l'appel de la nature, et n'ai pu m'empêcher de penser à ce que la marine chilienne aurait dit en me voyant, le cul à l'air, accroupi sur la poupe. Tout en déchirant les pages de l'*Exorciste*, je n'ai pas cessé de regarder derrière moi pour m'assurer qu'il n'y avait personne.

Puerto Mayne était situé à mi-parcours des 150 milles menant au détroit de Magellan. Nous étions encore à 300 milles environ de Punta Arenas et un temps affreux semblait s'être installé pour de bon. Le mouillage n'était pas bien protégé. Dans l'heure même de notre arrivée, l'ancre chassa et nous dûmes la mouiller à nouveau. Dans l'obscurité, le vent du nord soufflait à plus de 40 nœuds et nous dûmes jeter deux ancres supplémentaires à tribord et à bâbord arrière pour ne pas être jetés au rivage.

A 20 h, il y eut une soudaine accalmie. Je montai sur le pont pour voir ce que ce silence signifiait. Eclairés par une lune presque pleine, les nuages couronnaient l'horizon, tandis qu'au-dessus de nous s'étendait une masse bleu nuit. Ce silence... c'était l'œil de la tempête!

"Pourquoi cette damnée tempête ne peut-elle jamais passer à l'écart?" se lamentait Don "Nous nous trouvons toujours pris en plein dedans! Ce sont bien là les conditions météorologiques que nous avions connues deux jours avant de sancir. J'ai déjà eu droit à toutes les sensations fortes que je désirais!"

Le baromètre poursuivait sa chute et le silence fit place à un bruit de timbales. Le vent sauta de 180° et se mit à hurler dans le gréement, secouant les mâts, faisant tournoyer le bateau et emmêlant les trois cordages d'ancre en un écheveau.

20 MARS

A 2 h du matin, Don écrivit:

Le vent a soufflé en bourrasques si furieusement que nous n'osons même pas dormir. Cependant nous ne pouvons pas rester debout plus longtemps, nous sommes trop épuisés. Je viens de vérifier les ancres mais l'obscurité accompagnant ces rafales de pluie est telle qu'il n'y a aucun point de repère pour voir ce que l'on fait. J'en suis effrayé mais il n'y a rien à faire: les ancres resteront livrées à elles-mêmes pendant que nous essayerons de dormir. Mon Dieu, je suis heureux que nous ayons décidé de mouiller ici au lieu de poursuivre notre route vers le sud. Nous serions réduits en miettes à l'heure actuelle. Rien que d'y penser, cela me rend malade!

Nous avons eu une chance du diable d'avoir pu entrer dans Puerto Mayne. Nous avons dû virer dans le vent et, en dépit du moteur lancé à plein régime, j'ai eu du mal à garder le cap. C'est alors que je me suis souvenu de la technique utilisée par mon oncle Phil lors de sa remontée en canoé de l'Inside Passage vers l'Alaska. "Quand les courants sont contraires", m'avait-il dit, "dirige-toi vers le rivage pour profiter des courants de retour qui te permettront de naviguer vent debout." Et c'est ce que j'ai fait. R. a failli tomber en syncope lorsqu'elle nous a vus si près de la côte mais c'était le seul moyen.

A 6 h du matin, Don se leva pour aller voir le temps. Un épais rideau de pluie nous enveloppait et on n'y voyait pas à plus de 3 m. "Je crois que nous ferions mieux de rester ici un jour de plus. Qu'en penses-tu?"

Je passai la tête par l'ouverture du capot et regardai vers l'avant. Un petit albatros picorait sur le guignol en bon état, s'y accrochant par les pattes pour mieux préserver sa précieuse vie. Je refermai le capot et secouai la pluie mouillant mes cheveux. "Oui, je le crois aussi."

Le visage de Don avait perdu ses couleurs. L'enthousiasme qui l'animait depuis deux jours avait disparu. "Je crois que je n'ai plus le moral", me dit-il, "Je traverse en ce moment une mauvaise passe et m'efforce de refouler le sentiment de peur qui me dicte de fuir le plus loin possible. En ne progressant que de 20 milles par jour, j'ai l'impression que nous nous traînons."

On aurait dit qu'il était sur le point de défaillir. Je lui suggérai de retourner se coucher. "Oui, je ne me sens pas très bien. Je crois que je vais y aller."

Ce soir-là, il écrivit:

Je suis resté au lit toute la journée avec un mal de tête et des douleurs. C'est mental, j'en suis sûr. Il m'arrive parfois d'avoir le sentiment de baisser les bras et, aujourd'hui, je pense que c'est le cas. Il y a trop à faire: remplir de kérosène les bouteilles et les lampes; pomper quotidiennement plusieurs centaines de litres d'eau dans la cale; surveiller le baromètre et vérifier les relèvements; lire le *Pilot*; étudier la carte. C'est sans doute cette multitude de préoccupations qui m'a rendu malade. Je suis inquiet à propos de l'ancre: tiendra-t-elle, pourrons-nous la remonter demain matin?La moindre tâche comme pomper l'eau des fonds, préparer les repas, remplir la thermos, prend tant de temps que nous sommes tout simplement éreintés.La fuite d'eau du bateau nécessite 600 doubles coups de pompe par jour, soit un total d'au moins 1400 litres!

Réanne se sentait mieux aujourd'hui: elle a tapé à la machine à écrire et a chanté. Il est certain que la voir ainsi me fait du bien. Après tout, peut-être réussirons-nous à nous en sortir! Nous n'avons mis aucun chauffage ni hier ni aujourd'hui. Nous devons économiser le combustible que nous utiliserons lorsque nous serons trempés. R. est assise sur la banquette, vêtue de trois chandails et enveloppée d'une couverture de laine, occupée à écrire des lettres, à la lumière du jour ou éclairée seulement par une lampe à pétrole. Ce qui est certain c'est qu'elle endure bien des choses sans se plaindre.

Depuis des jours nous formions une bonne équipe, sans prises de bec. Je me demandai si la "douceur" de Don était à mettre sur le compte de la baisse de son moral ou s'il avait réellement entrepris son "apprentissage" comme il en avait manifesté par écrit le désir dans son ivresse. Quelle qu'en fut la raison, je le préférais ainsi et en conçus de l'espoir pour notre avenir.

21 MARS

"Finies maintenant les complaisances du temps!", s'exclama Don lorsque nous quittâmes Puerto Mayne. C'était le Vendredi Saint. Le ciel était sombre mais la visibilité était bonne. Nous nous étions secoués tant physiquement que moralement. Avec ce vent, Don voulait tenter sa chance et essayer de parcourir 80 milles en une journée.

Avant midi, le soleil fit une brève apparition à travers les nuages. Don voulut en profiter pour faire une visée à midi et vérifier ainsi notre latitude mais le soleil s'éclipsa. Peu après, le baromètre commença à chuter, le vent forcit et il se remit à pleuvoir. Les vagues du canal Sarmiento se dressèrent en crêtes déferlantes atteignant 1,20 m de hauteur.

La voile d'avant fasseyait violemment, l'hélice tournait dans le vide et vrombissait, la barre me résistait. Le bateau avait du mal à avancer et je commençai à m'alarmer. Soudain le loch enregistreur se stabilisa à 8 nœuds et le bateau se mit à surfer sur une gigantesque déferlante blanche d'écume. Je perdis le contrôle de la barre et poussai un cri strident pour que Don me relaye.

"C'est aussi terrible que les grisons!" me lamentai-je, "Nous ne nous en sortirons jamais sains et saufs. Jamais!" Je descendis condamner les panneaux, ne cessant de jurer en tentant de récupérer la batterie de cuisine ballottée par l'eau. J'entendais la voile d'avant qui fasseyait et priai pour qu'elle veuille bien tenir. Je venais juste de tout arrimer lorsque Don m'appela à la barre afin de pouvoir installer un support sur la voile d'avant.

A peine avait-il repris la barre que la bôme de la trinquette se cassa en deux et se secoua comme un poulain attaché à sa longe. "Amène vite la voile d'avant!" m'ordonna-t-il.

Je me précipitai à l'avant et libérai la drisse. Le bateau fit une embardée, Don en perdit le contrôle et nous fûmes emportés par le travers. Le voilier filait à toute allure droit vers le rivage, la trinquette gonflée par chaque rafale de vent, et les fragments de la bôme brisée cognant dans tous les sens. Je n'arrivais pas à en saisir un seul pour l'immobiliser.

"Reviens ici et affale l'artimon!" hurla Don.

J'enroulai prestement la drisse autour de la voile d'avant pour l'empêcher de s'envoler et, à quatre pattes, courus vers l'arrière. J'amenai la voile d'artimon, la ferlai et la fixai à sa bôme.

"Dieu Tout-Puissant! je ne peux pas lâcher la barre pour aller faire démarre ir le moteur. Pour l'amour de Dieu, va attacher cette foutue voile d'avant et viens me remplacer!"

Je regagnai l'avant en courant. La drisse de trinquette s'était libérée et tout était hors contrôle. Je m'emparai d'une section de bôme brisée.

"Attache-la avant qu'elle ne te tue! cria Don

Je saisis la voile et l'enroulai autour des fragments cassés, coinçant tout ce ballot entre mes jambes. Le bateau ralentit l'allure mais nous nous trouvions en travers du chenal et le vent continuait de nous pousser vers le rivage.

Nous sommes fichus, pensai-je, *nous allons nous écraser contre cette paroi de granite.* Je levai les yeux et regardai de l'autre côté du chenal zébré d'écume, juste à temps pour apercevoir la proue d'un navire qui contournait Paso Farquar pour s'engager dans le canal Sarmiento.

"Navire en vue! Navire en vue!" hurlai-je en pointant le doigt dans sa direction.

Don se retourna et jeta un rapide coup d'œil vers le sud. Sa bouche se tordit en une grimace moqueuse: "Et alors! Serre plutôt cette foutue voile d'avant. Ce navire n'est pas prêt à s'arrêter!"

Mes doigts étaient si glacés par la pluie gelée que je demeurais maladroite et ne parvenais pas à nouer les garcettes autour de la voile. Le ton de Don laissait supposer que je montrais peu d'empressement.

"Regarde, il ralentit son allure! Dois-je hisser le pavillon de détresse?"

Le navire vira de 90° pour s'engager dans le canal et j'étais certaine qu'il nous avait aperçus. Nous n'avions pas besoin d'un pavillon de détresse pour appeler l'attention sur notre situation. Nous étions à la cape en travers du canal et il était évident que nous nous trouvions dans une situation critique.

"Nous avons autre chose à faire qu'à nous soucier d'un putain de cargo!" glapit Don, "Tu vois cette muraille de granite au bout du chenal? Eh bien, si nous ne parvenons pas à reprendre le contrôle du bateau, elle est pour nous!"

Je me tus, achevant de nouer la voile d'avant, puis retournai voir le cargo, risquant ainsi d'attiser le courroux de Don.

"Bon sang, Don, regarde ça! Il ralentit son allure."

Don était occupé à enrouler un cordage et ne me prêtait aucune attention. Quand il eut terminé, il se retourna pour observer, à son tour, le navire tandis que je dégringolai l'échelle pour aller chercher les jumelles.

"Jette donc un coup d'œil!" lui dis-je en lui mettant les jumelles dans les mains.

"Bon Dieu, je crois que tu as raison. Il y a quelqu'un sur le troisième pont avec un porte-voix... Mais non, il ne va pas s'arrêter" ricana-t-il "Il veut seulement s'éloigner de notre route... Non, attends un peu!... Regarde son hélice... Oui, il *se prépare à* s'arrêter!"

Le remous causé par l'hélice avait effectivement diminué et le cargo avait entrepris d'effectuer un virage de 180° afin de nous protéger du vent en faisant écran.

Don se rua en bas pour court-circuiter le solénoïde et faire ainsi démarrer le moteur, puis il se hâta de reprendre la barre pour tenter de rapprocher le bateau du lit du vent. Aucune réaction. Don avait laissé la manette des gaz poussée à fond. Une éternité parut s'écouler avant que le bateau ne réponde et, quand il se décida enfin, un violent coup de vent s'empara de la proue, nous entraînant vers la rive opposée. Il fallut cinq minutes pour mettre l'avant du bateau dans le vent, le moteur tournant toujours à plein régime. Finalement, la proue amorça un virage tandis que l'hélice perdait de son mordant. La houle soulevait la poupe, l'hélice émergeait de l'eau et le moteur s'emballait.

"Mon Dieu, j'espère que je vais réussir à faire pivoter cette coque avant que le moteur n'explose!" brailla Don.

Lorsque le navire ne fut plus qu'à 4,5 m, un homme d'équipage se pencha par-dessus le bastingage et cria en anglais dans un porte-voix: "Avez-vous besoin d'aide?" J'aperçus le pavillon britannique qui flottait au-dessus du poste de pilotage. Don bondit sur le toit de la cabine, brandissant au-dessus de sa tête deux bidons vides de 19 l chacun. Nous vîmes alors l'homme au porte-voix se précipiter en haut de la passerelle.

"Descends chercher les messages que tu as préparés il y a 15 jours" m'ordonna Don. Mon cœur se mit à palpiter, je sautai en bas, m'emparai des messages et griffonnai sur une feuille de papier: "AVONS SANCI PAR 50° SUD 89° OUEST - NOMBREUSES AVARIES - BESOIN DE CARBURANT". Je plaçai le tout dans une pochette protégée par un plastique.

"Vite, sors les défenses et attache-les à tribord! Je ne peux pas virer à bâbord."

Entre temps, le cargo avait stoppé et s'était mis en travers du vent, formant ainsi une barrière, ce qui eut pour effet d'apaiser les vagues. Il nous fallait, d'une manière ou d'une autre, envoyer nos messages à bord de ce monstre. Une échelle de corde fut lancée par dessus son bastingage. Elle claquait au vent. Alors que j' installais maladroitement les défenses, je levai les yeux et vis un marin debout en haut de l'échelle de corde. Il portait un gilet de sauvetage et je me demandai s'il avait l'intention de descendre.

"Enfile un gilet de sauvetage", commanda Don. "Il faut que tu grimpes à cette échelle. Accroche-toi solidement car nous risquons de heurter le cargo en amenant notre voilier contre son flanc".

Je levai de nouveau les yeux et avalai ma salive. Je devais monter plus haut qu'à notre mât pour atteindre le sommet de l'échelle. De plus, la carcasse du géant d'acier gîtait vers nous dans le vent et je devais grimper dans le vide, sans rien de fixe sous les pieds.

Alors que Don manœuvrait la roue du gouvernail pour amener le flanc tribord de notre bateau contre le cargo, je m'attendais à ce que notre mât se brisât et se fracassât contre ce dernier. Cependant, le guignol étant cassé, notre mât s'inclina doucement vers le troisième pont. Les membres de l'équipage purent l'intercepter et le repousser avant qu'il ne se brise contre leur coque.

L'équipage largua deux cordages: l'un à la proue, l'autre à la poupe, et Don entreprit de les attacher.

En tremblant, j'enfouis mes notes dans ma poche, crochai prestement les deux bidons vides à la corde enroulée autour de ma taille et entrepris l'ascension de l'échelle mobile. Tandis que je m'élançai au-dessus du vide, des paroles me revenaient à l'esprit: *Allez-y, vous en êtes capable... Vous pouvez faire beaucoup plus que vous ne le croyez.* Le vent tourbillonnait en fouettant la poupe du navire et l'échelle de corde se balançait librement en tous sens. Je stoppai ma progression et me cramponnai à la corde.

Le vent tomba et je repris prudemment l'ascension. La coque d'acier me faisait penser à quelque monolithe arrondi du désert de Californie ou à une falaise calcaire du Grand Canyon ou encore aux aiguilles granitiques du mont Whitney. Et cette échelle constituait la seule corde qui m'assurait. Je m'encourageai: *Un pas après l'autre. Passe tes pieds à l'extérieur de l'échelle pour que celle-ci reste bien verticale. Ne quitte pas tes pieds des yeux et garde les mains sur la corde. Fais un pas à la fois. Ne regarde pas en bas.*

Des mains me hissèrent, moi et mes bidons, par-dessus le bastingage du troisième pont. Je me sentais sur le point de défaillir.

Quelqu'un me demanda: "Avez-vous besoin de gas-oil ou de mazout?"

La tête enfouie dans les genoux pour ne pas m'évanouir, je répondis: "Interrogez mon mari." Mais, lorsque j'aperçus l'avant éclairé, je me redressai et décrochai les bidons.

"Est-ce que ça va?" Je reconnus l'homme d'équipage qui nous avait interpellés au porte-voix et acquiesçai.

"Je vous emmène chez le capitaine."

Je haletai derrière lui tandis qu'il montait en courant deux ponts au-dessus avant de pénétrer dans l'appartement privé du commandant de ce cargo de ligne, le *Bendoran*, et de me présenter au capitaine Adam Addison et à son épouse.(3)

Don écrivit plus tard dans son journal:
J'ai vraiment été fier de Réanne lorsqu'elle a grimpé à l'échelle de corde : ce n'était pas une mince affaire ni physiquement ni moralement. Elle n'avait rien de fixe sur lequel elle puisse caler ses pieds et l'échelle lui arrivait d'en haut, l'obligeant à tirer tout son poids avec les mains. J'ignore comment elle s'y est prise mais elle a réussi et n'a jamais regardé derrière elle. Lorsque j'ai vu des mains la hisser par-dessus bord, j'ai ressenti une peur irraisonnée en m'imaginant que ce serait la dernière fois que je la verrais.

Un marin à l'accent germanique a passé la tête par-dessus le bastingage d'un pont inférieur en me criant: "Capitaine, avez-vous besoin d'autre chose: d'eau, de nourriture?"

Je lui répondis que nous étions désespérément à cours de gas-oil, que nous manquions de papier hygiénique depuis quelques semaines et que nous serions heureux d'en obtenir un peu si c'était possible.

J'entendis un groupe de marins rire et bavarder en espagnol, en pilipino et en allemand. Quelques minutes plus tard un sac en plastique rempli de papier toilette descendit puis ce fut le tour d'un filet contenant une grosse marmite de soupe. Pas de carburant cependant. Je commençai à me demander ce qui se passait puis me dis que c'était plus compliqué que d'ouvrir simplement un robinet.

A bout de souffle, le cœur battant à se rompre, je tendis la liasse de messages au capitaine et décrivis brièvement notre chavirage. Je lui demandai de bien vouloir téléphoner à nos familles ainsi qu'au capitaine du port de Punta Arenas, si c'était possible. Il s'excusa et partit sur le champ chercher son ingénieur radio.

Il faisait chaud dans l'appartement du capitaine et j'étais si impatiente que je me mis à transpirer sous mon gilet de sauvetage et ma tenue de gros temps.

"Voulez-vous du thé et des scones écossais?" s'enquérit madame Addison en insistant pour que j'enlève mon gilet de sauvetage. *Des scones frais et du thé!* Je fis un signe de tête en répondant "Oui!" Cela me paraissait tellement merveilleux!

Le capitaine Addison revint rapidement en s'excusant : "Je suis désolé, mon ingénieur est justement occupé à aider votre mari pour le carburant mais nous allons transmettre vos messages par radio dès que possible." Il m'expliqua aussi que le *Bendoran* avait reçu, tôt ce matin, un bulletin radio mettant tous les navires en alerte pour repérer un yacht en retard. Quatre semaines s'étaient écoulées depuis que nous avions sanci et nous avions dix jours de retard sur la date prévue pour notre arrivée. Ainsi que Don l'avait prédit, les autorités avaient attendu plus d'une semaine avant de donner l'alerte. Aucun avion ne serait parti à notre recherche et c'est à ce moment que je le réalisai.(4)

Je racontai le comportement inadmissible du *Cheun On* et de l'*Anaconda Valley*. "Il s'agit là effectivement de conduites inexcusables", conclut le capitaine Addison, "Vous aviez hissé le pavillon international de détresse et ils auraient dû s'arrêter pour vous porter secours."

Madame Addison réapparut avec un grand plateau en argent sur lequel étaient posés une théière remplie de thé bien chaud, un pot de lait et une assiette de scones tièdes. Il y avait aussi trois tasses en porcelaine blanche et des assiettes contenant des morceaux de beurre et des dômes de confiture de framboise. Le contraste avec notre situation de détresse était tel que j'avais l'impression d'être une indigente invitée à la table de Buckingham Palace! La porcelaine et l'argenterie me firent penser à ma mère, dernière d'une génération qui frottait l'argenterie et sortait sa plus belle porcelaine de Chine pour servir le thé. Je rejetai cette image de mon esprit: vers minuit elle apprendrait que nous étions en vie, sains et saufs. Je ne pouvais pas me laisser aller à penser à mes parents et la gentillesse des Addison me faisait monter les larmes aux yeux. J'avais peur de craquer devant eux.

Madame Addison me bombarda de questions sur notre périple. Je relatai brièvement notre croisière de Los Angelès à Acapulco, la défection des enfants, notre traversée jusqu'à l'île de Pâques, notre problème de chronomètre, notre retournement par l'avant et les quatre semaines que nous avions mises pour arriver jusqu'ici. Soudain le souffle me manqua à nouveau.

"Excusez-moi, je suis si contente de parler à quelqu'un que je m'emballe." Je repris ma respiration et essayai de me calmer avant d'aborder un autre point: mon inquiétude au sujet de mes parents que notre disparition ferait mourir sans aucun doute, alors que mes enfants parviendraient certainement à survivre.

"Oui, c'est toujours plus dur pour les personnes âgées" répondit madame Addison.

"Quand, tout à l'heure, nous avons aperçu votre bateau," ajouta le capitaine, "nous étions ennuyés à la pensée que l'un de vous puisse avoir besoin de soins médicaux car nous n'avons pas de médecin à bord. Toutefois, nous pouvons vous emmener à Valparaiso."

Valparaiso en cargo. Hébergement confortable, bonne nourriture, douches chaudes, quelqu'un à qui parler. En d'autres circonstances, j'aurais été tentée d'accepter. Mais nous devions absolument nous rendre dans un port pour réparer notre bateau.

"Nous sommes en bonne forme physique", répondis-je, "J'aurais vraiment aimé rester à bord mais je ne peux pas laisser mon mari seul."

Le capitaine sourit et acquiesça puis s'enquérit ce qui nous avait poussés à venir dans cette région.

"Pour mon mari, doubler le cap Horn est le rêve de sa vie", avouai-je, "Mais cela ne s'est pas passé comme il l'avait prévu."

"C'est aussi le rêve de mon mari" lança madame Addison.

"Sur un petit bateau ou sur un gros?" insistai-je.

"Peu importe, sur l'un ou l'autre!" répondit le capitaine en souriant.

275

"Pourquoi ne descendriez-vous pas parler à mon mari?" proposai-je.

Le capitaine Addison s'absenta pour voir si le transvasement de carburant se passait bien. A son retour, il me demanda: "Buvez-vous?"

Je ne savais pas si je devais répondre avec hypocrisie: "Non, jamais!" ou "Bien sûr! Il ne nous reste plus une goutte d'alcool." Voyant mon hésitation, il me proposa une bouteille de Scotch.

Madame Addison ne cessait de me demander si nous avions besoin d'autre chose. Ma tête était vide, seul le paprika me revenait en mémoire! J'appris plus tard que Don avait eu la présence d'esprit de réclamer des cartes à grande échelle et du papier hygiénique.

Je me trouvais à bord du cargo depuis plus d'une heure lorsque le capitaine Addison jeta un coup d'œil à sa montre puis un regard anxieux au dehors avant de sortir précipitamment pour voir où en était le transvasement.

Tandis que je me régalais de scones tièdes et de thé bien chaud, nos bidons montaient vides le long de la corde avant de redescendre remplis de mazout. Don écrivit à ce sujet:

Alors que je commençais à m'énerver, n'ayant reçu aucun signe de Réanne ni d'annonce de carburant, le premier bidon de 19 l descendit. Je l'ouvris et transvasai le mazout le plus épais et le plus noir que j'ai jamais vu. On aurait dit qu'il s'agissait des dernières gouttes d'huile d'une voiture qui aurait parcouru plus de 240 000 km sans faire de vidange. Le mazout était si visqueux à basse température qu'il a fallu une éternité pour le vider. Je craignais qu'il ne puisse pas passer à travers notre filtre. Je me rassurai: ça va aller; la notice dit que le Dauphin consomme peu de carburant et nous avons obtenu le minimum indispensable.

La danse des bidons commença mais on ne pouvait pas accélérer le transvasement du mazout. Il pleuvait à verse et j'avais peur que l'eau se mélangeât au carburant.

Je me mis à trembler d'impatience et de froid à la fois. Le vent soufflait du mazout sur mon ciré jaune et à l'intérieur du cockpit mais je ne m'en souciais guère. Je regardai du côté sous le vent. La muraille de granite se rapprochait de nous et nous avions été poussés par le vent au-delà du feu qui marquait l'extrémité du canal Sarmiento. Le capitaine a vraiment du cran et il a un sacré équipage. Je priai le ciel qu'il nous fasse passer les bidons le plus rapidement possible.

Le capitaine Addison revint un instant me dire avec son accent écossais saccadé: "Je ne veux pas vous bousculer mais le vent a forci et nous dérivons vers le rivage."

Je me levai donc pour prendre congé. Madame Addison me tendit un petit agenda et un calendrier portant tous deux l'écusson du *Bendoran*. Mes yeux se remplirent de larmes. Tout le monde ici avait été si serviable et prévenant avec nous que je réalisai, une fois de plus, à quel point les contacts humains m'avaient manqué.

L'ingénieur passa la tête par la porte,en souriant, pour me dire : "Prête?"

Alors que j'enjambais le bastingage et posais les pieds sur l'échelle de corde, il me dit: "Vous y réfléchirez à deux fois avant de repartir pour un voyage comme celui-ci, n'est-ce pas?" J'entendis l'équipage m'encourager tandis que je redescendais le long de l'échelle qui se balançait dans le vide.

Pendant l'heure où j'étais restée à bord du *Bendoran*, le vent avait forci. En touchant le pont de notre bateau, je criai à Don: "Le capitaine pense que nous devrions nous apprêter à partir."

Don venait de terminer le transvasement des 132 l de mazout. Il aurait voulu remplir un bidon de plus mais il cria à l'ingénieur: "Les conditions de temps sont en train de se détériorer. Nous ferions mieux de larguer les amarres et de filer rapidement!"

"Envoyez le dernier conteneur, je vais le remplir."

"Formidable! Il nous permettra de remplir notre réservoir à plus de la moitié... Bon sang, quel équipage! Il connait bien son affaire et témoigne d'autant de compassion! Et puis, regarde, il ne va pas nous laisser tomber dans la minute qui suit."

En arrimant nos bidons, Don s'écria: "Comment diable fait-on pour s'écarter d'un navire d'acier qui vous pousse de travers et vent arrière? Cela demande de l'adresse." Il démarra le moteur et écouta: "Il a l'air de tourner correctement" conclut-il, "j'avais peur qu'il ne veuille pas partir avec ce mazout, mais j'imagine qu'un bon moteur diesel fonctionne avec n'importe quelle sorte de carburant."

Je l'observai un instant. Son ciré jaune et son pantalon étaient maculés de mazout noir. En frissonnant, il bégaya: "Largue les amarres."

Je déplaçai les défenses de l'arrière vers tribord. Don tourna la barre toute à bâbord, mit les gaz et tenta d'augmenter la vitesse. Les défenses frottèrent et nous nous écartâmes de quelques centimètres du cargo. Il ramena la barre au centre et le bateau prit de la vitesse, heurtant par moments la coque d'acier. Puis nous filâmes le long du cargo.

Lorsque nous nous approchâmes de l'énorme poupe évasée du *Bendoran*, Don lança le moteur à plein régime et nous évitâmes de peu l'hélice de tribord. Le capitaine du cargo avait poussé son gouvernail complètement à bâbord, attendant que nous soyions passés avant de le remettre en place.

"Ce capitaine est un gentleman et un artiste!" s'exclama Don.

Sans barrière désormais pour l'arrêter, la tempête nous frappait de toute sa furie et le bateau roulait sur des vagues enchevêtrées qui rebondissaient contre la paroi rocheuse située à une centaine de mètres de nous. Le *Bendoran* poussa ses moteurs, élevant un mur d'eau blanche derrière nous. Nous virâmes à 180°, réussissant in extremis à nous frayer un chemin entre le navire et la muraille rocheuse.

J'ouvris le caisson de survie, en sortis un pavillon britannique que j'accrochai à la drisse de bâbord prévue à cet effet avant de le hisser et de l'abaisser en guise de salut au capitaine Addison et à l'équipage. Lorsque le *Bendoran* reprit son cap et se mit hors de danger, l'équipage s'aligna sur le bastingage en agitant les mains, en criant et en nous mitraillant avec des appareils photographiques. Riant et pleurant, Don et moi les photographiâmes à notre tour et leur envoyâmes des remerciements emportés par le vent. Nous agitâmes les mains jusqu'à ce que nous les eûssions perdus de vue.

Nos ennuis ne sont pas encore terminés. La tempête continue de faire rage, le ciel devient de plus en plus sombre. La température a chuté et la pluie se change en grêle. Le chenal a pris l'aspect d'un tapis blanc ébouriffé. Mais, Dieu merci! nous nous sentons mieux en sachant que nous possédons la moitié d'un réservoir de carburant, que notre famille et nos amis apprendront bientôt que nous sommes en vie, et que la bonté humaine, cela existe vraiment.

Don avait décidé de pousser jusqu'à la baie Colombine. Selon le Pilot, cette anse a un fond mauvais pour l'ancrage et de violentes bourrasques soufflent des montagnes escarpées. Mais, dans l'immédiat, c'est le seul mouillage possible.

Ce fut vraiment un bon Vendredi Saint! (5)

NOTES

1. C'est le fjord dans lequel Tilman engagea le *Mischief* lorsqu'il entreprit la traversée du "ice cap". Quand Tilman et son équipage pénétrèrent dans le fjord, la vue des blocs de glace dérivants les enthousiasma tant qu'ils dévièrent de leur route

pour les photographier "comme quelque clown ignorant saluant les premières salves d'une artillerie hostile... [Mais] il est ridicule de penser que nous avons changé de cap pour photographier les médiocres messagers des hordes suivantes." (p. 100)

2. Depuis 1990, tous les navires ont l'obligation d'actionner leur sirène en pénétrant dans le canal Sarmiento et de communiquer toutes les 10 mn par radio l'estimation de leur heure d'arrivée.

3. Nous avions eu la chance que le *Bendoran*, cargo de 12000 tonneaux appartenant à la flotte écossaise Scottish Ben Line, ait été affrêté depuis un an par une compagnie allemande et chargé d'aller chercher la laine à Punta Arenas pour la livrer en Europe car il desservait habituellement l'Orient. C'était la première fois qu'il se rendait dans la région des Magallanes, après avoir franchi le canal de Panama et descendu la côte occidentale de l'Amérique du Sud pour revenir par la même route.

4. Par la suite, nous devions apprendre que tous les avions de la région avaient été retenus au sol depuis presque un mois en raison du mauvais temps et des vents de tempête.

5. Plusieurs mois après, nous avons découvert que nous avions fait une erreur de date: le Vendredi Saint tombait, en fait, une semaine plus tard.

CHAPITRE 14

En route pour le détroit de Magellan

SOIRÉE 21 DE MARS

Des cartes marines à grande échelle pour nous guider vers le détroit de Magellan, du carburant, du papier hygiénique, une bouteille de Scotch et la perspective que notre famille et nos amis apprendraient bientôt que nous étions vivants... tel était ce qui nous remplissait de gratitude et nous rendait joyeux comme des chevaux rentrant à l'écurie après une longue journée.

Il nous restait environ 300 milles à parcourir jusqu'à Punta Arenas et nous allions affronter les pires conditions météorologiques dans les chenaux de Patagonie. Mais, cela, nous ne le savions pas encore. Nous pensions que nous étions sur le point de franchir la ligne d'arrivée.

Notre rencontre avec le *Bendoran* avait duré plus de deux heures mais, dans l'excitation du moment, aucun de nous n'avait prêté attention au temps qui passait. Aussi, lorsque nous contournâmes Paso Farquhar pour faire route vers le sud en longeant la côte est de l'île Newton située dans l'Estrecho Collingwood, la nuit tombait déjà.

Dans cette partie des chenaux, les endroits favorables au mouillage des petits bateaux sont rares. Deux minuscules ancres dessinées sur la carte représentaient les seules possibilités offertes par l'île Newton. Le premier mouillage, situé aux deux-tiers environ du parcours le long de l'île, était la Caleta Columbine (anse Colombine). Le *Pilot* signalait que le vent soufflait parfois du versant escarpé de la montagne en fortes rafales et que, même par temps normal, ce lieu d'ancrage était considéré comme mauvais. Le second mouillage était, lui, trop profond pour le *Dauphin*. Aussi n'avions-nous pas grand choix. Cependant, nous décidâmes de renoncer à la Caleta Columbine si nous trouvions une anse non mentionnée sur la carte mais qui nous paraîtrait sûre. Un phare sur le côté nord-est de l'île émettait dans notre direction un faisceau lumineux rassurant: au moins, pensions-nous, certaines aides à la navigation fonctionnaient .(1)

Nous suivîmes la côte sous le vent de l'île Newton à la recherche d'un abri. Ayant repéré une petite échancrure, Don me donna des instructions pour y pénétrer.

"Attends une minute... Non, faisons marche arrière, c'est trop petit."

Je poussai doucement la barre à bâbord.

"Finalement, ça ira peut-être. Faisons un essai", reprit-il.

Je ramenai la barre à tribord et remis le cap sur cette échancrure.

"Je vais à l'avant. Toi, tu suis mes instructions", ajouta-t-il

Mais, dans les secondes qui suivirent, j'entendis: "Sors de là, vite, vite!"

Affolée, je poussai les gaz et tournai la roue du gouvernail à fond. Le vent du nord-ouest s'empara du bateau et nous ramena dans le chenal.

Don apparut à l'arrière et s'affala à mon côté: "Mon Dieu! Cela finira-t-il un jour? Tout ce que nous entreprenons s'avère catastrophique! Cette anse était remplie d'écueils. Si le *Bendoran* ne s'était pas arrêté, nous n'aurions à présent presque plus de carburant."

Nous continuâmes de naviguer au moteur en direction du sud et, dans l'heure qui suivit, Don découvrit une petite butte sombre à l'extrémité d'une langue de sable. La configuration du terrain correspondait à la description de l'entrée de la Caleta Columbine. Elle me faisait penser à un gros pâté d'encre noire. Sans lumière ni point de repère, j'étais incapable, la nuit, d'en apprécier la profondeur.

Depuis l'avant, Don me criait ses ordres tandis que j'accomplissais les manœuvres: "Barre à tribord. Un peu à bâbord. Garde le bateau droit. Un coup à droite. Va tout droit maintenant. Bien! Maintiens le bateau là!"

J'étais comme une aveugle entreprenant la traversée d'une rue de New-York, aussi totalement subordonnée aux ordres de Don qu'il était lui-même dépendant de mon aptitude à les exécuter.

"Ça va, c'est bon. Point mort."

J'entendis le cliquetis de la chaîne d'ancre jetée par dessus la proue et j'attendis qu'il me criât "marche arrière" de manière à fixer l'ancre. Mais le vent était si violent qu'il nous poussa en arrière et crocha l'ancre.

"Ça va, chérie, descends préparer le dîner, je ferai le reste."

Je me rendis à la cuisine et aperçus sur le fourneau une énorme marmite en acier inoxydable. C'est alors que je me rappelai avoir entendu un marin du *Bendoran* crier quelque chose à propos de la soupe alors que je descendais par l'échelle de corde mais je n'avais rien compris. Nous étions invités à transvaser la soupe puis à renvoyer la marmite, ce que Don avait oublié de me dire.

Je soulevai le couvercle, y glissai un œil et humai. C'était du vrai potage: épais, crémeux, à base de légumes frais moulinés, accompagné de fines lamelles de carottes et de courgettes. Je goûtai: un vrai régal! La crème et le beurre glissèrent sur mon palais: assurément, cette soupe n'avait pas été faite avec du lait en poudre, de la margarine et des légumes en boîte. Elle était plutôt digne d'un restaurant quatre étoiles!

J'allumai le fourneau et fis réchauffer le potage. Don arriva, ouvrit la bouteille de Scotch et en dégusta le contenu pendant qu'il inscrivait dans le livre de bord: "19 h 30. Le vent est si violent que j'ai laissé filer le mouillage en totalité, soit 180 m. Au vu de la longueur du cordage déroulé, nous sommes séparés de l'ancre CQR par l'équivalent d'un terrain et demi de football! ça devrait aller mais, pour être sûr que cela tienne et avoir un repère dans l'obscurité, j'ai avancé le bateau au moteur de 60 m et fixé la petite Danforth, avant de reprendre notre position initiale en laissant la seconde ligne de mouillage un peu lâche. Si la tension exercée sur la Danforth s'accroît, je saurai que la CQR est en train de râcler le fond."

Aucun de nous deux n'avait jamais bu de Scotch. Nous nous connaissions en bons vins, buvions une bière étrangère de temps à autre et parfois un gin-tonic... mais du Scotch, jamais! J'en avalai une première gorgée que je laissai couler le long de ma gorge. "Il faut le déguster lentement, le savourer... et vous l'adorerez!" prétendaient mes amis amateurs de Scotch. J'en avalai ensuite une autre, la laissant cautériser ma gorge. Le goût était vraiment inhabituel. J'essayai de me forcer à l'aimer. Pour Don, cela semblait ne poser aucun problème.

Nous nous rassasiâmes de potage. Il y en avait des litres mais nous l'engouffrions à une telle vitesse que la marmite serait vidée dès le lendemain.

Le Scotch ne parvint pas à nous endormir; nos nerfs étaient trop tendus. Nous continuâmes donc à bavarder avec excitation en évoquant notre rencontre avec le *Bendoran*.

Don avait du mal à reprendre son souffle entre chaque phrase: "Accorde ça aux Britanniques. J'aurais dû me douter qu'ils s'arrêteraient.

Toi, tu le savais, n'est-ce pas? J'étais tellement persuadé qu'ils ne stopperaient pas que je t'ai vraiment envoyée promener. Pardon si j'ai été odieux mais, si tu n'avais pas réussi à attacher cette voile d'avant, nous serions, à l'heure actuelle, échoués sur les rochers." Et il ajouta: "Bon sang, ces Anglais sont des types formidables! L'équipage du *Bendoran* est sensationnel! Oublions les autres navires. Portons un toast aux Britanniques: ils ont la meilleure marine du monde. Ces gars sont mes héros. Buvons à la santé du capitaine Addison. Quel Capitaine! Il nous a fait un abri de son navire en réussissant à le maintenir en travers du chenal, alors que le courant le poussait vers les rochers! Il fait maintenant parti de mes grands hommes au même titre que Cook ou Vancouver."

Vers minuit, il devint évident que, tombant de sommeil ou non, nous n'aurions pas la moindre chance de pouvoir fermer l'œil de toute la nuit. Les bourrasques nous maintenaient éveillés et, vers 1h du matin, nous avions déjà mouillé quatre ancres. Nous passâmes ensuite le restant de la nuit à écouter le mugissement du vent, à surveiller les conditions météorologiques, à nous assurer que les ancres résistaient et à tenir nos journaux personnels et le livre de bord.

Tandis que nous sommes assis sur la banquette de la cuisine, éclairés par la lampe à pétrole, je pense à nos premières quarante-huit heures passées à Darsena Aid. J'étais alors certaine d'entendre le ronronnement des avions partis à notre recherche. Mais, cette nuit, en écoutant le vent souffler en rafales, je me dis que son tintamarre est inégalable. C'est une démonstration de puissance qui déclenche une poussée d'adrénaline et je m'étonne que nos glandes surrénales puissent secréter leur hormone aussi longtemps. Atteindront-elles jamais le summum de leur activité en s'écriant: "Holà! Nous arrivons à épuisement!"? Nous avons fait travailler à leur maximum tous les organes de notre corps: glandes, muscles, articulations, cerveau, et, par des nuits comme celle-ci, nous continuons à les solliciter et à les mettre à l'épreuve; la capacité d'endurance du corps humain est proprement stupéfiante! (2)

22 MARS

Aux premières lueurs de l'aube, les conditions météorologiques commençant à se stabiliser, nous allâmes nous reposer. Notre tension nerveuse s'étant relâchée, nous dormîmes jusqu'à midi. Entre temps, la pression du baromètre était remontée et le rideau de nuages sombres se levait au-dessus des montagnes.

Sur le pont, s'apprêtant à relever les ancres, Don commença par la petite Danforth. Il remonta un écheveau de cordages emmêlés de façon inextricable. Le mettant de côté, il alla s'asseoir sur le toit de la cabine, en serrant les dents: "Doux Jésus! Il nous faudra des heures pour démêler cette affaire! Cela va nous prendre la tête. J'espère que *toi* tu auras suffisamment de patience parce que, moi, je n'en suis pas certain."

A l'aide du winch d'écoute, nous relevâmes la première ligne de mouillage et la démêlâmes, tandis que nous dégagions la suivante; nous moulinâmes le winch chaque fois un peu plus et enroulâmes l'aussière. Nous n'arrêtions pas d'enrouler du cordage ou d'en démêler jusqu'à ce que l'extrémité d'un cordage puisse passer par dessus l'autre. Au bout de deux heures, nous fûmes enfin en mesure de relever les ancres elles-mêmes. L'ancre de proue pouvait être soulevée avec le winch et la Danforth de 11 kg ne posait pas de problème. En revanche, remonter l'ancre à jet et la Yachtsman qui pesaient toutes deux 22 kg, était une autre paire de manches! Elles avaient été jetées directement par-dessus le balcon et s'étaient enfoncées droit dans l'eau.

"Je ne peux pas m'occuper de tout", gémissait Don, "Nous ne pouvons pas nous permettre d'abandonner une ancre ni un cordage mais je suis en ce moment vraiment tenté de le faire!"

Une curieuse créature marine semblable à un petit napperon fait au crochet distraya notre attention. Elle avait mis ses bras de dentelle autour d'une des pattes de l'ancre à jet. Je la détachai avec précaution afin de l'étudier, en espérant qu'elle ne s'accroche pas à moi. J'essayai de la poser sur le pont mais elle ne voulait pas se laisser faire et, hors de son milieu marin, elle mourut rapidement. J'étais émerveillée: cinq bras principaux sortaient d'un disque central de la taille d'un demi-dollar et se divisaient ensuite en centaines de branches plus petites et plus délicates. Bien que je n'eusse pas réussi à étendre complètement ses bras, j'estimai que son diamètre atteignait presque 60 cm. Par la suite, je découvris qu'il s'agissait de l'étoile-panier. Quelques jours plus tard, une de ses cousines, une étoile de mer à plumes, fit une apparition identique.

Bien qu'il fût 14h passées et tard pour appareiller aucun de nous n'avait envie de passer une autre nuit à Caleta Columbine. Ce fut ainsi que, poussés par le vent du nord, nous partîmes à la voile et parcourûmes 21 milles en quatre heures.

18h: nous sommes ancrés à Bahia Isthmus sur la rive est du canal Smyth. Nous nous trouvons juste en face de la Peninsula Munoz Gamero qui fait partie du continent. Enfin, cela nous semble étrange de parler de "continent" après avoir parcouru tant de milles marins en allant d'île en île. Don clame que cet endroit est son lieu de mouillage préféré. Après l'horrible nuit précédente, j'ai l'impression d'être au paradis.

D'ici, nous avons la vue vers le nord-est, par delà un étroit isthme qui mène à Seno Union. Les montagnes qui s'élèvent de l'autre côté du goulet prennent une couleur rosée au soleil couchant. A proximité de leurs cimes, des glaciers translucides, de couleur tourmaline, ont creusé des cirques et leurs avancées ondulées plongent dans l'eau salée. Des arbres et des buissons, ici plus petits et plus rabougris, croissent le long du rivage jusqu'à une hauteur de 60 m correspondant à la baisse de la température que renforce la latitude. J'ai appelé l'attention de Don sur une colline noircie, au sud-est, qui semble avoir été ravagée par un incendie. Lui, pense que c'est plutôt par la maladie. Pourtant, le sol me parait carbonisé. Il semble incroyable que le feu aît pu se déclarer ici Aurait-il pu être causé par l'homme?

Pendant la nuit, Don et moi, nous nous réveillâmes en sursaut, bien que n'entendant aucun bruit. Habitués à être constamment stimulés, nos sens avaient été mis en alerte par un calme anormal. Aucune vague ne clapotait contre la coque et rien ne secouait le bateau. C'était comme s'il avait été transporté sur la terre ferme.

Nous nous levâmes donc pour aller voir au dehors. Une demie lune se réfléchissait sur une eau parfaitement calme. L'humidité avait disparu et pas un nuage n'était visible sur l'horizon couleur d'ardoise sombre. Bien à l'abri, le *Dauphin* avait l'air d'un beau voilier peint sur un océan peint.

Je me rendormis aussitôt mais Don demeura éveillé en se souvenant des problèmes que les indigènes posèrent à Joshua Slocum. Ils avaient dérobé sur le *Spray* tout ce qu'ils avaient pu emporter. Slocum avait reçu un sac contenant des clous de tapissier destinés à servir de moyen de défense. Une nuit, alors qu'il était particulièrement fatigué, il avait répandu ces clous sur le pont. Quelques heures plus tard, il avait été réveillé par les hurlements des "sauvages".

Au début des années 1900, la plupart des indigènes avaient été décimés par les maladies de l'homme blanc, ce qui n'empêchait pas Don de songer à un scenario similaire:

Il régnait un tel calme que je suis resté étendu à prêter l'oreille au moindre bruit extérieur. Mon cœur s'est mis à battre. Qu'est-ce que c'est? Je me suis alors imaginé qu'une bande d'indigènes traversait ce petit isthme et s'apprêtait à dévaliser notre bateau. Que pouvaient-ils bien vouloir à notre petit voilier? Une moitié de mon cerveau posait les questions tandis que l'autre y répondait: voiles, nourriture, vêtements, cordages de nylon, métal. Je me figurais que le lieu calciné du rivage avait pour origine un feu allumé par des indigènes. Que va-t-il arriver si les autochtones nous ont observés et savent que nous ne sommes que deux à bord? Que va-t-il arriver si nous ne faisons pas, demain, une apparition au dehors et s'ils pensent que nous sommes faibles et constituons des proies faciles? Slocum raconte qu'ils peuvent pagayer la nuit en silence le long du rivage et monter à bord en rampant sans même que l'on puisse s'en rendre compte.

Arrivé à ce point, je me suis levé, ai placé la planche à laver dans la descente à la cabine et l'ai calée pour la bloquer tout en vérifiant les vis du capot. Réanne s'est alors réveillée et m'a demandé ce que je faisais. J'ai répondu: "Rien". Je ne voulais surtout pas qu'elle soit au courant des effets de mon imagination galopante.

23 MARS

20h. Aujourd'hui a été un jour de grand repos. Je me sens renaître. Nous sommes restés au lit jusqu'à 11h. Pouvoir dormir 18h d'affilée, quel luxe! J'ai fait chauffer une grosse bouilloire, me suis déshabillée, ai lavé mes cheveux et me suis frottée entièrement le corps à l'eau chaude et au savon. J'ai lavé quelques vêtements et les ai suspendus dehors. Ils ont séché en quelques heures, ce qui prouve le faible degré d'humidité aujourd'hui. J'ai décousu mon pauvre pantalon gris dont le fond était usé pour m'en servir comme patron pour un nouveau, taillé celui-là dans une couverture de la marine. J'ai dû faire une double couture, ce qui m'ennuya, mais c'était la seule solution pour les faire tenir ensemble.

Aujourd'hui c'était aussi l'anniversaire de Jeff, prétexte à la confection d'un gâteau. Je farfouillai donc dans un des seaux à la recherche d'un sachet de préparation pour pâtisserie. Lorsque le gâteau fut sorti du four, nous entonnâmes un "Joyeux anniversaire!" Je me demande quelle sera la réaction de Jeff lorsqu'il apprendra ce que nous avons fait. La dernière fois que nous nous étions parlés, il avait assuré qu'il projetait toujours de s'envoler pour Punta Arenas et de venir nous rejoindre. Si nous y faisons réparer le bateau, pourrons-nous compter sur lui ou bien nous dira-t-il: "Désolé, j'ai d'autres projets!"? Je ne me risquerais pas à parier là-dessus.

Tant de choses dépendaient tellement de ce qui se passerait à notre arrivée à Punta Arenas que nous avions, pour le moment, ajourné toute discussion sur des projets à venir. Nous pensions avec allégresse trouver à Punta Arenas les installations nécessaires à la réparation de notre voilier et escomptions que les travaux pourraient être achevés dans un délai raisonnable si la question de l'assurance était réglée avec diligence.

Maintenant que nous avions la certitude que notre famille savait que nous étions vivants, Don avait commencé à s'adoucir. Il était moins excessif et ne m'avait pas décoché son regard de Mongol depuis une éternité. Notre repos à Bahia Isthmus avait un petit goût de vacances.

Cette nuit, tout en sirotant quelques gorgées de Scotch, Don déclara: "Nous n'allons prendre qu'une décision à la fois. Si les conditions météorologiques s'avèrent suffisamment bonnes, nous avancerons. Sinon, nous resterons sur place, en espérant que les ancres tiendront." Il marqua une pause, ses yeux s'agrandirent légèrement, sa bouche esquissa un sourire et j'eus la nette impression qu'il allait me poser une question inattendue: "En supposant que nous puissions réparer le bateau à Punta Arenas, que penses-tu de l'idée de poursuivre notre voyage jusqu'aux Falkland puis de rallier Le Cap et Madagascar?"

Le fait même de concevoir des projets montrait qu'il commençait à récupérer mais, moi, je n'étais pas encore prête à cela. Des pensées se bousculaient dans ma tête, soudaines et désordonnées: *Le bateau est trop difficile à manœuvrer à deux. Nous avons besoin d'un équipage. Nous sommes épuisés la plupart du temps; nos muscles et nos articulations nous font constamment souffrir. J'ai envie de faire autre chose que simplement survivre. Nous nous occupons du bateau depuis cinq ans: je suis fatiguée de me soucier des "affaires de Don". Je désire continuer mon chemin, vaquer à mes propres affaires!* Mon moteur s'emballait. Je m'efforçai de respirer profondément. *Je dois manœuvrer tout en douceur, sinon nous allons encore nous déchirer*, me disai-je.

Je me risquai à lui signaler quelques points particuliers et ajoutai: "En outre, mon congé sabbatique se termine en septembre et je dois rentrer à temps pour reprendre l'enseignement."

"Ne pourrais-tu pas envisager de demander un nouveau congé pour l'année prochaine?" insista-t-il.

A ces mots je m'étranglai. Avant de solliciter mon présent congé sabbatique, nous avions déjà tourné et retourné la question du terme de notre voyage. Don m'avait constamment demandé pour quelle raison je ne pouvais pas solliciter un congé non payé pour une seconde année.

Je m'étais pourtant déjà expliquée sur ce point. Je devais reprendre l'enseignement dès septembre, sinon j'étais obligée de reverser mon traitement sabbatique dans son intégralité. Nous ne pouvions pas nous permettre financièrement de prendre un congé non payé et, cela, il le savait. Par ailleurs, j'avais rédigé un nouveau programme pour mes élèves des classes supérieures qui associant littérature, politique et culture et j'étais impatiente de le mettre en application. Mais Don n'avait cessé de me bousculer. Si je ne partais pas, m'avait-il dit, il pourrait trouver quelqu'un d'autre, insinuant par là que ce ne serait pas forcément un homme. J'étais cependant restée ferme sur mes positions et nous étions finalement parvenus à un compromis qui avait été approuvé par mon secteur scolaire: pendant la durée des grandes vacances de la seconde année, je pourrais rejoindre Don en avion aux ports convenus par avance, en prenant quelques semaines supplémentaires de congé non payé. De cette façon, il ne serait pas séparé trop longtemps de moi.

Je connus mes habituels revirements: *Réfléchis à cela: tu as envie de visiter les Falkland et Madagascar, autrement tu n'iras jamais là.* Mais, de même que les braises d'un feu de forêt continuent de couver des semaines après que les flammes se soient éteintes, une voix sommeillait en moi qui me disait: *Est-ce bien cela que tu désires vraiment?*

Le moment était mal choisi pour sauter le mur. "Nous ne pouvons pas nous permettre ça", répondis-je calmement, "et surtout pas maintenant".

"Oui, je pense que tu as raison. J'estime, en effet, que nous devons attendre notre arrivée à Punta Arenas avant de prendre une décision pour l'année prochaine."

Pourquoi a-t-il soulevé la question précisément cette nuit? Il remet cela sur le tapis. Il va me pousser à bout jusqu'à ce que j'éclate. Bon sang! Je connais pourtant ses "besoins": il dit qu'il ne peut pas vivre sans femme mais, chaque fois que nous parlons de nous séparer, mes vieilles peurs refont surface et j'ai le sentiment qu'il me fait du chantage. D'une manière ou d'une autre, j'arriverai à mes fins. J'ai survécu à ce périple où ma vie n'a tenu qu'à un fil et il est maintenant grand temps que je m'occupe de cette menace psychologique.

24 MARS

Le jour qui se levait fut l'un des plus beaux que nous ayions eu depuis Darsena Aid. Le ciel au dessus de nous d'un bleu turquoise éclatant apparaissait voilé à l'horizon, comme c'est le cas sous les hautes latitudes. L'air automnal nous piquait le nez et quelques arbres à feuilles caduques jetaient des taches oranges parmi ceux à feuilles persistantes, témoignant ainsi de la fin de l'été.

Une douzaine de dauphins entourèrent le "nôtre" lorsque nous quittâmes Bahia Isthmus. Puis vint une troupe suivie de centaines de petits dauphins noirs au ventre blanc et au museau pointu. Telles des danseuses de music-hall saluant leur public, ils bondissaient, plongeaient et se couchaient sur le flanc en lignes continues, s'éraflant le dos sur le striker de notre bateau. L'eau se soulevait, bouillonnait, écumait et jaillissait en geysers. Elle était si limpide que nous pouvions suivre les mouvements de ces cétacés sous l'eau et apercevoir leurs têtes piquer en flèche toutes les secondes. Ils paraissaient évoluer sans le moindre effort et seules leurs queues à double pointe semblaient en action. Nous n'avions jamais vu un pareil rassemblement de dauphins. Don écrivit à ce sujet:

Quelquefois nous applaudissons ou crions "bravo" à leurs numéros acrobatiques et ils paraissent aimer qu'on leur prête attention. Au lieu de les effrayer, cela semble plutôt les encourager. Les regarder exécuter trois bonds en ligne et complètement hors de l'eau n'a rien d'extraordinaire. Quelquefois un patriarche plus gros que les autres remonte jusqu'à l'étrave pour la renifler, puis s'en écarte de quelques mètres seulement, restant là immobile pendant quelques secondes, pendant que le voilier file à cinq nœuds, voire plus, et que notre proue fend les vagues. A d'autres moments, ils refont surface juste au-dessous du bobstay, heurtant légèrement le striker. Quand ils s'y cognent vraiment, ils entreprennent aussitôt une profonde plongée, peut-être pour tester leur perception de la profondeur et voir jusqu'où ils peuvent approcher, à moins qu'ils ne désirent réellement entrer en contact avec le bateau. Ils sont si vivants et si amusants que nous ne pouvons nous empêcher d'apprécier un peu plus la vie lorsqu'ils nous accompagnent.

A l'exception de quelques oiseaux, du krill et de l'étoile-panier agrippée à notre ancre, nous avions vu si peu de vie animale que ce fut un plaisir merveilleux...

En continuant notre route vers le sud, nous pénétrâmes dans Paso Shoal, passage étroit et difficile dont les dangers manifestes apparurent bientôt. Au bord de la rive orientale, un gros navire était échoué, incliné sur son flanc tribord, la proue relevée en direction du chenal. Ses cheminées vertes et blanches penchaient vers les rochers sur lesquels s'était produit l'accident et sa belle hélice de bronze émergée était verte d'oxydation. C'était le troisième et le plus impressionnant naufrage que nous ayions vu ce jour. Et dix minutes plus tard, nous aperçûmes une autre carcasse immergée. (3)

"Comment pouvons-nous espérer nous en sortir vivants si ces carcasses d'acier elles-mêmes n'en ont pas réchappé?"

"Chérie, ce n'est pas la résistance des navires qui est en cause mais l'inattention et le manque de vigilance de leurs équipages."

Nous nous approchâmes pour prendre quelques clichés. L'eau, parfaitement calme quelques minutes auparavant, se mit à s'animer de mouvements ondulatoires et bientôt des vagues se levèrent.

"Le *Pilot* n'en parle pas mais je crois comprendre ce qui se passe", dit Don, "Tu vois la vitesse du flux? Eh bien, quand un navire contourne cet endroit par forte brise, le flux de la marée l'emporte droit sur les rochers s'il dévie de sa direction par un mauvais mouvement de barre."

Au lieu de mettre le cap directement au sud, ce qui nous aurait conduit tout droit dans les hautes eaux du détroit de Magellan, Don préférait suivre une route nous conduisant vers le sud-est, derrière l'île Tamar située près du continent.

Aux alentours de midi, il me demanda si j'étais d'accord pour tenter d'atteindre Caleta Rachas dans la soirée. Bien que le *Pilot* affirmât qu'il s'agissait d'une anse "bien abritée avec un fond solide permettant l'ancrage", son nom, traduit de l'espagnol, donnait plutôt froid dans le dos: c'était l'anse des bourrasques!

"Oui", acquiesçai-je, "poursuivons notre route aussi longtemps que le temps sera favorable. Nous n'avons jusqu'à présent parcouru que 25 milles ."

Vers la fin de l'après-midi, nous aperçûmes le phare de l'île Fairway. Selon le *Pilot*, ce dernier est avec celui des îles Evangelistas le seul phare habité à l'entrée occidentale du détroit.

Je me tenais debout sur le capot et observais aux jumelles: "Il me semble apercevoir quelqu'un... Oui, c'est bien ça! Il y a deux marins sur la colline proche du phare. Ils nous font des signes de main." Je tendis les jumelles à Don.

"Veux-tu que nous allions jeter un coup d'œil?"

Voulais-je jeter un coup d'œil? Avait-il besoin de me poser cette question? Il se rendait pourtant bien compte à quel point cette pensée m'excitait. C'étaient les premiers Chiliens que nous voyions depuis l'île de Pâques!

J'observais ces marins qui dévalaient la colline pour gagner le rivage et nous montraient du doigt un petit chenal dont la largeur n'excédait pas 18 m, s'ouvrant entre l'île Fairway et un autre îlot. L'échelle de la carte était trop petite pour nous permettre de nous faire une idée de ce qui nous attendait. Don vira à tribord à 90° et mis le levier d'embrayage au point mort: le courant nous emporta droit dans le chenal. Tandis que nous étions entraînés vers l'île Fairway, les marins suivaient le Dauphin le long du rivage. Un petit chien les accompagnait, cabriolant derrière eux, décrivant des cercles et aboyant vers le ciel avec agitation. Lorsque nous fûmes suffisamment proches, je leur criai nos noms.

"Oui", répondit l'un d'eux en espagnol, "Nous sommes déjà au courant. Nous vous attendions."

Une semaine auparavant ils avaient reçu une note officielle leur demandant de rester aux aguêts pour repérer le yacht américain le *Dauphin amical*. Ils savaient aussi que le *Bendoran* qui avait pris contact avec Punta Arenas, avait fait un rapport sur nous. Ils voulaient savoir si nous allions bien, si nous pouvions débarquer pour dîner avec eux, si nous avions besoin de quelque chose: farine, sucre ou vivres, si nous avions envie de prendre une douche et si nous pouvions passer la nuit à terre. Ils voyaient bien que nous n'avions pas de dinghy et peut-être le savaient-ils déjà. Désignant un esquif motorisé, ils nous proposèrent de venir nous chercher.

Un dîner dans une maison chaude, une bonne douche, un lit à terre, la camaraderie, l'occasion de parler à nouveau espagnol et de connaître leur vie dans ce lieu désolé, tout cela me paraissait merveilleux. Le chenal, assez bien protégé par les deux îles, semblait accueillant. Cependant, il n'y avait ni bassin, ni bouée, seulement un étroit chenal dans lequel le courant se précipitait à une vitesse de plusieurs nœuds.

Don examina le ciel. Il était encore clair mais des nuages bas, sombres et menaçants s'accrochaient aux montagnes de la rive sud du détroit. Il inspecta l'anse: "Regarde ce qui se passe: le courant nous pousse vers le rivage. Je n'aime pas ça. Et il n'y a pas non plus beaucoup de place pour manœuvrer au cas où le vent se mettrait à forcir." Comme un animal reniflant le danger, il procéda à un nouvel examen du ciel puis des lieux: "Qu'en penses-tu?" me demanda-t-il.

Mon excitation retomba, telle une ligne de sonde. J'étais impatiente de retrouver des contacts humains et cet endroit me semblait idéal. Le temps que j'avais passé sur le *Bendoran* n'avait pas satisfait complètement ce besoin. Cependant je savais que Don avait raison. Je connaissais la rapidité avec laquelle les conditions météorologiques changeaient dans ces chenaux. Je me rendais compte que nous risquions d'être jetés au rivage et qu'il n'y avait pas d'espace suffisant pour faire demi-tour ni même pour s'y ancrer, au cas où le vent se lèverait au cours de la nuit. Jusqu'à présent la "vigilance constante" de Don nous avait permis de rester en vie; il était inutile de prendre des risques. Aussi répondis-je à contrecœur: "je pense qu'il est préférable d'y renoncer."

Je me tournai vers les marins, leur fis un signe désignant la rive opposée du détroit et leur criai: "Il est préférable pour nous de ne pas rester ici"

Tous deux lancèrent un regard vers le sud: "*Si, Si*. Trop mauvais. Nous comprenons."

"S'il vous plaît, contactez par radio Punta Arenas pour annoncer notre arrivée pour le 30 mars. Nous continuons vers l'île Tamar."

"*Buen viaje! Buena suerte! Good luck!*" crièrent-ils avant de remonter sur la colline, le chien jappant sur leurs talons. Il était difficile de dire qui de nous, d'eux ou du corniaud avaient été les plus excités.

Emporté par le courant, le bateau glissait sans effort le long du petit chenal et en sortit à l'ouest. Don fit alors tourner le moteur à plein régime et nous contournâmes la pointe de l'île Fairway vers le sud. Nous nous retournâmes une dernière fois pour regarder le phare. Au sommet de la colline, les marins avaient déployé le pavillon chilien en notre honneur. Don alla ouvrir le caisson de survie et en sortit le pavillon chilien qu'il accrocha à la drisse, le hissant et l'abaissant en guise de salut.

Les marins grimpèrent ensuite au sommet du phare et retirèrent leurs chemises qu'ils agitèrent au-dessus de leur tête jusqu'à ce que nous soyions hors de vue. Ma gorge se serra. Don avait les larmes aux yeux.

NOTES

1. Les aides à la navigation dans les chenaux destinés aux navires étaient plutôt bien entretenues. En revanche, les feux sur les îles extérieures et les chenaux peu fréquentés, qui étaient plus difficiles à tenir en bon état, ne fonctionnaient pas toujours.

2. J'avais tellement fait travailler les tendons de mon bras droit que je n'ai plus jamais pu rejouer au tennis. Don, lui, n'a jamais récupéré complètement les trois principaux doigts de sa main droite.

3. Entre 1815 et 1925, soixante-dix-sept naufrages ont été enregistrés dans la région des Magallanes. Quatorze des navires naufragés battaient pavillon américain, vingt-neuf pavillon britannique.

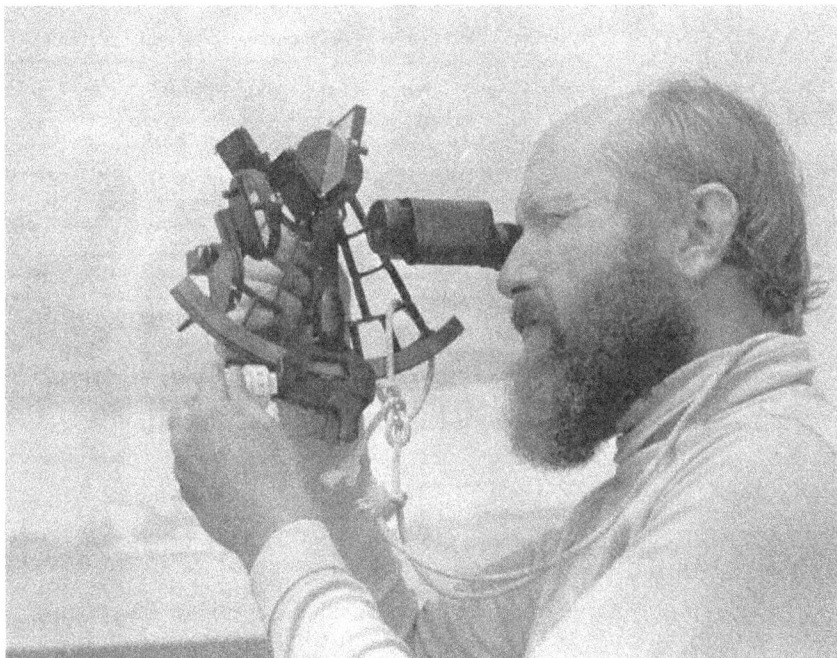

Don avec sextant.

CHAPITRE 15

Vents du Pacifique, marées de l'Atlantique

24 MARS

J'avais étudié à l'école l'Antarctique ainsi que le détroit de Magellan. En basculant, en classe, le globe terrestre, j'avais découvert l'existence de ce détroit "en bas du monde" mais je n'avais jamais rêvé qu'un jour je m'y rendrai. Et maintenant, nous avions atteint le bout des "Canales" de Patagonie et nous nous apprêtions à pénétrer dans le détroit que Fernand de Magellan avait découvert en 1520.

Nous ressentions déjà ce que Slocum appelait "la pulsation du Grand Océan": en provenance de l'Océan Austral, la houle déferlait vers l'est et se précipitait dans le détroit. En dépit de l'aspect sombre et impressionnant de ce lieu, nous étions surexcités. Après tous les avatars que nous avions subis, "virer à gauche" et mettre le cap, vent arrière, sur Punta Arenas éloigné de 200 milles, nous paraissaient aisé.

Sur une carte marine, le détroit avait la forme stylisée d'un V. Depuis son embouchure occidentale au Cabo Pilar, il s'allonge en direction du sud-est sur une distance de 147 milles jusqu'au Cabo Froward, pointe extrême du continent Sud-américain, avant de remonter presque plein nord et de desservir Punta Arenas, 113 milles plus loin. Ce V se prolonge enfin vers l'est, sur une longueur de 60 milles, jusqu'à l'Atlantique. A proximité du Cabo Froward, au fond de ce V, les océans Pacifique et Atlantique se rencontrent et leurs eaux contraires s'affrontent en un duel de flux et de reflux de marées, de remous, de courants opposés et de lames enchevêtrées.

La route que Don avait établie et tracée pour nous conduire à l'île Tamar était celle qui convenait le mieux aux petits bateaux désireux d'éviter les fortes vagues déferlant du Pacifique. Toutefois, cet itinéraire traversait des eaux parsemées d'écueils et envahies de varech. Les lames qui se brisaient sur les rochers avant d'exploser me donnaient la chair de poule. J'étais contente d'avoir quitté l'île Fairway sous une lumière diurne suffisante pour nous permettre de repérer les dangers.

Lorsque nous jetâmes l'ancre à Caleta Rachas, nous avions déjà parcouru 52 milles marins, ce qui était, dans une journée, un record depuis notre entrée dans les chenaux. Pourrions-nous rallier Punta Arenas en cinq jours? Tous les espoirs étaient permis!

Nous jetâmes deux ancres pour la nuit: à l'avant, la CQR, à l'arrière, la petite Danforth. "Au lieu de nous reposer, nous ferions mieux de nous tenir prêts, au cas où nous devrions prendre la poudre d'escampette", déclara Don. "Lis donc ce que le Pilot raconte" ajouta-t-il.

Je me penchai au-dessus de la table de la cuisine pour étudier la carte que le capitaine du *Bendoran* nous avait donnée. C'était une œuvre d'art datée de 1941. De délicates lignes courbes concentriques évoquant les festons d'un beau bénitier se resserraient de plus en plus pour signaler l'existence de pics sur l'île et le continent. Les crêtes ressemblaient à des chenilles dépourvues de poils se frayant un chemin à travers la contrée. Des pointillés réguliers indiquaient la route recommandée. Des traits irréguliers signalaient un littoral inconnu ou des zones non relevées, et il y en avait beaucoup! Les mises à jour de 1969 avaient été faites à la main et à l'encre violette. Il était évident que la marine chilienne ne vendait pas ces cartes en grandes quantités.

"Si nous devons quitter cet endroit et s'il nous est impossible de suivre le détroit, il nous faudra entrer à Puerto Tamar", déclara Don.

La petite baie de Puerto Tamar se situait sur la rive sud de la Péninsule Tamar. Celui qui l'avait ainsi nommée avait employé à tort le terme de *puerto*. (Nous avions depuis longtemps abandonné l'idée qu'un port est un lieu où l'on peut apercevoir un bateau de pêche). En jetant un coup d'œil oblique sur la carte, je repérai une minuscule ancre imprimée sur la rive nord-ouest de la baie. Des croix, des pointillés, de longs serpentins de varech, des zones bleues signalant des hauts-fonds et de minuscules îlots couvraient la baie. Au sud-ouest de la pointe du Cabo Tamar, un récif semblait particulièrement menaçant. J'avais du mal à croire qu'un bateau puisse vraiment être en sécurité ici. Le *Pilot* assurait que le fond était bon pour s'y ancrer mais ne recommandait pas de mouiller à Puerto Tamar.

Je remarquai une tache violette, à l'extrémité sud de Paso Roda, non loin de l'itinéraire tracé et me demandai si ce n'était pas le stylo du cartographe qui avait fui. En étudiant les symboles hors texte agrandis, je découvris une croix à trois branches. Que signifiait-elle? Nous aur   Éions à parer à toutes sortes de dangers inconnus... Mais peut-être pourrions-nous éviter Puerto Tamar?

Don reporta les relèvements de Puerto Tamar dans le livre de bord: "0,4 mille pour s'éloigner des rochers de Caleta Rachas; 0,5 mille jusqu'au centre de Paso Roda; virer à 180° pour avancer de 0,85 mille; à 220° pour 0,76 mille; à 190° pour 1 mille; à 90° pour 1,5 mille; à 40° pour 0,9 mille; enfin pivoter de 315° pour pénétrer dans le lieu de mouillage."

Je m'étranglai: il fallait accomplir huit virements différents pour pouvoir entrer dans Puerto Tamar et nous n'avions aucun moyen d'évaluer les distances en mille.

"Oui, c'est comme ça, et ces relèvements supposent que je tienne compte du courant et du vent." Don ne précisait pas que ses relèvements nécessitaient aussi la présence de quelques amers.

Nous avions dû démonter le loch en quittant le canal Sarmiento, en raison des rochers et des récifs qui encombraient les petits chenaux et auxquels la ligne de loch aurait pu s'accrocher. Paso Roda n'était pas une exception. Il fallait espérer qu'après avoir franchi ce passage nous retrouverions une visibilité suffisante.

25 MARS

17h50. Nous avons eu une journée de repos. Non par choix. C'est le temps qui nous l'a imposée: bourrasques, brouillard, brume, pluie toute la journée et un cyclone extratropical avec des vents qui ont fait tournoyer le bateau comme un gyroscope toute la journée. Don a passé son temps à ranger les cartes dont nous n'avons plus besoin et à sortir celles du détroit. Il est maintenant plongé dans la lecture du Pilot et dresse des plans pour la route qu'il nous reste à faire jusqu'à Punta Arenas. Température intérieure: 2°C, soit 4° de plus qu'à l'extérieur. Nous avons beaucoup de mal à avoir chaud. J'ai enfin terminé mon pantalon en "couverture" et je le porte à présent: pour la première fois depuis des semaines, j'ai chaud aux jambes.

Don nous gratifia d'un petit feu après le dîner. Le craquement du bois dans la cheminée, la tempête au dehors, le froid qui nous saisissait aux mains et au nez ainsi que la faible lumière du jour, tout cela évoquait pour moi Noël. "Essayons de faire marcher le magnétophone du pont. J'aimerais écouter à nouveau la cassette de Noël"

Don me répondit en riant: "Il n'y a pas la moindre chance pour que ça marche! Depuis que nous avons sanci, aucun appareil électronique n'a plus fonctionné, même après un rinçage à l'eau douce et à l'alcool."

"Mais c'est le seul appareil que nous n'ayions pas essayé", rétorquai-je.

Il haussa les épaules: "Cela ne coûte rien d'essayer."

Je me mis donc à ramper sous la couchette de Carl et en extirpai le coffret de l'armée qui contenait nos cassettes. Sa serrure était bloquée par la rouille. Je réussis à l'ouvrir en la forçant avec une pince et en trouvai le contenu parfaitement sec. Je sortis la cassette de Noël et l'insérai dans le magnétophone.

La voix de Kathy se fit entendre, bien vivante, dans le haut-parleur de bâbord et avec une fidélité meilleure que sous les tropiques; Cette fois, cela ressemble à un vrai Noël! J'en suis heureuse et reconnaissante et, en plus, c'est l'hiver! Cependant, si nous n'étions pas entrés en contact avec le Bendoran, *je n'aurais pas supporté d'entendre cette bande.*

J'ai préparé de la palicinta (dessert hongrois à base de crêpes) tout en écoutant la Troisième Symphonie *de Beethoven. Maintenant c'est au tour de la* Cinquième. *La faiblesse de la batterie commence à en perturber l'audition mais nous avons été privés de musique depuis si longtemps que nous ne nous en soucions guère. Quel formidable mouillage! (1)*

26 MARS

Le mauvais temps de ce second jour à Caleta Rachas nous mit dans l'obligation de prendre une autre journée de vacances. Bien qu'habillés et prêts à lever l'ancre vers 6 h du matin, nous décidâmes de ne pas bouger en raison du brouillard et de la pluie qui nous enveloppaient. Pendant que je confectionnais de petits gâteaux avec un restant de Bisquick, Don me fit un bref rapport sur les conditions météorologiques: "On dirait que ça s'éclaircit un peu à l'est. Nous devrions appareiller et remonter le détroit.. Non, peut-être pas... Le brouillard ne cesse d'aller et venir. Et ces rochers à l'est semblent menaçants: j'aperçois des vagues qui se brisent dessus." Il donnait fréquemment une pichenette au baromètre: "La pression continue de chuter. Il fait encore mauvais dehors. Eh bien, je crois que nous sommes mieux à l'abri ici. Pas question de bouger."

Finalement, il alla s'asseoir sur la banquette du carré pour lire, vêtu de son chandail Peter Storm, de sa combinaison de gros temps, d'épaisses chaussettes en laine et d'un bonnet rouge tiré sur les oreilles. Le voir ainsi emmitouflé me fit penser à une remarque qu'il m'avait faite pendant la nuit. Je portais alors tant d'épaisseurs de vêtements pour avoir chaud dans le lit qu'il s'écria: "Grands dieux, femme! Arriver jusqu'à toi c'est tenter de pénétrer à l'intérieur de fort Knox pour y chercher de l'or! J'aimerais sentir ta peau."

A la fin de l'après-midi, je m'étais "dépouillée" de mes chandails et enveloppée dans une couverture de l'armée. J'étais en train de lire à haute voix le *Capitaine James Cook* d'Allan Villiers lorsque, soudain, le bateau se secoua violemment comme un mustang désarçonnant son dresseur.

"Merde! L'ancre de proue vient de casser. Il faut que nous sortions de là!"

Criblés de grêlons, nous hâlâmes la CQR tandis que la petite Danforth retenait précairement le bateau. Don scrutait sans cesse les rochers qui, à bâbord, semblaient se diriger droit sur nous.

"Prends la barre et maintiens l'étrave vent debout pendant que je relève l'ancre de poupe" ordonna-t-il.

La proue, quant à elle, avait d'autres idées. Elle voulait filer droit sur les rochers. C'était comme si je conduisais un semi-remorque dépourvu de freins sur une pente dangereuse en m'efforçant d'en garder le contrôle. *Un coup de gouvernail à gauche, le remettre au milieu, un coup de gouvernail à droite, pousser les gaz si le bateau ne veut pas obéir. A gauche toute, de nouveau. Avec fermeté. Ne laisse pas le gouvernail avoir le dessus. Oblige le bateau à virer en douceur. Montre-lui qui est le maître!*

"Bien joué, chérie!" s'exclama Don en regagnant le cockpit. En emballant le moteur pour pouvoir mieux manœuvrer, il m'ordonna d'aller à la proue et de m'y poster en vigie pour lui signaler les dangers. "Avec cette maudite pluie et ce fichu vent, n'essaie pas de crier, jamais je ne t'entendrai!"

Nous nous dégageâmes de l'endroit en évitant les rochers et mîmes le cap sur Paso Roda. J'étais agenouillée sur le beaupré, m'accrochant aux chandeliers pour ne pas risquer d'être projetée par-dessus bord. L'avant du bateau piquait du nez dans les creux, me douchant, me soulevant. Je m'agrippai toujours plus, les doigts engourdis par le froid et la pression de ma prise. Aucun de nous n'avait eu le temps d'enfiler une tenue contre les intempéries et des rafales de grêle obliques, mêlées de neige fondue, me piquaient les yeux et transperçaient mon sweat et mon pantalon, me trempant jusqu'aux os. Mes joues étaient à vif; je pouvais difficilement faire fonctionner mes mâchoires. Je ne voyais rien au-delà de 9 m. Je scrutais les rochers aux jumelles et des gouttelettes d'eau se collaient aux lentilles. Mon tour d'horizon se heurtait partout à des nappes grises. Je priai pour que Don ait mémorisé les relevés de terrain.

Brusquement, le bateau se mit à rouler. ça y est, nous pénétrons dans le détroit, me dis-je. Grosse houle, vagues s'enchevêtrant. Le mouvement s'amplifia. Le bateau se mit à tanguer violemment d'avant en arrière et à rouler de bâbord à tribord et vice-versa. La nausée m'envahit. Nous n'avions plus subi de telles vagues depuis le Golfo Trinidad. Don négocia le dernier virage et nous nous engageâmes dans Puerto Tamar.

"Rocher en vue!" criai-je d'un ton srident, "Ilot!" Je me levai en gesticulant dans tous les sens.

"Ça va, j'ai vu!" hurla Don, "Viens ici!"

Je me précipitai vers le cockpit pour reprendre la barre. "Pour le moment, je vais jeter seulement la CQR. Nous ne serons ancrés que par un point. Mais gardons prêtes les grosses ancres Danforth et Yachtsman en cas d'urgence", décida Don.

L'obscurité arriva le temps de descendre et d'ôter nos effets mouillés. Même nos sous-vêtements étaient trempés.

"Il y a tellement de fond ici que nous devrons surveiller le câblot. Je crois bien que l'ancre s'est cassée à Caleta Rachas parce que je n'avais pas lâché suffisamment d'aussière." Don marqua une pause avant de poursuivre: "Je suis vraiment fier de toi. Tu es devenue un vrai marin. Tu dois en être heureuse, n'est-ce pas?"

Des images me traversèrent l'esprit. Effectivement, j'avais fait du chemin depuis... Et surtout quant à mon état d'esprit. Je ne demandais plus : "Pourquoi?" à chaque changement de cap. Je savais ce qu'il fallait faire et je le faisais. J'étais devenue un équipier à part entière. Je me souvenais de la peur que je ressentais, avant notre arrivée à l'île de Pâques, chaque fois que Don m'ordonnait d'amener la voile d'avant dans une rafale de vent et de la colère qui montait en moi lorsqu'il "m'obligeait" à le faire. Je me souvenais à quel point je me sentais revigorée par le vent qui me balayait le visage et par la beauté de la lune qui surgissait à travers les nuages sombres. Mais je me rappelai aussi que je me refusais d'avouer avoir ressenti du plaisir "sous la contrainte". Oui, j'étais fière de moi. J'éprouvais une satisfaction personnelle. Toutefois, je connaissais encore des moments de terreur et, à Puerto Tamar, j'avais fait le plein d'émotions fortes.

N'ayant pas dormi, j'écrivis, le 27 mars, à 2 h du matin :

Rafales incessantes depuis que nous avons jeté l'ancre. Slocum avait lui-même relaté: "Par le Grand Borée, un arbre aurait eu besoin de toutes ses racines pour résister à des vents d'une telle furie!" Maintenant je comprends ce qu'il voulait dire. Ce vent est-il pire que celui de Darsena Aid ou bien mes souvenirs sont-ils flous?

Je viens de terminer mon quart passé à surveiller l'ancre et c'est maintenant le tour de Don. Il me dit d'aller dormir mais j'en suis incapable. Je suis trop nerveuse et trop tendue. J'ai l'impression de bivouaquer au pied d'une falaise de 13 m suspendue dans une brume noire. Les cordes de notre "hamac", tendues à l'extrême, gémissent. Leurs extrémités s'accrochent à un piton géant fiché dans une matière inconnue. Le vent frappe, nous projette en tous sens contre cette voûte. Les cordes tiendront-elles, le piton résistera-t-il? nous demandons-nous en silence. Nous ne sommes que des fétus de paille et nous attendons. Nous attendons l'aube. Combien d'heures? Combien de jours?

Dans le journal de Don rédigé au milieu de la nuit, on pouvait lire:

Cela fait maintenant plus d'un mois que nous avons sanci. Quel redoutable anniversaire! Quand le traitement disciplinaire que nous subissons prendra-t-il fin? Nous lâchera-t-il un jour? Ces deux dernières journées ont été éprouvantes. J'ai confié à R. combien je suis content du travail que nous avons effectué ensemble cette nuit, avec diligence et compétence mais mes paroles ne lui ont pas apporté beaucoup de réconfort. Par égard pour elle, il faut que le périple touche à sa fin. Elle en a tellement enduré!

27, 28 MARS

En combien de jours escomptions-nous rallier Punta Arenas? En cinq jours! Et déjà nous en avions perdu trois, sans avoir la moindre idée du moment où nous serions en mesure de repartir. Quel rêve! Quel optimisme! "Un simple virage à gauche" avant de remonter à toute allure le détroit jusqu'à Punta Arenas... Le détroit de Magellan, avions-nous complètement ignoré sa terrible réputation et tous les récits qu'il a inspirés?

Je soupçonnais les Anglais d'avoir, dans le *Pilot*, donné du détroit une description bien inférieure à la réalité: *Les difficultés et les dangers de la navigation dans le détroit... sont accentués par la prédominance du mauvais temps, en particulier lorsqu'on se dirige vers son entrée ouest... [où] les rafales de vent soufflent fréquemment avec furie et de toutes les directions, rendant impossible tout ancrage.*

Cependant qui pourrait croire à des conditions aussi infectes sans en avoir fait lui-même l'expérience?

Lorsque Slocum avait trouvé un abri pour la nuit à Puerto Tamar au cours de ses longs efforts pour sortir du détroit, il avait écrit: *Une fraîcheur infinie émane de toute cette contrée. Sur la colline derrière Puerto Tamar, un petit phare a été construit à la hâte, témoignant de la présence de l'homme. Mais comment ne pas mourir de solitude et de chagrin? Une terre exposée au vent n'est pas un endroit idéal pour y goûter la solitude. (2)*

Nous reprîmes l'habitude que nous avions adoptée après notre chavirage, de porter nuit et jour notre tenue de gros temps et de demeurer entièrement habillés. Le vent variait constamment en gravissant l'échelle de force: de la légère brise au grand frais, du coup de vent au fort coup de vent, de la tempête à l'ouragan puis il tournoyait brusquement dans le sens des aiguilles d'une montre. (3)

Toutes les heures nous nous relayions à la surveillance de l'ancre ou nous restions assis dans le cockpit. Le vent traversait mes cinq épaisseurs de vêtements composés d'un ciré jaune dont la capuche était étroitement serrée autour de mon visage, d'un pull en laine irlandais (qui avait fini par sécher au bout de trois semaines), d'un sweat, d'un col roulé et d'un maillot de corps en laine à manches longues. Après vingt minutes sous une température de 1°C (avec un facteur vent avoisinant -20°C), ma bouche commençait à geler, mes doigts s'engourdissaient, mon front et mes yeux devenaient douloureux. Des rafales de grésil ou de neige balayaient le pont. On aurait juré que c'était l'hiver dans le Midwest mais, jamais auparavant, je n'avais été contrainte de rester assise dehors dans le blizzard!

Les muscles de mes épaules me causaient des élancements. Je frappais des pieds pour me réchauffer, je soumettais mes mains et mes doigts à des contractions isométriques, je me balançais d'avant en arrière, les bras en croix sur la poitrine. Une vague nausée montait de mon estomac. Enfin ma veille se terminait, c'était le tour de Don.

29 MARS

C'est la pleine nuit, il est 4h10 et je viens de terminer mon quart. Ai-je cru que la nuit précédente était abominable? Eh bien, ce n'était rien, comparé à cette nuit-ci! Après minuit, lorsque les rafales de vent ont atteint une vitesse de pointe de 60 nœuds, Don a dû mettre le moteur en marche et le faire tourner pendant trois heures jusqu'à 1000 tours-minutes afin de diminuer la tension qui s'exerçait sur l'ancre. Tel un cheval attelé à un moulin géant installé en haut d'une gorge, le **Dauphin** *a travaillé comme un forcené rivé à sa chaîne.*

Quand je pense à ce que j'ai dit aux marins de l'île Fairway: "Annoncez au capitaine du port que nous arriverons à Punta Arenas le 30 mars". Diable, quelle présomption! Depuis cinq jours, nous étalons des vents de tempête et Punta Arenas n'est encore qu'un rêve!

Au moins savions-nous, heureusement, que la marine chilienne surveillait les parages. Nous avions aperçu les feux d'un navire dans le chenal une demi-heure avant d'essuyer la tempête. Nous espérions qu'il nous avait repérés sur son radar.

Don continuait à se surmener. Il annotait le livre de bord toutes les heures et cela depuis les trois jours que nous étions à Puerto Tamar.

Je l'imagine au Moyen Âge endurant le supplice de la roue. Il grimace de douleur à chaque tour de roue. Il gémit mais ne se rétracte pas. Ses bourreaux continuent. Don s'évanouit, puis revient à lui. Ils recommencent. Il mourrait avant même de parler. Dieu merci! Il n'a jamais eu à affronter l'ultime test de courage qu'est la torture mais je crois qu'il l'endurerait s'il avait à le faire : sa capacité de résistance dans les moments cruciaux est hors du commun.

Avant l'aube, le vent cessa enfin de tirer sur la corde de l'ancre et nous pûmes couper le moteur. J'étais étendue sur notre couchette, l'oreille tendue, m'attendant à tout moment à ce que Don vienne me tirer de ma torpeur et que le mât se remette à vibrer et à se secouer. Je finis par m'endormir en priant le ciel: *De grâce, faîtes que l'ancre tienne, faîtes qu'elle tienne... par pitié!*

A 5h30, Don grimpa dans la couchette et s'endormit en m'étreignant tel un bébé, comme si je pouvais, moi aussi, m'en aller. Une heure plus tard, nous étions à nouveau debout, prêts à l'action mais attendîmes que la visibilité s'améliore.

A 10h, j'inscrivis dans le livre de bord: *Cabo Providencia, à 12 milles à l'est et Cabo Upright, à 18 milles d'ici sur la rive sud, sont visibles.* Tout paraissait parfait pour un appareillage.

"Allons-nous tenter le coup?" questionna Don

"Attendons un peu et regardons comment ça évolue" répondis-je.

Nous attendîmes. Une heure. Providencia et Upright s'évanouirent de nouveau dans le brouillard. Don ouvrit timidement le capot, pointa sa tête et annonça: "Oh, mon Dieu, nous replongeons dedans!" Il sauta prestement de l'échelle et claqua le capot de fermeture en concluant: "Si nous avions un écho-sondeur, un radar et l'annuaire des marées, nous pourrions faire une tentative. Mais si la visibilité empire, nous pourrions fort bien finir comme un vaisseau spatial égaré dans l'espace, sans avoir la moindre chance de revenir vivants."

Des flèches de grésil transperçaient le pont. Les bourrasques nous frappaient à tribord. Don remonta dans la couchette en annonçant: "Il vaudrait probablement mieux que nous demeurions ici, où l'inconnu est quand même moindre. Viens te coucher avec moi."

"Non, je suis trop énervée. Va dormir, moi je continuerai à veiller." J'avais en fait une forte envie de dormir mais le vent s'était de nouveau mué en taureau enragé et il fallait bien que quelqu'un demeurât dans l'arène. Je souffrais de brûlures d'estomac et de crampes abdominales.

Je ne comprends pas pourquoi, écrivis-je, mais, *en tout cas, j'ai maintenant quelque chose en commun avec un "grand homme": il s'agit de Cook dont Alan Villiers décrit, dans son livre, les maux d'estomac, le fléau des marins.*

Une heure plus tard, Don sauta de sa couchette, en annonçant: "Je me sens mieux!" Il donna une petite tape au baromètre: "La pression a légèrement augmenté. Qu'est-ce que ça donne dehors?"

J'ouvris le capot et passai la tête. Le vent faisait toujours rage mais la visibilité était meilleure et je pouvais apercevoir les montagnes sur la rive opposée du détroit. Don grimpa à côté de moi pour jeter un coup d'œil: "Oh là là! Regarde donc cette eau!"

Des serpents blancs suivaient le chenal en direction de l'est. Une averse de neige tombait puis s'échappait de ravins gris avant de traverser le détroit, tel un fantôme aux bras étendus se déplaçant lentement d'un pas mal assuré: "Nous ferions bien de prendre la fuite tant qu'on y voit clair!"

Oh mon Dieu! Pour aller où ensuite? me dis-je. Où donc cette "fuite" allait-elle nous mener? Aucun de nous ne le savait mais nous étions d'accord pour faire une tentative. Nous levâmes l'ancre et nous dirigeâmes vers le détroit.

La distance séparant la Péninsule Tamar de la rive sud de Paso del Mar (le littoral occidental du détroit) est d'environ 7 milles. Elle est suffisamment longue pour que les flots puissent gagner en puissance. La combinaison du vent et de la houle et la rapidité du flux de la marée qui s'y ajoute sont capables de précipiter une petite embarcation dans le chenal comme le ferait d'un jouet une rivière en furie . Ce courant peut aussi pousser un mur d'eau contre un bateau lorsqu'il rencontre le reflux de la marée.

Sans annuaire des marées pouvant nous indiquer les moments favorables à la navigation, nous étions contraints de nous lancer à corps perdu, bravant le vent et les terribles conditions météorologiques, dans cette formidable masse d'eau en mouvement. D'ailleurs, Don n'était même pas certain que dans de telles conditions, l'annuaire des marées pût nous être de quelque utilité. Il avait tenté d'étudier le niveau auquel l'eau montait sur le littoral pour avoir une idée de l'importance des flux et des reflux, mais il avait de plus en plus de mal à comprendre les effets de la marée au fur et à mesure que nous approchions du point de rencontre des océans Pacifique et Atlantique.

C'est alors que nous eûmes droit à notre première vue panoramique du détroit. C'était grandiose. Le détroit apparaissait immense et imposant. Des croupes et des mamelons de granite gris-argenté s'empilaient les uns sur les autres et se dressaient à plus de 450 m, dominés par des champs de neige, des caps de glace et des pics saupoudrés de neige fraîche. (Je frissonnai à la pensée qu'en-dessous de nous se trouvaient également des à-pics.) Le granite se présentait à nu, fendu verticalement, horizontalement et en diagonale. Aucun arbre ne pouvait s'y accrocher. Des fleuves de glaciers se frayaient un chemin jusqu'à l'eau salée. Juste au-dessus du rivage, des rubans de lichen jaune, des cyprès rabougris et des mousses coloriaient le rocher. La douceur n'était nullement une composante de la beauté du détroit de Magellan!

La brume s'accrochait au-dessus des glaciers. Soudain, un diamant bleu surgit des nuages qui changèrent d'humeur l'espace d'une seconde. Je me précipitai sur mon appareil photo. Hop! un cliché et les nuages se reformèrent; les sommets redevinrent sombres et menaçants.

Des rafales de neige balayèrent le pont. La bourrasque nous poussait et nous gagnâmes rapidement la pointe de Paso del Mar avant de nous engager dans Paso Largo. Le *Dauphin* s'essoufflait à chaque coup de vent et s'efforçait de ne pas trébucher. Son gréement ruisselait sous les vagues courtes et hachées. Rien de *pacífico* là-dedans!

Un navire de la marine chilienne qui se dirigeait vers le large passa devant nous en émettant des signaux lumineux. Quel était leur message? Peut-être tout simplement: "Bienvenue!" Les marins, postés sur la passerelle de commandement, agitaient les mains. Cela nous remonta le moral.

Après le déjeuner, je repris mon tour de veille. Le baromètre avait chuté; les coups de vent, la pluie et la grêle redoublaient. La rive sud s'estompa puis ce fut la rive nord. Des traînées blanches se succédaient sans cesse, striant l'eau du détroit comme des milliers de chevaux blancs fougueux se disputant une course, cabriolant, se cabrant, faisant des bonds d'une hauteur de 4 à 6 m au-dessus des flots. Les vagues déferlaient en dangereux rouleaux soulevant la poupe et faisant gîter fortement le *Dauphin* à tribord. Celui-ci se mit à surfer, s'opposant à mes efforts pour garder sa direction sous mon contrôle.

Pourquoi cela m'arrive-t-il toujours lorsque Don se repose? Le bateau prenait de la gîte, l'avant plongeait dangereusement dans les creux: nous allions piquer dans une vague, j'en étais sûre! *De grâce, ne fais pas la pirouette une seconde fois! Non, par pitié!* J'aurais donné tout l'or du monde pour que Don fût à mes côtés mais je ne pouvais pas abandonner la barre, ne serait-ce qu'une seconde, pour aller le chercher.

A ce moment, le capot s'ouvrit et la tête de Don apparut: "Tu m'as appelé? Il y a un sacré roulis, n'est-ce pas?" Ce n'était nullement une remarque hypocrite. Don semblait toujours ressentir les moments où j'avais des problèmes.

Il examina les rouleaux en disant: "J'aurais préféré continuer mais il vaut mieux chercher un abri à Caleta Notch. Cependant son entrée est délicate. Es-tu partante?"

"Oui, pourvu qu'on fiche le camp d'ici!" m'exclamai-je.

J'avais lu ce que le *Pilot* disait à propos de Caleta Notch et avais étudié la carte. C'était la seule anse du détroit complètement close. Dans le passé, elle avait été utilisée par maints explorateurs et navires de passage. Slocum y avait jeté l'ancre et j'étais curieuse de la connaître. Elle apparaissait comme un endroit sûr.

J'avais une assez bonne idée de sa configuration. Elle m'intriguait: elle était constituée de deux bassins, l'un intérieur, l'autre extérieur. Le premier était complètement fermé par la terre. Des cours d'eau affluaient de tous côtés dans les deux rades et une rivière drainait l'amont du bassin intérieur. Les instructions nautiques concernant l'entrée de Caleta Notch supposaient l'existence d'amers visibles et la possibilité de les utiliser pour des relèvements.

Don ordonna de virer au nord. De fortes vagues frappèrent le bateau par bâbord et éclatèrent au-dessus de la cabine, pénétrant dans le cockpit. Je n'aimais pas du tout la façon dont le bateau réagissait et jetai un coup d'œil à la poupe afin de m'assurer que l'arrière évacuait bien les vagues. L'eau translucide de couleur émeraude se redressait derrière nous.

"Haut-fond!" hurlai-je en donnant un grand coup de barre à tribord.

Don se retourna pour voir ce qui se passait: "Non, ça va! Reprends ton cap!" (Plus tard, il m'expliqua que sous l'action du vent qui nous poussait et du courant contraire, les vagues s'amoncelaient, créant ainsi des formes géantes et étranges ce que j'avais pris pour un haut-fond n'était en réalité qu'un rayon de soleil filtré par l'eau .)

Nous arrivâmes à l'entrée: c'était un passage étroit gardé de part et d'autre par des pointes rocheuses évoquant des pinces prêtes à se refermer sur nous et à nous prendre au piège. A l'intérieur de ces pinces, des îlots et des hauteurs à demi-submergées veillaient, aux aguêts du moindre faux pas du navigateur. On aurait dit que nous étions partis pour une mission suicide. Toutefois, en quelques minutes, nous nous retrouvâmes à l'intérieur d'un bassin circulaire où la houle s'était calmée. Un voile magique fait de brume neigeuse nous enveloppa, dissimulant les crêtes des collines et les buttes. La seule chose que nous pûmes apercevoir lorsque le *Dauphin* pénétra prudemment dans l'anse était de petits îlots à bâbord.

"Je crois que nous avons la Punta Maunder à tribord", déclara Don, "Le meilleur ancrage est censé se trouver à environ 270 m de là."

Nous jetâmes l'ancre à l'endroit recommandé, prîmes des relèvements sur la côte est et sur la côte ouest puis descendîmes remplir le livre de bord. En quelques minutes une pluie fine succéda à la grêle qui martelait le toit. Don nota: **45 milles parcourus aujourd'hui. Mouillage parfait. Bien abrité. Seules quelques courtes rafales de vent pour nous donner une idée de ce qui se passe à l'extérieur.**

Depuis la banquette de la cuisine, il leva les yeux sur moi, une expression bizarre sur le visage: "Je commençais à être... non pas un peu...mais diablement effrayé lorsque nous étions en dehors d'ici."

NOTES

1. Le magnétophone et le haut-parleur de bâbord étaient tous deux installés sous un rayon de la bibliothèque. Nous avons pensé que les livres avaient absorbé la totalit é de l'eau lors de notre chavirage et qu'ils avaient ainsi protégé cette installation. Le haut-parleur de tribord, quant à lui, avait été détruit.

2. *Sailing Alone Around the World*, p. 127

3. Les vents de tempête de l'hémisphère sud tournent dans le sens des aiguilles d'une montre, tandis que, dans l'hémisphère nord, ils tournent dans le sens inverse.

CHAPITRE 16

Fin du cauchemar

SOIR 29 DU MARS

Quel endroit merveilleux que cette Caleta Notch! Elle est encore plus charmante que Puerto Bueno. Dame Nature l'a créée en faisant appel à ses meilleurs décorateurs. Blottie à l'intérieur de la pointe sud-ouest du continent Sud-Américain et parfaitement dissimulée derrière un promontoire de glace surmonté d'une étroite arête aux pics enneigés, elle est invisible du détroit de Magellan. De minces glaciers occupent les cuvettes qui parsement les crêtes et des torrents dévalent le long des fissures du roc. A l'est, on aperçoit une rivière formant un petit delta et des pentes douces. C'est là aussi que Slocum avait débarqué pour s'approvisionner en eau et en bois.

J'avais été si absorbée par la manœuvre de la barre lorsque nous avions pénétré dans cette baie que certains détails m'avaient échappé. Nous étalâmes la carte sur la table de la cuisine afin d'étudier la configuration de la Caleta Notch et examinâmes en détail chacune des étapes de notre entrée. Don traçait la route avec son index et, après avoir cherché la voie d'accès à cet endroit, j'eus du mal à croire que nous avions réussi à la trouver.

"Voilà un mouillage de classe internationale!" s'écria Don "Fêtons cette heureuse découverte en allumant un feu! Comme nous approchons de notre but, nous pouvons nous permettre de brûler le restant de notre bois."

Nous discutâmes de ce que nous ferions à notre arrivée à Punta Arenas. En priorité: téléphoner à notre famille. Même moins urgentes, certaines activités nous tenaient à cœur. Ainsi, faire une promenade, une vraie, non pas seulement les 13 m qui séparent la poupe du beaupré mais un parcours de 2 à 6 km nous permettant de sentir le contact avec le sol et de toucher les feuilles ou les aiguilles des arbres, ou encore acheter des légumes frais, des vraies pommes de terre au lieu de flocons en paquet, des oignons et de l'ail.

"Un bon steak bien épais, des fruits frais et de la crème glacée", ajouta Don qui se hâta de dire: "Je n'ai jamais eu à me plaindre de ta cuisine car tu sais confectionner de merveilleux plats avec quelques ingrédients, mais je crois que ce dont j'ai le plus envie est tout simplement d'une nuit complète de sommeil, sans interruption. Qu'il n'y aît pas de vent, pas d'ancre à surveiller et que rien ne puisse me réveiller!"

Nous étions tous deux impatients d'avoir des nouvelles de chez nous et du reste du monde. Le président Ford avait-il pardonné à Nixon? Le pays se remettait-il de la récession économique? Les restrictions pétrolières avaient-elles affecté notre entreprise? L'interminable grève de la poste en France avait-elle pris fin? Mes lettres avaient-elles pu arriver à destination?

Nous nous préoccupions aussi de la situation politique au Chili. L'île de Pâques n'avait guère été touchée par les mesures sévères de Pinochet. Toutefois nous avions entendu certains étudiants venus en vacances sur cette île parler de leurs conditions de vie sur le continent. Il était question de couvre-feu, de militaires omniprésents et de rumeurs au sujet de *desaparacidos* (personnes disparues). On racontait aussi que sur l'île Dawson, au sud du détroit, se trouvait un camp de concentration où l'on envoyait les prisonniers politiques. A Punta Arenas, il nous faudrait être prudents et combattre la tendance de Don à dire tout ce qu'il pense. Nous allions être les "hôtes" d'une dictature militaire, situation qui pourrait s'avérer délicate.

Nous allâmes nous coucher après que le feu se fût entièrement consumé et nous nous pelotonnâmes dans la couchette en vue d'une nuit complète. Je dormis d'un sommeil de plomb, à peine consciente lorsque Don passa, à plusieurs reprises, par-dessus moi en chuchotant: "Je vais régler le mouillage" puis, à son retour dans la couchette, "Tout va bien".

Pendant la nuit, je rêvai que des avions décollaient au-dessus de nos têtes: *C'est curieux, les avions volent plus bas qu'à l'ordinaire. On dirait qu'ils n'arrivent pas à prendre de l'altitude. Le bruit est assourdissant. Dans la tour de contrôle, un homme regarde au dehors pour voir ce qui ne va pas.*

Un grondement me réveilla. *Mon Dieu! Ce sont des rafales de vent descendant des montagnes!* Le bateau fit une embardée à bâbord et je fus jetée au bas de la couchette, Don et le matelas se renversant sur moi.

"Oh, Jésus! Pas une deuxième fois!" grommela Don

La filière fut submergée. La batterie de cuisine tomba brutalement et alla s'écraser contre la paroi. La chaîne de cale faisait un bruit analogue à celui d'un déversement de pierrailles.

"Je ne peux pas croire ça!" soufflai-je, les dents serrées.

Le bateau se redressa tout seul. J'enfilai mes bottes, saisis ma veste de gros temps et suivis Don en haut de l'échelle.

"Sacré nom de Dieu! Le bateau a plongé!" s'exclama-t-il. "L'ancre a dû chasser sur le fond!" Il avait déjà laissé filer 152 m de corde et il ne nous restait plus que 30 m à larguer. Il se pencha afin de vérifier le câblot d'ancre. "Diable! J'ignore ce qui se passe: ça paraît pourtant tenir bon... Humm! Je crois le savoir. Regarde le ciel!"

Des nuages bas galopaient à l'est en traversant un ciel d'ardoise lumineux. Quelque part derrière ces nuages, la pleine lune se cachait. En observant le ciel, je me mis à penser à Moitessier. Une nuit, en voulant suspendre des rubans aux haubans, il avait remarqué que le ciel n'était pas noir. Au contraire, il était si lumineux que la couleur blanche de ces rubans ne ressortait pas du tout et qu'il avait dû remplacer le tissu blanc par du noir. (1)

"Dis-moi..." poursuivit Don sur le ton doctoral qu'il prenait habituellement pour me tester. Je pensais: *ça y est, je le vois venir. En pleine nuit et après avoir failli chavirer, voilà qu'il va me faire son cours et dénoncer mon ignorance en physique.*

".... ce que tu vois."

M'efforçant de garder la tête froide, je lui répondis: "Je vois que le vent dominant arrive de l'ouest et qu'il pousse les nuages vers l'est"

"Oui! Mais la rafale qui nous a frappés de plein fouet sur le flanc venait du sud! Regarde maintenant ce qui nous arrive d'en face: c'est un vent d'est!" Il continua à parler tout seul en affirmant que j'étais à côté de la plaque: "Je crois que le courant créé par la masse d'eau douce qui alimente ce bassin nous a mis tout simplement en travers de ces rafales."

Je me souvenais du passage suivant du *Pilot* relatif à ce genre de coup de vent: *Au cours des plus fortes bourrasques qui se produisent le plus souvent à l'ouest du Cabo Froward... le vent peut atteindre une vitesse de 100 nœuds. Un coup de vent peut ne pas durer plus de quelques minutes mais, pendant ces quelques instants, la visibilité peut devenir très mauvaise en raison de la pluie glacée, du grésil ou de la neige, et il arrive que le ciel s'obscurcisse brusquement, même si le soleil brille.*"

Nous aurions pu y ajouter quelques commentaires mais la seule observation notable aurait été que ces mêmes rafales engendrent de tels embruns qu'ils peuvent supprimer la visibilité.

"Un bateau ancré qui se renverse! La violence de ces bourrasques est vraiment inimaginable!" Don ne cessait de hocher la tête d'étonnement.

"C'est un grand bassin fermé mais des vents cycloniques soufflent de ces hautes crêtes!"

Le vent s'apaisa un moment et nous descendîmes. Nous étions si énervés et si tendus qu'il était hors de question de dormir. "Eh bien, il y a une petite consolation à tout ça", conclut-il, "Nous sommes dans une anse bien fermée et le pire qui peut nous arriver est de nous échouer sur le rivage. Ce n'est pas comme à Darsena Aid où il nous aurait fallu escalader une falaise si le bateau avait sombré. Ici, nous n'aurons qu'à nous frayer un passage dans les herbes et à patauger jusqu'au rivage."

De violentes bourrasques nous tourmentèrent encore pendant quelques heures. Le *Dauphin* tournoya dans tous les sens comme une toupie. Les garcettes qui maintenaient attachée la voile d'artimon se défirent; le gréement et la mâture se secouaient violemment, le vent sifflait par toutes les fissures du bateau. Le mât semblait en proie à des convulsions. Etait-ce mon imagination ou bien le voilier était-il réellement soumis à la torture? J'en parlai à Don.

"Oui, effectivement. L'étai avant et les haubans m'inquiètent. Il n'y a plus qu'eux pour retenir le mât et l'empêcher de se rompre. S'ils lâchent, nous devrons très certainement lui dire adieu."

30 MARS

A l'aube nous regagnâmes notre couchette et somnolâmes un peu.

A 11 h, les bourrasques revinrent à la charge, attaquant de tous côtés, mitraillant le pont et faisant exploser l'eau. Nous nous levâmes et nous habillâmes en hâte. Don se cala derrière la table de la cuisine pour étudier la carte. J'allumai le fourneau. Une rafale arriva en mugissant à bâbord arrière et éteignit la flamme. J'ouvris la bouteille d'alcool pour en imprégner à nouveau le brûleur. "Quittons cet horrible endroit dès que nous aurons terminé de manger!" proposai-je.

J'entendis ensuite un ronflement semblable à celui d'une machine à vapeur. Le fourneau bascula et je fus projetée, à travers la cuisine, dans le coffre de la radio. La bouteille d'alcool aspergea Don et répandit son contenu sur le sol.

"Oh Jésus, le mât vient de heurter l'eau!" Don essayait de s'extirper de derrière la table mais, plaqué contre la paroi de tribord, il ne pouvait bouger.

L'eau jaillit à travers le toit fissuré de la cabine, nous aspergeant tous les deux. Quand le *Dauphin* se redressa, nous nous efforçâmes de nous mettre debout.

Don s'empara du tournevis pour court-circuiter le solénoïde.

"Sors et mets les gaz! Cette fois, l'ancre a bien chassé sur le fond, j'en suis sûr!"

De grâce, faîtes qu'une autre rafale ne vienne pas nous frapper pendant que je me trouve dans le cockpit, suppliai-je. Je serais certes capable de gagner le rivage à la nage ou de remonter dans le bateau si je venais à être projetée par dessus bord. Mais, mon Dieu, dans cette eau glacée, que m'arriverait-il?

"Pousse le moteur à 2000 tours-minutes!" hurla Don en se ruant à l'avant. La Punta Maunder n'était plus qu'à 15 m. L'ancre avait été traînée sur plus de 90 m. Tandis que Don moulinait le winch pour ramener la ligne d'ancre, j'attendais qu'il me fasse signe. Il me désigna le milieu de la baie. Je fis faire un cercle au bateau pour ramener l'ancre le long de son flanc. Quand Don me fit signe d'arrêter, je mis le levier au point mort, attendant qu'il déroule le mouillage pour le vérifier avant de fixer à nouveau l'ancre au fond.

"Marche arrière!" hurla-t-il, pour renforcer la tension du cordage. "ça va, point mort!" cria-t-il en revenant à l'arrière. "Je crois que, maintenant, cela va aller. Nous avons sorti 30 m de mouillage au total!" Une bourrasque venue des crêtes balaya tout en direction du nord-ouest. Des rafales de neige tourbillonnaient sur l'eau, activant et soulevant les embruns.

"Descendons manger quelque chose, nous avons besoin de calories. Ensuite, nous pourrons discuter du cap à suivre."

Je donnai une pichenette au baromètre. "On dirait que ça se gâte! La pression n'a pas cessé de chuter depuis plus de 24 h."

"Bien... veux-tu que nous fassions une tentative d'appareillage après le déjeuner?" me proposa-t-il, "Il se peut que ces coups de vent ne soient que locaux et que ça souffle moins en dehors d'ici."

"Oui, essayons. Cela *ne peut pas* être pire!"

Nous avalâmes un repas froid. Je ne voulais pas me battre à nouveau avec le fourneau.

Nous levâmes l'ancre et entreprîmes un demi-tour en "S" inversé pour sortir de la baie. Il était 14 h. Le vent tourbillonnait en décrivant des cercles parfaits et soufflait vers l'ouest en mugissant le long des pentes du promontoire. Le bassin naturel que constituait la baie ressemblait à un gigantesque jacuzzi. Le vent s'engouffrait dans le goulet d'entrée, frappant de plein fouet la proue du voilier. Nous étions incapables d'avancer, même en poussant le moteur à plein régime.

"La brume commence à nous envelopper. Veux-tu que je prenne un relèvement vers l'arrière, au cas où nous serions dans l'obligation de regagner la baie?" proposai-je.

"Bonne idée!" répondit Don, "Je n'ose pas lâcher le gouvernail."

Je me précipitai en bas, saisis le compas à main, pris les relèvements et les reportai d'une écriture nerveuse dans le livre de bord. Nous nous dirigions droit sur les récifs. La houle se précipitait à travers le goulet d'entrée et éclatait par dessus les rochers. Devant nous se profilaient des embruns lourds et sombres et un rideau de pluie venait du sud-ouest.

"Je déteste ça, je déteste ça!" crai-je d'une voix stridente "Quel temps pourri, abominable, infect!"

"Veux-tu qu'on fasse demi-tour? Veux-tu rentrer?" brailla Don.

Je ne cessai d'observer le rivage. Le varech s'agitait en tous sens, comme si les récifs sous la surface de l'eau avaient été torpillés. Quelques secondes de plus et nous ne pourrions plus faire demi-tour. "Oui, oui, rentrons!"

Don tourna la barre à bâbord. Le voilier piqua du nez et roula. "Jouerais-tu ta vie sur les relèvements que tu viens de prendre?" me demanda-t-il d'un ton sérieux.

Je fondis en larmes. "Non... mais je crois qu'ils sont exacts."

Pendant quelques secondes le vent tomba, ce qui nous laissa juste le temps de nous écarter des rochers distants d'à peine 9 m. Nous fîmes demi-tour en longeant le bassin extérieur et la tache blanche des rochers, avant de passer devant les îlots et de pénétrer dans le bassin intérieur. Nous réfugiant à nouveau derrière la Punta Maunder, nous jetâmes l'ancre.

"Dieu Tout-Puissant! Un de ces jours, je me servirai de ces rafales pour sortir de là", déclara Don.

Ce fut alors que je compris ce que Slocum avait voulu dire en écrivant: *Nous eûmes un aperçu du temps qui sévit dans le détroit de Magellan lorsque le* Huemel, *un aviso-torpilleur bien armé qui avait tenté de poursuivre sa route par un vent déchaîné, fut contraint de regagner [la Caleta Notch] pour se remettre au mouillage et attendre que la tempête s'apaise. Et encore eut-il la chance de pouvoir y parvenir! (2)*

Si même un puissant bâtiment de guerre n'avait pu réussir à sortir de cet endroit, comment, a fortiori, le nôtre le pourrait-il?

Toute l'après-midi, de violentes rafales de vent soufflèrent des crêtes, en provenance du nord, du nord-ouest et de l'ouest. Epuisée et tendue, je touchai le fond et sanglotai. "Jamais nous ne sortirons d'ici. Jamais!" Le désespoir s'était emparé de moi comme la mousse des arbres de la Punta Maunder. Je devins morose. Feuilletant les pages jaunies et racornies de notre *Book of Famous Poetry*, je lus à haute voix des passages de *The City in the Sea (La Cité de la mer)* d'Edgar Poe: (3)

> *Résignées au dessous du ciel,*
> *Les eaux de la mélancolie veillent.*
> *Les tourelles se confondent si bien avec les ombres*
> *Que tout semble en suspens dans l'air sombre,*
> *Tandis qu'échappée d'une fière tour*
> *La mort gigantesque plane alentour.*

Cela fit rire Don qui, voulant me réconforter, récita à son tour la liste de ce que nous avions accompli depuis ces dernières 24 heures. "Regarde tout le travail que nous avons fait ensemble! Vois la rapidité avec laquelle tu réagis: tu ne paniques pas; tu exécutes tout correctement. Tu devrais te sentir fière de toi et non pas découragée!"

"Je sais", répondis-je en pleurnichant, "Mais c'est comme si l'on disait à une enfant qui vient de se casser la jambe qu'elle devrait plutôt penser à tous les malheureux du monde qui sont définitivement estropiés." De nouveau, les larmes coulèrent sur mon visage: "ça va aller. C'est simplement parce que nous avons passé sept jours dans cet horrible détroit et que nous n'avons parcouru que 40 milles. Quand pourrons-nous repartir? Notre famille se fait probablement, une fois de plus, du mauvais sang. A l'heure actuelle, nous devrions être arrivés à Punta Arenas. Nous sommes faits comme des rats. Jamais nous ne sortirons d'ici."

"Mais non, nous allons... nous allons... Regarde!" Il tapota le baromètre. "La pression est déjà remontée de 2,5 mm. Demain, il fera clair."

Entre temps la nuit était tombée. J'ouvris le capot afin de jeter un coup d'œil au dehors en espérant qu'il avait raison. A l'ouest, les nuages s'étaient partiellement dissipés. Une lueur de couleur chair glissa sur la crête dominant la Punta Florence avant de s'évanouir dans un gris violacé. *Ciel rouge du soir, espoir du marin*, pensai-je. Mais si le baromètre s'élevait trop brutalement, il n'y aurait plus d'espoir car nous aurions de nouveau droit aux vents engendrés par les hautes pressions.

"Dis-toi bien que nous sommes parfaitement en sécurité ici". Don essayait de me rassurer. "C'est une rade fermée. Même si le bateau est de nouveau frappé sur son travers par un coup de vent, il ne peut pas être sérieusement endommagé."

Je ne retins que ces mots qui résonnèrent à mes oreilles: "de nouveau frappé sur son travers", oubliant ce qu'il y avait ajouté. Au lieu d'aller me coucher, je m'allongeai sur la banquette de la cuisine en imaginant toutes les blessures que je pourrais subir au cas où un autre coup de butoir nous serait porté.

Si le bateau vient à chavirer à tribord, je heurterai le dossier de la banquette de la cuisine et ce ne sera pas grave. En revanche, s'il verse à bâbord, j'irai m'écraser contre la table et il se pourrait bien que je me fende le crâne, que je me rompe le cou ou encore que je me fracture une épaule ou la clavicule.

Allons, Réanne, reste positive. Comment ne pas être projetée contre la cabine?..... Humm! Je pourrais m'attacher à la barre comme le faisaient les anciens Cap-Horniers, ou bien au mât. Mais, à la façon dont le mât se secoue, je me briserais le dos... Oh, pour l'amour de Dieu, cesse d'avoir des pensées morbides et concentre-toi sur autre chose!

J'attrapai le livre de Villiers et achevai d'en lire les derniers chapitres. Le récit de la mort horrible de Cook, survenue prématurément aux îles Hawaï, chassa la perspective de la mienne. J'eus à peine le temps de terminer cette lecture que mes yeux se fermèrent. Il était 22 h. Je regagnai notre couchette, me blottis contre Don et sombrai dans un profond sommeil.

30 MARS, AU PETIT MATIN

Il faisait encore nuit lorsque Don me secoua. "Enfile vite ta tenue de gros temps, l'ancre a été traînée et nous ne sommes plus qu'à 15 m de la Punta Maunder. J'ai besoin de toi à la barre pendant que je ramène un peu de mouillage. Il va falloir refixer l'ancre."

Le bassin était de nouveau blanc d'écume. Le baromètre était monté en flèche, de même que le vent avait forci, comme je l'avais imaginé. Toutefois la prédiction de Don s'avéra exacte: le ciel s'éclaircissait. Au-dessus de nous, la lune ressemblait à un œuf poché pris dans une trame de nuages délicatement effilochés.

Le baromètre continua son ascension régulière pendant l'heure suivante et, avant que la lune ne se mette à pâlir, nous nous glissâmes hors de la Caleta Notch.

Les vents d'ouest soufflaient à une vitesse "modérée" de 25 nœuds. Au large de la côte californienne, dans les mêmes conditions météorologiques, les petits bateaux restent au port.

Des rafales de pluie s'engouffraient les unes derrière les autres dans le Paso Largo, nous poussant vers le sud-est. Quel endroit affreux! Même le *Pilot* laissait entendre que les conditions météorologiques y étaient les pires de tout le détroit. Mais, enfin, nous avancions.

Nous commençâmes à apercevoir, sur la rive sud-ouest, les ravinements et les éboulements causés par la marée. Des vaguelettes se soulevaient en courtes crêtes blanches, happaient un instant les rayons du soleil et scintillaient telles des milliers de mouettes blanches dansant à la surface de l'eau. Nous virâmes à l'est pour entrer dans le Paso Tortuoso (passage tortueux), chenal long de 9 milles reliant le Paso Largo au Paso Inglés (goulet anglais).

"Chérie, c'est lui! C'est bien lui!" Don me saisit et m'étreignit. "C'est le Cabo Crosstide!" Il me désigna un promontoire massif sur la rive nord. "C'est là le point de rencontre du Pacifique et de l'Atlantique, c'est là que s'affrontent les deux plus grandes forces de la planète."

L'affrontement de deux gigantesques océans suffirait amplement à perturber les eaux. Mais, au Cabo Crosstide, une masse d'eau supplémentaire va et vient dans la même zone sous l'effet des marées, ce qui cause encore plus de dégâts. Au nord, Seno Otway, un des principaux goulets intérieurs de la région des Magallanes, communique avec le détroit par l'intermédiaire du canal Jeronimo dans lequel le flux de la marée atteint une vitesse de 6 à 8 nœuds. En tenant compte des courants de 2 à 4 nœuds du Paso Inglés qui s'ajoutent à ce flux, nous avions l'explication de la couleur blanche des eaux de la rive sud.

Alors que nous étions sur le point de pénétrer dans le Paso Inglés mouvementé, la chance nous sourit: les rafales cessèrent et le courant emporta le *Dauphin amical* à travers le passage, tel un radeau de rafting. Nous passâmes au moteur devant le mouillage prévu pour la nuit. Il n'y avait aucune raison de nous arrêter tant que les conditions météorologiques resteraient bonnes. Vers la fin de l'après-midi, lorsque nous mouillâmes à Bahia Snug, nous avions déjà parcouru 60 milles.

Bien qu'il nous restât à passer le "coin" - le Cabo Froward se trouvait encore à 5 milles - le faible degré d'hygrométrie et l'absence de cyprès et de hêtres signifiaient que nous approchions des plaines de Patagonie. Le blé vert couvrait des pentes dégagées et sans arbres. On avait dû défricher cette terre mais on n'apercevait aucun signe de vie humaine.

31 MARS

20 h: Ce trajet de 60 milles peut paraître court, comparé à celui que nous pouvons effectuer à la voile en plein océan. Toutefois notre progression d'aujourd'hui est comparable à une randonnée pédestre de plus de 25 km sur le sentier "John Muir" (4). C'est en définitive, un exploit fantastique pour 12 h de navigation.

Bahia Snug (signifiant "baie bien abritée") est en fait une baie ouverte comme celle de Hanga Roa et ne constitue donc pas un abri sûr. Cependant le Pilot *affirme qu'elle est protégée des vagues et qu'"aucun coup de vent ne s'y fait sentir". Don en a conclu: "Je ne suis absolument pas certain que ce nom de "Bahia Snug" soit approprié. Mais Slocum s'est ancré ici et nous aurons peut-être la même chance que lui." Nous verrons bien...*

Une distance de 60 milles nous sépare seulement de Punta Arenas. Nous pourrons probablement effectuer ce trajet en un seul jour. Don désirant arriver à midi afin de se débarrasser des formalités de douanes et d'immigration, nous comptons passer la nuit de demain à Puerto del Hambre. En écrivant "la nuit de demain" je m'avance sans doute quelque peu. N'ai-je pas appris que, dans le détroit, rien n'est jamais certain?

Par la trappe située au-dessus de notre couchette, je retirai le livre de Slocum renforcé par de la bande adhésive et le feuilletai jusqu'à la page où il était question de Bahia Snug. La tentative de Slocum pour y mouiller en 1896 avait été brève. Les problèmes qu'il avait rencontrés ici n'étaient pas dûs aux conditions météorologiques mais aux autochtones, ainsi qu'il l'a rapporté comme suit:

Pendant les jours relativement beaux, les sauvages se livraient à des rapines. Par tempête, ils disparaissaient de notre vue sur de misérables et fragiles pirogues qui ne méritaient même pas le titre d'embarcation... J'étais au mouillage lorsque je me rendis compte, à l'arrivée du plein jour, que les deux canots qui avaient été volés pendant la nuit regagnaient furtivement la baie, dissimulés par le haut promontoire. Les sauvages qui les manœuvraient avec adresse étaient solidement armés d'arcs et de lances. A mon coup de fusil dirigé sur leurs arcs, ils firent dévier leurs embarcations pour s'engager dans une petite crique au pied de la chaîne de montagne. Craignant désormais que les sauvages, cachés dans les buissons proches, montent à l'abordage, je fus contraint de hisser les voiles que je venais d'amener et de traverser le détroit pour gagner la rive opposée distante de 6 milles. (5)

Le manque de sommeil creusait le visage de Don. Ses yeux étaient rouges et sa figure avait perdu toute couleur. J'appréciais le réconfort et la sollicitude qu'il m'avait prodigués pour me tranquilliser mais je m'inquiétais de le voir se surmener ainsi. Il était de nouveau arrivé au bout du rouleau et, s'il s'était trompé dans ses calculs, nous risquions de sombrer en vue du port.

"Mon Dieu, je donnerais n'importe quoi pour une nuit complète de sommeil!" lança Don, en ajoutant: "et pour un bain chaud! C'est ça que j'attends avec impatience, plus qu'un steak, des fruits frais ou de la crème glacée. Après 12 h de sommeil, je serai de nouveau d'attaque."

"Eh bien, va te coucher immédiatement", ordonnai-je, "Je resterai debout et veillerai à tout." Je lui promis de le réveiller au cas où le baromètre se mettrait à chuter ou bien si je remarquais un changement dans les conditions météorologiques. Il me dévisagea d'un air dubitatif, comme s'il s'apprêtait à discuter. "Vas-y!" insistai-je d'un ton ferme. Alors, il me tourna le dos et prit le chemin du lit.

J'étirai mes jambes sur la banquette de la cuisine et m'apprêtai à terminer la longue missive que j'écrivais à mes parents. Mais des bribes de conversations récentes et des pensées concernant le passé et l'avenir allaient et venaient dans mon esprit comme les brumes du détroit. Au lieu de terminer ma lettre, j'écrivis dans mon journal :

"Tu as beaucoup changé au cours de ce voyage" m'a dernièrement répété Don. "As-tu conscience de ces changements survenus en toi?" Oui, j'en ai vraiment conscience mais je suis curieuse de connaître ceux qu'il a observés. Je lui posai donc la question.

Il m'a répondu que je suis devenue beaucoup plus observatrice et interrogatrice, que j'étudie le terrain, l'eau, le ciel et que, maintenant, je suis capable d'interpréter les signes de la nature, que je ne prends pas pour argent comptant tout ce que je lis dans le Pilot, que j'ai acquis de l'assurance à la barre et que je ne la laisse pas commander.

Oui, j'étais devenue plus sûre de moi, plus compétente et plus observatrice. Don m'avait appris une foule de choses et je m'étais laissée faire. Je ne m'étais pas rebiffée comme je le faisais d'habitude. Je craignais moins d'assumer une responsabilité ou d'exposer clairement mes arguments.

Je songeais à mon comportement antérieur, à l'existence que j'avais connue auparavant et à mes parents. Que de convenances par rapport à l'état présent!

S'habiller avec élégance, bien arranger sa maison et aménager son jardin, veiller au mobilier ancien transmis par les générations précédentes (même s'il est inconfortable!) Papa est un vrai gentleman de l'époque Victorienne: en présence d'une dame, il ôte son chapeau, l'aide à s'asseoir à table lors d'un dîner, marche sur la partie extérieure du trottoir, lui donne le bras pour traverser la rue et ne se montre jamais vulgaire. (Dieu merci, il n'a jamais entendu les railleries de Don à mon encontre ou mes répliques!) Papa et maman ont des discussions sur la politique, la religion, l'anthropologie mais surtout pas sur l'économie ni sur le pouvoir qui régit notre société. "Les affaires" sont un vilain mot; quant au pouvoir, il est malfaisant. Pendant des années j'avais suivi cette ligne de conduite.

Je songeais à quel point ces aspects de mon éducation avaient affecté mes rapports avec Don, à quel point, par exemple, j'avais accordé plus de valeur à la forme qu'au fond.

Je me suis moquée des fautes de grammaire de Don, comme si la formulation était plus importante que l'idée qu'elle exprime. J'ai besoin de lui montrer que je le respecte, même s'il lui arrive de massacrer la langue. J'ai besoin qu'il sache combien j'apprécie son goût des idées et des concepts. Et combien je l'aime pour me rendre la vie si excitante. Il n'est pas le seul qui ait besoin de changer. Moi aussi. J'ai commencé à me débarrasser de mon enfance. Mon Dieu, il est grand temps! J'ai 42 ans.

Abandonner les habitudes et les idées que l'on vous a inculquées dès l'enfance est un projet plus facile à concevoir qu'à mettre en pratique. J'envisageais aussi certains changements qui n'allaient pas être faciles. Il me faudrait réussir à trouver d'autres moyens pour obtenir le soutien moral de Don en cas de besoin. Il me faudrait apprendre à le dissuader de me proposer des solutions "rationnelles", à moins que je ne les réclame. (J'avais du mal à ne pas me laisser aller à une réaction première, surtout émotionnelle). Il me faudrait aussi savoir accepter un retour de bâton lorsque je provoquerais la colère de Don et ignorer sa colère si celle-ci n'était pas justifiée. Tôt ou tard je devrais me mettre moi-même à l'épreuve en poussant Don "au pied du mur" afin de défendre mes propres désirs au lieu de les étouffer et de laisser ainsi le champ libre aux siens.

Mais certains efforts devront attendre notre retour et la reprise de notre rythme de vie normal sur la terre ferme. Il faut savoir choisir son moment.

J'avais tellement écrit que mes jambes s'étaient engourdies. Je me levai, m'étirai puis me rassis avant de poursuivre:

> *Depuis cinq ans notre vie a été centrée sur la voile. Je désire maintenant faire autre chose: partir en France, guider des voyages de mon choix, poursuivre mes études en vue de diplômes. Je veux rentrer chez moi définitivement pour me consacrer à l'enseignement, pour passer du temps avec mon père et ma mère pendant que je le peux, être avec Sean avant qu'il ne parte au Collège. Ma propre vie a été trop longtemps mise à l'écart.*

Ayant fini de m'épancher, je refermai mon journal et soupirai. Tout n'était pas devenu soudain clair et simple mais j'avais le sentiment, que mis à part notre périple, une page était tournée et qu'une nouvelle se présentait. Je me sentais bien. J'allai vérifier le baromètre, le câblot d'ancre, les conditions météorologiques. Le temps était clair. Tout paraissait justifier cette appellation d'abri.

Lorsqu'à minuit passé, je regagnai la couchette, Don marmonna: "Tout va bien?" en se retournant.

"Tout va bien" lui chuchotai-je, comme il avait coutume de le faire.

1er AVRIL

Le lendemain matin, un épais brouillard s'était installé sur la baie et nous dûmes attendre qu'il se soit partiellement dissipé avant de bouger. Tandis que nous longions de près la côte nord du détroit, le *Croiseur 45* de la Marine chilienne passa à notre bord et émit en morse des signaux lumineux.

"Mon Dieu, il envoie son message trop rapidement!" se lamenta Don, "Je n'ai réussi à capter que la première lettre, A". Néanmoins, il était rassurant de savoir que la Marine n'avait pas perdu notre trace.

Peu après le passage du navire, le Cabo Froward surgit du brouillard tel l'immense front fuyant d'un *moai* de l'île de Pâques. C'est la pointe extrême du continent Sud-Américain et le fond du V que forme le détroit. Nous devions virer à cet endroit pour remonter au nord. Froward qui doit son appellation au pirate Thomas Cavendish en 1587, signifie, dans l'anglais du 16 ème siècle, "adverse" ou "défavorable". Il méritait bien son nom. Le brouillard qui le recouvrait en interdisait l'accès et le faisait paraître lugubre; même les plus hauts sommets disparaissaient dans l'obscurité.

Don descendit pour réapparaître avec la bouteille de Scotch et une tasse. "Buvons un coup!" proposa-t-il, "Nous devons porter un toast à cette satanée pointe extrême des Andes. Ainsi qu'à toi, à nous!"

Comme pour célébrer notre arrivée, le brouillard se leva dans l'après midi et le soleil éclaira le paysage. Au-dessus du rivage, nous aperçûmes quelques cabanes rustiques, des vaches, des moutons et des chevaux pâturant sur des pentes sans arbres. Ici et là, des cours d'eau charriaient de petites quantités de limon jaune et des cailloux. Les pics jumeaux, majestueux et couvert de glaciers, du Monte Sarmiento, sommet culminant de la Terre de Feu située de l'autre côté du détroit, nous éblouissaient. A ce moment-là, pas un nuage n'altérait le bleu du ciel.

Au cours de son expédition de 1834 sur le *Beagle*, Charles Darwin avait ainsi décrit cet endroit:

De part et d'autre de cette partie du détroit, le pays consiste en des plaines presque planes comme celles de la Patagonie [Argentine]... Sur la côte est, au sud du détroit, s'étend un paysage semblable à un parc reliant d'une manière identique ces deux pays qui s'opposent à presque tous points de vue. Il est vraiment surprenant de découvrir un tel changement de paysage en l'espace de 20 milles. Si nous avançons sur une plus grande distance, comme de Port Famine à Gregory Bay [au nord], soit environ 60 milles, le contraste est encore plus remarquable. A Port Famine, nous avons contourné des montagnes couvertes de forêts inaccessibles recevant des pluies diluviennes apportées par les tempêtes qui se succèdent sans cesse, tandis qu'au cap Gregory, un ciel d'un bleu éclatant éclaire des plaines arides et stériles. (6)

Vers le milieu de l'après-midi, nous nous ancrâmes à Puerto del Hambre, à l'abri derrière la Punta Santa Ana. Sur la carte, la Punta Santa Ana avait l'air d'un groin de cochon, allongé et mince, mais capable de faire lâcher prise à n'importe quel vent du nord. Le limon déposé par un petit cours d'eau et par le rio San Juan, à l'angle sud-ouest de la baie, avait donné naissance à un mince banc de sable en bordure du rivage.

Le lieu de la tentative tragique et désastreuse de Pedro Sarmiento pour y établir, en 1584, la colonie espagnole de Puerto del Hambre avait reçu le nom de Port Famine lorsque Cavendish avait traversé cette zone à la voile en 1587.(7) Il y avait découvert plusieurs survivants parmi les 300 colons d'origine qui étaient morts de faim sur le rivage. Beaucoup plus tard, en 1843, quand le Chili prit, le premier, possession de la région, un fort fut construit et un établissement établi sur la Punta Santa Ana. Mais cet endroit parut peu propice à la création d'une agglomération et, au bout de quelques années, la colonie fut transférée sur le site actuel de Punta Arenas. Une réplique de l'ancien Fuerte Bulnes (Fort Bulnes) et de son village fut construite sur le site d'origine au milieu de notre siècle. Par la suite nous le visiterions mais, à présent, nous devions nous contenter d'apercevoir aux jumelles une chapelle, un grand bâtiment en rondins, plusieurs cabanes et deux canons pointés vers la baie.

La statue en bronze de Sarmiento qui faisait face au détroit et aux pics jumeaux portant son nom semblait ici incongrue.

Plus tard, nous aperçûmes une modeste croix en bois blanc, élevée à la mémoire de Pringle Stokes, premier capitaine du *Beagle* qui s'était suicidé en 1828.

———

Après que Francis Drake eut franchi le détroit de Magellan à la voile, à la fin des années 1570, et qu'il eut pillé les colonies espagnoles de la côte Ouest de l'Amérique du Sud, l'Espagne ordonna à Pedro Sarmiento, alors adjoint du vice-roi du Pérou, de fortifier le détroit. Ce dernier revint donc en Espagne pour lever une armada de 23 navires et une troupe de plus de 3000 hommes et femmes. Après une traversée perturbée par des naufrages, la maladie et des désertions, l'expédition qui ne comptait plus que cinq vaisseaux arriva à l'entrée est du détroit, là où 300 survivants avaient débarqué en février 1584. Coup sur coup trois frégates se mutinèrent et prirent le chemin du retour. Le navire amiral se fracassa sur les rochers et les indigènes passèrent à l'attaque. Les colons résistèrent cependant et, en quatre semaines, fondèrent un village appelé Nombre de Jesus. Sarmiento ne considérait cette colonie que comme un poste militaire avancé. Plusieurs étés auparavant, il avait contourné la Punta Santa Ana où il avait remarqué un ruisseau et une rivière qui se jetaient dans le détroit. Il y avait débarqué une centaine de soldats afin d'explorer cette terre hospitalière, ordonnant aux hommes de la Maria, le seul navire qui lui restait, de mettre le cap sur la Punta où il fit abattre les arbres pour créer sa nouvelle colonie. Pendant deux semaines, lui et ses hommes, avancèrent péniblement sur la plaine littorale battue par les vents, se frayant un chemin à coup de hache à travers les broussailles et la forêt jusqu'à ce qu'ils parviennent à la baie du détroit dans laquelle se jette le rio Santa Ana. Baptisant cette seconde colonie "Rey Don Felipe", en l'honneur du roi Philippe II, ils s'apprêtaient à fonder une nouvelle ville. Mais, se rendant compte des besoins de ses hommes en ravitaillement pour survivre pendant l'hiver 1584, Sarmiento quitta le détroit et fit voile vers le Brésil où il était assuré de trouver des vivres frais. Pendant plusieurs années tous les efforts déployés en vue de regagner le détroit tournèrent au désastre et ses hommes furent condamnés à mourir de faim.

Avant le dîner, je consignai d'autres détails banals:

Cet après-midi, nous avons aperçu sur la côte les premiers signes de civilisation. Un petit groupe de touristes rassemblés près des maisons en rondins nous a observé aux jumelles. Après que nous ayions jeté l'ancre, un bateau de pêche jaune remorquant un canot s'est dirigé vers nous. Nous avons pensé qu'il s'approchait pour nous parler. Don a commencé à placer les défenses pour lui permettre de nous aborder. Mais le bateau a décrit un cercle complet autour de nous et, après avoir examiné notre voilier avec attention, a poursuivi sa route sans émettre le moindre signal de reconnaissance. C'était étrange et décevant. L'équipage était-il dans la même disposition d'esprit que les capitaines de l' Anaconda Valley *et du* Cheun On *?*

Ce soir, l'eau est aussi calme qu'une mare. Nous aurons une bonne nuit de sommeil. Nous en avons sacrément besoin. Nous nous préparons à faire notre entrée au port de Punta Arenas. C'est pourquoi, cet après-midi, j'ai taillé la barbe et la moustache de Don et me suis lavé les cheveux. Il nous paraît incroyable d'être sur le point d'arriver.

2 AVRIL

Nous n'appareillâmes pas le lendemain comme prévu. Pendant la nuit, nous n'avions pas été dérangés et avions bien dormi entre les moments où nous contrôlions l'ancre, mais, depuis l'aube, le baromètre était entré en transes et cela devait durer toute la journée.

Des nappes de brume allaient et venaient à travers la baie, puis de courtes averses diluviennes s'abattaient. Ensuite le baromètre remontait brusquement et c'était à notre tour de nous agiter: Il nous fallait monter et descendre l'échelle de la cabine alors que des vents de la force d'un ouragan balayaient la Punta Santa Ana. Pour vérifier l'ancre, Don devait ramper sur toute la longueur du pont car il lui était impossible de se tenir debout. J'écrivis:

Faire démarrer le moteur, le pousser à plein régime. Vérifier le câblot d'ancre, l'ajuster; laisser filer davantage de ligne de mouillage lorsque le vent augmente, en rentrer quand le vent décroît, la retendre. Refixer la voile d'artimon; vérifier que la bôme principale et le gouvernail automatique restent en place sur le pont. Garder un œil rivé sur les haubans et les étais et prier le ciel qu'ils ne se détachent pas ni ne se brisent. Sentir le mât secouer le bateau de l'étrave à la poupe et prier le ciel qu'il veuille bien tenir. Observer l'explosion des vagues déchaînées dans la baie. Regarder les arbres du rivage se courber à l'horizontale sous l'effet du vent. (Aucun touriste aujourd'hui).

Lorsque l'ouragan s'apaisait, les rafales passaient à l'attaque en tourbillonnant dans le sens inverse des aiguilles d'une montre. Parfois le soleil réussissait à percer ces étonnants nuages sombres et une trouée de ciel bleu surgissait. Puis le jeu recommençait de la même manière avec le même scénario. Vers minuit, Don avait rempli tout le livre de bord, exactement comme à Puerto Tamar.

A l'extrémité occidentale du détroit, quelque part au large du Cabo Pilar, des masses de nuages violacés stationnaient en permanence, tandis qu'à Puerto del Hambre où nous avions subi tant d'épreuves, nous eûmes, tout l'après-midi, au sud, la vision d'un arc-en-ciel au dessus de la Terre de Feu. Un capuchon de nuages recouvrait la région des Magallanes et indiquait que des vents extrêmement violents soufflaient sur le mont Sarmiento.

A la fin de l'après-midi, le ciel s'éclaircit enfin mais le vent continua à mugir. Don consigna ce qui suit dans le livre de bord: "Ici, contrairement à ce qui se passe dans les chenaux occidentaux, la chute du baromètre n'entraîne pas le déchaînement du vent. En revanche, son ascension amène des vents de tempête issus du versant est du Cabo Froward. L'action de ces vents à la surface de l'eau est vraiment un spectacle incroyable! Nous prîmes des photos de la baie à ses pires moments mais je doute que l'œil humain puisse saisir la force de l'énergie qui s'y déploie."

3 AVRIL

Nous avons fait une nouvelle tentative. Lever à 5h30 pour un départ matinal. J'ai préparé des céréales chaudes et, à la lumière pâle du matin, ai ajouté ce que je croyais être de la cannelle. Erreur! C'était du curry. Et moi qui me félicitais de ma compétence lorsque, le matin de bonne heure, je nourrissais toute ma marmaille!

Nous avons levé l'ancre et sommes partis au moteur pour dépasser la Punta Santa Ana. Mais, comme à Caleta Notch, nous n'avons pas réussi à poursuivre notre route contre le vent du nord: le compteur de nœuds marquait zéro même avec un moteur tournant à 2300 tours-minute. De gros rouleaux s'avançaient vers nous et éclataient au-dessus de la proue. "Ce n'est pas bon!" a hurlé Don, en tournant la barre pour faire demi-tour et rentrer au port. "Ciel rouge le matin, avertissement aux marins." Nous aurions dû savoir cela.

Nous observions fréquemment le détroit aux jumelles en espérant moins de houle et d'embruns. Pas de chance! L'horizon n'était qu'une ligne brisée contre laquelle déferlaient les vagues poussées par le vent.

Un petit vapeur qui, vent arrière, longeait la côte vers le sud, nous fit, au passage, des signaux lumineux. Cette marque de sympathie me consola de la déception que j'avais ressentie après que le bateau de pêche nous eut dédaignés. Dans l'après-midi, Don annonça: "C'est décidé. Demain, nous devons gagner Punta Arenas. Nous sommes à court de papier hygiénique."

4 AVRIL

C'était notre jour! Nous levâmes l'ancre à l'aube et partîmes au moteur. Il nous restait moins de 30 milles à parcourir. "Chérie, nous serons là-bas vers midi!" annonça Don, enthousiaste mais nerveux. En effet, la perspective de retrouver, au bout de tant de semaines, les fonctionnaires de l'immigration, du port, de la Marine et qui sait d'autre encore nous tracassait. Serions-nous bien accueillis ou au contraire regardés de travers? Pourrions-nous faire réparer le *Dauphin*? La communication avec les Etats-Unis serait-elle difficile? Y aurait-il, à Punta Arenas, une personne capable de nous aider à retrouver la trace de notre chronomètre? Que se passerait-il si nous avions affaire à des fonctionnaires incompétents du genre du gouverneur de Rapa Nui?

Pendant ces quatre derniers mois, nous nous étions seulement préoccupés de trouver un mouillage. Dorénavant, mettre le bateau en cale sèche allait nous poser bien d'autres problèmes. Punta Arenas était, en effet, une rade mal abritée, exposée aux vents et à la houle du détroit. Les cargos et les gros navires qui possédent des centaines de mètres de chaîne peuvent s'ancrer au large de la jetée mais, dans ces eaux, il arrive que même de gros bateaux s'échouent. Une photo que j'avais vue dans un dépliant de voyage montrait précisément un voilier en acier couché sur le flanc à proximité du rivage. Ce genre d'accident, dû aux conditions météorologiques, était fréquent.

Avant d'arriver au port, il nous fallait remettre en place les cordages d'ancre dans leurs propres coffres. Nous devions également sortir du coffre arrière les apparaux de mouillage, les défenses et la crosse d'amarrage ainsi que, du caisson de survie, les pavillons chilien et américain.

"Sortons aussi le pavillon des Nations-Unies" proposai-je à Don, "Pardieu, nous allons le déployer!"

En bordure du rivage, des maisons et des cabanes firent leur apparition. Des bateaux de pêche en bois, de couleur jaune, bleue ou brune reposaient sur des plages de galets. Des vaches paissaient sur de vertes collines délimitées par des clôtures de rondins fendus. Ici et là, surgissait une belle ferme solide, adossée à une colline dominant le rivage. Par moment on apercevait, sur une mauvaise route, une automobile qui se dirigeait vers le nord en direction de la ville. Je succombai à l'émotion devant ce paysage qui ressemblait tant à celui du Wisconsin et les larmes me montèrent aux yeux.

Puis, juste avant midi, nous distinguâmes au loin une agglomération. Des bâtiments carrés, un réseau de rues perpendiculaires au détroit et, au bas de la ville, une longue jetée s'offrirent à notre regard. Je tenais la barre depuis quatre heures, le vent m'avait mis les joues à vif et j'étais transie de froid mais, maintenant, je tremblais tellement j'étais excitée.

12h30

"Prends les jumelles et regarde si quelque chose est amarré sur le côté nord de la jetée. J'aimerais me mettre à quai là, si c'est possible, puisque le vent souffle de l'ouest."

Deux cargos paraissaient en cours de chargement sur le côté sud et je distinguais un croiseur de la marine au nord, mais l'emplacement face au navire de guerre paraissait libre. Nous nous dirigeâmes donc de ce côté.

Je continuai à observer aux jumelles. "Une foule importante est massée sur la jetée" dis-je, étonnée, "Je me demande ce qui se passe."

Nous nous approchâmes. Des dockers nous guidèrent jusqu'au côté nord. Hommes et femmes en civil y étaient alignés. Il y avait aussi des enfants en uniforme d'écoliers, des militaires en tenue vert olive, des marins en bleu, des caméramen de télévision et des reporters avec leurs bloc-notes. Tout ce monde criait et agitait les mains.

"Ils sont là pour nous accueillir!" criai-je en réalisant ce qui se passait.

Nous abattîmes devant le *Croiseur 60* de la flotte chilienne dont les marins se penchèrent par-dessus la proue pour nous acclamer, puis nous nous amarrâmes le long de la jetée protégée par d'énormes et noirs pneus de camion.

"Je m'occupe des amarres", déclara Don en jetant une aussière à la proue, "Toi, tu vas leur parler."

J'étais si émue que je me demandais si je parviendrais à prononcer un mot, que ce soit en espagnol, en anglais ou dans une autre langue.

Je me rendis à bâbord. Un homme en uniforme bleu de la Marine s'inclina au bord de la jetée et se présenta comme étant l'assistant du capitaine du port, me tendant en même temps une brassée de courrier... qui nous était adressé! (Nous devions apprendre par la suite que ce courrier s'était accumulé depuis le mois de février!). Mon Dieu, je brûlais d'envie d'ouvrir ces enveloppes!

Une même question nous était posée de toutes parts: "Que pouvons-nous faire pour vous?" L'assistant du capitaine du port s'offrit à nous conduire aux bureaux de l'administration; quelqu'un nous proposa d'utiliser sa machine à laver, un membre du Club radio amateur de contacter notre famille aux Etats-Unis et un professeur de l'école anglaise de nous emmener faire un tour de ville.

Un caméraman de la télévision se pencha en dirigeant un micro vers moi. Les journalistes-reporters déclenchèrent leurs appareils-photos 35 mm, tandis que le *jefe de prensa* (chef de presse) de Canal Seis me harcela de questions sur notre chavirage.

Je ne savais pas traduire "sancir" en espagnol. Aussi eus-je recours, avec force gestes, à des mots tels que: "terrible tempête", "vagues gigantesques", "retournement par l'avant", "beaucoup d'avaries", "perte de notre canot", "défection de notre moteur et de notre radio".

Puis d'autres questions fusèrent:

"Quand êtes-vous partis des Etats-Unis?"

"Quel a été votre itinéraire?"

"Combien de temps vous a-t-il fallu pour rallier l'île de Pâques depuis Acapulco?"

"Combien de temps avez-vous passé à cet endroit?"

"Etiez-vous présents lors de la visite de notre Président?"

J'avais du mal à répondre. Habituée à parler anglais durant ces deux mois, je me sentais incapable de m'exprimer en espagnol.

"Maintenant, que comptez-vous faire?"

"Nous ne le savons pas", répondis-je, "Tout dépend de la réparation de notre voilier."

Puis vint une question qui me stupéfia: "Comment vous sentez-vous maintenant?"

Sur le point de m'effondrer, je respirai profondément avant de bégayer: "Nous sommes... très... très... contents... d'être ici!" Puis je fondis en larmes et me retournai pour regarder Don. Il venait de fixer les amarres. Je l'attirai vers moi, l'étreignis et, dans le micro toujours pointé sur moi, je déclarai: *"Mi esposo es muy buen marinero! Mon mari est très bon marin!"*

NOTES

1. Ces rubans de tissu suspendus aux haubans ou aux étais servent à indiquer la direction du vent.

2. *Sailing Alone Around the World*, pp. 126-27

3. Texte original de *The City in the Sea (La Cité de la Mer)* d'Edgar Poe:

> *Resignedly beneath the sky*
> *The melancholy waters lies*
> *So blend the turrets and shadows there*
> *That all seem pendulous in air*
> *While from a proud tower in the town*
> *Death looks gigantically down.*

(Edgar Poe, "The City in the Sea")

4. Le sentier John Muir long de 221 miles de la Californie longe la colonne vertébrale de la Sierra Nevada avec des altitudes comprises entre 7000 et 14 900.

5. *Sailing Alone Around the World*, pp. 137-38

6. *The Voyage of the Beagle*, p. 232

7. Récemment, le gouvernement chilien a débaptisé officiellement ce port pour lui donner le nom de San Juan de la Posesion afin d'honorer l'endroit dont les Chiliens ont été les premiers à prendre possession en 1843.

Punta Arenas.

ÉPILOGUE à la première edition

Ce qui auparavant paraissait essentiel est devenu moins important, voire sans importance. Et, inversement, ce qui ne comptait pas a acquis une grande importance. Le temps et les choses n'ont plus la dimension qu'ils avaient lorsque je suis parti.

- Bernard Moitessier
  (revenant d'un tour du monde à la voile par le Grand Océan Austral)[1]

1984.
J'attachai ma ceinture, me calai dans le siège du Boeing 727 et jetai un coup d'œil à ma montre. Dans deux heures nous atterririons à Punta Arenas. De là, mon amie Katherine Wells et moi devions traverser le détroit de Magellan en vue d'entreprendre une expédition en VTT qui allait amener nos corps de femmes mûres et nos vélos à l'extrême limite de leur résistance. C'était un circuit d'environ 500 km à travers la Tierra del Fuego (Terre de Feu), "le bout du monde". Ce serait une première réalisée par des femmes.

C'était un retour sentimental dans la région des Magallanes, chez les amis qui nous avaient si chaleureusement reçus en 1975, après que nous eûmes péniblement rallié Punta Arenas à bord de notre voilier endommagé. Mais c'était aussi un test.

Je voulais me mettre à l'épreuve pour voir ce que je pourrais accomplir avec une autre femme dont les capacités physiques et intellectuelles étaient comparables aux miennes. J'avais passé mes 17 ans de mariage avec Don, à le suivre et à me soumettre à ses directives, et j'étais toujours restée à la traîne. (Le sentiment d'infériorité que j'avais par moments n'avait rien de surprenant!)

De plus, une force irrésistible me poussait à revenir sur cette terre âpre qui, neuf ans auparavant, avait été notre "home" pendant trois mois. Je me devais d'y retourner, je n'avais pas le choix. Il fallait que je sache si cette terre était vraiment aussi rude qu'elle apparaissait dans mes souvenirs. Avais-je accentué le caractère austère de ce pays au fil des années qui s'étaient écoulées depuis que le *Dauphin amical* avait sanci à 800 milles marins au nord-ouest du cap Horn? Tout ce que j'avais consigné dans mon journal au sujet des conditions météorologiques, des rafales et des vents de tempête était-il bien exact? Je devais m'en assurer avant d'écrire ce livre.

Mais j'avais encore un autre motif. Lorsque j'avais présenté à Don ce projet de "test" pour la première fois en 1983, il en avait rejeté l'idée en me disant: "Tu n'y arriveras jamais. Tu ne réussiras pas à t'entraîner suffisamment en six mois: c'est trop dur; tu n'en auras pas la force." C'était assez pour me stimuler. Eh bien, je lui montrerais ce dont j'étais capable, tout comme j'avais réussi à descendre en rappel la falaise en surplomb lors de notre second rendez-vous. Mais, cette fois, j'agirais selon mes propres règles et non selon les siennes.

Il avait voulu m'accompagner mais je ne l'avais pas "invité". Il avait insisté, m'avait houspillée, aiguillonnée. Je tins bon. Et finalement, après avoir réalisé à quel point mon projet était sérieux, il était devenu mon supporter. Ce fut là un tournant dans notre partenariat.

Je regardais par le hublot lorsque le pilote annonça que nous nous trouvions au-dessus de Puerto Montt et que nous allions bientôt survoler les Canales de Patagonia. J'étais à la fois angoissée et excitée. Angoissée en me demandant si les conditions météorologiques se maintiendraient et si le Boeing 727 pourrait utiliser les terribles vents des Magallanes.

Des souvenirs revinrent à mon esprit lorsque j'aperçus, juste au-dessous, le Golfo de Penas, entrée septentrionale des chenaux, située à 150 milles marins au nord du canal Trinidad. Ma gorge se serra à la vue des chenaux et des fjords. *Don devrait être avec moi, pensai-je. Il serait ému par la vue aérienne de cette région. Il aurait collé son nez au hublot et m'aurait commenté ce qu'il reconnaissait.* J'ai peut-être été trop dure avec lui en insistant pour faire ce voyage seule. *Non, il ne faut pas que je m'abandonne à cette pensée. J'ai un objectif et je dois l'atteindre à ma manière.*

Je pensais à Punta Arenas en me demandant quels changements j'allais y trouver. En 1975, nous avions eu d'énormes problèmes de communication avec le monde extérieur: le réseau téléphonique était obsolète et nous avions dû nous rabattre sur un ami radio-amateur pour entrer en contact avec nos familles. Un nouveau port avait-il été construit? Notre séjour à cet endroit avait été un cauchemar d'un autre ordre: la rade exposée directement aux vents furieux du détroit n'offrait aucun abri. Chaque fois que nous quittions le *Dauphin,* nous devions rester sur nos gardes.

Je me demandais aussi si les chantiers de réparation des bateaux s'étaient agrandis. Bien qu'ayant pu procéder aux réparations mineures, nous ne pûmes exécuter les travaux appropriés à un voilier de notre taille. Nous fûmes donc contraints de faire voile vers Buenos Aires, à 1000 milles marins au nord, afin de mettre notre bateau en cale sèche et procéder aux interventions essentielles. (Nous avions eu la chance de recruter un bon équipage à Punta Arenas: un pêcheur chilien nommé Alfonso, et des touristes sud-africains venus de la ville du Cap, Margaret et Trevor, prêts à se lancer dans une aventure à la voile.)

"Si vous regardez à la droite de l'appareil" - la voix du pilote me ramena à la réalité - "vous verrez le canal Trinidad et l'île Madre de Dios". Je me contorsionnai pour jeter un coup d'œil à travers le hublot et distinguai, tout en bas, un puzzle vert et blanc aveuglant, entouré d'eaux bleues. *C'est splendide!* pensai-je. Et quelque part par là se trouve Dársena Aid où les rafales nous avaient terrifiés toutes les nuits où nous y étions ancrés.

L'avion amorça sa descente au-dessus du canal Sarmiento puis de Seno Union. L'atterrissage à Punta Arenas était prévu dans 45 minutes. J'étais gagnée par l'angoisse. Nous y étions presque! J'étais aussi excitée qu'en avril 1975 lorsque nous nous étions dirigés vers la jetée. *Je rentrais "chez moi" et la grande épreuve allait commencer!*

"Voudriez-vous le refaire?" "Qu'avez-vous appris sur vous-même?" "Quel changement cette expédition a-t-elle opéré en vous?" Ces questions que l'on m'avait posées en 1975 me furent posées de nouveau en 1984, après que Kathy et moi-même eûmes accompli avec succès notre randonnée cycliste.

Voudrais-je "refaire" le cap Horn à la voile? *Ça, non! Jamais! Pas dans ces mers ouvertes!* A cela je pouvais répondre sans la moindre équivoque. J'avais été extraite de mon élément et, sans Don, je n'aurais jamais réussi. Une autre randonnée cycliste? *Ça, oui!* En dépit de la pluie, de la grêle, de la neige, des vents de tempête qui nous avaient malmenés, nous et nos vélos et des conditions climatiques qui étaient apparues en tous points aussi exécrables que dans mon souvenir, je recommencerais!

Qu'avais-je appris sur moi-même? Le cauchemar qu'avait été notre expédition à la voile m'avait enseigné que la volonté de survivre était mon instinct le plus puissant et que, lorsque ma vie était en jeu, j'étais capable de me surpasser encore plus que je ne l'aurais cru. Mais je n'avais plus aucun désir de continuer à risquer ma vie uniquement par "goût de l'aventure", comme le faisait Don. La vie est trop fragile! Par ailleurs, la randonnée cycliste m'avait appris que je pouvais choisir seule mes propres défis et retirer la profonde satisfaction d'avoir repoussé les limites que je m'étais fixées. J'avais prouvé que, dans mon élément terrestre, j'étais capable de m'assumer. D'autres réponses se préciseraient au cours des mois et des années à venir...

L'année que j'avais passée seule en 1976, m'avait permis de réfléchir. Je m'étais rendue compte que je ne voulais pas vivre sans Don. Nous avions traversé trop d'épreuves ensemble au cours de cette expédition où la mort était restée suspendue au-dessus de nos têtes telle une épée de Damoclès. Nous avons pu ainsi mieux nous apprécier l'un et l'autre dans les domaines où nous étions complémentaires. D'une part, il avait besoin de ma douceur, de mon sens relationnel, de mon goût du détail, de ma capacité à le ramener sur terre lorsque ses rêves l'emportaient trop haut. D'autre part, son enthousiasme et son optimisme, sa capacité à élaborer des projets, à faire face et à se montrer dur en affaires m'étaient nécessaires. Le fait de ne pas mener la vie conventionnelle de mes parents ne me dérangeait plus.

En quoi avais-je changé? J'étais devenue moins tolérante à l'égard des administrateurs, des professeurs et des élèves qui perdaient leur temps, des gens qui refusaient d'assumer la responsabilité de leurs actes. (Par la suite, le manque de discipline dans l'éducation me déçut et j'entrai dans l'affaire de Don). La vie en ville avait perdu de son attrait: j'avais vécu trop longtemps en plein air. Je voulais vivre là où l'air avait le parfum de la sauge et du pin, là où la visibilité de tous les jours était de 80 km, là où je pouvais observer les variations du soleil au cours de la journée sur la chaîne de montagnes ou l'horizon de la mer, là où les changements de saison sont bien tranchés.

Et je désirais avoir une base à terre, un endroit stable, spacieux où mettre mes objets familiers: mon piano, mes livres, mes tableaux, mon fauteuil préféré. Je désirais un nid permanent, un "foyer" où, fatiguée de mes pérignations, je puisse revenir, un refuge pour échapper à la froideur du monde où je puisse recevoir mes vieux amis au milieu de quelques trésors hérités de cette génération qui m'ancre au passé.

Aujourd'hui, bien des années plus tard, je possède le meilleur de ces deux mondes: je partage avec Don une maison dans le Grand Bassin et un chalutier à moteur de 10 m, à bord duquel nous naviguons chaque année dans l'Inside Passage (Colombie Britannique) et en Alaska. Les hautes latitudes font maintenant partie de moi-même. Les îles boisées, les vents, la pluie et la mer sont les mêmes que ceux que j'ai appris à aimer dans les Canales de Patagonie. Oui, j'ai quelquefois le mal de mer lorsque, traversant les hautes eaux du détroit de la Reine Charlotte, le bateau tangue et roule et que les paquets de mer éclatent au-dessus de la cabine de pilotage. Mais, ces jours-là, quand le capitaine se moque de moi et de ma "maladie mentale", je sais me retenir.

NOTE

1. Traduction de l'original en anglais d'une note que Moitessier avait distribuée lors d'une séance de projection de diapositives, en 1981, à Ventura (Californie).

Epilogue à la deuxième édition

"Que s'est-il passé après votre arrivée à Punta Arenas?". . . "Où êtes-vous allés après votre départ du Chile?". . . "Qu'est-ce qui est arrivé aux enfants?" Ce sont des questions que les lecteurs du Cap Horn ont posées au fil des années depuis la publication de la première édition du *Cap Horn*. Ce qui suit est un résumé de notre expérience après notre arrivée à Punta Arenas en avril 1975. Les "enfants," qui sont maintenant des adultes avec leurs propres enfants, ont eu la gentillesse d'écrire leurs propres histoires qui suivent cet Épilogue.

L'arrivée à Punta Arenas, alors qu'une joie et un soulagement écrasants, n'a pas garanti la fin de notre cauchemar. La ville est une rade ouverte et la jetée qui devait être notre maison pendant près de trois mois est totalement exposée au vent et aux mers. Nous étions les invités de la Marine Chilienne, et nous sommes toujours reconnaissants pour leur aide inconditionnelle.

Le Chile était sous régime militaire quand nous sommes arrivés et nous avons dû observer un couvre-feu à minuit chaque fois que nous quittions le *Dauphin Amical* pendant plus d'une heure. Le temps tumultueux empêchait tout voyage de nuit et, partout où nous allions, nous devions rester en contact téléphonique permanent avec les autorités navales au cas où le vent changeait de direction, nous obligeant à passer d'un côté à l'autre de la jetée pour ancrer.

Peu de temps après notre arrivée, nous avons appris que Punta Arenas manquait d'installations pour transporter un bateau de notre taille. (1) Jusqu'à ce que nous décidions de la prochaine étape, un travail important devrait attendre. Nos préoccupations immédiates étaient d'assurer nos familles que nous étions en sécurité et en bonne santé, de faire face à la réclamation d'assurance, de remplacer l'équipement électronique critique qui avait été endommagé dans notre chavirement et d'effectuer suffisamment de réparations pour nous permettre de continuer. L'Amiral Allen, chef de la région chilienne de Patagonie, nous a confié son bras droit, capable de franchir les formalités qui nous ont rejoints à chaque tournant; il était même capable de localiser notre chronomètre "manquant." (2)

Les habitants de la ville nous ont accueillis à bras ouverts. Nous avons été bombardés d'invitations et d'offres d'aide. Humberto Gaete, un opérateur de radio amateur, a fourni notre premier contact radio avec les États. La famille Irwin Korn venait chaque semaine prendre notre linge sale; d'autres s'assuraient que nous avions des dîners gastronomiques ou des bains chauds. J'étais invitée à donner des conférences dans les écoles primaires et secondaires où les élèves en savaient plus sur les États que la plupart des adolescents américains. La marine chilienne nous a cité comme des exemples pour leurs aspirants, et nous avons fait des amis pour la vie avec qui nous correspondons toujours et les faire visite quand nous le pouvons.

Vivre dans un pays sous régime militaire a été une expérience nouvelle pour nous. Bien que Punta Arenas soit loin des centres d'activité politique, l'armée rôdait à chaque coin de rue et nous savions que juste de l'autre côté du détroit s'étendait l'infâme île Dawson qui, selon les éditoriaux des États, hébergeait des desaparecidos et des prisonniers torturés.

Un jour de fête, au cours d'un défilé militaire sur la jetée, nous avons arboré notre drapeau des Nations Unies avec nos drapeaux américain et chilien, créant des regards indisciplinés de la part des officiers de l'armée. Lors d'une fête à une autre occasion, Don demanda à un colonel de l'armée comment Pinochet pouvait rationaliser "donner la liberté" au Chile sous le régime actuel. Notre hôte, qui craignait des répercussions immédiates, était furieux, mais le colonel répondit poliment à chacune des questions de Don et, le lendemain, son personnel a livré un sac de charbon pour notre cheminée, avec une liste de trois pages contrastant avec les politiques socialistes d'Allende.

Nous avons décidé qu'il était hors de question de poursuivre notre itinéraire initial et que le meilleur plan serait de se rendre à Buenos Aires, à 1000 milles au nord, où nous trouverions non seulement les installations nécessaires pour réparer Le *Dauphin*, mais aussi un climat plus chaud. La Marine hésitait à nous laisser partir sans réparations majeures et nous a suggéré la possibilité de nous remorquer jusqu'à Valparaíso. Cependant, à l'approche de l'hiver, ils jugèrent cette idée dangereuse et nous nous préparâmes à remonter la côte argentine. Entre-temps, nous avons embauché des charpentiers et des travailleurs de l'acier qui ont fabriqué un magnifique épandeur de remplacement et ils ont réparé les mâts, les flèches et les chandeliers.

Don et moi étions préoccupés de continuer avec nous deux à bord. Rafting souvent côte à côte le long d'un navire de pêche chilienne, nous nous sommes liés d'amitié avec Alfonso Bahamonde, l'un des membres de l'équipage, dont le sens de la responsabilité et de l'habileté nous a impressionné. Parce que l'industrie de la pêche était en pleine récession à l'époque, le capitaine d'Alfonso nous a encouragés à lui demander de nous rejoindre. Nous avons également invité Trevor Dwyer et Margaret Manzoni, un jeune couple d'Afrique du Sud qui faisait de la randonnée autour du Chile. Bien que ni Alfonso, ni Trev, ni Margaret n'aient eu de l'expérience en navigation hauturière, ils ont vite compris. Nous avons travaillé incroyablement bien ensemble, et nos relations sont devenues des amitiés durables.

Alors que l'hiver approchait dans le "Ultimate South," il neigeait fréquemment, de la glace se formait sur le pont créant des conditions dangereuses et nous devions fournir du charbon sans arrêt à notre poêle pour maintenir les températures au-dessus du point de congélation. Nous avions prévu de quitter Punta Arenas le premier juin. Cependant, une tempête qui a duré une semaine a empêché notre départ.

Le 7 juin, notre liaison navale nous a dit que le *Bendoran* devait arriver plus tard ce jour-là. Depuis notre rencontre dans le canal Sarmiento, neuf semaines plus tôt, le navire avait fait un aller-retour à travers le canal de Panama en direction de l'Allemagne. Pour une fois, nous étions heureux que les vents de force tempête aient empêché notre départ.

Le *Bendoran* s'est amarré à seulement 20 pieds de nous et Capitaine Addison et Don se sont finalement rencontrés. Quand les vents nous ont forcés à passer sous le vent de la jetée, le capitaine est venu à notre rescousse une seconde fois. Il a pris la barre et nous a guidés. Puis lui, son ingénieur et Don ont parlé de "rêves" pendant quelques heures au cours d'une nouvelle bouteille de Scotch qu'il nous a apportée.

Cette deuxième rencontre était un bon départ du Détroit de Magellan. Alors que nous larguions nos lignes le lendemain, l'équipage du *Bendoran* a rejoint les rangs avec les amis, les officiers de marine, les dockers et les citadins venus nous voir. C'était un adieu déchirant à une ville qui nous avait accueillis dans notre temps de besoin.

Nous disions aussi au revoir à un régime militaire qui prétendait ostensiblement rétablir l'ordre, encourager l'entreprise privée, augmenter la production et établir la stabilité économique; et, alors que nous entamions notre voyage de trois semaines le long de la côte de l'Argentine, nous nous sommes vite rendu compte que nous entrions dans un pays de l'autre côté.

L'Argentine était hors de contrôle. Sous la veuve de Peron, Isabella, l'inflation était endémique, les grèves étaient constantes, la nourriture et les articles en papier étaient rares ou inexistants, sauf sur le mercado paralelo (marché noir), et les autorités pouvaient être achetées.

Nous avons été invités dans des maisons de classe moyenne et supérieure où un petit bunker à l'intérieur de leur entrée dissimulait une mitraillette ou un fusil. Nos amis ont fait exploser leurs radios quand nous avons discuté de politique à propos du café et du flan. Ils ont prévenu Don, "Quand vous entendrez la radio jouer la Missa Solemnis de Beethoven, ne quittez pas votre bateau!" Cela signifierait qu'un coup d'État commençait.

Notre chèque de règlement d'assurance, envoyé aux soins du capitaine du port, a mystérieusement disparu. Puis, avec l'aide d'un ami influent, tout aussi mystérieusement réapparu, annulé, mais avec une note des autorités que si nous nous présentions à une certaine banque et demandé un certain gestionnaire, notre chèque serait fait en dollars américains, en espèces. Et c'était, à notre grande surprise.

Malgré toute l'incertitude et l'agitation, Don a procédé à la réparation du bateau sous la direction de Manuel Campos, l'un des grands architectes navals du monde. Cependant, le processus a pris encore six mois et mon congé sabbatique était épuisé. Alors que l'hiver austral approchait de sa fin, l'été dans l'hémisphère Nord touchait également à sa fin et les classes reprendraient bientôt aux Etats-Unis. Il était temps pour moi de rentrer chez moi pour être avec Sean (notre dernier adolescent) et de reprendre mon travail d'enseignant.

Alfonso, Trevor et Margaret continuèrent, aidant Don à naviguer jusqu'au Cap, en Afrique du Sud, puis à traverser l'Atlantique Sud avec des arrêts à Tristan da Cunha et à Sainte-Hélène, et à travers le canal de Panama. Don a dû rentrer à la maison à trois reprises pour résoudre des problèmes avec notre entreprise, Wilderness Group, retardant de six mois le retour de Le *Dauphin*. Lorsque Don et l'équipage sont finalement retournés en Californie en juin 1976, nous avons vendu notre maison pour verser de l'argent dans notre entreprise et nous nous sommes installés à bord du *Dauphin Amical*.

Ayant vécu séparément pendant un an, nous ajuster une fois de plus à la convivialité a apporté ses propres défis. Don n'était pas encore prêt à vivre à terre et je regrettais d'emmener ma "maison" dans les îles du sud de la Californie chaque week-end avec des invités à bord, ou de passer au Mexique en hiver. Il nous a fallu près d'une décennie avant de devenir de "vrais partenaires". Malgré nos différences, nous n'avons jamais envisagé de diviser. nous avions traversé des périodes plus difficiles en mer. Comme Don s'est adouci au fil des ans et que je suis devenue plus sûr de moi, notre mariage s'est renforcé.

Nous avons vendu Le *Dauphin* en 1987 (3) et, un an plus tard, Wilderness Group. Nous avons continué à apprécier la randonnée pédestre et le ski de fond dans notre maison de Sierra Nevada où nous avons créé notre entreprise d'édition.

Dans la dernière partie des années 1990, Don et moi sommes retournés au Chile où il a rejoint des amis, John et Amanda Neal, sur leur voilier *Mahina Tiare*, pour un voyage au Cap Horn. Après plus de deux décennies, son rêve est devenu réalité lorsqu'il a signé le registre au sommet de l'île Horn! (4) Et, à Valparaíso, il a été nommé membre honoraire de la Société Internationale du Cap Horners.

Nous avons tous deux poursuivi nos aventures en vélo et en bateau, transformant nos explorations en une entreprise d'édition dynamique et prospère. Bien que nous aimions les montagnes de la Sierra Nevada, nous préférions les latitudes plus élevées et avons décidé de déménager à Fidalgo Island dans l'état de Washington où nous sommes devenus des aficionados de la croisière sauvage dans les eaux du nord-ouest et de l'Alaska sur notre chalutier Nordhavn *Baidarka*. Au fur et à mesure que je gagnais en expertise au fil des années, le miaulement mongol de Don devenait de moins en moins essentiel et, de nos jours, nous discutions rarement des décisions. Et oui, il est toujours le capitaine. Malgré la vogue actuelle du co-capitaine, je crois qu'il ne peut y avoir qu'un seul capitaine, surtout dans les situations de stress élevé.

Une de mes amies qui avait lu ce livre avant de rencontrer Don l'a regardé droit dans les yeux quand je leur ai présenté, elle lui a dit: «Je ne vous aimais pas du tout lorsque j'ai lu le Cap Horn, mais j'ai décidé que si jamais j'avais pour aller à l'océan Austral, je n'irais qu'avec toi seul.»

J'ai cette même foi en Don. Il est un explorateur et un navigateur magnifique. Et, ensemble, nous avons maintenant enregistré plus de 160, 000 miles nautiques et nous prévoyons de continuer le plus longtemps possible!

NOTES

1 Punta Arenas dispose maintenant d'installations maritimes complètes pour les grands navires.

2 Le deuxième chronomètre a été endommagé de façon irréparable, et nous avons dû en envoyer un troisième, qui est arrivé en toute sécurité à la Marine juste quelques jours avant notre départ.

3 En 2001, nous avons reçu des nouvelles de la dernière propriétaire du *Dauphin Amical*, à savoir qu'elle s'était enfoncée dans un ouragan au Samoa américain et qu'elle se trouvait maintenant au fond de l'océan Pacifique Sud.

4 Nous avons également eu une réunion émouvante avec Alfonso Bahamonde qui est maintenant un homme d'affaires prospère sur l'île de Chiloé, Chile.

Et maintenant les "enfants"

LE DREAM - JEFF

Il y a ceux d'entre nous qui deviennent, à un moment ou un autre, "infectés" par nos rêves. C'est cette infection même qui a permis à des hommes autrement normaux d'aller au-delà de ce que les hommes prudents pensent raisonnable ou sécuritaire. Et pour les quelques chanceux qui ont la maladie, c'est une force motrice qui nous a incités à nous dépasser. Marcher dehors tandis que les autres se contentent de regarder par la fenêtre. C'est l'histoire du *Dauphin Amical*, le rêve d'un homme et sa volonté sans fin d'atteindre l'autre côté.

Ayant eu l'opportunité de faire partie du bateau qui faisait partie intégrante du rêve de mon père, je voudrais laisser quelques mots de mon côté. Aller en mer pour n'importe quelle durée peut essayer même les meilleures relations. Lorsque quatre de ces relations sont des adolescents, je crois que la plupart des capitaines conviendront que le fait d'essayer de contourner Cap Horn serait le moindre des deux défis. Bien que mes camarades de bord puissent avoir d'autres sentiments, je dirais que chacun est une meilleure personne pour le voyage que nous avons fait, et que nous sommes tous partis avec une image qui nous est propre.

La photo dont je me souviens le mieux est celle d'un voilier de 18 ans entre La Paz et Puerto Vallarta. Pris dans une tempête de deux jours, seul à la barre, attaché à son harnais de sécurité, juste lui, la tempête et le digne confiance du *Dauphin Amical*. Il faisait face à quelque chose de plus grand que lui, mais confiant dans ses capacités de gérer tout ce qui lui était lancé. Quand les nuages se sont éclaircis et que le soleil est revenu, il a su qu'il avait passé un test.

Ce jeune homme c'était moi. Sans le savoir, quelque part au milieu de cette longue nuit noire j'ai franchi la ligne dans la vie et suis devenu plus fort.

L'une des décisions les plus difficiles que j'ai prises a été la décision de quitter le *Dauphin Amical* et de retourner aux États-Unis. Laisser tomber mon père n'était pas une mince affaire. Bien que ce fut le rêve de mon père et que c'est oui qui occupe le devant de la scène, je pense que la véritable héroïne méconnue, ici c'est ma mère. Il lui a fallu beaucoup de courage pour s'adopter au rêve de mon père et de le suivre à travers les Quarantièmes Rugissants et les Cinquantième Hurlantes. Mon père n'aurait pas pu demander une meilleure seconde pour ce voyage ou pour la vie.

SEAN

J'ai commencé le voyage sur le *Dauphin* à l'âge de 14 ans et je l'ai quitté à l'âge de 15 ans six semaines plus tard. Je pense que j'ai duré deux semaines de plus que mon meilleur ami, Carl, et mon frère Mike, et quelques semaines de moins que le dernier "rat" à sauter—mon frère Jeff. Après avoir quitté le bateau à Puerto Vallarta, je suis rentré chez moi en Californie du Sud, où j'ai vécu plusieurs mois avec Carl afin que je puisse terminer mes études secondaires. Mon journal à ce moment reflétait mes pensées:

Quand Carl a dit qu'il n'était pas prêt à vivre loin de son père, je suppose que je n'ai pas compris. Maintenant je le comprends et je découvre que c'est vraiment difficile de vivre sans tes parents quand tu n'es pas au lycée et que tu essaies de te soutenir toi-même. Contrairement à Carl, je n'avais pas d'endroit où aller: où j'ai des amis, des parents et une maison où rentrer. . . C'est un travail énorme de grandir, quelque chose de féroce quand il vous est imposé, et je pense que j'ai fait plus de choses au cours de la dernière année que toute ma vie auparavant. Je suppose que j'étais aussi bien préparé que n'importe qui, mais j'espère que je peux bien enseigner à mes propres enfants.

Après mes études secondaires, je suis allé à l'université, puis à l'université pour poursuivre mon doctorat. Je suis maintenant économiste et je vis dans la région de Washington D. C. avec ma femme, Margaret, et nos trois enfants, Kevin, Kathleen et Shelley. Je n'ai jamais pris l'habitude de naviguer, peut-être à cause de mon estomac congénitalement faible, et ni ma femme ni mes enfants ne sont des marins.

Avec le recul, et le bénéfice de l'adulte et de la parentalité, j'offrirais les conseils suivants à tous ceux qui envisagent de faire une longue croisière en famille. D'abord, attendez que vos enfants ait terminé le lycée. Ensuite, commencez simple. Invitez-les sur un voyage pendant une semaine ou deux, avec un garçon ou une petite amie ou une fiancée ou un conjoint, et un plan de renflouement avec des billets d'avion pour rentrer à la maison.

En fait, c'est ce que Margaret et moi avons fait quand, dans le cadre de notre lune de miel "moderne," nous avons passé une semaine à faire le tour du Queen Charlotte Sound avec mes parents, Don et Réanne, en 1990. Le bateau était une vraie baignoire, mais le soleil était dehors, le temps chaud, le vent mort-calme, l'eau d'un bleu profond comme le verre, les boissons froides, la bonne compagnie et le paysage à couper le souffle. Tout compte fait, c'était l'un des voyages les plus mémorables que j'ai pris (et juste pour un landlubber!).

CARL KOWALSKI

Partager le rêve? Peut-être que Jeff, Mike ou même Sean voyaient l'odyssée du *Dauphin Amical* comme l'accomplissement d'un rêve partagé, mais j'étais concentré sur quelque chose en moi—ma faiblesse. Admettre cela a été l'une des réalisations les plus difficiles de ma vie et l'une des meilleures leçons à bien des égards.

J'ai compris que Don avait un rêve, mais ce n'était jamais quelque chose à partager. Mais nous pourrions en faire partie. Avec le recul, si nous l'avions accepté comme cadeau, les choses auraient pu être différentes. Simultanément je me sens amer à ce sujet et très désolé que j'avais laissé tomber tout le monde. Je n'ai pas vu l'expérience pour ce que c'était. Je réalise maintenant à quel point cela a dû être difficile pour Don et Réanne. La logistique du voyage a dû être écrasante et mes actions ne m'ont pas facilité la tâche.

Malgré tout le dur labeur, l'inconfort et le sacrifice, je n'aurais pas raté l'occasion de quoi que ce soit. Je suis reconnaissant d'avoir fait partie de l'équipe, et reconnaissant à la famille Douglass de m'avoir accepté, en particulier Sean. La voile est maintenant quelque chose que je partage avec ma femme Linda et mes trois filles. Je pense que plus important que la voile, c'est que nous partageons nos rêves. C'est une leçon que j'essaie toujours d'apprendre.

ADDENDA

Une disparition en mer à la une des journaux

par Katherine Wells

"Des habitants de Cucamonga disparus en mer" titrait en gros caractères le *Daily Report* du 20 mars, journal d'Ontario (Californie). Ce titre qui n'aurait pas dû faire la manchette du journal exprimait mon angoisse. Réanne et moi étions amies intimes depuis plus de dix ans. Toutes deux professeurs, nous nous étions rencontrées lors de notre première année d'enseignement à Montclair High School et entraidées pendant cette période difficile. J'avais apporté mon soutien à Réanne, à l'époque mère isolée assumant la charge de deux petits garçons plutôt difficiles et manquant d'assurance et d'argent. Lorsqu'elle avait épousé Don, elle m'avait confié sa crainte de devoir renoncer à ses propres aspirations afin de satisfaire celles de son mari. J'avais été la confidente de ses enthousiasmes, de ses griefs et de ses appréhensions lorsque tous deux avaient acheté et aménagé le Dauphin amical en vue de réaliser le rêve qui avait obsédé Don au cours de toute sa vie: faire le tour du monde à la voile et défier le cap Horn.

Aujourd'hui, bien des années plus tard, je suis dans ma caravane, une Silver Streak de 9,5 m, entourée d'une mer d'herbe jaune. Par la fenêtre, j'aperçois, à perte de vue, des plaines et des "mesas". Au bout de la vallée, les montagnes du Sangre de Cristo se dressent, chargées de neige. Le vent secoue la bâche de la caravane comme si c'était une voile à bourcet. Mes notes encombrent le salon et la machine à écrire est posée sur la table. C'est dans ce vaisseau terrestre bien au sec, ancré au nord du Nouveau-Mexique, que refont surface des souvenirs enfouis depuis près de vingt ans et des sentiments qui m'avaient rongée des jours et des nuits jusqu'au tréfonds de l'âme, à la pensée de ne plus jamais revoir Réanne.

Mon mari Geza et moi possédions en commun avec les Douglass, au début de leur mariage, un sloop de 9 m. Nous l'avions acheté ensemble, en sorte que chaque couple pouvait s'initier aux techniques de la voile. Déjà marin expérimenté, Don brûlait d'envie de renforcer son équipage dès que Réanne et leurs enfants auraient appris les bases du matelotage.

Des relations plus étroites s'étaient établies entre nous et j'avais deux raisons d'en vouloir à Don qui poursuivait son rêve aventureux. Non seulement il avait mis Réanne en danger, mais il avait quitté le Wilderness Group Incorporated, l'entreprise de fabrication et de vente d'articles de sport qu'il venait de créer et dans laquelle Geza et moi avions investi beaucoup de temps et d'argent. Ce rêve avait grandi en Don comme une folie. Les amis de Réanne qui, à certains égards, admiraient sa ténacité avaient fini par la réprouver.

Depuis des semaines, nous craignions des incidents, Don et Réanne ayant manqué les contacts radio prévus. Les reporters des journaux et de la télévision, déjà enclins à l'exagération, y étaient allés fort en prétendant que tout allait bien. J'avais été la dernière personne à parler à Réanne et à Don lors du rendez-vous téléphonique du 21 février. L'audition était déficiente mais j'avais détecté dans la voix de Réanne de l'inquiétude au sujet de l'ampleur des vagues qu'ils affrontaient dans l'Océan Austral.

Puis les jours s'étaient succédés sans nouvelles. Les dates des rendez-vous radio arrivaient et passaient. Le silence régnait. Un silence lugubre. L'inquiétude qui couvait en moi avait submergé ma conscience et étouffé ma raison. "La radio est peut-être tout simplement grillée" disait mon "moi" rationnel pour me rassurer. Ce à quoi mon autre "moi", effray€é, répliquait avec emportement: "tu sais pourtant qu'ils n'ont pas de chronomètre pour déterminer leur position, qu'ils se trouvent dans les Cinquantièmes Hurlants et que le capitaine est un irresponsable!"

J'étais furieuse contre ce dernier qui avait préféré céder à son penchant plutôt que diriger avec prudence son entreprise. En effet, il se fichait pas mal des risques et il était, à l'évidence, prêt à poursuivre sa quête obsessionnelle quel qu'en soit le coût. Je l'avais maudit pour avoir voulu doubler le Horn en convoitant la première place et, en particulier, pour avoir voulu atteindre son but avec Réanne pour seule équipière après la défection des enfants au Mexique. J'avais tempêté contre Réanne parce qu'elle n'avait pas suivi son intuition et qu'elle n'avait pas eu le courage de dire "non" à Don. J'avais le cœur meurtri à la pensée de l'avoir encouragée à l'épouser.

Mais ma colère n'était rien en comparaison de la boule d'angoisse qui enflait dans ma poitrine. De la taille d'une bille, elle avait atteint les dimensions d'une balle de base-ball. C'était une compagne de tous les instants, comme le mal de mer de Réanne lors de la première étape de son périple. Des images de vagues gigantesques et noires, le choc produit par l'eau froide, dure et opaque s'imposaient à mon esprit. Des images que je ne pouvais pas garder en moi. Les fils de la colère et de l'angoisse s'étaient tressés en une corde solide. Je voyais Don pendu au bout de la vergue.

Malgré la perte des contacts radio, je continuais à me rendre aux General Dynamics, à Pomona toutes les fois que je le pouvais. Depuis le départ de Douglass, les rendez-vous radio prévus y avaient été constamment maintenus sur la base de deux par semaine. Jusque là, les Douglass avaient gardé le contact avec leur foyer et leurs amis, et leur famille avait ainsi pu suivre leur progression. Dans sa cabine radio, Tex Porter avait continué fidèlement à émettre les appels radio prévus en martelant sans cesse K6KWS sur la bande d'appel de 20 m. A mon sens, Tex faisait office de vigile. J'avais l'impression que ma présence à cet endroit pourrait être pour eux, à défaut de bougie, une petite lueur dans l'immensité du Pacifique.

Parfois, deux ou trois autres amis et des membres du Groupe Wilderness se rassemblaient dans la cabine radio de GD pour écouter avec anxiété le grésillement de la radio, le bruit scandé de la frappe, en espérant qu'un mot, un son réconfortant provienne de l'Océan Austral et rompe le silence . Mais il n'y avait rien. Pas un son.

Chez moi, je n'étais pas la seule à m'inquiéter et à m'irriter. Les rapports que Geza et Don, à la fois amis et adversaires, entretenaient de longue date s'étaient intensifiés. Ils étaient sans cesse en compétition, recherchant les prouesses dans le travail ou les exploits dans la nature et étaient habiles à tirer de leurs hauts faits réciproques des histoires qu'ils se plaisaient à raconter à nos amis communs. Ils trouvaient du plaisir à étaler leurs scores autour d'un feu de camp, tels des vétérans âgés de huit ans vêtus de plumes et portant des peintures guerrières. Plus ces récits étaient animés et extravagants, plus ils étaient contents. Cependant, ils observaient toujours entre eux une certaine prudence. Je pensais qu'il s'agissait d'un effet de miroir réciproque et que leur goût de la bravade cachait un manque d'assurance.

Geza énumérait en détail toutes les défectuosités techniques du *Dauphin* qui auraient pu expliquer l'absence de communication, y compris le mauvais fonctionnement de la radio ou de l'antenne qui ne pouvaient être réparés que sur le pont ou dans la mâture. Les conditions météorologiques et l'état de la mer ne permettaient peut-être pas à Don de se rendre sur le pont ou de grimper en haut du mât. Il pouvait aussi s'agir de divers problèmes électriques ou d'ennuis de batteries. Puis Geza s'était répandu en invectives contre Don qu'il taxait de "macho" stupide pour avoir mis délibérément Réanne ainsi que lui-même en danger en quittant l'île de Pâques sans chronomètre. Il connaissait et respectait les compétences de Don en matière de navigation à voile mais, parmi ses amis, il était sans doute celui qui réalisait le mieux les risques encourus du fait de sa propre connaissance de la voile, des déficiences des bateaux et de leur équipement. Nous-mêmes avions rêvé d'entreprendre un long voyage en mer mais ce projet faiblissait au fil de cette longue attente quant au sort de nos amis.

Geza qui était l'un des directeurs du Groupe Wilderness et tous ceux qui avaient investi dans cette entreprise, dont moi-même, étaient montés contre Don à double titre. Il avait mis en mauvaise position l'affaire qui démarrait, tout d'abord en la laissant tomber au risque de la faire péricliter, puis en en compromettant les perspectives de développement dans le cas où le *Dauphin amical* aurait sombré.

Geza fulminait: "Ce fils de p… a abandonné la Compagnie en pleine période d'expansion rapide, au moment même où la présence d'un PDG est plus que jamais nécessaire. Il donne toujours de fausses raisons à tout." Les mains dans les poches, il secouait la tête en répétant: "ce fils de p…" avec un accent hongrois qui ressortait quand il se mettait en colère.

J'étais d'accord avec lui mais ne voulais rien entendre. Il me rappelait trop Don lorsqu'il proférait ses invectives. Mais lui et les autres directeurs de WGI allaient devoir examiner les "questions lourdes de conséquences" qui devraient être résolues au cas où les Douglass seraient déclarés "disparus en mer", c'est-à-dire morts.

La Compagnie se trouvait déjà dans une situation financière instable et, en raison de son taux de croissance annuel de 50%, son cash-flow était toujours restreint. La perspective de se battre avec les banques à propos des emprunts que Don avait personnellement souscrits et qui engageaient la Compagnie, était particulièrement préoccupante. Il existait bon nombre d'inconnues. Sans doute faudrait-il également négocier avec d'autres créanciers et actionnaires.

A la réunion du Conseil d'Administration du 20 mars, la question de savoir qui recevrait ou gérerait les parts des Douglass avait été soulevée. Ce n'était pas une mince affaire parce que ces derniers détenaient 25% du capital de la Compagnie. Ces parts seraient-elles immobilisées pendant sept ans? Qu'en serait-il du remboursement de l'emprunt de 40 000 $ dont le terme était fixé au mois d'avril, de celui de 20 000 $ venant à échéance en mai? Les revenus de la société seraient-ils compatibles avec ces chiffres et couvriraient-ils les dettes? Le remboursement des emprunts serait-il réclamé ou bien pourrait-il être renégocié? Les fournisseurs accepteraient-ils de continuer à expédier à crédit les matériaux et les marchandises lorsqu'ils apprendraient que les Douglass étaient déclarés "disparus en mer"? Le ton de la réunion avait été celui des affaires mais l'on sentait bien qu'il y avait une ombre au tableau. La présence et la direction de Don manquaient et cela se ressentait. En dépit de sa mort présumée, peu de mots charitables furent prononcés à son égard.

La plupart des participants à la réunion étaient très conscients de la gravité des difficultés qui menaçaient la Compagnie, même si Don devait réapparaître le lendemain à son bureau. Et, sans lui, les perspectives étaient encore plus décourageantes. Si le *Dauphin* avait sombré, il en serait de même, sans aucun doute, de la Compagnie. Tressée d'angoisse et de colère, la corde se tendait.

Le mur de l'espoir commençait à s'effriter, les vagues qui agitaient mon esprit s'amplifiaient. Chaque jour, au lycée, les professeurs, les amis et les anciens élèves de Réanne venaient aux nouvelles. Mais il n'y en avait pas. Un jour où, à l'extérieur de ma salle de classe, je discutais de nos malheurs avec Ray Rayburn, notre conseiller de Direction et investisseur dans le Groupe Wilderness, Phil Grosswiller, notre vice-principal et grand ami de Réanne, vint se joindre à nous et déclara: "Je vais tuer cet enfoiré" s'il est arrivé quelque chose à Réanne". Son visage, habituellement détendu et ouvert, était fermé, et ses yeux rétrécis. On aurait dit que pour ce faire il avait recruté plusieurs complices dans l'établissement.

J'étais également inquiète pour les parents de Réanne, en particulier pour son père chez qui, après son départ, on avait diagnostiqué un cancer. Réanne était si proche de sa famille que sa disparition aurait fait mourir ce père de chagrin. Les Hemingway étaient libéraux en politique mais fondamentalement conservateurs. Ils n'aimaient pas le risque. Ils ne comprenaient pas le comportement de Don à la fois dans le travail et dans les loisirs, son besoin de danser sur le fil du rasoir. La quête du frisson n'était pas inscrite à leur programme. Ils auraient été bien plus heureux si Réanne avait épousé un professeur d'histoire sérieux ou un architecte jouant au bridge ou au golf plutôt qu'un kamikaze comme Don. Mais c'était peut-être justement ce goût du risque qui avait attiré vers lui Réanne, en rebellion contre la sécurité que sa famille avait toujours recherchée.

Nous étions tous inquiets au sujet des enfants et déplorions leur décision d'avoir abandonné le navire. Nous nous demandions comment ils surmonteraient leur chagrin et leur sentiment de culpabilité si le pire se confirmait. Qu'allait-il leur arriver? Sean paraissait vouloir autant que possible éviter le sujet, faisant comme si de rien n'était. Mais il devait être intérieurement affecté. Cependant, la réaction de Jeff nous remplit d'espoir. C'était un rayon de soleil égayant notre tristesse. "Je refuse de croire qu'ils ne vont pas bien", déclara-t-il un jour dans la cabine radio de General Dynamics. Il avait passé en revue tous les aménagements de sécurité propres au bateau que Don avait réalisés, tout l'équipement supplémentaire de secours, les vivres et les exercices de sauvetage auxquels ce dernier avait soumis l'équipage.

L'écouter parler, retrouver dans Jeff l'intonation de Don, ses manières, les expressions de son visage, ses dents de travers, tout cela avait quelque chose de surnaturel, de rassurant à certains égards et de déconcertant à d'autres. Jeff avait la tête beaucoup plus froide que son père et connaissait mieux que personne la qualité de la préparation du *Dauphin* pour le cap Horn. Tandis que tout le monde condamnait Don comme étant un aventurier irresponsable, Jeff, lui, soutenait résolument son père. Il était persuadé que la compétence de ce dernier en matière de navigation à voile et la préparation soignée du bateau permettraient à ses parents de traverser toutes les épreuves.

J'essayais de garder à l'esprit l'optimisme de Jeff mais c'était difficile surtout lorsqu'arriva un télégramme émanant du Département d'Etat de Washington D.C, adressé aux parents de Réanne, selon lequel les Douglass étaient mentionnés "disparus en mer". C'est alors que mon espoir tomba comme une pierre.

C'est terminé, pensai-je. Le télégramme était fondé sur des rapports de la Marine chilienne. Ces trois mots concis "disparus en mer" et les vagues qui agitaient mon esprit et mon corps ne cessèrent de me remuer jusqu'à ce que, allongée dans mon lit, je me remette à repenser à ma dernière conversation avec eux. J'essayais de me rappeler le ton de leurs voix. Soudain je vis le visage clair et lumineux de Réanne, comme si elle apparaissait sur un écran de télévision. Elle clignait des yeux sous la lumière du soleil. *Elle va bien*, me dis-je avec joie, bien que rien ne matérialisât cette information. Mon côté sceptique attribua cette vision à ma volonté de prendre mes désirs pour des réalités mais ce sentiment persista et les vagues de mon esprit s'apaisèrent. Je me demandais si Réanne n'essayait pas d'envoyer des messages télépathiques à ses amies. Lorsque nous apprîmes trois jours plus tard qu'ils avaient été aperçus dans les chenaux de Patagonie, j'étais euphorique. Mon intuition m'avait déjà persuadée qu'on les retrouverait sains et saufs. J'aurais aimé dire: "je sais, j'ai déjà reçu des nouvelles de Réanne." Cependant l'appel des Hemingway m'apprenant qu'ils venaient de recevoir un message radio du *Bendoran* ne m'en fit pas moins l'effet d'une décharge électrique. C'était une joie de ne plus être dans l'angoisse en se demandant s'ils étaient morts ou vivants et de pouvoir dresser la liste des centaines de questions que j'avais hâte de leur poser.

Maintenant, en regardant le Sangre de Cristos, je repense à mon amitié avec Réanne et Don, une amitié qui aurait pu se terminer tragiquement en 1975, mais qui a plutôt duré jusqu'au xxie siècle. Une partie de moi est toujours en colère contre Don pour son acharnement et sa volonté d'avoir sa propre voie, peu importe le coût. Je suis heureuse de signaler qu'il s'est adouci. Il a toujours un zèle exaspérant en croyant qu'il a raison et en dominant toute discussion. Mais si vous dites "Excusez-moi, j'en ai assez de votre tirade," il reculera avec grâce et bonne humeur.

Il a appris à valoriser Réanne pour son incroyable partenaire. Il n'aurait jamais pu construire l'entreprise d'édition qu'il a créée après le Cap Horn sans ses compétences considérables en rédaction et et sa capacité de maîtriser les innombrables détails de l'entreprise. Il a appris à compter ses bénédictions.

Réanne continue de m'étonner et de me mystifier parce qu'elle est restée avec lui malgré la tourmente et le chaos que cela aurait causé chez d'autres femmes. Je sais qu'il y a des récompenses pour elle. Continuation des aventures nautiques qu'elle aime toujours malgré le cauchemar du Cap Horn. Une activité intéressante dans laquelle elle peut exercer beaucoup de ses talents et beaucoup d'excitation, comme l'enthousiasme contagieux de Don et son flot interrompu d'idées. Et un cercle d'amis qui sont des aventuriers comme ils le sont. Avec Don, elle a eu aussi une vie de voyages intéressants, beaucoup de variété et de travail acharné. Leur marriage s'étire de manière significative et stimulante. Malgré les difficultés que je connais, elle a finalement décidé que l'équilibre dans leur mariage reposait sur le côté positif et que la vie serait plus intéressante avec lui que sans lui.

Et en regardant maintenant ce jour-là en 1975 quand j'ai reçu la nouvelle qu'elle était en vie, je comprends mieux Réanne. Je me souviens que je voulais serrer Don dans mes bras. Bien que je le reprochais encore pour les avoir mis dans le pétrin, j'étais sûre que ses compétences devaient jouer un rôle important pour les en sortir.

Notes du capitaine à propos de la vague

Les estimations de la vitesse du vent par les capitaines de petits bateaux sont connues pour être surestimées et reflètent en général les valeurs maximales plutôt que les moyennes plus conventionnelles utilisées dans les prévisions météorologiques. Pour cette raison, je me suis donné du mal pour éviter d'exagérer les vitesses du vent dans notre journal de bord.

Les vitesses de vent que nous avons notées sont basées sur des lectures réelles prises au niveau de la cabine par un anémomètre à main, ce qui signifie que les vitesses signalées doivent être augmentées pour le courant océanique (environ 2 noeuds dans les Roaring 40). L'eau de surface, une correction de hauteur d'environ 10% augmente parce que le Service météorologique mesure la vitesse du vent à une altitude standard de 35 pieds au-dessus de la surface. Les lectures que nous avons prises sont également sous-estimées parce que la plupart des lectures en mer sont prises dans un creux de vague qui agit comme un bouclier contre le vent.

Pour cette raison, la plupart de nos indications enregistrées devraient être augmentées pour les aligner sur d'autres références. Cet euphémisme explique pourquoi les petits navires déclarent souvent porter la toile bien en force coup de vent et, dans certains cas, la force de tempête, ce qui semble peu probable sur la base de notre expérience.

Je crois que même un voilier lourd, bien construit, de grand volume, et bien déplacé ne peut même pas porter une voile de la taille d'un mouchoir pendant les vents de force 10 (48 à 55 nœuds).

Ma tentative de mesurer la vitesse réelle du vent de la tempête approchante, environ 8 heures avant notre chavirement, prises à intervalles de 5 secondes avec l'anémomètre juste à l'extérieur de la passerelle, a montré des fluctuations rapides avec 40, 45, 28, 35, 44 , 55, 52, 40, 42, 48, 32, 51, 38, 46 noeuds.

Compte tenu des facteurs de correction qui précèdent, j'ai jugé que le vent à ce moment-là était stable à 50 noeuds et qu'il soufflait de 60 à 70 noeuds. Quand je me tenais sur le pont, tenant l'anémomètre, il faisait fréquemment 65 nœuds au sommet d'une vague, ce qui indique que nous étions, en effet, en train de subir des vents de force de 64 noeuds d'ouragan sur l'échelle de Beaufort.

Donc, à ce moment-là, il était impossible pour nous deux de rester sur le pont. Il n'y avait rien d'autre à faire qu'à soulever, à attacher le gouvernail (barre) sous le vent et à descendre.

Le bureau hydrographique britannique indique que des vents de magnitude 12 sur l'échelle de Beaufort, sur un fetch illimité, génèrent l'état de mer le plus élevé de valeur 9, avec une hauteur de vague moyenne de 45 pieds. Ils utilisent le terme phénoménal pour décrire une telle onde. Mes recherches avant de partir en voyage indiquaient qu'il était scientifiquement impossible qu'une vague atteigne une hauteur de 100 pieds. Cependant, le lendemain de notre chavirement, j'ai vu cinq vagues vraiment phénoménales qui ont spectaculairement éclipsé notre mât principal de 55 pieds.

Je les ai estimées à au moins 100 pieds de hauteur pendant qu'elles s'entassaient et se cassaient. Des mesures récentes au large des plates-formes pétrolières de la mer du Nord ont confirmé que des vagues de 100 pieds existent en pleine tempête. Je crois que cela a dû être une de ces vagues phénoménales qui nous a laissé tomber verticalement, emportant les espars horizontaux et endommageant les verticaux.

Glossaire

(établi par le traducteur)

abattre: écarter un voilier de la direction du vent.

accastillage: matériel indispensable à l'armement de pont, comprenant le petit équipement tel que: poulies, winches...

ahu: sur l'île de Pâques, plateforme de cérémonie sur laquelle se dressent des statues géantes appelées moais, dédiées au culte des Anciens.

aileron de réglage (trim tab): la girouette agit directement sur un aileron fixé au gouvernail. La pression de l'eau sur cet aileron permet de déplacer le gouvernail.

alizés: vents modérés et réguliers au niveau des tropiques

allures: positions d'un bateau par rapport au lit du vent: vent arrière, grand largue, vent de travers (au largue), au près, au plus près, vent debout.

almanach nautique: c'est un calendrier de l'année en cours comportant des indications astronomiques et météorologiques.

amarrer: fixer un objet à l'aide d'une amarre.

amener une voile: faire descendre une voile

amer: objet fixe à terre pouvant servir de repère

amures: désigne la façon dont un voilier reçoit le vent. Un voilier tribord amures reçoit le vent par le côté tribord mais a le point d'écoute de ses voiles du côté bâbord et vice-versa.

ancre flottante: dispositif cônique ou en forme d'entonnoir, en grosse toile, que l'on met en remorque par l'arrière pour ralentir le voilier ou bien par l'avant pour maintenir l'étrave face aux lames.

anémomètre: appareil servant à mesurer la vitesse du vent.

apparaux de mouillage: ensemble des ancres, chaînes et aussières permettant de mouiller.

appareiller: lever l'ancre pour partir.

ariser: réduire la surface d'une grand-voile soit en l'enroulant sur sa bôme, soit en serrant la partie basse le long de la bôme ("prendre un ris").

armer: mettre un bateau en état de naviguer.

artimon: mât arrière d'un voilier gréé en ketch.

aussière: cordage destiné à l'amarrage.

bâbord: côté gauche d'un bateau en regardant vers l'avant.

balcon (avant, arrière): système de sécurité en tubes métalliques qui entoure l'extrémité avant et l'extrémité arrière du pont d'un bateau et qui sert de rambarde.

barreur: personne qui tient la barre. On dit aussi timonier.

bau: largeur d'un navire. Maître bau : endroit où le navire est le plus large.

beaupré: mât oblique à l'avant d'un voilier.

bitte d'amarrage: sur les voilier, c'est un robuste poteau fixé à la quille et traversant le pont en avant du mât, sur lequel on peut tourner les amarres ou le câblot de mouillage.

bobstay: support inférieur en acier (en dessous du beaupré) qui reprend la tension qui s'exerce sur la draille de foc.

bôme: espar horizontal de bois ou de métal servant à maintenir la bordure de grand-voile.

bordé: ensemble des planches longitudinales (bordages) qui recouvrent la charpente d'un navire.

border les voiles: tendre une voile et l'orienter selon un axe voisin de celui du bateau.

bordure: bord inférieur d'une voile qui se fixe sur la bôme.

bossoir: appareil de levage servant à hisser ou à mettre à l'eau une embarcation ou bien à la manœuvre des ancres.

bout-dehors: pièce de mâture permettant de gréer une voile supplémentaire. *Bouts-dehors de foc*: espar sur lequel le foc est fixé par le point d'amure.

brasse: mesure de 6 pieds, soit 1,80 m environ.

cabestan: treuil à axe vertical employé pour toutes les manœuvres exigeant de gros efforts.

cabine: chambre où sont rassemblés les instruments de navigation et les cartes.

câblot: chaîne ou cordage toronné de gros diamètre servant essentiellement aux opérations de mouillage (câblot d'ancre).

cale: partie à l'intérieur de la coque où l'eau des fonds se rassemble.

calfater les jointures: appliquer de la résine sur les jointures et du tissu de verre sur les jonctions.

cap: direction dans laquelle un bateau est orienté à un moment donné.

cape *(se mettre à la cape, tenir la cape, prendre la cape)*: border les voiles de telle manière que le bateau n'avance plus. On dit aussi *"capeyer"* ou *"en panne"*.

capelage: endroit où les haubans et les étais sont fixés sur le mât.

capot: couvercle permettant de fermer une ouverture et qui, par mauvais temps, empêche l'eau de pénétrer à l'intérieur du bateau. Ce capot peut être en bois, en métal ou en plastique armé. Sur les gros navires le capot prend le nom d'écoutille.

carène: partie immergée de la coque

carré: endroit où l'on vit (salon).

chandelier: support en tubes d'acier inoxydable boulonné sur le pont le long des côtés et servant à soutenir les filières.

chasser: se dit d'une ancre qui glisse sur le fond.

choquer les voiles: donner du mou, détendre la voile.

chute d'une voile: bord arrière d'une voile.

clapot: vagues courtes et assez fortes qui se manifestent sur un mer sans houle.

cloison: séparation verticale dans un bateau, pour séparer differents compartiments et renforcer la structure.

cockpit: espace situé en contrebas du pont d'un voilier, à l'arrière du rouf, et qui abrite le barreur.

compas: sorte de boussole. Le *compas de route* est à poste fixe tandis que le *compas de relèvement* est un compas à main qui sert à définir l'angle entre la ligne passant par un objet et le Nord magnétique.

coque: partie extérieure du navire assemblée par cloutage. Les panneaux de la coque sont assemblés bord à bord puis on applique de la résine sur les liaisons.

cosse: bague métallique.

côté au vent d'un bateau: côté où le vent frappe le bateau.

côté sous le vent d'un bateau: côté opposé à celui où le vent frappe le bateau.

côte (terre) sous le vent: terre vers laquelle le vent souffle.

couchette de quart: couchette située dans la partie arrière du bateau, sur bâbord ou sur tribord ou à l'arrière de la cabine.

coulisseau: curseur cousu sur la bordure d'une voile et destiné à courir sur un rail de bôme ou de mât.

dalot: ouverture pratiquée dans le pavois ou dans le cockpit pour permettre à l'eau de s'écouler dans la mer.

déclinaison magnétique: écart entre le Nord géographique et le Nord magnétique.

défense: boudin en plastique servant à protéger les flancs du bateau du frottement contre un quai ou un autre navire. On dit aussi *"pare-battage"*.

déferlante: vague qui vient se briser en déferlant et en écumant sur la côte ou sur un récif ou bien qui s'écrase sur un bateau (on dit aussi *"paquet de mer"*).

descente: échelle donnant accès du pont à la cabine.

draille de foc: étai avant sur lequel le foc est établi.

drisse: cordage ou câble terminé par un cordage qui sert à hisser une voile *(drisse de foc, drisse de grand-voile)*.

échelle arrière: échelle qui permet au nageur de remonter à l'arrière du bateau.

écoute: cordage fixé au point d'écoute d'une voile et qui permet d'en effectuer le réglage. L'écoute prend le nom de la voile qu'elle contrôle: *grande écoute, écoute de foc...*

écubier: ouverture pratiquée de chaque côté de l'étrave pour le passage de la chaîne d'ancre.

emplanture: emplacement où vient se fixer le pied du mât, sur le pont ou sur la quille.

encâblure: mesure de longueur de 120 brasses, soit environ 200 m, utilisée pour évaluer les courtes distances.

équipement en tête de mât: il comprend la girouette, l'anémomètre, l'antenne, éventuellement le radar.

espar: toute pièce de bois ou de métal utilisée comme mât, bôme...

établir une voile: hisser une voile.

étai: câble d'acier soutenant le mât, en général sur l'avant.

étrave: pièce proche de la verticale marquant l'extrémité avant du voilier et sur laquelle les deux flancs se rejoignent.

faux étai: étai placé sur l'avant du mât et passant sur un écarteur appelé "guignol".

ferler: rouler une voile sur elle-même ou sur sa bôme et l'assurer par des rubans (garcettes).

feu de mouillage: feu blanc que tout navire à l'ancre de nuit doit hisser dans le gréement.

feux de route: ensemble des feux réglementaires que doit porter tout navire en route de nuit.

foc: voile d'avant généralement triangulaire.

garcette: petit cordage passant dans les points de ris et que l'on noue sous la bôme pour serrer une partie de la voile et en réduire la surface.

génois: voile d'avant recouvrant en partie la grand-voile.

gîte: inclinaison latérale d'un bateau sous la pression du vent ou des vagues. On dit *gîter ou "prendre de la bande"*.

gouvernail: appareil permettant de gouverner le bateau et composé de plusieurs éléments: barre ou roue, safran...

gouvernail automatique: constitué d'une girouette, d'un axe de transmission, d'un aileron de réglage, d'un contrepoids, d'un sélecteur de cap et d'un gouvernail auxiliaire, il assure le pilotage automatique du bateau.

grand-voile: voile principale.

gréement: ensemble des mâts, câbles et cordages servant à soutenir les mâts et espars *(gréement dormant)* et à contrôler les voiles *(gréement courant)*.

gréement courant: ensemble des cordages servant à contrôler les voiles.

gréement dormant: haubans et étais servant à soutenir le mât. Ils sont inamovibles mais leur tension est réglable.

guide d'écoute: tige en acier fixée au mât d'artimon qui donne de la liberté à la poulie de grande écoute tout en contrôlant le déplacement de la bôme d'un bord sur l'autre.

guindant: bord vertical d'une voile le long du mât.

guindeau: treuil à axe horizontal servant à relever l'ancre.

harnais de sécurité: système de ceinture et de bretelles en sangle muni d'un cordage se terminant par un mousqueton qui se croche sur le gréement ou une ligne de vie. Il se porte par dessus tous les vêtements.

haubans: câbles disposés par paire de chaque côté du mât qu'ils soutiennent et fixés au capelage.

hélice: système de propulsion immergé constitué de pales tournant autour d'un axe.

hisser une voile: envoyer une voile

houle: mouvement de la mer présentant des ondulations longues à profil arrondi et régulier.

ketch: voilier à deux mâts dont le plus petit se trouve à l'arrière, en avant de la barre.

laize: bandes de tissu cousues ensemble pour constituer une voilure.

latitude: les parallèles de latitude sont des lignes imaginaires parfaitement parallèles à l'équateur et orientées d'Est en Ouest. La latitude se mesure de 0° à 90° et prend le nom Nord ou Sud.

ligne de vie (filière): câble fixé d'un bout à l'autre du bateau pour recevoir les mousquetons des harnais de sécurité.

lit du vent: direction exacte d'où souffle le vent.

livre de bord: on y inscrit les détails de la navigation, y compris les dates, heures, ports de départ et d'arrivée, nom des équipiers et tous les incidents importants.

loch: instrument permettant de déterminer la vitesse d'un bateau et la distance parcourue.

loch enregistreur: instrument qui enregistre la distance parcourue par rapport à l'eau.

lof pour lof (virement): empannage contrôlé qui consiste à faire passer la bôme d'un bord sur l'autre, au vent arrière, mais avec moins de brutalité que lors d'un empannage involontaire.

lofer: rapprocher l'axe du bateau de la direction du vent.

longitude: elle se mesure vers l'Ouest ou vers l'Est à partir de 0° et ne peut dépasser 180°. La position d'un navire est définie de manière très précise par la latitude et la longitude qui le place ainsi dans un système de coordonnées.

louvoyer: naviguer en zigzag en virant d'un bord sur l'autre pour se rapprocher du point d'où vient le vent.

manille: pièce métallique en forme de U dont l'ouverture est fermée par un manillon vissé.

marée: oscillations régulières de l'océan dues à l'effet combiné du soleil et de la lune.

mèche de gouvernail: axe servant à relier le safran du gouvernail à la barre ou roue.

mer courte: se dit d'une mer dont les vagues sont brève   s, hautes et irrégulières.

méridiens: Les méridiens sont des lignes imaginaires reliant le pôle Nord au pôle Sud. Chacun coupe tous les parallèles de latitude à angle droit. le méridien tracé par la position donnée se situe par rapport au méridien de Greenwich dénommé méridien d'origine (0°).

mille marin (nautique): il vaut 1852 m.

moai (île de Pâques): grandes statues de pierre à figure humaine.

mousqueton: système d'accrochage doté d'un piston à ressort qui se coud sur un foc et permet de le fixer à sa draille pour l'établir.

navigation astronomique: technique fondée sur la mesure de la hauteur des astres.

navigation inertielle: le guidage du bateau est confié à un système gyroscopique entièrement autonome.

nœud: vitesse équivalent à un mille marin par heure.

pataras: étai arrière partant du sommet du mât.

pavillon: drapeau pour les bateaux

pavois: rebord longitudinal sur le pourtour extérieur du pont.

piton à œil: boulon comportant un anneau à la partie supérieure.

plancher du cockpit: composé d'éléments à claire-voie, il est légèrement surélevé par rapport au fond du cockpit.

point d'amure: angle où le guindant et la bordure de la voile se rejoignent.

pompe à main: pompe auxiliaire montée sur le pont ou dans le cockpit.

poste avant: espace de rangement ou cabine située en avant du mât.

poupe (arrière): partie arrière d'un bateau.

proue (avant): partie du bateau située en arrière de l'étrave et qui se termine à la hauteur du mât.

quart: le système des quarts est une division du temps qui permet d'assurer une veille constante à bord. L'équipage est alternativement de service et de repos.

rail de mât: rail posé sur l'arrière du mât et dans lequel coulissent les coulisseaux de la voile.

ralingue: cordage cousu au bord d'une voile pour augmenter sa solidité et passant dans la rainure du mât.

relèvement: angle exprimé en degrés mesuré sur la rose des vents d'un compas indiquant la direction d'un objet.

rouf: partie de la cabine construite au-dessus du pont pour augmenter sa hauteur.

roulis: balancement latéral d'un bateau.

safran: partie immergée du gouvernail

sextant: instrument de navigation permettant de mesurer la hauteur d'un astre au-dessus de l'horizon. Il comprend: une lunette prismatique, un jeu de miroirs et de filtres colorés, un limbe gradué, une vis micrométrique de réglage et un levier de débrayage.

sonde: ligne terminée par un plomb et qui sert à mesurer la profondeur d'eau à la main. Aujourd'hui, l'écho-sondeur a supplanté la sonde à main.

sonder: mesurer la profondeur d'eau à l'aide d'une ligne de sonde ou d'un écho-sondeur.

striker (percuteur): barre presque verticale qui maintient le bobstay tendu.

tangage: mouvement longitudinal et rythmique que la houle arrivant de face communique à bateau.

taquet: accessoire de pont servant à amarrer ou à tourner un cordage. Le taquet coinceur assure le coinçage du cordage (coinceur d'écoute).

têtière (point de drisse): angle supérieur d'une voile triangulaire.

tirant d'eau: distance verticale entre la ligne de flottaison d'un navire et le dessous de la quille.

tourmentin: petite voile d'avant très solide pour le mauvais temps.

tribord: côté droit du bateau losqu'on regarde vers l'avant.

trinquette: voile triangulaire située entre le mât et le foc.

vent debout: vent soufflant exactement de face

virer de bord: changer d'amures. Ï

voile d'avant: petite voile établie en avant du mât et derrière le foc.

voile de cape: voile triangulaire à bordure libre qui remplace la grand-voile par mauvais temps.

voile d'étai: voile établie entre les deux mâts d'un ketch et à bordure libre, pour les allures portantes.

winch: treuil pour border les écoutes.

Caractéristiques du *Dauphin amical*

Le *Dauphin amical*

Numéro d'enregistrement: 524917

Ketch "Porpoise" dessiné par William Garden

Longueur de pont: 12,80 m (sans compter le beaupré et les bossoirs du dinghy)

Maître bau: 3,96 m

Tirant d'eau: 1,67 m

20 tonneaux de jauge, 19 tonneaux net

Coque

Placage de cèdre de Port Orford sur une membrure en chêne

Armature en chêne

Calfatage du bordé au mastic composite et quille en fer

Coque construite à Victoria (Colombie Britannique, Canada)

Finitions de la coque à Port Angeles, dans l'état de Washington (1969)

Gréement

Mâts en épicéa

Gréement dormant en acier inoxydable

Gréement courant en dacron (six drisses de voile et trois drisses à pavillons)

Installations de couchage

Six couchettes au total :

Couchette double au centre, à tribord

Couchette simple du navigateur à bâbord

Deux couchettes simples de quart (l'une à tribord, l'autre à bâbord)

Banquette de cuisine convertible en couchette simple

Couchette simple en biseau tout à l'avant

Les couchettes sont équipées soit de bordé soit de toile de roulis

Moteur

Diesel Perkins 4-107 (avec pièces de rechange)

Cinq batteries rechargeables au moyen de deux alternateurs

Trois filtres à carburant indépendants

Réservoir de carburant en acier d'une contenance d'au moins 378 litres

Voilure

En dacron: grand-voile, foc, trinquette bômée (se tendant automatiquement), génois, spinnakers jumeaux avec leur gréement courant fixé au mât

En coton: voile d'étai (ancienne)

Cuisine

Fourneau de cuisine à deux feux et à four (alimenté au kérosène)

Double évier en acier inoxydable et profond

Pompes manuelles à eau douce et à eau de mer

Réserve d'eau: trois réservoirs en acier inoxydable de 453 litres, plus des jerricanes en plastique

Table sur cardans en teck massif et banquette en retour à tribord

Revêtement en vinyl Armstrong avec montants en acier inoxydable

Toilettes

A l'avant: wc, lavabo et placards

Poste avant

Banc de travail à bâbord muni d'un établi et d'un porte-outils

Couchette simple en biseau à tribord

Troi s coffres à chaînes

Apparaux de mouillage

Ancres: Danforth (29 kg), CQR (27 kg), fisherman (22kg), Yachtsman (22kg), Danforth (9 kg)

Guindeau Simpson Lawrence à deux vitesses

Lignes de mouillage :   91 m de chaîne (7,6 à 20 cm de diamètre)

91 m d'aussière en nylon (17 à 20 cm de diamètre)

91 m d'aussière en nylon (12 à 20 cm de diamètre)

Divers cordages, chaînes et maillons de rechange

Chauffage

Âtre à charbon ou à bois

Réflecteur en acier inoxydable et cheminée

Winches

Quatre winches de drisses fixés sur les mâts
Deux winches d'écoutes Barlow, à deux vitesses chacun

Filières
Double câble en acier inoxydable gaîné de plastique
Balcons avant et arrière en acier inoxydable
Harnais se crochant sur une ligne de vie, en acier inoxydable, sur le pont, à tribord et à bâbord

Navigation
Echo-sondeur de marine
Chronomètre à quartz Salem
Compas de route Danforth Constellation (15 cm de diamètre)
Compas à main Tell Tale (5 cm de diamètre)
Compteur de nœuds VDO et loch enregistreur
Loch de poupe
Bande simple d'émetteur-récepteur pour radio amateur
300 cartes marines avec les ports du monde entier, sextant Plath, chronomètre à déclic, compas de relèvement à main, etc...

Matériel de sécurité
Radeau de sauvetage Avon pour huit personnes
Caisson de survie avec son équipement, en cas d'abandon du navire
Trois extincteurs
Huit gilets de sauvetage
Deux bouées de sauvetage dotées de feux Xenon
Deux perches d'homme à la mer

Pilotage automatique
La girouette du gouvernail automatique déplace un aileron de réglage

Autres équipements
Bouts-dehors fixes de grand-voile et d'artimon
Bômes, poulies et palans
Deux grands tauds
Quatorze hublots pouvant s'ouvrir (la plupart d'entre eux grillagés)
Coffre à l'arrière de la roue du gouvernail

Trois capots pour la ventilation intérieure (y compris celui de la descente principale)

Boîte de pièces détachées du bosco

Divers jerricanes pour l'eau, le gas-oil et le kérosène

Deux projecteurs

Deux gaffes

Deux grosses pompes de cale Whale

Un dinghy à voile

Bibliographie
et propositions de lecture

Aebi, Tania *Maiden Voyage*
Simon and Schuster, New-York, 1989.
Bailey, Maurice and Maralyn *Staying Alive*
Ballantine Books, New-York, 1975.
Bascom, Willard *Waves and Beaches*
Doubleday & Company, Inc., New-York, 1980.
Belza, Juan E. *En la isla del Fuego*
Instituto de Investigaciones Historicas Tierra del Fuego, Buenos Aires, Argentina, 1974.
Campbell, Ramon *El Misterioso Mundo de Rapanui*
Editorial Francisco de Aguirre, S.A., Buenos Aires, Argentina, 1973.
-------- *La herencia musical de Rapanui*
Editorial Andrés Bello, Santiago, Chile, 1971.
Chichester, Sir Francis *Gipsy Moth Circles the World.*
Pocket Books, New-York, 1969.
-------- *The Lonely Sea and the Sky.*
Ballantine Books, New-York, 1969.
Clark, Miles *High Endeavours*
Douglas & McIntyre, Vancouver, B.C., 1991.
Coffey, D.J. *Dolphins, Whales and Porpoises*
Macmillan Publishing Co., Inc., New-York, 1977.
Coles, K. Adlard *Heavy Weather Sailing*
John de Graff, Inc., Tuckahoe, New-York, 1971.
Coloane, Francisco *Cap Horn*
éd. Phébus, Paris, 1994, pour la traduction française.
-------- *Tierra del Fuego*
éd. Phébus, Paris, 1994, pour la traduction française.
Darwin, Charles *The Voyage of the Beagle.*
Edited by Leonard Engel, Natural History Library and Doubleday /Anchor, New-York, 1962.

Dumas, Vito *Alone Through the Roaring Forties*, From *Great Voyages in Small Boats: Solo Circumnavigations*
John de Graff, Inc.,New-York, 1976.

Fuentes, Jordi *Dictionary & Grammar of the Easter Island Language / Diccionario y Gramatica de la lengua de la Isla de Pascua*
Editorial Andrés Bello, Santiago, Chile, 1960.

Goodall, Rae Natalie Prosser *Tierra del Fuego.*
Instituto Salesiano de Artes Graficas, Buenos Aires, Argentina, 1978.

Guzzwell, John *Trekka Round the World*
Adlard Coles Ltd, London, 1967.

Heyerdahl, Thor *Aku-Aku*
Rand McNally & Company, Inc., New-York, 1958.

-------- *Early Man and the Ocean*
Doubleday & Company, Inc., New-York, 1979.

-------- *Kon-Tiki*
Pocket Books, New-York, 1973.

-------- *The Ra Expeditions*
Signet Books, New-York, 1972.

-------- *Easter Island, the Mystery Solved*
Random House, New-York, 1989.

Hough, Richard *The Blind Horn's Hate*
W.W. Norton & Company, New-York, 1971.

Janichon, Gérard Damien *L'Antarctique à la voile*
Arthaud, Paris, 1975.

Jung, Carl G. *Man and His Symbols*
Doubleday & Company, Inc., New-York, 1964.

Klein, David, and King, Mary Louise *Great Adventures in Small Boats*
Collier Books, New-York, 1967.

Lansing, Alfred *Endurance*
Carroll & Graf Publishers, Inc., New-York, 1986.

Maloney, Elbert S. *Chapman Piloting*, 59th Edition.
Hearst Marine Books, New-York, 1989.

-------- *The Mariner's Handbook* Fourth Edition.
Hydrographer of the Navy, Somerset, England, 1973.

Métraux, Alfred *Ethnology of Easter Island*
Bishop Museum Press, Honolulu, Hawaii, 1971.

Moitessier, Bernard *Cap Horn à la voile*
Arthaud, Paris, 1971.

Moorehead, Alan *Darwin and the Beagle.*
Harper & Row, New-York, 1969.

Morgan, Dodge *The Voyage of American Promise.*
Houghton Mifflin Company, Boston, 1989.

Morison, Samuel Eliot *The European Discovery of America: the Southern Voyages*
Oxford University Press, New-York, 1974.

-------- *The European Discovery of America: the Northern Voyages*
Oxford University Press, 1971.

Mulgrew, Peter *The Gentleman's Magellan*
Morris / Cobb Publications Ltd., Auckland, New Zealand, 1974.

Nouveau Cours de Navigation des Glénans
Seuil, 1972

Ocean Passages for the World
Hydrographer of the Navy, Third Edition, Somerset, England, 1973.

The Oxford Companion to Ships & the Sea.
Edited by Peter Kemp, Oxford University Press, London, 1976.

Raspail, Jean *Moi, Antoine de Tounens, roi de Patagonie*
Livre de poche, Paris.

Robb, Frank *Handling Small Boats in Heavy Weather*
Quadrangle Books, Chicago, 1965.

Robertson, Dougal *Survive the Savage Sea*
Praeger Publishers, Inc., New-York, 1973. Publié en français sous le titre *Survivre*. Livre de poche, Paris 1973.

Roth, Hal *Always a Distant Anchorage.*
W.W. Norton & Company, New-York, 1988.

-------- *Chasing the Long Rainbow*
W.W. Norton & Company, New-York, 1990.

--------- *Two Against Cape Horn*
W.W. Norton & Company, New-York, 1978.

Sill, Edward Rowland *Around the Horn*
Yale University Press, New-Haven, 1944.

Slocum, Joshua *Sailing Alone Around the World and Voyage of the Liberdade.*
Edited by Walter Magnes Teller. Collier Books, New-York, 1962.

Smeeton, Miles *Once is Enough*

Grafton Books, London, 1988.

South America Pilot.

Hydrographer of the Navy, vol. II, Fifteenth Edition, 1971 and Supplement No. 12, 1990.

Stevenson, Janet *Woman Aboard*

Chandler & Sharp Publishers, Inc., Novato, California, 1981.

Street, Donald *The Ocean Sailing Yacht*

W.W. Norton & Company, Inc., New-York, 1973.

Tilman, H.W. Mischief *in Patagonia*

Grafton Books, London, 1988.

Tomalin, Nicholas, and Hall, Ron *The Strange Last Voyage of Donald Crowhurst*

Pocket Books, New-York, 1971.

Villiers, Alan *Captain James Cook*

CharlesScribner's Sons, New-York, 1967.

Remerciements

Je tiens à remercier les nombreuses personnes qui m'ont apporté leurs encouragements et leur soutien au cours de ces années. Quelques-unes, malheureusement, n'ont pas vécu assez longtemps pour en voir le résultat. Parmi elles, mon père, J. Rene Hemingway, qui mourut deux ans après mon retour et ma mère, Marian SeCheverell Hemingway, dont les observations judicieuses et l'appui moral m'ont fait cruellement défaut lors de la rédaction définitive de mon livre. Je ne voudrais pas non plus oublier: le navigateur argentin, Roberto (Bobby) Uriburu, qui m'a amenée à rédiger ce récit parce que, pensait-il, "élever un enfant et écrire un livre sont les deux plus belles entreprises du monde" et Manuel (Manolo) Campos pour l'aide inestimable qu'il nous a apportée en effectuant les réparations du *Dauphin Amical* à Buenos Aires, ce qui permit à Don de ramener le voilier à bon port en Californie.

Pour la préparation du *Dauphin Amical* en vue de la navigation en haute latitude, je félicite tout particulièrement notre ami Al Ryan dont la compétence et la conscience professionnelle ont contribué à nous sauver la vie, ainsi que les enfants Douglass-Collins. Ceux-ci ont participé activement aux préparatifs et ont encouragé mes parents à garder l'espoir en dépit de la rumeur de notre "disparition en mer."

Un grand merci au capitaine Adam Addison et à l'équipage du *Bendoran*, aux personnes de Punta Arenas et de Porvenir (Chile) qui nous ont accueillis chez eux, en particulier: Erwin et Flora Korn, Rina et Sergio Araneda, Berta et le défunt Humberto Gaete, Gabriela et Alfonso Jara, ainsi que la famille Ruiz. Nous exprimons aussi notre gratitude à l'amiral Eduardo Allen et au capitaine Carlos Teledo de la Marine chilienne qui ont écouté des kilomètres de bande de fréquence pour nous venir en aide. Toute ma reconnaissance va également au docteur Ramon Campbell qui a su nous prodiguer sa bonne humeur à l'île de Pâques au moment où nous en avions le plus besoin, aux membres de notre équipage dont l'entrain, la confiance et la vigilance nous ont permis, après avoir quitté Punta Arenas, de retrouver la gaieté et la sécurité: Alfonso Bahamonde de Quetalco (Chile), Margaret et Trevor Dwyer du Cap (Afrique du Sud), aux opérateurs radio-amateurs du monde entier, connus de nous ou non, qui ont assuré les communications indispensables tout au long de notre voyage.

Je remercie aussi Lloyd Dennis, Leanna Jean Douglass, Will Durant, Dorothy Gilbertson, Jean Gillingwaters, Alexandra Hollowell, Genny House, Sue Irwin, Honeydew Murray, Rod Nash, Margaret Sweeney, Kathy Wilkins pour leur critique constructive des premiers jets de mon manuscrit, ainsi que Lois Buell, Geza Dienes, Alan Remes et Ray Rayburn pour m'avoir confié leurs "souvenirs de cette époque", de même qu'Ann Belknap Benner et Juanita Pacifico Clarke pour l'aide morale qu'elles m'ont apportée lorsque ma mère n'a plus été en mesure de me procurer la sienne.

Méritent également ma plus sincère gratitude ceux qui ont contribué à la réalisation de ce projet: mon amie Katherine Wells, mon éditrice Alice Klein pour ses suggestions lorsque j'étais en difficulté, Sue Irwin et Pat Eckart pour l'élaboration du manuscrit, Melanie Haage pour la gestion et la présentation du livre, mes petites-filles Christa et Amanda Collins pour leur patience et leur appui lors des dernières étapes de ce projet. Enfin et par-dessus tout, je remercie mon mari Don pour ses conseils en matière de technique éditoriale, son travail quotidien de fourmi sur les épreuves et son soutien affectueux tout au long de cette aventure.

Sans l'aide de chacune des personnes citées, ce livre aurait pu, lui aussi, tourner au cauchemar!

La traduction française a pu voir le jour grâce à mon amie de jeunesse, Marie-Thérèse Porcher, et l'ingénieur Jean-Christian Schnell en a assuré la relecture technique.

A propos de l'auteur

Réanne Hemingway-Douglass a grandi dans la région des Grands Lacs et à Washington D.C. Elle a fait ses études à Pomona College, et Claremont Graduate University en Californie du Sud et l'Université de Grenoble en France. Après avoir enseigné le français pendant vingt ans, elle a rejoint son mari, Don Douglass, dans leur entreprise de fabrication et de randonnée. Dans les années 1970 Réanne et Don ont été le premier couple américain à tenter une circumnavigation de l'hémisphère sud en voilier, *Le Dauphin Amical*. Le best-seller de Réanne, *Cape Horn: One Man's Dream, le cauchemar d'une femme*, qui, raconte l'histoire de leur chavirement près du cap Horn est devenu un classique de la littérature de survie nautique.

En tant que marins et croiseurs, les Douglass ont parcouru plus de 175 000 milles marins dans l'océan Austral, l'Atlantique Sud, la Nouvelle-Zélande et la France. En 1986, ils ont entrepris une exploration approfondie de la côte ouest américaine du Mexique à la péninsule de l'Alaska. Leurs explorations les ont amenés à écrire la série de guides nautiques et de cartes de planification qui couvrent des zones de la Basse-Californie jusqu'au golfe de l'Alaska. Dans les années 1980 et 1990, ils ont publié de nombreux autres guides de plein air à travers leur entreprise, Fine Edge Productions et la nouvelle compagnie - Cave Art Press.

Réanne est également l'auteur de *The Shelburne Escape Line - Sauvetage secret des aviateurs alliés par le sous-sol français, la Royal Navy britannique et le MI-9 de Londres*, et *Deux femmes contre le vent - Une aventure en vélo de Terre de Feu*. Elle a écrit de nombreux articles sur la croisière, la bicyclette et les questions féminines pour les magazines de plein air. Elle a également été conférencière vedette lors de salons nautiques, de festivals de pêche au chalut, de clubs nautiques et d'organisations civiques.

Réanne et Don vivent à Anacortes, dans l'État de Washington.

www.ingramcontent.com/pod-product-compliance
Lightning Source LLC
Chambersburg PA
CBHW052028090426
42739CB00010B/1829